暨南大学与华侨教育

學人研究集

罗志欢　李炳球　刘强　编

JINAN DAXUE YU HUAQIAO JIAOYU
XUEREN YANJIU JI

齊魯書社

图书在版编目（CIP）数据

暨南大学与华侨教育. 学人研究集/罗志欢, 李炳球, 刘强编. --济南: 齐鲁书社, 2019. 10
ISBN 978-7-5333-3728-5

Ⅰ. ①暨… Ⅱ. ①罗… ②李… ③刘… Ⅲ. ①暨南大学—校史②暨南大学—校友—介绍 Ⅳ. ①G649. 286. 51 ②K820. 7

中国版本图书馆CIP数据核字(2017)第024430号

策划编辑：刘 强
责任编辑：周 磊
装帧设计：李 生 赵萌萌 刘羽珂

暨南大学与华侨教育·学人研究集

罗志欢 李炳球 刘强 编

主管单位	山东出版传媒股份有限公司
出版发行	齐鲁书社
社　　址	济南市英雄山路189号
邮　　编	250002
网　　址	www.qlss.com.cn
电子邮箱	qilupress@126.com
营销中心	（0531）82098521　82098519　82098517
印　　刷	山东临沂新华印刷物流集团有限责任公司
开　　本	700mm×1000mm　1/16
印　　张	31.5
插　　页	3
字　　数	435千
版　　次	2019年10月第1版
印　　次	2019年10月第1次印刷
标准书号	ISBN 978-7-5333-3728-5
定　　价	128.00元

序

暨南大学的前身暨南学堂，肇造于清朝晚期，迄今百又十年。

“周虽旧邦，其命维新。”暨南学堂诞生之时，世道浇漓，人心思变。彼时之江宁，彼时之中华，溪云初起，山雨欲来，正处于陵替之前夜。近代教育蹒跚起步：新式教育如春风微兴，日渐向暖；旧式教育如秋雨飘摇，仍有温存。深受修齐治平思想浸润的开明之士，有感于海波微澜，侨胞拳拳，基于故园之心，“弘济苍生，其益多；肇造区夏，其功大”。“暨南”于斯开篇。

盖自创设，暨南学堂即饱受乱世困顿，颇遭战火袭扰，终以其闪烁光辉，树立华侨教育铭牌。暨南学堂（大学）时历清末、民国，见证清朝陵替、革命军兴、日寇侵华等事件，地迁宁、沪、闽等，然文脉不绝，风雅不失，数度复兴，玉汝于成。一代代暨南人，筚路蓝缕，奋而兴教，举民族文化振兴大旗于兵燹之中，辟中华文明远播途径于浩瀚以外，四海溥及，远而徕之；千里长沙，文而化之。侨胞递延，诗礼承传，暨南大学有其力焉。

“言之无文，行而不远。”余等校友，面对敦厚巍然之暨南丰碑，面对桃李丰硕之芳华母校，面对华侨教育之方兴未艾，崇敬油然而生，是思文以系之。

人事有代谢，往来成古今。百余年之暨南，留下了如许可歌可泣之英烈篇章，令人难忘。余等不敏，仰诸文心，亦敬前辈暨南人挽民族文化丰碑于不倒之热忱、得天下英才而培育之情怀，是以谨秉广文弘教风旨，持忠信笃敬理念，旁搜辑集，以“暨南大学与华侨教育”一题，择文存真，成《华侨教育集》《学人研究集》《暨南影像集》《暨南讲演集》《校史资料集》《图书馆史料集》，凡六集。六集以学术和史料统筹阐扬暨南大学之优秀学术传统，彰显暨南大学与华侨教育之深厚渊源，是以献于百余年暨南母校，亦报母校养育厚恩于万一。

“读史者，考实录。通古今，若亲目。”“戒之哉，宜勉力。”是为絮烦之言叨列于前。

编　者

丙申年葭月

前 言

一、"暨南大学与华侨教育"之《学人研究集》重点收录从暨南学堂创办到1958年暨南大学复办期间之暨南人、暨南文学组织,合计36人(个),辑为72篇。每位学人或每个组织配照片及简介,排列大致以其在暨南大学的时间先后为序,偶有例外。

二、本集所录资料来源于报刊和专书中的重要章节,篇后括注出处。同一学人或组织有多篇记述,则择善而从;除独立成篇者,此前出版之专书一般不整体收录。

三、传记文章所源出之报刊和专书体例各异,本书辑集时采统一体例:将原文章之附件如内容提要、关键词、分类号等省略,只保留相关注释和参考文献,原文错字和标点符号酌情修改,图片不录,其余则照录,不予改动。文章中所用名字如"真如""真茹"等,因属不同作者、出自不同文献,故予以并存。

目　录

何炳松

刘士木

叶公超

郑振铎

陈中凡

方光焘

李健吾

李石岑

龙榆生

江应樑

周谷城

李长傅

曹聚仁

徐中舒

周宪文

毛彦文

许 杰

新月派

秋野社

端　方

端方（1861—1911），托忒克氏，字午桥，号匋斋，清末名臣，金石学家，满洲正白旗人。官至直隶总督、北洋大臣。光绪三十一年（1905），赴欧美等地考察各国政治，次年回国，依清朝驻荷兰公使钱恂（念劬）建议，上奏朝廷，在南京创建暨南学堂。

端方对清末留学教育和华侨教育的贡献

戴学稷

端方，字午桥，号匋斋，托忒克氏，满洲正白旗人，光绪八年壬午科（1882年）举人，由郎中迭升至督抚。在二十世纪第一个十年里，他一方面是清朝封疆大吏中镇压民主革命的积极一员；另方面又在我国留学教育和华侨教育事业上颇有建树。本文着重论述他在留学教育与华侨教育的主张与作为，并对其作用与影响略作探索。

一

近代中国，随着帝国主义加紧侵略，民族危机日趋严重，1894—1895年中日战争清军惨败后，原来被视为“蕞尔岛夷”的日本引起了中国人的刮目相视，“日本人向西方学习有成效，中国人也想向日本学”[1]。在维新派和洋务派官员的宣传鼓吹下，清朝政府于十九世纪末、二十世纪初，大量派遣学生留学日本，同时也继续派遣少量的学生留学欧、美。端方对此表现出极高的热情。1901年（光绪二十七年）端方奉派为湖北巡抚，随后兼署湖广总督。1904年（光绪三十年）调任江苏巡抚。以后兼署两江总督。又移抚湖南。在这几年里，他“所至兴学为急，在湘遣出洋游学生尤众”[2]。1905—1906年，清政府在民主革命浪潮逐步高涨声中，派遣五大臣出国“考察政治”，端方为其中的一名主要成员。通过历时八个多月，对日、美、德、俄、意等九国的考察，他除与载泽、戴鸿慈等其他同出国的大臣联合上书提出实行“君主立宪”的政治改革方案外，又在《考查学务择要上陈折》中，针对当时清政府各部门和各省派遣留学生的弊端，提出改进的建议。1906 年 7 月以后，他在两江总督任上又大力支持派遣留学生。《清史稿》在他的传略里予以“颛志兴学，资遣出洋学生甚众”的评价。

端方在清末的派遣留学潮流里，确实不失为一个积极的倡导者。请看下面的事实：

1902 年冬，选派学生弁勇 160 人留学日本；

1903 年选派留学欧、美学生四批 67 人，其中美国 10 人（内一人因病未去）、德国 29 人、俄国 4 人、比利时 24 人；

1904 年 3 月派出留欧美学生一批 45 人，其中美国 2 人、德国 10 人、法国 10 人、比利时 23 人；11 月又选派留学生 80 名，其中前赴日本 40 人、德国 12 人、英国 10 人、法国 10 人、比利时 8 人。

三年共计选派留学生 352 人。[3]

1905 年至 1906 年，端方因参与五大臣出国考察政治，未遑选派留学生，但在 1906 年他考察美国过程中与美国耶鲁大学、干尼路大学、威尔士利女子学院等校联系，获得这些学校可接受免交学费中国学生入学名额若干的许诺，因而回国后，于 1907 年末又派候选道温秉忠率领男女学生 15 名赴美留学。男学生有胡敦复等 11 人，女学生有胡彬夏、宋庆林（龄）等 4 人。[4]

作为满族统治集团的上层人物，端方是极力维护清皇朝的统治利益的。他赞同实行“新政”，出国考察回来后又积极鼓吹“预备立宪”，在以后几年的两江总督任上“设学堂，办警察，造兵舰，练陆军”，总的目的是努力强化和维持原有的统治秩序。但他与一般顽固守旧派不同，在对外开放、学习西方问题上采取比较积极的态度，而且有自己的看法。他不仅仅满足于随大流地派遣学生留日，认为“近日中国人士怵于日本之自强，往往径赴东洋游学”，固然是必要的，但同时又主张多选派学生前往欧美各国学习自然科学，认为“实则日本学制亦步武泰西”[5]，主张不惜巨资，以比派遣留日高昂多倍的代价直接“取法欧美”。他认为直接向欧美资本主义国家学习的途径“培养人材,振兴实业”,“实为事半功倍”[6]。在欧美各国中,他特别强调去德国和比利时留学的必要,派遣前往这两国的留学生最多,占他派遣到欧美各国留学生的五分之三强。(1902—1907 年间他共派欧美留学生 166 名,其中留学德、比的为 106 名。)他说:“查德国勃兴数十年间,政艺等学日新月异,较各国进步尤速。”[7]“比利时……其教育工业技术制造矿业各有专修学校……其工艺则机械最精,矿业则煤铁最富,其铁路通法国巴黎长六千余里,路矿之学尤为他国所推许。”端方认为,“中国地大物博,实甲环球,惟于工艺素少讲求,器械未能自制,开矿修路等事无不雇用洋匠,以致事权旁假,大利难兴”,因此惟有派留学生出国,“以精思窃制造之术”,学成而归,“力图富强”[8]。他说“窃见日本前四十年贫弱过于中国,维新以来首派学生分赴欧美各州游学,归而转相传授,一切工艺制造之门径无不通知,因而精益求精,或且自出新裁,几有出兰之誉。至其陆军水师进步之速,尤为各国所称羡”,并强调说,即使像英、美那样科学文教发达的强国,也“未尝少减其注重游学”,因此,作为刚开办学堂,文武实业才粗具规模,新式教育还只是刚刚起步的国家如中国,倘若不是“多派学生出洋”就无法做到“网罗英隽,宏济艰难”了。认为与其迟派,不如早派,“早有经营,即早收一分之效验,断不可置为缓图”[9]。

在清末各省大吏中,对派遣留学生能有此认识,并能如此花大气力的实属凤毛麟角,除张之洞外,就数端方了。

端方在选派留学生时比较注意选拔标准,重视文化素质,包括外国语言文字水平及对于西学的基础,强调出国学生须“志趣远大,于各(该)国语言文字及各种西学门径已有基绪”,要求他们普通学科毕业合格,娴习所去国的语言文字。同时选派通晓外语,曾在外国居住、学习和工作过的官员随同留学生前往“经理”,加强留学生的管理监督,如派遣曾在美国留学归来的施肇基为驻美国留学生监督,派“在西洋充当出使大臣随员有年兼通泰西语言文字”的阎海明为驻德留学生监督,以后又委派第一批官费留美生、时任候选道的温秉忠护送 15 名男女学生赴美留学，严格要求留学生“刻志励学，务成伟器”。端方对留学生的管理提出了一系列的制度与办法，主张对留学生实行奖励制度。他以日本优待留学生，促使“各求专长，以备器使”而取得“富强之效”为借鉴，建议清政府对留学生不论官费、自费都宜“量予奖励”，要求驻各国公使对留学生“随时考察，认真爱护”，对有实际困难的“酌量情形，资其费用”，“以坚其勤学之志力”，安心学好专业，使他们能“视其性之所近择一专门，苦心研究，学成归国，庶足分任振兴之务，而应缓急之需”，并列举“各种专门之学”，如政治、法律、财政、外交、教育、格致、农商、路矿等都尚为中国所未备，认为应大力提倡[10]。应当说，这些见解是切合当时实际，不失为有识之见和可供采择之方。

1906年端方在赴日、美、欧考察政治归来后对派遣留学问题更有的放矢地提出了改进的具体意见。在向清政府提出的《考查学务择要上陈折》中，他除强调对普教、师范、高教、实业、工商等学堂必须大力加强，增加经费，改进管理外，还专门对留学教育管理工作提出批评和建议，请求“严定游学章程以培真才”。他针对当时留学界的流弊，指出：“我国游学之弊害盖不胜言矣。普通之未解，国文之未谙，外国语言之未习，官费都既以请托得资，自费遑复检查合格，既无矜慎选材之意矣。游而不学，辍业而嬉者，姑勿具论，其或心艳虚名，身循故事，喜民校之规则纵弛，阅数月而辄得证书，藉以标帜高名，侈谈学务，陋者不察，辄相引重。又或去来飘忽，作辍靡常，毕业者仅计年期，后至者又循故辙。其最高者稍涉语文，躐跻大学。选科虽复无定，而得证仍自有期”。因而最后是无法检验其真才实学，结果还是“循旧例而用之”。对比日本，他认为上述弊端都应加以革除。他还详细介绍了日本明治维新时期派遣留学生的情况，说：“考日本变法兴学之年，游学于欧美各邦者，其人数不及我国今日之什一，乃彼以少数之人远涉重洋，风俗殊异，声气不通，不数年间而成效卓著；我以多数之人，近揽同洲，种族相近，文字直接，多历年所而输入甚难，其故何也？”其中原因，他认为主要是选派与管理上存在较大的弊病。

他说：日本在选派留学生上是至为慎重的，“或取其脑力密致，或取其体气强实，或取其学识优良，皆观其所学何门而取材务与之相副”。由于按各人特长选拔，标准严格，又结合国家所亟欲举之政治，所亟待兴之工艺学术，按需派遣，并对所学科目进行分析，各有分工，学成回国以后即按所需兴办事业分配适当工作，因此能收到“业无不修，事无不举，绝无浪掷巨资为汗漫之游者”的效果。而对于“其有惰废于学术，无所发明，无所输入者，即分别撤销追缴其学费”。这样，赏罚分明，自然也就很有成效了。

在比较了中日两国选派留学生的长短得失后，端方要求清政府“严定章程”，内容包括对各部门各省选派留学生的文化水平和外国语程度应是“以普通毕业，国文完美，兼通外国语文者为主”，不及格者不得滥派，“杜塞情面请求之事”。对于自费生也宜一律进行考验，合格者方予批准。他主张应多选派出国学习师范和法政，培养当时急需的中小学教师和“新政”“预备立宪”的应用人才；理化、工农医学和文科“则按科目平匀（均）分配”；实用学科如铁道“则机械、建筑营业不容偏废”，矿务“则探矿、开采工程冶炼，必须兼资。不得随意重轻，致多阙漏”。对于已派出的旧有留学生，也应当有所要求，“为之厘订科目，酌量增补。不胜学业者，即予撤回；认定学科者不得中改，不得中辍”。他援引日本的办法，认为留学生“应按所肄科目辑讲义，按月呈送提学使，首尾蝉联，不准间断。提学使详加审订，记其分数呈报学部，或优或劣，即为该生之成绩，分别劝惩，不得仅凭外国学校毕业证书为据，其毕业回国之学生高等以下各生，由提学使按其学科分门考试呈送学部复试，给予出身；大学、专科研究科各生由学部按照学科详细分门考试奏请廷试，给予出身”[11]。

1906 年秋，在参考端方建议的基础上，清政府订定正式章程，由学部主持于北京隆重地举行了第一次的全国范围的“游学毕业生考试”，应试的有近年回国的东西洋留学生，为数众多，考列最优等者 8 名，优等 5 名，中等 18 名，分别授予各科进士、举人；此后三年又各举行同样的考试一次，应试的人数逐届增多，录取的各等人数也随之增多。到 1909 年（宣统元年）举行的第四届游学生毕业考试，录取各等人数达

241 名。清政府又于 1908 年至 1911 年举行了四届对留学生的最高级考试即“廷试”，被录取的各等留学生除赏给进士、举人外还分别授予官职。结果由于录取人数众多，形成官职不够分配的状况，如 1911 年第四届廷试，获七品小京官者达三百余人，分配中央各部拥挤不堪，只好改为即用知县分发各省。[12]必须指出，此时的清皇朝在革命浪潮一浪高一浪的猛烈冲击下，已经日暮途穷，无法应付。这种对留学生的考试办法，并不能收到什么积极效果，却产生了新的弊病，而不得不于这年 8 月明令取消。不多几时，清朝政府随着武昌起义的枪声而被推翻，留学生的科名与任官也就同归于泯灭了。但不能因此而否定端方为此做出的重大努力和历史性的贡献。

二

端方在华侨教育方面的作为，不亚于留学教育，在清末的满汉各大员中可说是很突出的一个。

第一，他顺应广大华侨派子弟回祖国学习中华文化的殷切愿望，在南京创办了我国第一所也是清末唯一的华侨学校——暨南学堂。这所学校以后几经波折，北伐战争后在上海真茹扩建为国民政府的国立暨南大学，新中国成立后又在广州重建成为综合性的新型大学暨南大学，为培养大批华侨子弟成为各种专业人才做出贡献，并成为祖国大陆与海外华侨华人以及港、澳、台同胞的重要纽带。

第二，鼓励海外华侨在居留地自设华文学堂，发展华侨教育事业，并在经济上予以支援。

第三，对经济困难的华侨留学生予以资助。从暨南学堂华侨学生中择优选送西洋官费留学。

清朝政府在鸦片战争前的闭关锁国政策，决定了它对海外华侨的政策同样是封闭式的。其主要表现是采取封关闭海政策，不允许沿海居民出国经商和到海外谋生，把移居国外的中国人看作是“化外之民”，称之为“华氓”。认为“既居海外，即非中国之民”[13]，对于华侨正当权益的保护和华侨教育事业的建设更置之度外。这种状况在二十世纪初有了较大的改变。其所以转变,根本的因素是由于中国民主革命的高涨,使摇摇欲坠的清皇朝不得不极力笼络海外华侨,企图以此获得侨胞的奥援,抵制革命的影响。端方是策动这个政策转变的主要人物之一。他在二十世纪头几年内向慈禧太后和光绪皇帝提出了不少有关建议,促使清政府由歧视排斥华侨到采取亲近怀柔的政策。

1905 年,在清政府的支持下,两广总督岑春煊派员前往爪哇、新加坡等地视察华侨教育,组织学务总会统一办理中华学堂的事务。1906 年 9 月,清政府主管教育事务的学部又派知府钱恂、学部专门司行走董鸿祎为查学委员,赴南洋各群岛华侨居住区调查学务。由于华侨热切向往祖国,当时有爪哇华侨请求接受他们的子弟约三十人回祖国学习中华文化,说明川资自备,要求安排在南京就读,供给食宿。钱、董等当即向刚就任两江总督的端方转达,端方表示极力支持,认为侨生“内渡就学金陵,洵属爱国情深,极堪嘉许,自当官备食宿,妥为照料”,责令江宁提学司负责安排分送各校肄业,并表示“嗣后南洋各岛及檀香山、旧金山等处侨民如有愿送子弟来宁就读者并当一律收取”[14]。端方对华侨学生如此热情关切是有着特定历史背景的。他在 1907 年 8 月(光绪三十三年七月)《请饬保护华侨片》中曾明白地透露了他这样做的用心。在这个折片中他向清朝最高统治者一方面禀报就任两江总督后“爪哇侨民请派学生来宁就学”,当时已有三十一人到南京,“情殷内渡,志极可嘉”等情形;另方面叙说资产阶级革命党人在南洋群岛华侨中进行革命宣传活动的信息,说“臣微闻近年以来……孙汶(孙文)时至各埠演说革命宗旨,环听既众,即不免有为所煽惑之人”,认为“谬种易于散播,隐忧所在可为寒心”,因此必须“维侨情而弭隐患”,其主要措施之一便是设立华侨学校,接纳侨生,借以笼络华侨,效忠清朝。

端方创设第一所华侨学府——暨南学堂有一个发展过程。当初他并没有专设学堂的打算,只是由于考虑到侨生“回向方殷,来者日众,为之特辟一校名曰暨南学堂,补习国文国语及各种科学一年,再行分送各学堂肄业”，即只作为补习语文和文化课的过渡性学习场所[15]。但随后他发觉陆续回国的侨生程度不齐，“实难厘为一致，遽欲分送宁中各学堂求一适合之学校，盖不可得”，而且他们“初次回华，风俗人情多未习惯，管理教授尤当定一合宜之规”；又考虑到“以髫年血气未定，习尚不同之幼童，遽令分入他堂，既恐造诣未深，易染习气，又恐因散处而有归思”等情况，便决定将暨南学堂作为固定的一所学校长期办下去，经费由闽海、粤海、江海三关分担。这时的暨南学堂是一所正规的中学，附设高等小学，按文化程度分班级，毕业后再升入法政、商业、陆军等各项高等学堂进行深造[16]。

暨南学堂的创办，在海外华侨，特别是南洋群岛的华侨中产生了积极的反响。各地华侨纷纷选拔优秀侨生送回祖国学习，影响逐年扩大。到 1909 年 4 月暨南学堂已先后接受爪哇、新加坡、槟榔屿、吉隆坡、日惹、梭罗等处送来六批侨生 175 人[17]，“学制渐臻完备，办理已有成效”。端方计划办成完全中学，学生定额为 500 人，不再附设高小[18]。暨南学堂自 1906 年冬在南京开始筹办，次年正式开学，八十余年来风风雨雨，几经挫折，数度停办和迁移，最后又获得复兴发展壮大，变化很大，然而作为一个雏形，却是端方创办时所奠定下来的。

海外华侨处于殖民者的统治压制下，正当的人身利益与子弟求学权利往往受到限制与剥夺，由于清政府华侨政策的转变，华侨有了祖国依靠，受到很大鼓舞。在荷属南洋群岛的爪哇，在清朝政府的“兴学”号召下，二十世纪初的几年里“各埠学堂陆续成立”，至光绪三十四年(1908 年)，“计数已五十余所，学生四千余名。其间新设者固多，而开办在数年前的亦复不少”，但这些学校大多数是初级的、高小程度的，仅有一所中华学堂是中学，却又缺少常年经费，要求清政府给予支援，端方当即向清廷奏准从江海、闽海、粤海各关每年筹银两千两拨给该校以示支持[19]，这事在海外华侨中也产生了积极的影响。

对于华侨留学西洋的学生，遇到困难时，端方在他职权范围内也尽可能予以帮助。如 1909 年他据欧洲留学生监督汇报得悉原籍广东的爪哇华侨自费留英学生叶秀宪，当时在英国伦敦学习医学，已届六载，成绩优秀，希望毕业后继续深造，因“资斧告绌，求给官费”。他特为此事向清政府奏报，认为是华侨“内向输诚之本”，“自应准给官费，以资鼓励”。[20]在此以前，端方在暨南学堂设置中学开课后不久，即奏准清政府，中学的最优等生可按照官费生办法送欧美留学。[21]从这些事实可以看出，端方在华侨学生的培养上，确是颇费心血的。

三

留学教育和华侨教育是鸦片战争后清朝政府在西方资本主义——帝国主义侵略下被迫开放门户后出现的新事物。清政府派遣官费留学生自十九世纪七十年代举办洋务时期即已开始，到二十世纪初出国留学形成高潮，端方在他就任湖北巡抚以及在两江总督任上予以积极支持，派遣为数不少的留日和留欧美的学生，尽管其目的是为了挽救封建统治危机，其客观效果却促进了中国近代化的发展，培养了一些掌握先进科学知识和技术的人才。在他所选派的学生中有不少成为民主革命的积极参与者，仅在留欧学生中就出现了几十名欧洲最早的同盟会员[22]，他们成为清朝的掘墓人，建立了中华民国和南京临时政府，替代了端方所维护的清皇朝封建专制政权，这自然是端方本所设想不到的。

端方在华侨教育中所办的一些事业，在客观上也产生积极作用。暨南学堂到 1911 年 10 月武昌起义前已接受来自南洋群岛的八批侨生，全校有学生 240 余人，学校已初具规模，第一班学生也已毕业，其中 10 人被送入北京清华学堂。暨南学堂培养出来的学生，不少人后来成为南洋工商业和教育界的知名人士。[23]端方本人热心办学、爱护侨生的行为和作风也给早期的暨南老校友留下了良好的印象。[24]他“经常亲自巡视学生宿舍，检查伙食，对学生问寒问暖，征求意见，并要学生提出意见。当他乘车在南京马路上遇见暨南学堂的学生时，往往停车邀请他们上车同游”[25]。作为封建王朝的一个大官僚，能做到这些确是很不容易的。

除了在国内创办暨南学堂产生积极的影响，端方对海外华侨在他们居留地办学活动的支持也是值得称道的。不管其出发点如何，他向清政府争取到给华侨以办学经费上的支持，对于在殖民统治下的爱国华侨增加对祖国的向心力和在国外宣扬中华文化上都产生了积极的影响。端方建议清政府对华侨采取怀柔和争取的政策，固然有排斥革命的一面，但对于当时南洋群岛处于荷兰殖民者压迫和统治下的华侨，则显然是对于他们正义抵制的一种鼓舞[26]，是不应当简单地予以否定的。

注释：

[1]毛泽东《论人民民主专政》，《毛泽东选集》第四卷，页1407。

[2]钱塘吴庆坻《端总督传》，《端忠敏公奏稿》卷首。

[3]散见《端忠敏公奏稿》卷三至卷四。

[4]《选派学生留学折》，《端忠敏公奏稿》卷十，页9～10。

[5]《选派学生游学折》，同上书卷三，页10。

[6]《选派学生赴德片》，同上书卷三，页25～26。

[7]《奏派德国游学生监督片》，同上书卷三，页41。

[8]《选生赴比学习实业折》，同上书卷三，页45～46。

[9]《选派学生出洋折》，同上书卷四，页39。

[10]以上见《条陈学务片》，同上书卷六，页12。

[11]以上所引见同上书卷六，页85～86。

[12]详见刘真主编《留学教育——中国留学教育史料》第二册，页767～960（台湾书店印行）。

[13]《请饬保护华侨片》，见《端忠敏公奏稿》卷九，页33。

[14]《华侨分送肄业片》，同上书卷七，页20～21。

[15]《请饬维系侨情折》，同上书卷九，页1～3。

[16]《暨南学堂办理情形折》，同上书卷十二，页8～9。

[17]《暨南校史》(1906—1985)，页6。

[18]《暨南学堂添筹经费折》，《端忠敏公奏稿》卷十五，页43。

[19]《请拨华侨学堂经费片》,同上书卷十二,页 10 ~ 11。

[20]《请给华侨学生官费片》,同上书卷十四,页 47 ~ 48。

[21]《暨南校史》(1906—1985),页 6。

[22]朱和中《欧洲同盟会纪实》、史青《留比学生参加同盟会的经过》,见《辛亥革命回忆录》第六集。

[23]《暨南校史》(1906—1985),页 7 ~ 8。

[24]陈育崧《来远培材声南暨》、王植原《暨南创办人——端方》,见《暨南校史资料选辑》第一辑。

[25]梁德坤《暨南学堂》,见同上书页 114。

[26]详情参看《密陈华侨事宜片》,《端忠敏公奏稿》卷十四,页 31 ~ 32。

(《教育评论》1990 年第 3 期)

钱 恂

钱恂（1853—1927），字念劬，浙江吴兴人。晚清著名外交人士，晚清和民国时期思想开明的学者。光绪三十一年（1905），作为赴东西洋考察宪政大臣参赞官，随载泽等五大臣赴东西洋考察宪政，因而与五大臣中的端方得以结识。随后，钱恂和董鸿祎等人向学部申报，致电两江总督端方，请求在国内为华侨子弟办学。董鸿祎乃钱恂之女婿，翁婿二人从此与暨南学堂结下了不解之缘。

钱玄同的令兄

曹聚仁

一位朋友,拿鲁迅写给章川岛的信给我看。信中说:“疑古玄同,据我看来,和他令兄一样性质,好空谈而不做实事,是一个取巧的人,他的骂詈,也是空谈,恐怕连他自己也不相信他自己的话,世界竟有倾耳而听者,因其是昏虫之故也。”这位朋友问我:“钱玄同的令兄是谁?”依我所知,钱玄同的长兄是钱恂,字念劬。他的夫人便是我的老师单不庵先生的姐姐。我和念劬先生没见过面,因为我到杭州时,念劬先生已做古人了。后来,在真如暨南大学替郑洪年校长处理出版事宜,曾找到一张钱念劬先生的照片,整理了一番,挂在大礼堂上,才知道念劬先生还是暨南大学的创办人之一。

大概清光绪年间,钱念劬先生乃是有名的懂得洋务的人员,奉命出任驻荷兰的公使(也许兼任葡萄牙、比利时等国)。他在阿姆斯特丹碰到一些印尼侨生,才知道海外侨胞的情况,也知道年轻侨胞心念祖国。因此,他从荷兰任中回国,在南京见了两江总督端方。钱知道老佛爷(西太后)有意联络海外华侨(因为康梁维新、孙中山革命都和华侨有关),劝端方创办培养华侨的学府。端方便在南京办了暨南学堂,即今暨南大学的前身。郑洪年正是当年的堂长,知之甚详,所以要把钱老遗像挂出来。

鲁迅笔下本来很尖刻,他和钱玄同都是太炎弟子,而且是几十年的好友,却说玄同是罗亭式人物,兼及念劬先生,也许是“知言”。

(曹聚仁《听涛室人物谭》,三联书店,2007)

郑洪年

郑洪年（1876—1958），字韶觉，广东番禺人。晚清举人，暨南学堂、暨南大学的创始人之一，我国华侨教育事业的先驱。在暨南学堂创立后，郑洪年被任命为首任堂长。在暨南学堂奠定初步基础之后，郑洪年即离任他调。1927年国立暨南学校改为国立暨南大学，郑洪年再次出任校长。

忆先父与侨教有关二三事

郑宝伦

今年,上海辞书出版社将出版一本辞书,名曰《简明中外人名辞典》,其中收录有《郑洪年传略》,称先父为“华侨教育家”,由此引起联想,追忆往昔,兹记先父与侨教有关二三事如下:

一、远在前清光绪年间,一些有识之士起来提倡华侨教育。1906年清官吏端方和及第举人先父创办暨南学堂于南京,并由先父任堂长。先父时年三十,所谓“三十而立”,他决定将自己一生献身于华侨教育事业;1911年,革命军武昌起义成功,不久清朝倒台,暨南学堂随着宣告关闭,先父乃追随孙中山先生从事革命事业。其后国事屡遭变故,先父均未为官,至1927年五十岁那年,再次出任国立暨南大学校长,直至1935年初,始辞职离校,先后在任共八年。在任的最后数年,国家财政困难,学校经费入不敷出,先父惟有变卖家产贴补。据我幼年记忆所及,最困难时期是1934年,学校连教职员工的薪俸都无法支付,这时我家房地产业等不动产早已售罄,先父只得由银行提出仅有的存款现金3500元大洋和变卖家人钻石项链急应,暨南大学因得以渡过难关。

二、抗日战争爆发后,先父旅居香港。时年已花甲,仍致力于侨教,在暨南大学校友陈景昭、陈其英先生辅佐下,由旅港原暨南大学一些教授发起创办华夏学院,和以招收华侨子弟为主的汉华中学,直至1941年日寇攻陷香港,先父被日寇俘押为止。

三、1949年先父从美返港，并于1952年回国在上海定居，再次参与国事。记得他在1957年曾对我讲过，他曾发表过多次有关加强中学汉学教学的意见，特别强调应加强中学语文基础教育。他的一些提案，都为有关方面所重视和采纳。先父逾八十高龄仍如此关心教育事业。他终于在国内安然度过了他的幸福的晚年。

先父一生从事教育事业，尤其是在暨南大学华夏学院任职期间，对华侨教育的贡献，为世人所共睹，也为后人所系念。值此新加坡暨大校友会庆祝创立四十三周年之际，作为先父的幼子，特草此短文，写先父和侨教有关的几件小事作为献礼，以和大家共申庆祝。

附：前校长郑洪年传略

郑洪年（1876—1958），字韶觉，号騫园，广东番禺人，光绪举人。早年受业康有为门下，两江法政学校毕业，精诗文，工书法。1908年暨南学堂创立，任处务长，翌年改任堂长。后历任交通部次长，广东军政府交通部、财政部、工农部次长及华侨事务委员会委员、大学院理事等职。1927年任国立暨南大学校长，广罗人才，艰苦擘划，全校分大中小学及南洋文化教育事业部，设农、文、理、法、教育五学院吸引众多侨生，并多方指导，推进海外华侨教育事业。1929年孙中山灵柩由京移宁安葬，任迎榇专员。1934年赴南洋考察侨教。抗日战争全面爆发后旅居香港创办华夏学院、汉华中学。香港沦陷后，被日军俘押上海。1947年赴港。1952年回沪。著有《郑洪年华侨教育言论集》《騫园诗稿》等。

（《新加坡暨南校友会四十四周年纪念特刊》，新加坡暨南校友会，1984）

郑洪年与暨南大学

曹聚仁

二月二十三日(一九五八年),新的暨南大学在广州正式筹办;二十五日早晨六时,前暨南大学校长郑洪年病逝上海长春路寓中。这两件并不相关联的新闻,在记者心头,有着关联的印象。“暨南大学”创办于清朝末年,这是华侨教育的摇篮。那位听信了钱恂(清廷派驻荷兰的公使)的海外交谈,对华侨发生兴趣的两江总督端方,他是考古学家,就从《尧典》搬下了“朔南暨”的成语,用作这一大学的名号,表示中华文教,自北而南,远及海外之意。(这并不是沙文主义。)从那以后,“暨南”和“华侨教育”,乃是不可分的。当时,执政的虽没有明确的华侨教育方针,却维系了海外青年向往祖国的热忱;在暨南受教育的青年,今日便成为东南亚社会经济文化的骨干。那是五十年前的事了。那时,郑洪年先生乃是两江总督署中的幕僚(他是文巡捕,等于现在的秘书),担任了暨南学堂的学监(等于后来的教务长)。他那时虽很年轻,却对华侨教育文化事业发生了兴趣,他就把暨南当作他的生命所寄托的事业。

辛亥革命后,那所在南京创办的暨南学堂便停顿下来了。对暨南寄予新生希望的,乃是代表民族资本的江苏省教育会派的巨子:张季直、沈恩孚、黄炎培等,他们一心一意要取得海外华侨的合作,来发展江苏以太湖为中心的民族工业,他们就由赵正平、姜伯韩二先生来把暨南恢复起来。再生的暨南学堂,设在上海近郊,赵正平的家乡“真如”;规模比南京时代大得多,高初中两部外,还设立了商学院。到了一九二七年,郑洪年先生重任暨南大学校长,这才是暨大发展为完全大学时期。记者在这儿,不再追叙郑氏的政治经历,单就扩充暨南大学的校舍、设备及教授人才说,他是把全副精神放在这一事业上的;他在校南建造一所别墅,乃有终老于斯之意。

到了一九三一年,经过了“一二八”的抗日战争;暨南的大学部,一度迁往广州,中学部一度迁往苏州;郑氏毕竟于那年秋天,把暨大重新在真如恢复起来。其后,复杂的政治斗争,迫着郑氏去职。到了沈鹏飞、何炳松二氏主校政时期,暨南的特殊精神逐渐消失,回国华侨青年也不一定在暨南求学了。到了“八一三”抗日战争起,暨南的真如校舍,全毁于炮火,只留下了科学馆的一幢房子。暨大曾在公共租界苟安现状,又曾迁到福建建阳复校,那只是战时的特殊情势,更难于发展的。一九四六年,抗战胜利,暨大回到了上海,就在宝山路复校,何校长去世,李寿雍氏主校政,“暨大”和一般的综合性大学并无多大区别,说不上“华侨学府”的特殊意义。(暨大学生,也已不知道“暨南”的命名之意了。)这是上海解放以后,“暨南大学”并入复旦大学的主因之一。(那时,郑洪年先生由于他自己的黯淡的政治关系,自顾不暇,当然无法关心暨大的前途了。)

新中国成立后,教育文化的发展,不仅是一日千里;但华侨教育的特殊性,依然那么凸出。华侨青年的棱角,到处都脱颖而出,因此,设立华侨大学的计划,早在当局考虑之中;到了最近,才酝酿成熟,依旧让“暨南”二字来担当“综合性华侨大学”的名称,再生的“暨南”,乃决定在广州河南岸创办了。决定一九五八年下半年招收预科生,一九六〇年下半年开始招收本科生,将来预计可容学生二千人。凡华侨学生,港、澳学生和国内侨眷、归侨的子弟都可投考。这就和真如时代的暨南大学完全相同了。(暨南,本来不招收国内学生的,除了极少数的“三名”宝山学生和教职员子弟,所占比例,不及百分之五。)暨大筹备委员会由陶铸主席任主任委员,梁奇达兼筹备主任,内定由陈序经先生任校长,记者前已专电报导过了。

郑洪年先生于一九五一年，从香港回到了上海，原想住到真如的别墅中去，也是叶落归根之意。以年老招呼不便，乃住在长春路的私寓中。记者过上海时，曾和他见过几次面。年迈龙钟，已和在九龙时的精神差得远了。风烛残年，他还念念不忘暨南大学；他听到记者告诉以暨南大学复校的新讯，不觉色然以喜。他连连地说："我老了，我老了！帮不了什么了，帮不了什么了！"记者默默地想："薪尽火传"，今日的暨大，一定比真如时代更完善更宏大了！

（曹聚仁《听涛室人物谭》，三联书店，2007）

试论郑洪年与民国华侨高等教育的创办发展

——以国立暨南大学为中心的考察

夏 泉 刘 晗

郑洪年,字韶觉,号橐园,又号群庵,广东省番禺县人,生于光绪元年乙亥十二月初八日(1876 年 1 月 4 日),光绪举人。他幼年父母双亡,八岁起由表亲抚养成人。曾师事康有为,后就读于广雅书院,从两江法政学校毕业后,在两江总督府学务处任职。

庚了之乱,特别是日俄战争后,清政府意识到按照旧有模式再也无法继续统治下去,而国内要求立宪呼声越来越高涨,为了巩固统治,清政府学习日本立宪模式,派遣五大臣出洋考察宪政。1905 年,端方作为“五大臣”之一奉命赴外考察,途经南洋时了解到许多华侨子弟不谙中华语言文化而同化于外族,深感华侨教育之不可缓,回国后他升任两江总督兼南洋大臣,旋又接清廷赴南洋使臣汇报,知悉南洋华侨父老有送子弟归国求学之意,乃奏请清廷批准,于 1906 年在南京薛家巷创立了暨南学堂,这是中国历史上第一所专门招收华侨子弟的官办学校。在两江总督府学务处任职的郑洪年被任命为学堂首任庶务长(当时亦称堂长)。

创校之初,暨南学堂规模十分有限,初期计划仅让归国侨生补习一年,再分送各学堂学习,后发现侨生文化程度参差不齐,需要分别授课。端方于是决定将暨南学堂由补习学校改为中学，并附办小学，学校添置了理化仪器、生物标本，聘任归国留学生担任教员，使用英语教授数理化各课程，学堂规模初具。至 1909 年，已招收归国侨生 6 批，共计 175 人。①

为学堂奠定初步基础后，郑洪年离任他调，成为以梁士诒为首的北洋旧交通系的骨干，历任交通部科长、京汉铁路京绥铁路处长、路政司长、京奉铁路局副局长，1921 年任交通部次长兼铁路督办。旧交通系失势后，因同乡关系，郑洪年南下广州追随孙中山，历任北伐军广东大本营财政次长、广东军政府财政厅长、军需副监和高等顾问，国民政府交通部、财政部、工商部次长及全国建设委员会、华侨事务委员会、教育部大学院理事、庚款委员会委员、立法委员等重要职务。②

1927 年 6 月，国立暨南学校升格为国立暨南大学，郑洪年重长暨南大学。由于长期追随孙中山参加国民革命，郑洪年深知华侨对于革命的重要意义，他认为："吾人洞观世界大势与南洋现状，则知暨南学校所负责任之重，绝非海外任何行业所能比拟，然暨南在此前二十年中，惟以中学、师范两部为中心，迄于近年始有商科大学部之增量，其一切组织规划均涉于简略。"③主政暨南大学后，他广罗人才，锐意改革，改组暨南大学组织结构，充分发挥暨大侨校的办学特色与优势。在任期间，郑洪年利用国立暨南大学"华侨最高学府"的有利地位，邀集南洋华侨教育工作者召开了两次华侨教育会议，在海内外引起了巨大反响，促进了国民政府对华侨教育的重视。郑洪年担任国立暨南大学校长 7 年，对暨南大学的发展乃至民国华侨高等教育都做出了重要贡献。

鉴于郑洪年对南洋华侨教育的重视，以及两次南洋华侨教育会议

---

① 暨南校史编写组：《暨南校史》，暨南大学出版社 1996 年版，第 6 页。

② 《时人汇志》，《国闻周报》1931 年第 9 期，第 1 版。

③ 郑洪年：《本校改革计划大纲》，《暨南校史资料选辑》第一辑，暨南大学华侨研究所 1983 年版，第 10 页。

的积极影响，学界对其研究主要集中于他在华侨教育方面的思想与实践。暨南大学于1978年复办以来，非常重视校史资料的整理和校史的编撰工作，暨南大学的校史研究工作者对郑洪年老校长的研究最为深入全面，而学界对于华侨高等教育的研究则集中于南京国民政府的侨教政策以及各侨居地的教育发展状况，对于郑氏在华侨高等教育方面的研究涉猎不多，尚待进一步深入。本文拟根据上海档案馆、上海图书馆及暨南大学档案馆所藏有关文献资料，以国立暨南大学为中心，对郑洪年在华侨高等教育方面的贡献从五方面进行简要探讨。

一、广罗人才，加强师资队伍建设

办学重在师资，为了给暨南大学培育一支高水平的师资队伍，郑洪年利用自己在民国政界、教育界的丰厚人脉，广罗人才，且用人不拘一格，只要有才，即委以重任。譬如他曾多次请李石曾先生推荐办学人才，李石曾即向郑洪年推荐了汪奠基，郑与汪面晤后，深感汪年富力强，颇有作为，当即聘为教育学系主任；汪奠基又向郑推荐了黄建中，郑考察一番后，委以大学部教务长重任。郑洪年为求办学人才，还向大学院院长蔡元培去信：“余办理行政事务多年，至于此次接办暨南，深望先生为我物色一两人，热忱相助。”蔡元培向他推荐了新闻人才徐世度，当即被聘为学校秘书处出版课课长。① 在郑洪年担任校长期间，国立暨南大学延聘了一批学者来校任教，著名的有杨汝楳、叶渊、潘序伦、陈钟凡、夏丏尊、叶公超、梁实秋、翟俊千、张耀翔、许德珩、孙寒冰、洪深、张君劢、沈从文、周建人、张世禄、夏衍、罗隆基等。延聘的教员中，留学国外并获得博士学位的有19位，获得硕士学位的有26位，真可谓人才济济，为暨南创办以来一时之辉煌。这从人才队伍上奠定了暨大“华侨最高学府”的学术基础。

① 《国立暨南大学下学期第七次纪念周记录》，《暨南周刊》1928年第2卷第7期，第69页。

二、改革组织结构，突出侨校特色

郑洪年担任国立暨南大学校长后，给暨大的定位为，“斯校之责任，可分为二：一为教育华侨子弟……一为研究南洋问题”[①]，基于此，他在制定学校改革发展计划时，即考虑到要扩充暨大的学科设置，将其改造成完善的综合性大学，同时突出暨大华侨最高学府的办学特色，适应华侨子弟回到居住地谋生的需求。郑洪年以彻底改革之决心，拟定了《本校改革计划大纲》，内审国是，外察侨情，厘定“道德、科学、军事、职业、政治五种训练为暨南的教育方针”，并以这些方针为指引，对暨南大学进行了一系列大刀阔斧的教育改革。

一是扩充学科设置，完善组织机构。郑洪年审时度势，根据暨大办学经费状况和人才聘任的进度，制订了学校改革发展的三个时期：第一时期（1927 年上学期至 1929 年下学期），扩充大学部，将原商科大学部改组为商学院，并在此基础上增设了文学院、理学院、教育学院和独立法律学系，共四学院一独立学系，基本符合国民政府规定国立大学须有五学院之规定；第二时期（1929 年下学期至 1931 年上学期），增加了哲学系、农业专科等本科学系和专科；第三时期（1931 年下学期至 1933 年上学期），增设农学院和艺术学院，进一步扩充暨大的办学规模。这三个时期计划后来略有变动，但暨南此后几年的发展基本上按照此计划进行。郑洪年离任时，国立暨南大学业已发展成为兼具文、理、法律、商学、农学、艺术等多学科的综合性大学。

郑洪年还将原来的中学部极力刷新，力求充实，以期与大学部的需求相互衔接。按照学制，分中学部为初中部和高中部，初中部不分科别，高中部分为普通科、农科、商科和师范科。普通科和农科“作为研究高深学术升入大学部各院之预备”[②]；商科和师范科则作为为南

① 郑洪年：《暨南大学改组特刊发刊词》，《郑洪年教育言论集》，国立暨南大学 1927 年版，第 179 页。

② 郑洪年：《本校改革计划大纲》，《暨南校史资料选辑》第一辑，第 13 页。

洋培养商业人才和师资队伍的机构，意义尤为重大。暨南商科创办已久，早有定法；师范科是为了培养南洋华侨的师资力量而设立的专业，承担培养教育机构的工作人员之责，必须得到确实的发展，郑洪年特意制定了详细办法，使师范科的教育能够得到快速的发展，以满足为南洋提供高质量师资的需要。

二是加强设施建设，提高教学水平。郑洪年认为："盖教育事业之成，有四要素焉：一为计划，二为经济，三为人才，四为地址。"①所谓地址，即一所大学办学成功所需具备的场地。因而郑洪年除了在学科设置上对暨南进行完善外，还十分注重办学辅助设备的建设。在重长暨南之前，暨南学校筹建图书馆，一期建设预筹资金一万元，郑洪年即捐资五千元，使图书馆得以开建，为表纪念，学校特将此图书馆命名为"洪年图书馆"。此外，郑洪年还先后按计划建设了科学馆、农场、体育馆、南洋馆及附设商品陈列所等教学、科研及体育场所，既在办学设施方面逐步缩短了与国内一流学校的差距，办学水平得到了飞速提高，又突出了暨南侨校的特色，使暨南侨生能够及时接触到南洋的发展成果，为他们日后服务南洋打下基础。

三是注重南洋研究，突出侨校特色。暨南大学作为华侨最高学府，对华侨负有教育的责任，向来把南洋问题和华侨问题的研究放在十分重要的位置，使国内人士了解华侨在南洋的现状，同时也让华侨父老明了祖国的现状，创造华侨参加祖国运动的机会。郑洪年作为一位颇有见地的教育家，特别强调要高度重视南洋问题和华侨问题的研究，他在学校的校务会议上多次强调，要重视华侨问题研究，"华侨在海外有深长之历史，人数有千万之众，在经济上亦有不可侮的势力，故华侨问题比任何问题还要严重，吾人不努力打开难局，将来决无立足之地"，"本校为华侨教育而设之学府，故本校应特别研究华侨问题，希望全体同学对于南洋问题，要切实去研究"。此外，鉴于日本政府对于

---

① 郑洪年：《暨南大学改组特刊发刊词》，《郑洪年教育言论集》，第 177 ~ 179 页。

南洋"专设南洋局及日本南洋协会等机关,每年耗费巨额之金币从事南洋一切问题之研究,其用意之深可以知之"①,特在大学部和中学部之外,设立南洋文化教育事业部,郑洪年亲自兼任该部第一任委员长,聘请了一批著名专家学者从事这方面的研究工作,并要求学生要重视这方面的研究。南洋文化教育事业部出版了学术刊物《南洋研究》,编纂了《南洋丛刊》,编印了《海外侨讯》等刊物,取得了许多研究成果,为国内外所瞩目。郑洪年还通过该部,积极指导、大力推动南洋华侨教育事业的发展。他每年派人赴南洋调查考察,多次寄表格给南洋各埠的中华会馆和华侨学校进行书面调查,并编印《南洋华侨学校之调查与统计》一书。1929 年 11 月,郑洪年参加国民党中训部召开的南洋华侨教育会议,会上详尽阐述了华侨教育的特殊意义,介绍了暨南大学创办和发展的历史概况,强调"今后政府对于华侨教育应确定方针,扶助指导发展",在引起政府对于华侨教育重视的同时,提升了暨南大学的影响力。

四是加强制度建设,促进规范化管理。良好的教育教学制度是办学成功的保证。郑洪年重长暨南大学后,十分注重学校的教学制度建设。经郑洪年大力改组,暨南大学新建了大量的院系、部门。为了使新建的各院系部门的运作能够有条不紊地进行,郑洪年亲自主持制定了《国立暨南大学组织大纲》②,经教育部审核通过,将暨南大学的组织分为各院系、行政机构、会议、委员会、特种设备五类,各机关组织均登记在册,促进学校的制度化管理。在郑洪年的指导下,暨南大学大到各部门、委员会,小到各科室等,均制定了详细的办事规程,使整个学校的各类组织均有法可依、有规可循。在教育教学方面,郑洪年制定了大量的制度性办法,如《国立暨南大学核准学生毕业办法》《国立暨南大学教职员服务暂行规则》③等,使暨南的各类事务能够按照规

---

① 郑洪年:《本校改革计划大纲》,《暨南校史资料选辑》第一辑,第 14 页。

② 《国立暨南大学组织大纲》,《国立大学联合会月刊》1929 年第 8 期,第 1 ~ 5 页。

③ 《国立暨南大学教职员服务暂行规则》,《国立大学联合会月刊》1928 年第 6 期,第 116 ~ 117 页。

章制度操作,维持了学校正常的教学秩序,保障了教育信息和教育资源的公平分配。

此外,郑洪年还建立了"校长布告"制度,加强校务公开,将上至教育部通令、下至学校放假时间等与教职员、学生学习生活相关的事务,通过校长布告的形式告诸全体师生员工,使学校信息通达,教职员工和学生都能够及时知道学校的各类信息,促进了学校的民主化建设和学术氛围的民主化。

三、重视学术研究,提倡学术自由

郑洪年十分重视学术研究,在当时西方殖民者仍认为中国人是半开化之民族的情况下,他认为要提高华侨地位,学术是重要手段。在他给一些刊物的题词和作序中,多次提到要用学术提高华侨科学文化水平,使南洋的西方殖民者以平等自由待我同胞,如"望诸子以学术化使我侨胞达到平等自由"①、"冀以教育手段俾成学术化,拯救海外数百万侨胞于水火,达到平等自由"②等。

在学术思想上,郑洪年采取兼收并蓄、学术自由的方针,允许各种学派、不同团体的观点,各抒己见,自由阐发,让学生独立思考,判断抉择。郑洪年认为:"各种主义,亦可提出研究。"在如此民主宽松的学术思想指导下,暨南大学经常邀请著名学者、作家和名流来校演讲,如鲁迅、蔡元培、马叙伦、胡适、李达、郑振铎等都曾应邀到校讲演。暨大学术氛围浓厚、气息活跃,连当时被国民党当局视为洪水猛兽的社会民主主义思想和共产主义思想都在暨南大学占有一席之地,以至引起了右倾报刊《社会新闻》的不满,指责郑洪年将暨南大学"灰化"(即社会民主主义化)了。③ 郑洪年还积极倡导和大力支持学生组织学术团体,开展学术研究,资助出版学术刊物,如《会计学报》《经济汇报》《秋

① 《郑洪年题词》,《荷属华侨学生会季刊》1929 年第 1 期。
② 《郑校长序》,《暨南年鉴(1929 年)》,暨南大学档案馆藏,档案号 XS12 - 1。
③ 《暨南大学灰色化》,《社会新闻》1932 年第 6 期,第 125 页。

野》等众多学术刊物，形成了生动、活泼的学术氛围，达到了既出成果又培育人才的目的。

四、注重中华文化认同教育，培养侨生爱国热情

暨南的创办初衷，即为培养华侨的爱国意识，防止华侨为外族同化。郑洪年尤其重视对华侨学生开展中华文化教育，使他们能够了解祖国悠久的历史和灿烂的文化，培养他们对祖国的归属感，激发他们的爱国热情。采取的措施主要有三：

首先是定时召开总理纪念周活动，对侨生开展三民主义教育。郑洪年曾长期追随孙中山开展国民革命，孙中山逝世后，郑洪年时时以“总理信徒”自居，将继承总理遗志、实现三民主义作为自己毕生的追求。1927 年，国民政府号召开展“三民主义教育”后，郑洪年即在校内予以积极实施。在郑的教育言论中，对何为“三民主义教育”及如何实施“三民主义教育”有大量的阐述。暨南大学还专门组织了“总理遗教实施委员会”①，负责研究实践孙中山的三民主义思想和建设计划。在郑洪年主政暨南大学期间，学校定期举行总理纪念周活动，郑洪年每次活动必然到场，向全体师生员工讲述革命历史、总理三民主义思想及日本侵华时局等，激励师生们不忘总理遗志，为完成革命、抵御外侮、实现中国现代化而努力学习。

其次是利用节假日，组织侨生考察祖国文化。侨生偏居南洋，受当地殖民政府文化教育政策的影响，所接触事物多为当地风土和西方文化，所受教育亦多为西式教育，对中华文化历史认识不深。为使侨生们加深对祖国文化的了解，培养他们对祖国文化的热爱，郑洪年利用节假日，多次组织校内师生前往西北、华中等中华文化发源地考察。如 1933 年 9 月，以文学院历史地理学系为单位，组织了一次西北考古探险活动，郑洪年为此次考察团拨付了大量经费，还就此事分别致函

---

① 《国立暨南大学总理遗教实施委员会计划纲要》，《国立大学联合会月刊》1929 年第 2 期，第 3 ~7 页。

铁道部长顾孟余、教育部长王世杰和财政部长宋子文，请减免考察团成员乘坐火车费用，发放免费专用执照和携带物品免税护照，令各地方军警予以保护等，使此次考察活动能够安全、有序地进行。①

再次是在课程内容上加强爱国主义教育。爱国思想的培育，需要一个洋溢着爱国氛围的大环境。为了营造这样的环境，郑洪年除了平时言传身教和组织各类爱国主义教育活动外，还在课程内容上加强爱国主义思想的宣扬和教育。如把讲述三民主义理念的《党义》、讲述南洋基本状况的《南洋概况》、讲述中国语言文学的《国文》及讲述中华历史文化的《中国通史》，列为大学一二年级学生的必修课②，以期培养学生的公民意识和对中华文化的认同感，将暨大的侨生培养成为积极的爱国主义分子和祖国文化的传承者。

五、重视体育，养成侨生尚武精神

郑洪年十分重视体育，深知"运动能养成青年尚武精神，为强国之基础"，他多次接见暨大足球队和篮球队成员，鼓励他们在各类赛事中创造佳绩，暨南的运动队伍在外取得优异成绩后，郑洪年亲自举办庆功会予以勉励。③ 在郑洪年的高度重视下，暨南大学的运动队在与华东各大学的比赛中，成绩一直名列前茅，在国内外各项赛事中的表现也十分突出，为学校赢得了荣誉。

郑洪年任校长时期，抗日御辱成为时代共识。为了培养军事化人才，为抗日做准备，郑洪年还积极组织学生童子军进行军事化训练，暨南大学童子军被编为中国童子军第六十四团，邀请军队教官进行强度较高的训练，并积极参加华东各校的童子军比赛。除童子军外，普通

---

① 《西北考古报告》，1933 年 9 月 10 日，上海市档案馆藏缩微胶片，Q240－1－16－50。

② 《国立暨南大学一览 · 学程》，1933 年度，上海市档案馆藏电子资源，Y8－1－324－98。

③ 《本校庆连得江大锦标赛欢宴 · 郑校长亲致勉词》，《暨南校刊》1933 年第 51 期，第 8 页。

学生每周设军训课若干节，邀请上海真如附近驻军对学生进行国民军事训练[①]，使学生的体格得到锻炼，思想受到军队爱国主义教育的熏陶。抗战爆发后，暨大学子积极参军抵抗日本侵略，中国第一个进入奥运会复赛的运动员符保卢，在抗日战争全面爆发后，加入中国空军，并为国英勇捐躯。

1934 年，受 C. C. 系排挤，郑洪年离任，赴南洋考察华侨教育。[②]在他担任校长的 7 年间，国立暨南大学的“设备日臻完善，规模大具，校誉远播，师资阵营鼎盛”，暨南大学完成了从华侨补习学校到“华侨最高学府”的转型，“东南亚及远至美国之华裔父老，仰慕暨南大学之盛名，凡遣其子女回中国升学者，莫不以进入暨南为荣；是以侨生人数大增，几占在校学生总数四分之三，蔚为华侨最高学府，亦为暨南之全盛时期”。[③]

（《民国档案》2012 年第 1 期）

---

① 《各地驻军协助国民军事训练办法》，《暨南校刊》1933 年第 58 期，第 15 页。

② 郑宝伦：《关于郑洪年生平事迹的两封信》，《暨南校史资料选辑》第一辑，第 210 页。

③ 转引自戴学稷《解放前暨南大学发展史略》，《华侨教育》第 1 辑，暨南大学华侨研究所 1983 年 4 月内部刊印，第 58 页。

黄炎培

黄炎培（1878—1965），字任之，号楚南，笔名抱一，江苏川沙（今属上海市）人。我国近代职业教育的创始人和理论家。在辛亥革命中，暨南学堂因人员星散而停办。1917年5月，北洋政府教育部派黄炎培前往南洋调查华侨教育状况，作为恢复暨南学校的先声，11月1日正式任命黄炎培为筹办员，负责筹办暨南学校。黄炎培即偕同江苏教育会同仁赵正平等，至南京向省政府接收原暨南学堂的校舍、教具，设立筹办处，进行复校工作，经过数月筹备，决定于1918年3月1日开校。

黄炎培筹办暨南学校

胡安泰

知道黄炎培先生的人,大凡知晓他是中国民主建国会的发起人,是中华职业教育社的创办者,是著名的社会活动家和职业教育家。对于他对我国华侨高等教育事业的贡献,特别是在恢复或筹办暨南学校过程中值得浓墨重彩书写的功绩却鲜为人知。专为黄炎培立传的《黄炎培》一书作者亦极少提起。岂不是一件憾事。黄炎培先生在我国华侨高等教育史上是不可不提的人。

为暨南复校而奔波

素有"华侨最高学府"之称而声誉远播的暨南大学,其前身是清末两江总督端方(1861—1911)创办于南京鼓楼薛家巷妙相庵的暨南学堂,时间是1906年(清光绪三十二年)。暨南学堂创办的宗旨,可用端方《筹设暨南学堂片》中的一句话"宏教泽而系侨情"概括。至1909年4月,先后有南洋爪哇岛、新加坡、吉隆坡、槟榔屿、日惹等6批归国侨生共计175人就读。后任新加坡大学首任华人校长的著名侨领李光前博士就是这批侨生中的佼佼者。1911年10月武昌起义,全国响应,当时在南京的清朝两江总督张人骏、提督张勋等仍效忠清王朝,遏阻策应革命的新军,对剪了辫子的暨南学生也很戒备,把大炮架在北极阁,正对着暨南学堂,师生受到极大威胁。为了安全,学堂星夜租车送学生到上海避难,大部分侨生乘船回南洋，小部分投入新军或去武昌投奔黄兴，师生星散。

辛亥革命推翻了中国几千年的封建帝制，建立了民国，海外侨胞为之欢欣鼓舞，爱国热情高涨，华侨心系祖国，热心办学，海外教育有很大发展。暨南学堂在战乱中停教了，但华侨学生回国求学的愿望还没有消退。1916年冬巴达维亚中华会馆董事陈金山先生回国访问，会见了北洋政府教育次长袁希涛和江苏教育司司长黄炎培，会谈了添列华侨教育补助费于预算案。1917 年夏，北洋政府教育部委派黄炎培、林鼎华赴南洋调查华侨教育状况。黄炎培等 5 月 15 日起程，先后访问了新加坡、马六甲、吉隆坡、三宝垄、泗水等地，在泗水参加了“荷属学务总会”组织的教育研究会，广泛接触了南洋各地的华侨父老，对南洋华侨教育状况及华侨对祖国教育之期盼取得了十分宝贵的第一手资料。8 月 23 日返达上海，历时三个月零八天。黄炎培在归途中写了《南风篇》，拟就《南洋华侨教育之商榷书》，详细报道了此行的经过和收获，并就南洋华侨教育问题提出了 10 条建议。如在描绘在南洋广泛而紧凑地接触华侨各界人士时，《商榷书》中写道：“获与六十二埠、六十六校、七十八教员上下议论者四日夜。”《南风篇》及《商榷书》之初稿当时发表于《教育杂志》，引起了社会各界，特别是教育界对南洋侨教的注意。回国后不久，即 9 月初，黄炎培向北洋政府教育部作了南洋之行的报告，陈述兴办华侨教育之重要，极力建议尽快恢复暨南学堂。

鉴于黄炎培对华侨教育的热心及知情，1917 年 11 月 1 日，北洋政府教育部正式任命黄炎培为筹办员，负责暨南复教复学之事。11 月 24 日黄炎培即邀江苏教育会同仁赵正平到南京向省政府接管原暨南学堂的校舍、校具，正式设立筹办处，进行复校工作。他会同赵正平拟订了《暨南学校章程》，这是筹办处设立后拟报的第一份文稿，11 月 27 日报教育部。《章程》将复办的暨南学堂改名为暨南学校，体现了黄炎培与时俱进的精神。暨南复校的喜讯很快传至南洋，华侨奔走相告，无不欢欣鼓舞，苏门答腊华侨子弟游进勉等 7 位华侨学生闻讯后即于 1917 年底抵达南京，要求入学。当时因复校工作尚未就绪，黄炎培与南京高等师范学校商定，在该校增设补习科，安排提前来宁的侨生。

暨南学校筹办处 1918 年 1 月 8 日将黄炎培等拟写的《暨南学校章

程》及《暨南学校规复宣言并招生启》等寄发南洋各地。《宣言》称:“今将原有之暨南学校从新恢复,扩充规模,改良办法,分设专科,并经营有利于华侨教育之各种事业……决定于民国七年即一千九百一十八年三月开学,校址仍在南京鼓楼南薛家巷,有志求学者,请速起程。”《暨南学校章程》称:“本校以招集华侨子弟已在南洋受有初步教育者,授以适应于南洋需要之知识技能,并发达其爱国思想,俾毕业后从事于华侨教育或实业,冀其事业之改良与发达为宗旨。”“本校暂依中等程度办理,渐进乃施高等教育。在未施高等教育时,华侨有欲送其子弟入本国大学或专门学校,或为升学计欲入普通中等学校者,本校负指导绍介之义务,须补习者,并设法使之补习。”黄炎培等在所拟《宣言》和《章程》中将暨南学校的宗旨、任务和发展方向作了十分明确的阐述,这在我国华侨教育史上留下了重要意义的一笔,是宝贵的侨教历史文献。

暨南学校筹办期间,黄炎培不辞辛劳,筹措经费广罗教员,并率同所聘职员,收点前暨南学堂校舍、校具、书籍、仪器,进行修缮、添置、扩充,至1918年2月竣工,耗资万元,校园整治一新。1918年3月1日,暨南学校补习科开课,停课6年的华侨学校,在黄炎培等的努力下,经过短短5个月的筹备,重新恢复了,正式改名为暨南学校。3月8日,经黄炎培推荐,北洋政府教育部委任赵正平为国立暨南学校校长,令黄炎培继续筹办发展事宜并会同规划校务。1918年3月至9月侨生由南洋各埠华侨教育界的校董、校长、教员及学生亲属护送来暨南学校就读的有20余批次,60余人,少数在国内的侨生闻讯后由上海复旦公学(上海复旦大学前身)、南洋公学(上海交通大学前身)、沪江大学和福建华侨公学等校转来就读。后爪哇三宝垄商会建议学校兼收若干内地学生,使侨生与国内学生互相学习,互相帮助,取长补短,共同进步。学校经研究,变通章程,于1918年5月呈报北洋政府教育部,称:“凡国内高等小学毕业,其父兄和保护人现在南洋经营商业者,又师范科华侨学生有缺额,而国内学生有赴南洋为教师之志愿,且具有相当资格者,均得适用入学手续,准于入学试验。”是年8月,暨南学校在南京、北京、上海三地举行国内学生招生考试,应试学生超过400人。1918年9月9日暨南学校举行了隆重的开学典礼，师范科、商业科及补习科等正式上课，共有学生110人，其中华侨学生70人，内地学生40人。师范科学生49人，商业科学生25人，补习科学生25人，11人到附小学习。

暨南学校按照黄炎培教育构想，结合南洋华侨社会之需要，除设有中小学部外，创设了师范和商业两科，黄炎培在南洋考察教育时，特别注意到培养华侨师资及商业人才的迫切性，他在《暨南学校概况报告书》（第一次）中写道："今南洋教员大都来自内地。为教员者苟不明所在地情形，或不谙所在地语言，则教材安能适切。学生家庭又安能联络，故培养适当之教员，自是南洋教育一大问题。""侨民子弟稍长，大都为谋生计，中途退学，毕业者寥寥，遑论升学。游踪所及，几乎各地一致，此尤为需要职业教育之明证"，"吾侪因而确认南洋社会需要商业教育，实有非常迫切之情势，则非仅在小学略授以商业知识，如所谓预备商业教育者为克能满足其要求"。在他的倡导下，学校在恢复时首先设置了师范、商业两科。校园内还设贩卖部和学生储蓄银行，供商科实习之用，同年还开设了南洋物品陈列室，征集国内外特产物品、历史文物等，所陈列物品由归国侨生带回，或由南洋华侨赠送。学校还办了《中国与南洋》杂志，以增强国内与南洋的联系。黄炎培对该杂志的名称作了如下说明："《尔雅》不云乎：暨，与也。中国与南洋，犹名吾校之名，而行吾校之志也。"民国初，学校办刊物还是一件少见之事，有人问："办学校就该专门办学校，办刊物就该专门办刊物。为什么学校要办刊物？"黄炎培在《中国与南洋发刊词》中回答道：《暨南学校规复宣言》已说得很明白，学校将"经营有利于华侨教育之各种事业"，创办《中国与南洋》与"宣言"的精神是一致的。该刊物出版了5卷25期，每期分送海外华侨和国内热心南洋事业的有关部门和人士，不仅沟通了国内外的联系，对推动南洋问题及华侨问题的研究也发挥了重要作用。

为暨南发展而操劳

暨南学校复办后，在黄炎培的努力下，学校参加了国内新教育的改革。1919年1月,暨南学校与北京大学、南京高等师范学校(南京大学前身)、江苏教育会、中华职业教育社联合发起组织了“中华新教育改进社”,翻译出版新书,发行月刊,介绍西方在教育、科学及文化方面的情况和知识,对改进国内教育起到一定作用。黄炎培十分重视调查研究,在暨南复校之后的1919年春和1921年春两次下南洋,所到之处开会演讲、调查访问,介绍暨南办学情况和计划,征集南洋物品,劝导华侨子弟归国求学,其在南洋的活动受到侨胞的热烈欢迎,扩大了暨南在华侨中的影响。

为发展商科教育,培养高级商业人才,应南洋侨界人士的强烈要求,暨南学校于1920年1月草拟了创设商科大学宣言书及计划书,得到上海总商会、江苏省教育会以及国内著名实业家张謇等的支持。3月,黄炎培即与暨南学校校长赵正平等人开始筹划设立商科大学事宜,黄炎培被推荐为筹备处主任。其间,他多次主持筹备会议,呼请社会各界予以支持,并邀请陈独秀到会演讲。同年9月27日,黄炎培与郭秉文、蒋梦麟在北京约请了蔡元培一起拜访了北洋政府教育总长范源濂,向他陈述要求有关暨南学校迁沪、设商科大学以及南京高师升改东南大学等事项,范源濂允诺。1921年2月,暨南学校商科首先迁入上海徐家汇。以松社(纪念蔡锷的图书馆)为校舍。这一年的夏天东南大学设立后,经两校协商,合办上海商科大学,以上海霞飞路尚贤堂为校址,推举黄炎培、赵正平、郭秉文、黄奕柱、史量才、聂云台、陈光甫等15人为上海商大委员会委员,负责建校事宜。7月13日,暨南学校校长与东南大学校长联名呈报北洋政府教育部备案。8月15日举行首届入学考试,9月28日开学,定名为“国立东南大学暨南学校合设上海商科大学”,郭秉文兼任校长,聘马寅初为教务主任。上海商科大学是我国设立的第一所商科大学。一年后,即1922年6月,据暨南学校《扩充海外教育案》决定,退出上海商科大学,单独办商科大学部于上海徐家汇,定名为“国立暨南商科大学”,高阳任主任(校长),聘马寅初、潘序伦等为教授。9月在上海真如新校址开学,这是国家办华侨高等教育的开始。

按《暨南学校章程》第二条规定:“本校置校董若干人,规划本校进行事宜。”“在校董未推定以前,就国内外卓著声望,热心南洋华侨教育者推定若干人为名誉赞助员。"暨南学校恢复之初,首任名誉赞助员是黄炎培与时任中央教育会会长的张謇。后推定江苏民政司司长沈恩孚及教育部特派调查南洋教务的林鼎华两人为名誉赞助员。暨南学校校董会校董在1921年推定,1922年3月2日由北洋政府教育部正式发出聘书,后有所增聘,计有:范源濂(北洋政府教育总长)、林文庆(归侨医学家、教育家,后任厦门大学校长)、袁希涛(教育次长)、黄炎培、张謇、李登辉(归侨教育家,曾任复旦大学校长)、简照南(华侨实业家)、黄奕柱(中南银行行长)、郑洪年(交通部次长、首任暨南学堂堂长)、史量才(《申报》主笔)、柯成懋(教育家,后任暨南学校校长)以及赵正平、韩希琦、严家炽、陈炳谦、叶光崧、林熊徽、钱新之18位知名人士。

1922年3月19日,暨南学校董事会第一次会议在上海"一品香"召开,提出了4个议案,其中第二个议案"设置筹备新校舍委员会案"决议:"本校设置新校舍筹备委员会,由全体校董担任,并由校董中推举办事委员七人,筹拟集款方法、规划校舍工作与各校董接洽进行。"被推荐办事委员的除首推黄炎培外,另有袁希涛、史量才、郑洪年、柯成懋、韩希琦、钱新之6人。暨南学校兴建新校舍之事始于1922年夏秋之交,因南京旧校址已无修建新房余地,黄炎培等决定在上海附近乡间找寻,后上海宝山县士绅钱印霞建议择地真如乡。真如乡距上海不过10余里,乘沪宁火车一刻钟可到达,交通便利,环境幽静,地价较廉。校董经反复商议后采纳了这一建议,决定在真如车站旁南盈墟紧沿沪宁线勘定200余亩土地为校址,工程于1922年6月18日动工,1923年夏末第一期新校舍竣工,暨南男校师范、中学部、商科分别从南京、上海徐家汇迁入真如新校。

1922年12月9日,暨南学校第二次校董会通过了《扩充新校购地附办新村》案,即在学校之旁购地450亩建新村,合新校舍220亩,共征地670亩。该村定名为"暨南村"。为什么要建暨南村?据赵正平《暨南村建设记》记载,黄炎培在1924年4月10日举行的村友大会上代表校董会作了《筹设暨南学校村之旨趣》的报告,报告中回答了这个问题:(1)有利于学校生活与社会生活互相联络,使学生了解按照理想实现新生活新社会之精神。(2)使南洋华侨回国者有适宜之居住处,以鼓舞其回国振兴实业之念。(3)希望使热心新村事业者有一个试验的机会,外国人都说中国人程度不足,希望通过筹设暨南村集合一些热心人士做试验,一以冀表现中国人的程度究竟如何,二也看吾人之希望能否达到。

华侨女生回国求学始于 1916 年。暨南学校复办时,华侨女生回国人数逐渐增多,由于暨南学校复办时只招男生,华侨女生多数进了教会女校,但其所受教育大都不适应华侨社会生活及需要。1922 年春,黄炎培与校董袁希涛、校长赵正平商议,决定筹办暨南学校女子部,并于秋季招生,为此,学校编辑出版了《中国与南洋》第 7 期"女子专号"特刊,登载《暨南学校开办女子部宣告》《国立暨南学校女子部简章》,并发表了《本校女子部教育之旨趣》《敬告南侨女学生》专文,开创了华侨女生回国就学专设女子部之先河。

保持和不断加强与南洋华侨的联系,为南洋侨教推介人才,是暨南学校的办校方针之一。作为赞助员和校董的黄炎培,不仅把为南洋介绍人才列为学校的办学内容,而且身体力行,做出表率。仅在暨南学校恢复后的第一年,黄炎培以个人名义或以学校名义介绍到南洋担任中小学校长及教员者不下 30 人。如介绍暨南学校学监徐开舆和补习科主任许克诚分别到新加坡中学和槟榔屿中学任校长。学校对介绍的教员所需旅费,或由学校垫付,或由学校贷给,以示支持。对于来校访问的人员,特别是南洋侨教界人士均给予热情接待,许多回国的华侨大多亲临暨南参观、发表演说、慰问教师、鼓励子弟,其中著名侨界人士陈嘉庚、李登辉、梁炳农等先后到校参观。黄炎培及校长或各科主任均出面接待交谈介绍。为南洋侨胞服务,加强学校与南洋侨胞联系,为办好暨南学校,发展华侨教育事业创造了很好的条件。

黄炎培先生致力于恢复暨南学校,热心华侨教育事业,为暨南的发展打下了良好的基础,为我国华侨教育事业做出了重要贡献。其功绩将永载我国华侨教育发展史册。

(胡安泰《暨南往事》,引领杂志社,2007)

陶冷月

陶冷月（1895—1985），原名善镛，字咏韶，号宏斋、五柳后人、柯梦道人等，江苏苏州人。1922年3月，由表叔王佩诤和暨南大学前校长柯箴心（成懋）推荐，任南京暨南学校艺术学教授。1928年，暨大设中国艺术系，陶冷月被聘为教授兼系主任。5月，陶冷月识徐悲鸿。时陶冷月正筹备暨大艺术系。端阳节前后，徐悲鸿写信给陶冷月，推荐汤临泽到暨大任书法篆刻教员，又请陶冷月向暨大校长荐其岳父蒋梅笙任国学教席。1929年5月，陶冷月因病辞去暨大教职。

解读徐悲鸿致陶冷月的三封信

陶为衍 口述 徐建恒 整理

父亲陶冷月(1895—1985)与徐悲鸿先生的交往,开始于上世纪20年代后期。1928年,父亲在国立暨南大学任中国画系主任。同年4月,该校增设中国艺术学系,父亲被聘为系主任。由于艺术教育的扩展,需延聘资深教授和增添教具。当时父亲本拟请留法回国不久的徐悲鸿先生一起主持暨南大学中国艺术学系工作,但因徐悲鸿先生已在南京中央大学及上海南国艺术学院任教,奔波于沪宁两地,故转而口头和书信介绍黄宾虹、汤安及蒋兆燮三位先生到暨南大学工作。后他又将在法国购置的石膏模型,翻制后供暨南大学作教学用具。本文披露的徐悲鸿当年(1928)致陶冷月的三封信札,即记述了他们交往的这段史实。

第一封信

冷月先生赐鉴:

顷谈甚快,仰慕已久,乃荷先施宝,深愧感。汤君临泽已晤见,以先生语语之,亦蒙允诺,恳即与贵校长言明,由校正式聘请。汤君名安,嘉兴人,书宗南派,略近欧虞两家。金石刊划并世罕出其右者。敬颂教安。

悲鸿顿首,五月十一日

汤君近著石鼓文考正不日将由有正书局出版。

父亲陶冷月原名善镛、谓镛,字咏韶,号宏斋、五柳后人、柯梦道人等,江苏吴县(今吴中区)人,为词章家陶芑孙文孙,丹青家陶诒孙侄孙。1912年毕业于江苏两级师范学堂本科。历任长沙雅礼大学、国立暨南大学、开封中山大学、国立四川大学教授。曾与沈惠田、吕凤子、谢公展一起创办私立南京美专,任西画系主任。1933年定居上海,以鬻画为生。新中国成立后在中学任教,1958年被打成右派,1983年底加入美协上海分会,生前为上海市文史研究馆馆员。他幼承家学,继习西画,最后乃基凭国画而以欧法补充之,创作出融会中西的“新中国画”,因而得到蔡元培的褒扬和支持,成为20世纪早期融会中西绘画的代表人物之一。其作品以山水、花卉为大宗,旁涉人物、走兽、翎毛、草虫等,尤擅绘月,因以得名。上世纪20年代至40年代在苏、锡、宁、沪等地举展20余次。作品先后在1926年东京“日华冷画联合展览会”和1928年“费城世界博览会”展出。从此信内容可确认,父亲与徐悲鸿首次见面,应是1928年5月11日的前几天。

信中提到的汤安(1888—1967)又名韩,字临泽、陵石、邻石、陵翁,浙江嘉兴人,曾从金石家胡菊邻学金石书画,又从潘史兰习诗古文辞。1910年任《商务日报》编辑,时狄平子创办有正书局,发行珂罗版画册和碑帖,由汤安主持其事,兼治篆刻,声誉很隆。1928年经徐悲鸿推荐,暨南大学聘其教美术史及金石书画考据。他潜心研究复制宋元书画、仿古所涉陶瓷、铜器、碑帖、古纸、竹刻、砚台、印章等先后30多年,所制几可乱真。曾应聘北京故宫博物院金石书画鉴定委员会专门委员。1953年被聘为上海市文史研究馆首批馆员。

第二封信

冷月先生赐鉴:

前日畅谈为快。暨南以方兴之学府,嗣艺术之新科,得足下长才,详为规划,可胜庆幸。兹有恳者,敝岳蒋兆燮先生,号梅笙,历任南洋、大同、复旦等校教授已几廿年,长于诗古文辞,居沪久者,类能相识。自去年始乃任丁卯学社(即约翰旧部)教席。比因该社前途无望,不欲继任居恒。服贵校陈钟凡先生学术,曾采其所著诸子通谊为教本。窃愿以先生私意,略谋暨南七八小时国学之课，凡经学、诸子与诗词皆所胜任。其为人诲人不倦，勤勉逾人。生平未尝轻易告一时之假，教育界中所仅有者。著述以诗为多，沪所发行者有《庄子浅训》等。务祈先生大力为之吹嘘，感荷不尽。敬颂教安。

弟悲鸿顿首，六月十四日

暨南大学为我国教育史上首座政府创办的华侨学府。其前身是1906年由前清两江总督端方创办的暨南学堂，郑洪年为首任堂长，校址南京。辛亥后因无人主事而停办。1918年复校，改名国立暨南学校，1923年起陆续迁址上海真如，1927年扩展为一所综合性的华侨大学，即暨南大学，郑洪年任首任大学校长，1949年停办。1958年在广州重建，1970年因“文革”又停办，1978年复校至今。父亲1922年3月去暨南学校任教美术。1927年7月，成立中国画系，父亲任系主任（1927—1931），聘谢公展为国画导师，郑曼青、朱凤竹、马万里为讲师。1928年4月，成立中国艺术学系，父亲又任系主任。

在这封信中，悲鸿先生欲推荐自己的岳父蒋兆燮至暨大谋国文教职。蒋兆燮（1870—1942）号梅笙，江苏宜兴人。幼承家学，十岁能诗善文，二十五岁应科举考试，县试和院试均第一名，后从古文大家顾石公习业，学业猛进。1905年岁试再考获一等第一。是年废科举，他断绝做官的念头，从此兴办学校，从事著述。历任圣仓明智大学、复旦公学、重庆大学教授。著有《国文法教本》《学诗法》《庄子浅训》《诗苑》《理斋类稿》《国学入门》《理斋近十年诗词》《词学概论》等。

信中提到的另一个人物陈钟凡（1888—1981）亦名中凡，字斠玄，号觉元，江苏建湖人，1917年北京大学毕业，历任东南大学、广东大学、东吴大学、金陵大学、金陵女子文理学院教授，暨南大学中文系主任（1928.1—1929.8），暨南大学文学院院长（1929—1933）。1952年从金陵女大调南京大学任教授至终。生前为民盟中央委员、全国政协委员。

第三封信

冷月先生惠鉴：

手教由舍间转宁，敬诵悉。聘书已转去，勿念。敝岳之事承费神，深感。至岁终仍恳向陈先生一提，祈终玉成之也。弟将于下星期五六返沪，届期将谋快晤。在法所购各模型，不日将到，当设法翻印流通。此时已成其一 MICHELANGELO 之像。敬颂暑安。

弟悲鸿顿首，端阳前一日

从第三封信的内容看，聘任汤安至暨南大学中国艺术学系任教之事得以解决，而蒋兆燮欲谋暨南大学教席之事，因故未能如愿。

这三封内容延续的信札均无年款，据信中所述汤安受聘暨南大学教职之年代，应为 1928 年。另据第三封信“端阳前一日”信札的左下角，有铅笔书写的“1928”字样，我确认为父亲陶冷月的手迹。这几个铅笔数字是父亲当年把此封信札赠与郑逸梅时标注的年款。“文革”中郑逸梅所集万通信札均遭劫，数年前我于艺术品市场复睹此信，商借复印后留存，而前两封信一直藏在我处。据此，这三封信札写于 1928 年应无疑。又，1928 年端阳日为 6 月 22 日，故第三封信写于 6 月 21 日。

（《世纪》2003 年第 3 期）

创造“新中国画”

郎绍君

1922年2月，二十八岁的陶冷月辞去长沙教职。3月，经国立暨南大学前任校长柯箴心介绍，聘为暨大艺术教授。当年秋，与娄新华女士结为连理。娄氏生于湖南，先人曾任湖广提督，善绣。郑逸梅在《陶冷月与新中国画》一文中说：“娄新华也善丹青，夫妇合作，俨然赵松雪与管夫人。”1925年，暨南大学由南京迁至上海真如，陶冷月购置了上海贝勒路（今黄陂南路）同益里宅，举家迁沪。对画家而言，此举具有转折性：上海毕竟更开放，有更多的画友、画展、画会、藏家和艺术活动，也有更多卖画的机会。他以上海为中心，时常往来于上海、苏州、无锡、南京之间，正是在这几年，他结识了黄宾虹、徐悲鸿并与他们成为好友，他的“新中国画”也引起了艺坛的广泛关注，画名鹊起。1928年，暨大设中国艺术系，陶冷月被聘为教授兼系主任，直至1929年初夏因病辞职。

这几年，陶冷月利用假期多次举办个展，计有无锡公园池上草堂展（1924）、苏州东吴大学林堂展（1925）、苏州青年会展（1925、1928）、常熟虞山公园展（1927），展出作品包括油画、水彩画、传统国画和中西融合的“新中国画”。师友同好如王同愈、胡汀鹭、范烟桥、周瘦鹃、程小青等，均以“赠言”或评论的方式加以推介。无锡《轰报》《申报·自由谈》、苏州《平江日报》《时报》、常熟《自由日报》等，都发表了署名文章。各种赠言和评论关注的焦点，是陶氏中西融合的探索，并首次被称之为“新中国画”。古文学家王同愈说,中西画“其理一也,所异者,国画苦不真,西画苦不韵。余欲沟通之而未由。陶君冷月,毅然辟此途径,于艺术史上开一新纪元。抑何神勇乃尔!”但陶氏画是否达到了又“真”又“韵”,没有说。画家胡汀鹭表示了充分肯定的意见:“盖先生之画,既合于旧,又合于新;既合于作家,又合于社会,所谓雅俗共赏,无美不备者也。”老画家吴观岱联系郎世宁表示了另一种意见:

郎世宁,意大利名画家也。康熙间以绘事供奉内廷,见吾国历代名画,遂刻意临摹,终不脱其西习。久而能融为一家,至今为世宝。今冷月陶子,家学渊深,研求西画,每为山川写照,刻求形似,靡不毕真,私心钦佩。敝人于西画实是门外,岂欲以好好二字相谀,质之西画鉴家,必确有评誉也。甲子大暑挥汗,梁溪吴观岱,时年六十有三。

吴观岱承认郎世宁的画“为世宝”,但仍有“终不脱其西习”的批评。对陶冷月,仅从“研求西画”的角度称其“刻求形似,靡不毕真”,表示“私心钦佩”却不愿以“好”字称赞。这正代表了一般传统画家的观念与立场。

对陶冷月绘画的最大鼓励与支持,来自蔡元培。1926 年 5 月 1 日,蔡元培为陶冷月订润格,为《冷月画集》题签并作长篇赠言。其润格写道:

冷月先生夙精绘事。先民榘矱,海外见闻,分别研练,各还其是。近进一步互取所长,结构神韵,悉守国粹;传光透视,特采欧风。苦心融会,尽化町畦;生面别开,知音非寡。为写润格,以便应求。

扇面　每叶自五元至十元。

堂幅　四尺以内每方尺自五元至十五元。四尺以外每方尺自八元到二十元。润资先惠。

《冷月画集》的题词,是一篇完整的短文。文中提出兼取中西“两方所长而创设新体”的主张,并把陶冷月视为这一主张的有力实践者。他说:

> 陶冷月先生本长国画,继而练习西法,最后乃基凭国画而以欧法补充之。试作数十帧,一切布景取神以至题词盖印悉用国画成式,惟于远近平凸之别、光影空气之变,则采用西法。町畦悉化,体势转道,洵所谓取之左右逢其源者。他日见闻愈博,工力渐深,因而造成一新派,诚意中事。

蔡氏书赠陶冷月的联句是:“尽善尽美武韶异,此心此理东西同。”——所表达的仍是融合中西的主张。蔡元培一向关心和支持有作为的青年艺术家,但像对陶氏这样有力地推介,仍是鲜见的。陶冷月深知蔡元培的期望,自此后逐渐放弃水彩和油画,把精力集中于融合中西的探索上。

蔡元培和诸名家的褒扬,使陶冷月名声大振。他陆续加入一些重要艺术团体,不断出品参加国内外展览,时常受邀作艺术演讲,画也卖得越来越好。1926 年至 1927 年间,袖珍本《冷月画集》和《冷月画集》甲种第一集、第二集先后由苏州新中国画社出版。三种画集收入作品四十四件,有三十九件属于“新中国画”,俱以珂罗版精印。其中袖珍本《冷月画集》刊十幅新山水,二十六篇序、跋、题词、题诗和画赞,设计和开本别具一格。1929 年,新中国画社又推出《冷月画册》第一集和《冷月画屏》第一集,其中《冷月画册》第一集俱为传统山水,《冷月画屏》则仍以融合型新山水为主。

(郎绍君《陶冷月》,河北教育出版社,2003)

暨南大学扩建初期的艺术教育

——陶冷月与暨大中国艺术学系

陶为衍

暨南大学是我国第一所华侨高等学府，至今已有百年校史，其新成立的艺术学院即将迎来首届新生，该院的美术学专业类系科也正在积极筹建之中。然而，在上一世纪20年代，暨南大学首任校长郑洪年先生在将暨南扩建为完全大学时，就有建立艺术学院的设想，但终因财政困难而没有办成。前人的理想，喜逢暨大百年校庆之时得以实现，值此欢忭之际，回顾这段艰辛历史，借此寄托对先辈的缅怀。

暨南大学前身是1906年清政府为应海外华侨子弟回国求学所需，由两江总督端方在南京主持创办的暨南学堂，首任堂长郑洪年。“暨南”之名取义于《书经》“声教朔南暨”，意即中华声威文教将被沾普及于南洋全土之谓[1]。1911年辛亥革命后停办。1918年在南京复校，更名国立暨南学校，并于1921年至1925年间逐步搬迁至新建的上海真如校址，1927年民国政府将暨南扩建成一所高等学府——国立暨南大学。抗战期间，曾避难于孤岛（上海之租界）及闽西北之建阳，胜利后返回上海。新中国成立初，暨南大学再次停办，其文科并入复旦大学，理科转入交通大学。1958年在广州重建，陶铸兼任校长，至1970年因十年浩劫而第三次停办，“文革”结束后于1978年复校至今[2]。暨南在其建校至今的近百年的历史中，曾三次停办又三次重建，这在教育史上可谓罕见。

暨南大学曾屡遭关停并转，又几经搬迁，早年的档案大多散失，尤其是艺术学院终未办成，更没能留下完整的记载。近年来，笔者修订先父陶冷月（以下简称陶氏）《年表》时，依据 1928 年郑洪年校长签发给陶氏的《中国艺术学系主任聘书》等原件，欲核实他在暨大任教期间的这段经历，在《1928 年暨南年鉴》及《暨南校史 1906—1996》中，仅见陶氏任中国画系主任和中国画研究会导师的记述，没找到有关中国艺术学系的点滴资料，后来在上海档案馆和上海图书馆查阅到《暨南周刊》[3]《国立暨南大学校长郑洪年教育言论集》等书刊，见到了暨大扩建初期欲创办艺术学院及中国艺术学系的相关资料，据此厘清了暨大当年艺术教育的脉络。现整理于后，以充史实。

1927 年夏，暨南学校校长姜琦辞职，国民政府派暨南的创始人、暨南学堂首任堂长郑洪年先生继任，委其将暨南改组为国立暨南大学。[4]6 月 14 日，郑校长到任。[5]9 月初，在他到任后第一次开学致词中宣布："暨南本来是海外教育机关，现在改为大学，除商学院就旧有之商科大学改组完成，现又新成立文哲、社会科学、自然科学、农学、艺术五院。海外华侨的最高学府，到现在已有基础了。以后同学若能从学问上风气上注意，暨南前途定有发挥光大之望。"[6]暨大改组的建制已见雏形。经半年的筹划，他在 1928 年 2 月 8 日第二次开学致词上讲："……生物、化学、中国画三系，在计划大纲中本列在后期的，当时以为难得相当人材，现在留心到有人可以担任，所以打算暑期后先把这三系开办了，这是可以报告诸同学的。"[7]再经一个学期的筹备，在学期结束前的记者招待会上正式宣告："艺术院自本年秋季始，先开办中国画系"，称"吾国画法在世界上占相当位置，亟有提倡之价值。而侨胞处在南洋天然美景之环境，尤宜提倡祖国国粹，表现其个性，陶冶其志趣，愉快其生活，发挥其爱国之情感。本系之开办，亦缘适应于需要也"。并在今后之计划中说："照洪年所拟本校改组计划大纲，全部完成，期以民国二十年上学期止。此后系科之裁并，惟视缓急之所需，方法虽异，而方针不变。特种设备如南洋馆、体育馆、教育馆、美术馆、气象观测所、师生俱乐部等，均在计划进行之中，务求完成此惟一最高之华侨学府，巩固此学术渊薮，为南洋文化教育事业发祥之策源地。”[8]在《暨南周刊》中见5月7、8二日之校务评议会记录：“修正组织大纲案：本案经4~5小时长时间讨论，将组织大纲修订如专件。其中最重大要点凡4项。甲，议决艺术院分以下各系：国乐系、西乐系、国画系、西画系、图案画系、雕塑系、戏剧系……”[9]而《暨大十七年度教务一览》一书的记载就更为具体：“决议于秋季筹开历史社会学系、生物学系、中国画系……五院基础至此略已完备。”“……艺术院分以下各系：国乐系、西乐系、国画系、西画系、图案画系、雕塑系、戏剧系”，对院系扩建时人事组织的安排则“大学部各院暂不设院长，或因必要院先设主任一人，各系各设主任一人或加设副主任一人，处理各院各系教务均以教授兼充之”[10]。从上述资料中，可以窥见暨大扩建初期创办艺术学院之构想。

艺术学院筹建计划按步渐进，各新建院系主任的聘任也提上了校务日程。[11]1928年4月16日，陶氏收到校长公函：“径启者，兹拟于十七年度起聘先生为中国艺术系教授兼主任用，特先函通知，敬希于暑假前先为筹备，并祈俯允见复，此致陶冷月先生。国立暨南大学校长郑洪年，四月十六日。”[12]继于4月30日接到聘书：“国立暨南大学聘字第361号。十七年度敦聘陶冷月先生为本校大学部教授兼中国艺术学系主任，此订。校长郑洪年，中华民国十七年四月三十日订。”盖有“国立暨南大学关防”大红印章。[13]此后，陶氏还于6月21日和6月29日先后收到“大学部招生委员会委员”及“校具设计委员会委员”之聘书。[14]中国艺术学系主任的正式聘任及各类“委员”聘书的颁发，提示暨大艺术学院系已开始具体筹办。

按照暨南大学的扩建计划，艺术院先开办中国画系。[15]1927年7月聘任陶冷月为中国画系主任[16]，并定于1928年秋季招生开课。陶氏接任中国画系主任后，从师资、设备、课程和建造学校的艺术氛围等方面，着手主持筹建。为延聘博学资深的师资，陶氏前往拜访留法回国不久的徐悲鸿先生，意欲请他一起主持暨大艺术学院工作，无奈徐悲鸿先生已任教于中央大学教育系艺术科和南国艺术院，奔走于南京、上海两地,无暇兼顾而推荐黄宾虹先生到暨大任教。可能黄宾虹先生系兼职,笔者在暨大史料中未找到他在中国画系任教的相关记载,然而有两封信函可资参证:陶氏致《画家黄宾虹年谱》编者赵志钧的信函云:"宾老与月是从 1928 年夏我在筹办暨南大学艺术系时,由徐悲鸿先生介绍相识。……因当时我任系主任,知宾老对国画史极熟,故商聘为国画理论讲师。是年暑期宾老游桂林,在暑期讲学会,回沪后即来暨大任教。一年后,艺术系停办,我赴开封河大任教。"[17]又见黄宾虹致陶氏信函:"冷月先生大鉴:顷由尊处转来暨南大学教务处查询鄙人下学年教授讲师应聘书,日前曾经填出托友带至真如遵缴,未卜如何延误。一候广西暑期学会完毕,即当返申应课,祇聆教言,一面函查鄙友催缴。谨此布复,顺颂道绥!中华民国十七年八月三日,黄宾虹。"[18]另据 1995 年,黄宾虹的哲嗣黄鉴在《两个一百岁一个一百卅岁——为纪念父亲宾虹和陶冷月的结交而写》中回忆道:"就在六十七年前的 4 月,在暨南大学任教授的陶冷月先生被校方委为国画系系主任,为了提高该系的教学质量,拟聘博学资深的教师来任课。在此之前,1922 年父亲宾虹因邻居失火,一批周秦古钵遭歹人密谋劫去损失惨重。1923 年父亲拟避卢(永祥)齐(燮元)军阀混战之祸而去皖北贵池置产,岂料竟购进约二百亩的低畦场受涝灾的废弃田。在旧社会米珠薪桂的十里洋场上,本来靠编辑撰稿来维持几口之家生计的父亲已是相当艰难的,再连续遭此不幸更是雪上加霜。因而有意谋求有固定收入的公职。当徐悲鸿得知后便向陶冷月先生介绍推荐,父亲被聘为国画理论教授,就此结识交往。"[19]这些记载,可充黄宾虹先生在暨大中国画系任职的史实。徐悲鸿先生还函荐汤临泽先生任教金石篆刻,推荐函曰:"冷月先生赐鉴:顷谈甚快,仰慕已久,乃荷先施宝,深愧感。汤君临泽已晤见,以先生语语之,亦蒙允诺,恳即与贵校长言明,由校正式聘请。汤君名安,嘉兴人,书宗南派,略近欧虞两家,金石刊划并世罕出其右者。敬颂教安。悲鸿顿首,五月十一日。又汤君近著石鼓文考正不日将由有正书局出版。"[20]6 月 7 日,陶氏向教务处提交了拟聘讲师及助教名单呈请校长延聘。[21]当年,中国画系除聘黄宾虹、汤安为讲师外，还聘请上海美术专门学校国画系主任郑曼青、上海美术专门学校教授谢公展、长沙雅礼大学艺术教授朱凤竹、北平师大讲师饶考祥为讲师[22]，聘南京美术专门学校毕业的马万里为助教[23]，聘姜尚愚为中国画系昆曲导师。[24]9月14日，郑洪年校长派李忠信为中国画系办事员。[25]至此，中国画系的师资已初步到位，而聘请的昆曲导师可能是为艺术学院其他系科开设所作的准备。

关于新建的中国画系之教育设施，在7月17日的大中学教务联席会上，安排中国画系教室为科学馆37号，西画实验教室则在科学馆36号。[26]教室内添置了家具。[27]学生学习素描所需之石膏模型，是陶氏联系徐悲鸿先生，请他将购自法国的石膏模型翻制后提供的，从徐悲鸿6月21日的信函中可得到参证："冷月先生惠鉴：手教由舍间转宁，敬诵悉。聘书已转去，勿念。敝岳之事承费神，深感！至岁终仍恳向陈先生一提，祈终玉成之也。弟将于下星期五六返沪，届期将谋快晤。在法所购各模型，不日将到，当设法翻印流通。此时已成其一 MICHELANGELO 之像。敬颂暑安。弟悲鸿顿首，端阳前一日。"（信中所述"聘书"系陶氏委托徐悲鸿先生转交汤安之暨大聘书，而"敝岳之事承费神"句，为徐悲鸿先生此前嘱陶氏向暨南大学中文系主任陈钟凡先生推荐其岳父蒋梅笙至暨大谋一教席之事[28]）当时购置石膏模型的费用据记载为352.4元。[29]

1928年5月3日，在大学部教务会议上各系主任报告十七年度所开课程[30]，陶氏也提交了《暨南大学中国画系课程指导书》，他在《指导书》中指出："艺术为文化之花，与文学同为发表思想、情感、理想之工具，而绘画占艺术之重要位置，更能陶冶心灵，给人以高尚之愉快。绘画以表现个性与发挥作者之情感为贵，中国画法富于表现个性发挥天才之趣，有高超之价值。"中国画系设立之主旨为："造就国画专门人才，发展民族文化，整理本国画法，并改良之，以成中国新艺术。造就艺术教育人才，培养国民高尚人格，指导社会文化，介绍国艺于南洋，使国外侨胞，重视国艺而受其陶冶。"其课程设置中必修课包括"中国画（山水、花卉、人物）、书法、篆刻、透视学、色彩学，西画及东西方美术史论等;选修课有国乐、刺绣、京剧、昆曲、古琴、诗词、艺术解剖学、艺术教育史、国画教育法、现代文艺、广告画、图案画、讽刺画、第二外语等"[31]。1928 年 7 月,暨南大学招收大学部艺术院中国画系一年级新生[32],报名学生经中国画、水彩画等科目的考试及口试,经体格检查后[33],正式录取新生 6 名。[34]开学后陆续有同学要求插入中国画系就读或旁听。[35]

然而,暨南大学中国画系才开办了一个学期,就面临停办转科的尴尬。学期将结束时,中国画系学生接到通知:"凡欲转入本校其他各系者应于 12 月 12 日前到教务处声明志愿办理注册选课手续,本学期暂至所选各课旁听,学期终了时给予前在国画系所选各课之学分。"[36]在 1929 年 4 月公布之《国立暨南大学组织专章》中,也仅见文学院、理学院、商学院、教育学院及法律学系五科。[37]特种设备中仅列科学馆、图书馆、农场、体育馆、南洋馆,已无艺术学院和美术馆的踪迹。[38]

暨南大学扩建初期,为在华侨学子中弘扬民族文化,保存国粹,建造校园中研究艺术的氛围,于 1928 年 3 月,成立了中国画研究会,以作增设中国画系之预备,陶氏被聘为导师[39]。据是年 4 月 2 日《暨南周刊》所刊之《中国画研究会消息》记载:"本校为华侨子弟最高学府,艺术占文化上重要位置,故艺术院亟需设立。下学期拟先办中国画系。本学期先设中国画研究会,以为增设中国画系之预备。特由校长聘任前长沙雅礼大学艺术教授、吴门名画家陶冷月氏规划一切,并担任画会导师。陶氏于三月初到校任职,画会亦已成立。10 日开一预备会议。18 日开第二次会议,并通过章程(已经校长公布)。24 日开第三次会议,研究一切。会员已有 29 人,惟不限名额,故有志研究艺术者仍可报名加入云。会章如下:《国立暨南大学中国画研究会章程》一,宗旨,研究国画方法,保存国粹并改良之以发展民族文化,兼为下学期设立艺术系中国画系之预备;二,会员,凡本校同学有志研究艺术者均得为本会会员;三,导师,本学期已由校长特聘陶冷月先生担任导师,对于本会会员切实指导;四,研究方法,个别研究、共同研究,本会会员每星期至少交成绩二次由导师评正;五,成绩展览,学期之终末本会须开一次成绩展览会;六,奖励,展览会中会员成绩之最优秀者及研究最勤而成绩最多者各一名,呈请校长给予奖品以留荣誉之纪念,本会会员研究一学期后考查其成绩或勤惰,下学期如转入艺术院中国画系时得酌量给与学分。报名处三宿舍30号李忠信处,莲韬馆14号陶冷月处。”[40]中国画研究会成立仅3个月,学员进步极速,遂于7月1日至5日在洪年图书馆楼上开成绩展览会,据该研究会干事金念祖在后一期《中国画研究会消息》中记述:“会员成绩共计70余帧,悉皆佳妙,(陶导师作品百余点,因先于6月1日起开过个人作品展览会,故此时不再展览。)以郑文奎、李忠信、林文端三君为最优。五日中来宾往参观者,络绎不绝,咸啧啧称善。”[41]他还记道:“该会乃于8月1日举行(学期)结束大会,郑校长亲给冷月奖章三枚,成绩最佳者为郑文奎君,成绩最多者为李忠信君,成绩及勤度均列第二者为林文端君。暑假期内,该会会员仍继续进行,陶冷月先生亦仍在校尽力指导。本学期中国画系成立,陶先生就主任之职仍兼主持本会事务外另聘名画家谢公展先生为导师,并商请中国画系讲师郑曼青、朱凤竹、饶考祥、马万里诸先生兼任指导。研究地点在第五宿舍第22号国画实习室,布置井然,器具美备,切合会员习画之需要。”“本月6日晚在该会实习室开本学期第一次茶话会,由陶先生训话,其训辞甚长,备极勉励,大致谓本学期之中国画研究会与上学期迥异:上学期无专门习画室,会员在房内绘画,因陋就简,甚为不便。本学期辟此实习室,会员可在此实习绘画,其中设备大致可称完美,虽有极大之画,亦可处置裕如,本人因兼大学部中国画系主任故不克如上学期,随时指导,每周只可定一时间,共同研究,另聘名画家谢公展先生为导师,又国画系讲师郑曼青、朱凤竹、马万里诸先生,亦可商请兼任指导,则会员研究当不感寂寞。图书馆中亦已购到玻璃图画集多种,会员可以借阅研究,以广见识。望诸会员努力绘画,至于学问方面,当述而又作,互相为用,方可有优良之成绩。述而不作,与不述而作,均有流弊。其研究之步骤,最先当习根本画法,以固基础,次则研究各家各派之方法,舍短取长,终则创造新画,以求自立门户,庶可得艺术之三昧,而融中西古今于一炉,庶不负校长提倡艺术之厚望,亦为本人之厚望焉。闻者莫不感动。次修改上学期章程,并选举本学期干事,当选者为郑文奎、金念祖二君。"[42]由此可见暨大中国画研究会在成立初期之盛况。1929年5月,陶氏因暨大中国画系停办及患胃病而辞去教职,是年9月应开封中山大学校长黄际遇之聘,前往开设美术讲座。[43]虽然暨南大学艺术学院及中国画系都停办了,陶氏也离开了暨大,但陶氏创办的中国画研究会仍活跃在校园中,直到1937年8月,日寇抵沪暨大避居孤岛才停止了活动。黄宾虹、谢公展等导师也直至淞沪抗战爆发再离开该会。[44]

从上述资料可见,暨南大学当年拟建艺术学院的努力仅留下了一段构想。为创办艺术学院而先期设立的中国艺术学系,虽聘任了主任并已着手筹办,最终却没有成立,艺术学院内已建立的唯一系科——中国画系也仅仅开办一个学期就夭折了。为创办中国画系而设立的中国画研究会因抗战爆发亦停止了活动。为了解析艺术学院最终没有建成的原因,笔者将暨大扩建初期设立各院系的计划和最终建立的院系予以比较,郑洪年校长在他到任后第一次开学致词《暨大改组后的教育方针》中宣布:"暨南本来是海外教育机关,现在改为大学,除商学院就旧有之商科大学改组完成,现又新成立文哲、社会科学、自然科学、农学、艺术五院。"[45]而在三年后的《组织大纲》中,只见文学院、理学院、商学院、教育学院、法律学院五科,不见了艺术学院、农学院等系科。[46]在添置设施方面,《暨大十七年度教务一览》中记载:"本校次第举办下列各项设备:农场、图书馆、南洋馆、博物馆、科学馆、体育馆、美术馆、气象观测所等。"[47]而在《十九年度国立暨南大学一览》的特种设备表中,仅列科学馆、图书馆、农场、体育馆、南洋馆,原规划中的教育馆、美术馆、气象观测所、师生俱乐部等也没能建成。

为何已开课的系科仅历一个学期就关闭,计划进行中的馆所被停建?揭开当年暨大的财务状况,也许能说明一些问题。郑洪年校长在暨大改组后不久,1928年2月8日所作的第二次开学致词中曾透露:

“去年改组后，本校经费预算未经政府通过，我一人放开手来从事改组，经费完全无把握。”[48]因暨大的预算开支大学院未予照批，1928年10月，郑洪年校长呈文大学院，文中阐述了暨南大学异于其他各国立大学之处：“暨南系新扩建改组，规模尚未完成，暨南学生来自海外，待学成始归。”并列举了各公立大学每位学生所占费用：“艺术院为1503.84元，中央大学1459.61元，而暨南大学仅520.10元，为最低，故十七年度开支比照十六年度每月最低限度，增加一万五千元。”[49]在《呈大学院报建筑设备文》中，附有暨大十七年度扩建校舍及添置设备表，表中可见：“共计添置耗费53543.27元，其中中国画系木器2087元（已付500元），中国画系石膏模型352.4元（未付）。”[50]在11月26日之校长报告兼训话时说：“新预算尚未发表，除中央大学、中山大学由省支给外，其余大概都是很困难。我为本校个人在银行负担十几万，斤量很重，可以对得起学校教职员、学生们，薪水以前十足发放，自上月始八折，从前向未欠发，上月实不得已！”[51]又在校长招待教职员学生代表茶会上重述：“鄙人对于理财计划，自谓尚能发挥手腕，所借上海银行四万余元，汇丰银行五万余元，又私人借款一万余元，共十一万余元之多，除鄙人住宅抵押外，并以个人信用向各处周转，尚是应付将来。至于本校新预算之未能成立，并非枝节问题，完全是整个的事，绝非政府漠视华侨教育。此节愿我同人加以体谅。”[52]当年，北伐战争虽刚结束，国内烽火仍盛，政府财政拮据，此即“整个的事”。开学时中国画系添置的木器费仅仅支了四分之一，而石膏模型的钱款一分都没有付，教师的工资也开始折扣发放。在经济如此困难的情况下，部分院系和馆所的停建亦在必然之中，而校长郑洪年为了暨大的扩建，不但以个人信用各处周转，还将自己的私有房产作抵押，获取银行贷款，郑洪年校长对教育事业无私奉献的高尚品格，即使是百年后的今天，仍然是值得学习、称颂和敬仰的，也是应该永远铭记的。

在搜集先父史料时，也发现了一些与暨大有关的实物及记载，略摘一二附载于后。陶氏为《暨南周刊》第三、四、五卷的各期作封面设计，封面上画有代表南洋风格的椰树，左下角是一枚陶氏的“月”字小方印章;在第四卷第4期的扉页上刊有陶氏国画作品4幅。笔者藏有一本《冷月先生写意花卉册》,陶氏八十一岁时在其尾页书:“此册写意花卉共十六页,系戊辰春日掌教暨大时课徒画稿之一部。”而其中一幅鸡冠花图上有旧题:“冷月作于莲韬馆中。”[53]可知此册系当年在暨大中国画研究会时的课徒稿。笔者还藏有陶氏和黄宾虹等暨大同事游无锡梅园时的合影,陶氏在照片背面记:“一九二八年春,和宾虹、云僧、云鹤同游无锡梅园留影。是年余任职暨大,宾虹亦在国画系任讲师,时宾老已六十五,云僧、云鹤亦过花甲,余年最幼仅三十四岁,冷月识。(左起)钱云鹤、黄宾虹、王云僧、陶冷月。”约同年夏,黄宾虹为陶氏《秋山图卷》作题:“余见大梅秋山图,有王黄鹤徐幼文临本,沉雄浑厚,颇多北宋人遗意。冷月先生,天才焕发,学力深醇,不规规于元季诸家,而落墨极得神似。展观再四,为之钦佩无已,因题数语归之。黄宾虹。”[54]谢公展亦在1928年秋为陶氏作诗题图:“意中有黄鹤,腕下来石涛。泼墨写奇气,笔妙清而毛。一瀑藏何处,鸣泉风骚骚。松亭似太古,夔挹西山高。邱壑满胸忆,造物权可操。推陈以出新,师古弃粕糟。沉潜辟蹊径,挥洒忘琢雕。欣赏庐山面,始知冷月陶。题松亭清爽图,十七年秋夜,观冷月先生写此图,漫题小诗志佩,弟谢公展。”[55]暨大中文系主任陈钟凡作绝句题陶氏画:“荡舟危岩下,朦胧月初吐。寒雁忽惊啼,松涛疑夜雨(题江山月明图)。老龙何夭矫,湿云犹郁滃。着点微茫月,鳞鬣俱飞动(题蛟月破云图)。冷艳松间出,玲珑天际月。新诗觅得未,肝膈俱清绝(题月夜探梅图)。春色江南好,临闺绝代人。因花思浅笑,对柳想微颦(题柳暗花明图)。弟斠玄陈钟凡拜草。”[56]暨大中学部师范科主任邓胥功填词《清平乐》书赠陶氏:“目空四大,叹曲高寡和,绿水青山云朵朵,天地清闲似我。荡将一叶轻舟,无川到处遨游。领略春光如许,归来明月当头。冷月兄留念,二十年一月书于上海,胥手。”[57]

陶氏到暨南执教是在1922年,这年2月,他因母病催归,辞去了长沙雅礼大学教职回到苏州。翌月,由表叔王謇介绍,经暨南前任校长柯成懋推荐,被暨南学校聘为艺术教授。在暨南任职期间,他除了学校的艺术教学外，继续其中国画融汇中西的探索，勤奋创作，这七年间，他先后在苏、锡、宁、沪等地及暨大莲韬馆频频举展。[58] 1924 年春，在无锡公园池上草堂的一次个展上，他那融汇中西、风格独具的月景山水作品轰动画坛，被时人赞誉为“新中国画”[59]，并得到蔡元培先生的褒奖。[60] 1926 年，陶氏的《深山古刹》等 3 幅作品应邀参加日本东京“第四回日华绘画联合展览会”，《溪山夏木》应征参展美国费城“世界博览会”。[61] 1929 年 4 月，《月景山水》参加第一届全国美术展览。[62] 出版有《冷月画集》《冷月画屏》等画册 5 本，蔡元培、王同愈等时贤为之题签、题辞。上一世纪 20 年代，陶氏在暨南大学创办艺术学院的努力虽然没能取得成功，然而在暨大的这几年，却是奠定他在中国画改革创新上取得辉煌的关键时期。

注释：

[1]姜琦拟《国立暨南学校改革计划意见书》，第 11 页。(1927 年)

[2]《暨南校史 1906—1996》，暨南大学出版社 1996 年 5 月版。

[3]笔者所见《暨南周刊》计：第 1 ~ 36 期，第二卷 2、4 ~ 12 期，第三卷 1 ~ 12 期，第四卷 1 ~ 5、7、8 期，第五卷 1 ~ 7 期。(1925—1929 年)

[4]《校史概览》，《暨大十七年度教务一览》第 1 页。

[5]《暨大校务的改进》，《国立暨南大学校长郑洪年教育言论集——第一集》第 8 页(以下简称《郑洪年言论集》)。

[6]《宣布华侨学府的教育方针——暨大改组后第一次开学致词——十六年九月》，《郑洪年言论集》第 2 页。

[7]《暨大校务的改进》，《郑洪年言论集》第 14 页。

[8]《一年来之经过并今后之计划——宴会新闻记者席》，《郑洪年言论集》第 157 ~ 176 页。

[9]《暨南周刊》第三卷第 1 期第 49 ~ 50 页。

[10]《暨大十七年度教务一览》第 1 ~ 7 页。

[11]《4 月 17 日校务评议会第一次会议记录》：“十七年度起添设各学系案议决，另添生物学系、历史学系、中国艺术学系三系。”《暨南周刊》

第二卷第9期第57~58页。《16年度下学期第11次纪念周记事17年4月3日》:“添设新学系;前周开校务评议会,议决下学年添设历史学系、生物学系、中国艺术学系,现已请定,又聘国画专家陶冷月先生为中国艺术学系主任。”《暨南周刊》第二卷第11期第36~38页。

[12]《秘书处日记4月23日》:“本校长谕……另添设中国艺术学系,拟聘陶冷月先生为教授兼系主任,应先发拟聘函征求谢陶两先生同意并请从事筹备,当即嘱文书课照办理。”《暨南周刊》第二卷第11期第77页。

[13]另见《校长布告第五十二号》:“本校自十七年度起聘陶冷月先生为大学部教授兼中国艺术学系主任。此布。校长郑洪年,五月二日。”《暨南周刊》第二卷第11期第73页。

[14]1928年4月16日校长郑洪年致陶氏《公函》,4月30日《暨南大学中国艺术学系主任聘书》,6月21日《大学部招生委员会委员聘书》,6月29日《校具设计委员会委员聘书》之原件。笔者乘2002年赴广东美术馆参加古道西风——高剑父、刘奎龄、陶冷月画展暨研讨会之便,捐赠暨南大学档案馆。

[15]参见《暨大十七年度教务一览》第1页:“决议于秋季筹开历史社会系、生物学系、中国画系。五院基础至此略已完备。”

[16]《暨大十七年度教务一览》第2页。《暨南校史1906—1996》第315页,暨南大学出版社1996年5月版。

[17]赵志钧编《画家黄宾虹年谱》121页,人民美术出版社1990年版,王中秀编著《黄宾虹年谱》第189~190页,1928年条,上海书画出版社2005年6月版。

[18]苦茗《关于〈陶冷月〉》刊此原件,《书法导报》2006年1月11日。

[19]参见黄鉴《两个一百岁一个一百卅岁——为纪念父亲宾虹和陶冷月的结交而写》,《吴中耆旧集续篇》第152~153页,江苏文史编辑部1997年12月版。

[20]三封信函见徐建恒《解读徐悲鸿致陶冷月的三封信》,《世纪》2003年第3期(总第60期)第36~37页。

[21]《教务处日记6月7日》,《暨南周刊》第三卷第4期第51页。

[22]《秘书处日记》:"11月1日校长条,聘饶考祥先生为篆刻研究会导师兼中国画系讲师、国画系讲师、中学部博物图画手工教员,通知文书室聘发聘书。"《暨南周刊》第四卷第2期第24页。

[23]《中国画研究会导师履历一览表》,《暨南周刊》第四卷第3期第51~52页。马万里为陶氏在南京美术专门学校时的学生,该校系1922年陶氏应沈惠田、谢公展之邀,与吕凤子等合作创办的,陶氏任西画系主任。

[24]《秘书处日记》,《暨南周刊》第四卷第5期第18页。

[25]《秘书处日记》,《暨南周刊》第三卷第11期第30页。

[26]《第11次大中学教务联席会议录》,《暨南周刊》第三卷第8期第94页。

[27]《呈大学院为万难再照十六年度预算开支文》,《暨南周刊》第四卷第3期第1~5页。

[28]见1928年6月14日函:"冷月先生赐鉴:前日畅谈为快。暨南以方兴之学府,嗣艺术之新科,得足下长才,详为规划,可胜庆幸,兹有恳者,敝岳蒋兆燮先生,号梅笙,历任南洋、大同、复旦等校教授已几廿年。长于诗古文辞,居沪久者类能相识,自去年乃任丁卯学社(即约翰旧部)教席。比因该社前途无望,不欲继任居恒。服贵校陈钟凡先生学术,曾采其所著诸子通谊为教本,窃愿以先生私意,略谋暨南七八小时国学之课,凡经学、诸子与诗词皆所胜任。其为人诲人不倦,勤勉逾人,生平未尝轻易告一时之假,教育界中所仅有者,著述以诗为多,沪所发行者有《庄子浅训》等。务祈先生大力为之吹嘘,感荷不尽。敬颂教安。弟悲鸿顿首端阳前一日。"

[29]《呈大学院为万难再照十六年度预算开支文》,《暨南周刊》第四卷第3期第1~5页。

[30]《第17次大学部教务会议录》,《暨南周刊》第二卷第12期第63~64页。

[31]《暨南周刊》第三卷第三期第9~14页。《暨大十七年度教务一览》第150、157页。

[32]《第19次大学部教务会议》:“17年6月1日,本届招考新生及插班生各系之名额议决……中国画系20人。”《暨南周刊》第三卷第4期第41页,《第20次大学部教务会议》:“17年6月18日,本届招考新生各系数额改定如下:……中国画系16人。”《暨南周刊》第三卷第6期第74页。

[33]《国立暨南大学招生简章(十七年秋)》,《暨大十七年度教务一览》。

[34]《本校十七年秋季学生入学人数统计表》:“中国画系录取新生为6人。”《暨南周刊》第三卷第6期。《招生委员会第二次会议7月17日》:“中国画系考取姓名:刘思颢。”《暨南周刊》第三卷第8期第92页。《第22次教务会议8月20日》:“大学部第二次录取新生,中国画系:廖燎、汪子正。”《暨南周刊》第三卷第9期第31页。

[35]《教务处报告》:“9月3日罗春江请求插入中国画系。9月24日李钟秀拟在中国画系旁听不取学分,请照准。”《暨南周刊》第四卷第1期第23页。

[36]《大学部第二十四次教务会议议案》,《暨南周刊》第四卷第8期第23~24页。

[37]《暨南周刊》第五卷第7期第14页。

[38]《十九年度国立暨南大学一览》第4页。

[39]《秘书处日记》:“3月7日,奉校长谕,聘陶冷月先生为中国画研究会导师,当与黄教务长接洽,即嘱文书课填送聘书。”《暨南周刊》第二卷第6期第70页。

[40]《教务处日记》:“3月8日秘书处通知本校聘陶冷月先生为中国画研究会导师。”《暨南周刊》第二卷第5期第25页。《秘书处日记》:“3月7日奉校长谕,聘陶冷月先生为中国画研究会导师。”《中国画研究会消息》《国立暨南大学中国画研究会章程》,《暨南周刊》第二卷第6期第70页、第35~36页。

[41]《暨南周刊》第四卷第3期第49~50页。

[42]《中国画研究会消息》《国立暨南大学中国画研究会章程》《中国画研究会导师履历一览表》《中国画研究会会员一览表》,《暨南周刊》

第四卷第3期第49～53页。《秘书处日记》:“9月14日奉校长条开聘谢公展先生为中国画研究会导师。”《暨南周刊》第三卷第11期第30页。《秘书处日记》:“11月1日校长条,聘饶考祥先生为篆刻研究会导师兼中国画系讲师、中学部博物图画手工教员,通知文书室聘发聘书。”《暨南周刊》第四卷第2期第24页。

[43]拙编《陶冷月年表》1929年条,《陶冷月》下册第573页,上海书画出版社2005年8月版。

[44]参见王中秀编《黄宾虹年谱》第307页1933年条:“初秋,国立暨南大学中国画研究会会长刘作筹、文学院助教苏乾英持函来寓聘请为该会山水画导师,每周至莲韬馆授课一次。”第387页1936年条,致苏乾英书:“乾英尊兄大鉴:今午接到皖函,新有期服之丧,亟须返歙一行,明日到杭乘车,约二星期回沪,知关注念,特此布闻。专颂文绥,黄宾虹顿首。蓑衣卅日,诸位学兄均此。”可见其20世纪30年代还任该校导师。

[45]《郑洪年言论集》第2页。

[46]《十九年度国立暨南大学一览》第9页。

[47]《暨大十七年度教务一览》第6页。

[48]《郑洪年言论集》第8页“暨大校务的改进——第二次开学致词”。

[49]《呈大学院为万难再照十六年度预算开支文》,《暨南周刊》第四卷第3期第1～5页。

[50]《暨南周刊》第四卷第3期第9～13页。

[51]《暨南周刊》第五卷第3期第10页。

[52]《暨南周刊》第五卷第3期第3～4页。

[53]参见《陶冷月》上册第164～168页刊载此图册。

[54]参见《陶冷月》上册第150～155页载此图,下册第467页录此文。

[55]参见陈健中编《冷月画评》第30页,冷月画室发行,1935年9月版。

[56]参见陈健中编《冷月画评》第30页,冷月画室发行,1935年9月版。

[57]《暨南校史 1906—1996》第 36 页,此条幅笔者于 2002 年 6 月 21 日捐赠暨大档案馆。

[58]参见拙编《陶冷月年表》,《陶冷月》下册第 567 ~ 596 页。

[59]参见观蠡《池上一瞥——陶冷月个人展览会记事》,无锡《轰报》1924 年 7 月 23 日。

[60]参见郑逸梅《陶冷月与新中国画》,香港《大成》第 150 期第43 ~ 46 页,1996 年。

[61]参见程瞻庐撰《陶冷月小传》,《冷月画集第一集》第 1 页,新中国画社发行,1927 年 12 月版。

[62]该图刊《美展汇刊》第六期第 7 页,教育部第一届全国美术展览会刊行,1929 年 4 月 25 日版。

(陶为衍《陶冷月画集》,暨南大学出版社,2006)

何炳松

何炳松（1890—1946），字柏丞，浙江金华人，历史学家，教育家，擅西洋史研究。1935年受聘任国立暨南大学校长。日本侵略者发动“八一三”侵略战争，何校长及时组织力量把暨大迁至法租界，继而又迁入公共租界继续办学，使暨大成为当时上海“孤岛”唯一的国立综合性大学。1941年12月8日，日军进占租界，何炳松积极筹划在内地创立暨大分校，抢在上海沦陷之前，率师生迁往福建建阳，保存了实力。何炳松先生主张学术百家争鸣，当时暨大有“东南民主堡垒”之称。

何炳松先生出长暨大十年纪事

金永礼

何炳松先生是在国事、校务处于多事之秋,接长暨大的。从1935年至1945年,恰为十年。这十年,是抗日战争走向胜利的十年,是战火弥漫而青年学子仍弦歌不辍的十年,是炳松先生克服重重困难,终于身殉文教的十年。

炳松先生离开我们已整整三十七个年头了。先生慈祥和蔼的音容,学者特有的风度、气质,献身文教、热爱学生的精神,仍不时清晰地出现我们脑际。特别是我们这一代,当年或从海外来归,或从日寇铁蹄下逃亡出来,在先生的影响教育下,如今有的功成于国家建设事业,有的建树于海外,思念及此,莫不由衷地感佩当年先生献身文教这一工作的伟大精神。值此星洲校友会成立43周年出版纪念特刊之时,愿缕述炳松先生出长暨大十年琐事如下:

出长暨大重振暨大时期(1935—1937)

1935年间,暨大学潮迭起,郑洪年校长辞职后无人敢于问津。该年七月由当时教育部王雪艇(世杰)部长提出,经暨大校董会通过,敦聘炳松先生继为暨大校长。

先生目击时艰,毅然应命。不少亲友,咸以先生之学养,仍留商务书馆从事学术著作为宜。但先生认识到当务之急,在于培育人才,振兴中华。因力排亲友劝阻,勇挑重任,与前代校长沈鹏飞先生办理接交,入主暨大。

接事时,暨大有文、理、商三个学院,师生仅六七百人。先生广延一时名彦、学者,组成强大的教授阵容,当时各院系教授人选如下:

教务长:张耀翔教授兼(后由周予同教授兼)

总务长:杜佐周教授兼　训导长:吴修教授兼

注册组主任:陈科美教授兼

文学院院长:郑振铎教授兼

理学院院长:程瀛章教授兼

商学院院长:程瑞霖教授兼

延聘著名教授计有:周谷城、许杰、郭绍虞、武堉幹、钱亦石、胡愈之、周宪文、张素民、傅东华、孙怀仁、戚叔含、孙大雨、刘大杰、钱锺书、张世禄、董任坚、吴泽霖、吴文祺、刘絜敖、袁文彰、陈麟瑞、程俊英等。另外,先生还延请如鲁迅、潘汉年、周昌寿等著名学者来校讲学,锐意整顿,颇受学生欢迎,旷日持久之学潮,遽告平息。

先生除竭力整顿学风外,还大力整肃校容,如将真茹教学大楼、大礼堂等修葺一新;全力充实图书仪器;亲自带领师生绿化校园,修整草坪;拓展校内人行道路,兴建一座高大校门。在先生苦心经营下,极短时间内,学校面貌顿为改观。

迁校租界依然弦歌不辍(1937—1942)

正当先生致力校务,暨大出现蓬勃生机之时,不意日帝国主义侵略魔爪悄然伸向淞沪。1937 年八一三战事起,学校仓猝间将关防、档案、图书、仪器等转移至法租界爱麦虞限路中华学艺社(先生时为该社理事长),而学校则迁至旧美租界小沙渡路侨光中学,继续开学上课。1938 年秋,学校又迁至陶尔斐斯路(今南昌路东端)四合里,租用临时校舍上课。这时,有一张某学生以过左面目出现,鼓动学生献金抗日,并四处张贴抗日标语,导致法捕房以涉及政治为由,迫令学校立即迁出租界。先生因请其侄何德奎先生设法(德奎先生时任工部局华人总办),将学校再迁至公共租界康脑脱路(今康定路)826、828 号两幢房屋中,继续上课。先生在敌寇侵略战火弥漫中,为使暨大弦歌不辍,真是耗尽心血,备尝辛劳。

在这段时间内,值得称述的,有下列数事:

(1)未雨绸缪、预建分校(1940—1942)

先生鉴于校处“孤岛”虽勉使弦歌不绝,但认为必须预作退计。因函请教育部准予在闽、渝两地筹建分校。几经缄牍往返,始获准在闽赣间筹建一个分校。先生为寻求一理想校址,亲自跋涉于闽、赣、湘道上。1941 年,决定派遣周宪文、吴修两教授去闽北建阳筹建分校。

1941 年 10 月,分校在建阳文庙开学。首批招文、理、商三院九系一年级新生约 200 人。同年 12 月 8 日,太平洋战事起,日军进驻租界,“孤岛”各大专院校,均感惶惶无计可施,而暨大独因先生远见,建有分校,得于 1942 年举校自上海租界撤往福建建阳,继续上课。这样大规模内迁,间道敌陷区域,其艰辛困苦,殆非笔墨所能罄述。当时上海公私立专科以上学校,计有廿多所,但全部内迁,并取得成功的,仅暨大一校而已。非先生之坚毅果断,卓识远见,曷能臻此!

(2)筹办东南联大、抢救陷区学生(1941—1942)

与此同时,为收容从敌占区撤退下来的大专院校的学生,当时教育部于 1941 年 12 月任命先生为东南联大筹委会主任委员,部定委员计有:胡健中、骆美奂、王凤喈、张寿镛、曹惠群、杨一清、黎照寰、樊心康、裴复恒等人,而由先生主其事。

先生在当时危机四伏的租界中,与各院校密计内迁,几经磋商筹议,为办事方便起见,就在暨大所在地——建阳设立东南联合大学筹委会办公厅,设主任委员、委员、秘书,办公厅设在建阳童游街的尽头,开设文、理、商、法四院及艺术专修科、先修班各一。除先修班外,余则均假暨大就读。先生上午在暨大办公,下午赴联大筹委会视事。虽事集一身,百端待举,但先生工作井然有序,稳步地开展了两校校务。

联大办了一年,粗具规模之际,而忽于 1942 年秋奉令停办,先生在致教育部信中写道:“炳松辁才,受命于倥偬之间,筹备于危难之际,自问本不克负此重任,故在职同仁,虽黾勉从公,而计划仍不克实施,学校终未成立,此虽时局多变有以致之,而人谋之不臧,亦炳松之疚于内心也。”

联大未能建立,虽有失东南人民之厚望,但责不在先生,为世人所共察。

(3)为当年学者称颂的几件事(1937—1941)

其一,先生秉性正直。1940年3月9日为汪伪政权正式宣告成立之日,令大、中、小学一律放假一天,以示庆祝。当时陷身“孤岛”的院校,大多慑于敌伪淫威,莫敢反抗。当时有部分同学曾晋谒先生,探询学校当局对此持何态度,原意学校如也屈从,拟即举行罢课抗议,不意探询时,先生直截了当地答以十个字:“曹汉不两立,忠奸不并存。”表现了与敌伪间界限分明的高风亮节。

其二,当时不少学者、著名人士,陷身敌区,食贫抗节,无以为生。先生有鉴于此,为珍惜、拯救国家人才,遂缄请当时教育部拨款,补助年老被困学者。受惠的有沈尹默、马叙伦、许炳堃、秉志、高君珊等被困于北京、上海、南京、杭州等大城市的学者。

其三,1940年,鉴于战区日益扩大,不少民间古笈、珍本有遭战火浩劫的危机。先生乃偕张元济、郑振铎诸先生缄请教育部从庚子赔款中拨出70万元,用于搜集古笈珍本之用。先生请郑振铎先生主其事,而由自己负责专款的保管及支付工作,将搜集的古笈珍本,潜运后方。这一工作,颇为当时学者所称道。

其四,同年,为鼓吹抗日,振聩人心,先生邀集学术界如金兆梓、章锡琛、王伯祥、徐调孚、周昌寿、郑振铎、周予同等先生筹组学林月刊编委会,同年十一月出版了《学林》第一期。

其五,从1937年起,先生请苏乾英先生专司南洋方面人情、民俗、历史等资料的搜集工作,扩充南洋研究馆范围。暨大本为华侨最高学府,而华侨大多数集中南洋一带,因此研究南洋情况,关怀华侨之发展,实有必要,该馆经营数年,搜集这方面宝贵资料之丰,成为国内学术机构之冠。

当时身处“孤岛”,生命朝不保夕,沪江大学校长刘湛恩先生遇刺身死,更使“孤岛”笼罩一派恐怖气氛。而先生并不为所动,仍日夕为“孤岛”文教工作,奔走尽力,同时还不避个人艰危,处处关怀国事,做了不少有益于国计民生的工作。

建立东南学府的堡垒——建阳暨大(1942—1945)

暨大迁建阳后,这一闽北山城,顿时活跃起来。

这支文化大军,进驻建阳,给这山城带来了战时的繁荣与生机,而另一方面,在物资供应、交通运输、医药设备、建筑住房等方面,又给这一山城平添了巨大的压力。

横在先生面前的,真堪称困难重重。如校舍不敷、疫疾流行、图书匮乏、教师难聘、粮食恐慌、战争威胁等,不一而足。而先生镇定自若,态度从容,在一段不太长的时间内,即完成下列数事:

(1)延聘著名学者来校任教

这是建校成败的关键所在。当时建阳不若重庆安全,交通闭塞,供应匮乏,生活艰苦,这就造成教师延聘的不易。但由于先生平日礼贤下士,虚怀若谷,喜纾人所难,故在这样不利情况下,仍能延聘不少负有一时之望的学者来校任教,其阵营仍为东南各大学之冠。据笔者记忆所及,当时著名教授计有:周宪文、孙怀仁、许杰、方光焘、叶作舟、吴大琨、胡寄南、盛叙功、沈炼之、王勤堉、盛希音、王子瑜、戚叔含、卓如、陈文彬、葛绥成、江之永、罗君惕、俞剑华、潘天寿、谢海燕、李健吾、王秀南、李祥麟、卢怀道、苏乾英、盛伯梁等。先生还不时延请外地学者如龚普生、王亚南等先生来校讲学或短期开课,尤其王亚南先生所开“中国经济问题的改造”一课,用最新观点,阐释我国经济长期停滞的原因,内容新颖,说理透辟,教室设于大礼堂,可容纳数百人而仍座无虚席,深受同学的欢迎。

当时,还有些学者,因受战事所阻,不克来校,如同乡傅东华应先生的邀请,自沪携眷去闽,道经金华时,为敌困于南乡农地山区,旋即为敌所俘,未竟所愿。

(2)以文庙为中心,迅速扩建校舍建筑群

暨大自1942年正式内迁建阳后,一年多时间,学生就增加一倍有奇,教职员工增加达三倍多。同时,自沦陷区逃亡出来,投奔暨大的青年,有如一股源源不绝的洪流。因而迅速扩建校舍,就成为急不容缓的事务。先生在短时间内,率领事务人员,除将文庙修葺一新外,还将大成殿扩建为大礼堂,崇圣祠改建为图书室,装修了董家祠、袁家祠、三圣庙、中山室、七纯庵及民房数十处,为学生宿舍、教职员工住宅等;另建女生宿舍一幢、男生宿舍五幢、浴室七间、大饭厅一座,还辟建自校门至建浦公路、校后门至教职员工住宅、文庙至学生宿舍的马路共三条;还辟建体育场数百亩。

这样以文庙为中心,一幢幢绵延不绝的建筑群,不久就矗立于碧绿如带的建溪侧畔。

(3)为青年学子解决困难,创造良好的学习条件

建阳是闽北一个山城,境内崇山叠岭,仅有少数几条公路可通浙江、江西和福州沿海。交通不便,一切均较落后,加以流亡学生大量涌至,卫生状况极差,疫疾流行。先生除致力校务外,还特别设法添购医药设备、药品,增聘医务人员,并向红十字会、青年会、救济总会等机构发出呼吁,组织建阳学生救济分会,不仅救死扶伤,嘉惠学子,并且还协助大大改善了当地居民的医药卫生条件。

另外,由于战火阻隔,自海外来归,或从敌陷区流亡出来的青年,一般都乏家庭接济,生活困难。先生多方设法解决广大青年学子的困难,除从当时三战区搞到大批军棉衣、棉裤、棉被,普遍发给来归学生外,另又从当时教育部争取到较多奖学金、助学金的名额,不仅能纾解同学生活困难,也能鼓励同学努力学习,取得较好的成绩。

先生为解决学校缺乏图书、仪器的困难,特请郭虚中先生专程到福州购置图书、仪器,郭氏曾购得中文书籍数千册,另又有校友捐赠西书数千册。这样图书馆藏书就斐然可观。

先生是一个学者，平日不喜应酬。但为拓展校务解决困难，又不能不与当地军政人士酬酢往还。山城远离重庆，教育部经费往往不能按时拨到使用。一千多名师生的日常生活，时陷左支右绌之困境。先生只得借助地方力量协助解决。如学校食米一项，每日需要数量颇巨，如有短缺，即发生恐慌。先生商请当时粮食部同意，改由建阳地方按月发给，根本上解决了食米短绌的困难。

我对先生办学的印象

在建阳一段日子里，虽也发生过像驱逐进步教授许杰、盛叙功逆流的存在，但总的说来，建阳这一段的求学生活，是正常的、健康的。隔了数十年后的今天，校友们相聚一起时，还对我们的何校长怀念不已，称道不止。

根据我个人印象，认为先生办学，可概括成以下十二个字：教学民主、爱生如子、忠于事业。现分述如下：

(1)力主教学民主，使学术研究气氛大为活跃起来

虽然当年大学在政府严格控制下，而先生仍能巧妙地在他的办学中推行教学民主的政策。他主张“用人不疑，疑人不用”。放手让延聘的教授各用自己的观点教授学生，不加过问。

在建阳一段日子中，邀请过王亚南、龚普生等著名学者来校开课讲学，也请过政客阮毅成来校演讲，表现了兼容并蓄、并行不悖的学术风气。在平常教学中，如卓如教授所开设的“经济学”一课，即以剩余价值观点阐述资本主义积累的过程，即无产阶级大众绝对贫困形成的过程，这是一种比较进步的观点。周宪文教授主讲“经济学”一课，则又采用平等地介绍经济学各流派间的不同主张、观点，任同学自行分辨抉择。张立先生即使在开设“三民主义”一课中，也教授同学以社会发展史的观点来观察社会现象。其他如盛叙功教授的“经济地理”、陈文彬教授的“哲学概论”，也均闪现出比较进步的观点，深受同学的欢迎。

由于学校中学术气氛浓厚，一时学会壁报蓬勃兴起。如“壁联”“史

地学会”“经济学会”等都是在这种情况下顺利地得到存在和发展。

(2)喜纾人所难,善于团结广大师生

先生平日爱生如子,对学生从不疾言厉色。记得当年八婺学生,逢年过节,常被邀至先生府上聚餐,频频询问学子的生活、学习的状况;凡患病住院学生,先生每周必请家人送菜肴至院慰问学生,减轻他们与家庭隔绝之苦,数年来从未中辍。现香港文汇报总编辑金尧如君,为当年流亡来闽之学生领袖,当时他们数十名青年学生,误了入学试期,流落建阳,生活无着。金君代表流亡青年,往见先生,乞予例外帮助,先生当即应允为他们解决生活和求学的困难。

对广大教职员工,若有困难也乐于相助。如1942年杜佐周教授随先生间道陷区赴闽,途经上饶时,遭敌机轰炸,杜君行李衣物尽毁,先生与杜君身材相若,即以自己衣物从鞋袜至衣帽举以相赠。傅东华先生虽名噪文坛,但因家计浩繁,所入不足以赡养子女,先生辄解囊相助,从不索还,其慷慨豪爽有如是者。

由于先生宅心宽厚,诚挚待人,故能团结广大师生,为建校办学,做出非凡的贡献!

(3)严于律己,忠于教育事业

先生律己甚严,注重身教。平日居处无纤尘;书笈、衣物均存放有定处,有条不紊;终年长袍一袭,朴实整洁,望之蔼然有长者风。对其子女,慈祥而严格,当时家中有保母,但要求孩子们生活自理,不许假以人手。其爱女淑馨跳级考大学,先生不允报名本校,以免啧有烦言,其女只得就近去邵武投考之江大学,入学一年后,始转学本校外文系。

先生自奉甚俭,喜购书笈,故藏书甚丰。胜利后,举平日所瑰藏之古瓷、书笈等物,悉数捐赠金华师范学校。其视文教事业和桑梓福利,更有甚于家庭、个人者。故今家无遗物,他的行动、举止,足为后人楷模。

尾　声

这十年来,暨大始于“孤岛”图存、继而辗转内迁、后于建阳建校,先生之绩实不可没。

暨大内迁建阳时，师生仅五六百人，至1945年时，学生已达1300余人，教师约80位，职工约200人，已达历年所未见的盛况。

1945年，抗日战争胜利的捷报传来，全校欢腾。先生对暨大未来，已绘就了蓝图。如对复员建校的规划，对著名教授的敦聘，王亚南、郭大力、郑振铎、周予同、周谷城等均在延聘之列。此讯在学生中盛传，群情振奋。

正当先生对复员建校工作积极开展时，教育部突然改调先生出长英士大学。先生遭此打击，心境极不愉快。旋即以积郁成疾，卧床不起闻。当年学生运动杰出的战士金尧如、蓝尤青诸君尚欲发动学生，举行拥何倒李（李寿雍）运动，不意先生染疾前后仅十日，竟以噩耗闻，此事遂寝。先生去世时年仅五十六岁，英年早逝，实为我国学术、文教界的一大损失；徒令全校师生兴"壮志未酬身先死"之叹。

在为先生举行盛大的追悼会上，同学黎先耀君曾作挽歌，词曰："白烛点亮了记忆，眼泪洗湿了花圈。校长，你离开了我们，离开了世界，都不是你所甘愿。你带去的悲怨，成了我们的愤恨；往日建阳的快乐，反留给大家哀痛。安息吧！校长，历史会记住你的工作，记住你的工作！"这一段文字，很能透露出当时一点历史背景和广大师生哀怨愤怒的心情。

先生不是死于疾病，而是死于当时官场的排挤和压力。在众多的挽联悼幛中，学者顾毓琇、李熙谋先生的挽联"十载辛劳，身殉文教；三千桃李，泪满江南"最能吐露广大哀悼者的心声。缅怀往事，不胜唏嘘。吾人追慕先生，更应继承先生遗愿：对"探求学术真理、发扬中华文化"（见校歌），作出更积极的努力。

（《新加坡暨南校友会四十四周年纪念特刊》，新加坡暨南校友会，1984）

何炳松在暨南大学和东南联合大学校长任内的资料辑录

刘　方

〔说明〕本资料辑摘自上海市高教局档案室和上海市档案馆所藏的有关档案。

一、就任暨南大学校长

(一)交接

何炳松呈教育部文,1935 年 7 月 4 日。

本年七月二日案奉钧部令秘字第七八九号,内开“派何炳松为国立暨南大学校长,着即先行到校视事,此令”等因,奉此,炳松遵即函沈代理校长,约定接收日期,以便到校视事,并请其在校长未接收前,负维持校务责任。

何炳松致沈鹏飞函,1935 年 7 月 4 日。

径启者,本年七月二日案奉教育部令秘字第七八九号,内开“派何炳松为国立暨南大学校长,着即先行到校视事,此令”等因,奉此,除呈报教育部外,相应函请贵代理校长速即约定交替日期,克日示复,以便接收。在未接收前,一切校务并请负责维持,不胜公感。

何炳松致沈鹏飞函,1935 年 7 月 9 日。

径启者,前为接收暨南大学校务事,业经迭次函请台端克日约定交替日期,以便接收。旋准覆称,"一俟奉到部令,即当照办"等由,当经电部请示,兹奉复电:"开阳电悉,顷已电令沈代校长即日办理交代,望速到校任事为要"等因,奉此,兹派陈君中孚代表持函趋谒台端,以便当面商定交代日期。

7月10日暨南大学秘书处复函何炳松,称9日信已收到,沈鹏飞往南京未返,已代转。

7月11日沈鹏飞复函何炳松,定16日上午10时移交。

何炳松致沈鹏飞函,1935年7月13日。

径复者,案准七月十一日大函,内开"兹定于七月十六日上午十时移交"等由,准此,兹谨派定代表杜佐周、张耀翔、郑振铎、程瀛章、程瑞霖、陈科美、陈中孚等七人届时偕同职员前来接收。

何炳松致徐永祚会计师函,1935年7月15日。

永祚会计师大鉴:谨启者,炳松奉命忝长国立暨南大学,当径函致代理校长沈鹏飞君,双方约定本月十六日正式交替。唯查会计部分关系重要,兹特具函委托台端指导,并证明此次暨南大学会计部分之接收。

何炳松致沈鹏飞函,1935年7月16日。

径启者,前准大函,定于十六日上午十时接收,当径派代表杜佐周等偕同其他职员赴校接收,所有印信、卷宗等件均已照收,唯会计部分未承移交,一切校务均无法进行,务命日(即)转饬会计课移交,以便报部。

7月16日,教育部电商务印书馆编译所转何炳松:已派上海商学院院长裴复恒监盘校长交接。

何炳松致沈鹏飞函,1935年7月19日。

接准复函,七月十七日内开,照抄"大函祗悉"至"亮察为荷"等因,查关于会计部分交代事宜,急待早日交替,以利进行,应请贵前任仍予查照前函,即饬会计主管人员迅予移交,以清手续。在未交代之前,并请逐日派人来校处理七月十五日前之一切帐项。

何炳松呈教育部文,1935 年 7 月 23 日。

呈为本校交替,关于会计部分前任迄未交代清楚,本届毕业生近日纷纷向会计课索还保证金,难于应付,乞核示祇遵事。窃本校新旧交替,关于会计部分沈前任迄未交代清楚,迭经陈明在案。近日本届毕业生纷纷向会计课索还保证金,大都即欲离校他适,用充旅费。而会计课巧妇难炊,莫能应付,备受责难。迭经催促沈前任将银钱帐目赶速移交,并于未交代清楚前逐日派人到校,负七月十五日前一切帐项之责任,亦迄未获切实答复。为此,具呈钧座,仰祈指示一切。

7 月 25 日,教部代电:"令遵公务员交代条例所定日期,限将接收事项办理清楚。"并分电裴复恒、沈鹏飞。

7 月 27 日,裴复恒来函,希按部令从速约定日期,移交清楚,先告日期以便监盘。7 月 29 日,杜佐周代批:"拼入部令,一起通知沈前任。"

何炳松呈教育部文,1935 年 7 月 30 日。

案奉钧部有代电开:"据□电,陈报到校任事日期已悉。至接收事项应按公务员交代条例所定期限办理清楚,除分电沈前代校长、裴院长外,仰即遵照"等因,奉此。遵即函致沈前代校长,请其将未交代部分迅予遵照部令从速约定日期移交清楚。

8 月 5 日收到沈鹏飞函,称会计部分于本月 16 日移交。8 日,杜佐周代发函致裴复恒、沈鹏飞,准备 16 日移交。10 日,裴复恒来函问移交的具体时间。12 日,杜佐周代函致沈鹏飞,询问移交的具体时间。13 日,沈鹏飞复函,称 16 日下午三时移交。15 日,杜佐周代函致裴复恒,转告具体时间。

何炳松电教育部,1935 年 8 月 16 日。

南京,教育部长王钧鉴:本日沈代校长派员来校接洽会计部分交代事宜,仍承裴复恒院长莅校监盘。不意各种手续均未完备,单据帐目均未交出,实难接收。究应如何办理,仍候核示遵办。

9 月 4 日,收到沈鹏飞函,派杨亦保负责办理会计部分移交事项。

1936 年 3 月 2 日接教部训令:“为准审计部函,以国立暨南大学前任校长沈鹏飞移交清单清册,准予存案备查等由,令仰知照由。”

何炳松致沈鹏飞函,1936 年 4 月 28 日。

径启者,查本校被控赔偿一案,第一审判决书,未准贵前任移交,致本校蒙受极大损失。据管卷员称,本校一部分存校长室之文卷,贵前任确未移交,本校被控赔偿一案之第一审判决书即其中之一等语,已据实呈请教育部核示。顷奉指令,略开“……至沈前校长未交出之文卷,应即由校通知补交,此令”等因,奉此相应函请贵前任将未准移交之文卷迅予全部交出,以重公务。

(二)办学思想与校政建设

在暨南大学第一次校务会议上的讲话,1935 年 10 月 8 日于暨大尚节亭。

一个大学决非一二个人所能办好,必须群策群力而后可,校务会议就是一种表现群策群力的机关。现在本校同人极富有一心一德之精神……古人所说“公则一,私则万殊”那句话,在我们同人的经验中可说业已完全证实了。我们为公家服务,一方面固属一种责任,但一方面亦属一种权利。所以我们除尽责外,还须切实行使我们的职权才算尽职……我竭诚希望大家能够竭心尽力,以谋本校积极的发展,充分发挥专门研究的精神,使本校对于整个社会、国家有所贡献……我始终希望大家本“公则一”之精神,以本校整个利益为前提,破除一切私见,本校自不难日臻发达。

在暨南大学第三次校务会议上的讲话,1936 年 6 月 12 日于暨大尚节亭。

本人在第一次校务会议的时候,曾供献一种意见,就是“公则一,私则万殊”。我们一年来全是本着“公则一”的精神,努力于校务,并无意见冲突,所以校务蒸蒸日上。“公则一”的效果业已证明,本校一年以来,全体教职员均积极负责,而无一人例外;教授与研究方向比较从前更有效力,更有成绩。这种努力从公、精进不懈的精神是极有价值、极可感佩的。根据一年来的经验,我们可以相信,本大学的将来必更大有进步。

在暨南大学第四次校务会议上的讲话,1936 年 9 月 24 日于八仙桥青年会。

希望诸位先生多多提倡学术研究精神,因为现在学生不免趋向于功利主义。其实,大学最高的使命乃在学术研究,在以学术救国,不能以习得浮薄学问,即认为满足,想诸位先生都已深知,并且实行提倡。

何炳松主持的暨南大学第十一次行政会议决议案,1936 年 9 月 20 日于何公馆。

专任教授所任之学程,即仅有学生一人选习,亦须开班,且必须照常上课。

在暨南大学一九四二年度第一学期第一次纪念周上的讲话,1942 年 11 月 2 日于建阳校部大礼堂。

分校的同学,能够在短短的一年期内,养成一种好学敏求的习惯,造成了良好的校风。

我现在对于本校有几点希望:

我想教务方面,应该使师生养成共同研讨的习惯,多多地埋头苦干,向学术之路上进展;至总务方面,能够在学生生活环境方面着想,譬如在衣食住行各方面尽量地加以改善;训导方面,对于同学的人格修养能好好地注意。

其次,我希望我们全校同学有下列各点:

第一点,我们要爱护我们的国家,努力“敦品励学”,以报效国家,养成一种抗建(编者按:抗战建国)人材。我们能有如此的志愿,才能对得起国家和民族。不然的话,那末所谓大学只是一个造就争权夺利的人才的一种机关了,那么,国家何必办大学,我们又何必一定要读书?!

第二点,我们要爱护我们的学校,无论同学之间、同事之间,不要相互排挤,互相倾轧,不分你我,不分党派。过去暨南大学名誉不好,就是因为分党派的缘故。在民国廿四年的时候,教育部派我来主持暨大,并且嘱我整顿学风,挽救当时的颓局,给暨南大学一个最后的机会,如果整顿不了,就准备停办……所以,我现在希望同学们,大家能尊师重道,精诚团结,互相亲爱,共同为暨大前途而奋斗。

第三点,我希望同学们一方面自己要"敦品励学",蔚为抗战建国的人才,一方面,还要注意身体健康,免得常常生病。建阳气候变化太大,每天冷热往往相差廿度之多。如果寒暖上不留心,就很容易生病。最好把四季的衣服都放在手边,以便随时加减,就不容易生病了。总要办到心身都非常健全,才不愧为现代中国的青年,不负国家培植我们的至意。

在暨南大学一九四二年度第一学期第三次纪念周上的讲话,1942年11月16日于建阳校部大礼堂。

有一件事,要特别地提出来向诸位报告,就是前天《前线日报》登载的新闻,有涉及本校和联大的地方,以致引起本校与联大学生推人前去责问的情理。这件事,无论如何我总认为不合理,而且恃强威胁亦是不合法的行动。推诸同学的本意,原是出于爱护校誉,但是要用恃强威胁的手段去取得校誉,那真爱之过所以害之了。而且因此增加了学校方面一种无谓的困难,亦不值得。我们做人做事只要"问心无愧"就行了,至于别人的毁誉,原可不计。我们记得从前蔡孑民、胡适之诸先生在北京大学提倡白话文的时候,当时反对者很多。北京的《正言报》等对于他们大肆攻击,几近村妇骂街,但是北大的教授和学生们大家都不理会,只是在《晨报》的副刊上用合理的文字继续主张。到了现在,谁是谁非,人人都看得明白。最近浙江大学因抗战军兴而迁到贵州。当时浙江人士群起责难,喧腾至极,甚至浙江省政府将该校的津贴扣留不发,当时浙大也置之不理。一时的毁谤又何尝降低浙大的声誉?以上两个例子或可称为"无言之教",都足以做我们很好的榜样。我们应知道,实至者名自归,事实胜于雄辩。所以我希望各位同学,从今以后,一切要求其在己,再不可为他人的毁誉所摇动。何况,我们与《前线日报》平日情感素厚,尤不应为了一篇别人投稿的文字而发生误会。我们学校既在东南,一定要和东南文化、教育、军事、政治各机关,取得很密切的联络。我也知道各位同学对于学校名誉都很爱护,但我也相信,学校当局方面对于学校名誉也一样爱护。总之,我希望全校同学以后凡事服从学校的指导,一举一动要顾全大学生的身份,审慎将事。对于本校名誉要爱之以其道,切不可凭一时感情的冲动,就轻举妄动。本校以往信誉的堕落和近年信誉的转佳,就以全校同学的行动是否合理合法为标准。

指示事项,1942 年 5 月 13 日。

此为 1942 年 5 月 10 日及 11 日与分校同仁周宪文、吴修、王子瑜、韩逋仙、沈传珍、许杰、俞剑华诸人在建阳会谈所得结果之记录:

关于合作社问题:师生合作社最好能逐渐设法扩大,并宜由该社设法收买空地或熟地,在当地园艺专家指导之下,种植蔬菜,他如自制豆腐,开设卫生食堂及贩卖师生必要日用品,亦宜早日规划实行。

关于训导问题:训导不可过于严肃,过于消极,须于严肃之中有乐趣之调剂,及积极服务精神之提倡。除合理之娱乐、正当之社交随时指导举行外,对于校园劳作、附近乡村服务、农民教育、卫生等工作,亦宜提早实施,唯不可过操切。整理村校道路亦宜提倡。

部分负责教学人员会议,1943 年 10 月 1 日于校长公馆。出席者有:胡寄南、韩逋仙、盛叙功、戚叔含、江之永、周宪文、俞剑华。

决定事项:学生陈德诚假借名义借校警枪支打鱼,违犯校规,开除学籍。教官蓝耀周庇护学生陈德诚犯规,即日解职。

部分负责教学人员会议,1944 年 5 月 18 日于校长公馆。

决定事项:……(二)吴稚晖先生奖学金,全体教职员概捐月薪一成……(六)本届学年考试及毕业考试,务须请院长、系主任及出题教员出席监试,以肃考规;(七)每次考卷应由教务处尽速发给各担任教员,请其于一星期内评定并将成绩缴回教务处;(八)用校长名义函各教员,说明考试成绩关于学生升留级及公贷费者甚大,务请其将成绩早日缴至教务处;(九)教员聘任资格审查委员会草案,由校长考虑后提交校务会议通过。

部分负责教学人员会议,1944 年 11 月 10 日于校长公馆。出席者有:江之永、盛叙功、方光焘、卢怀道、许杰、韩逋仙、沈炼之。

讨论结果:……四、导师分配:(一)一年级学生采用集团指导办法,由训导处拟具;(二)二、三、四年级照上年原办法酌量调整。五、学生操行成绩,除照教部规定由训导处主办外,其有成绩特优、特劣者,由训导处与各导师取得密切联络。互相知照,特别注意。

二、抗战时期暨大内迁

(一)建阳建校

在暨南大学一九四二年度第一学期第一次纪念周上的讲话,1942 年 11 月 2 日于建阳校部大礼堂。

本校原来设在上海。我们大家知道,上海公私立专科以上学校很多,因为不能及早准备,又加以此次浙东战事爆发,交通断阻,以致大部分教职员学生不能继续撤退到内地。而我们呢,则很幸运,居然能从上海撤退出来。虽然一路受尽困苦艰难,然结果终于能平安到达建阳,按期开学,这是很庆幸的一件事。

我们更应该感激过去福建分校负责的教职员,如周宪文、吴修、韩逋仙、许杰诸先生们。他们热心地在建阳为本校建设了一个巩固的基础,使我们能有这样的规模,使本校内迁后,得到种种便利,坐享其成。

指示事项,1942 年 5 月 13 日于建阳。

关于校舍建筑问题,似以师生住宅及宿舍为最急要,拟先成立校舍建筑委员会，请王子瑜、周予同、周宪文、吴修、韩逋仙、许杰、俞剑华诸先生为校舍建筑委员会委员，并请王子瑜先生为主任委员。先计划建造职教员眷属住宅，暂定二十幢，单身宿舍暂定二十间；学生宿舍若干幢，一概仍视建筑费情形随时酌定。建筑地点宜在童游村之东边，于距文庙及环峰书院居中地点。至于建造样式及如何包工等问题，最好能与营造厂接洽决定，决定之后，即可开工。外观不妨朴素，内容须力求合于卫生，不可过于简陋。房屋使用年限，至少须在四年以上。原有旧屋，仍宜尽量利用，藉省公帑，唯须加以适当的改造，以求适用而合卫生。至图书馆及教室，可就原有旧屋，加工改造，似亦尚适用，容徐谋添建。

关于校景布置问题，应先规划并修筑或整理校内外师生所必经之道路，此于师生鞋袜经济关系不小。在校外周围，宜布置成为一大公园，缀以坚固茅亭，不妨树立刊有白鹿洞书院规约之木牌，以备学生游息或疏散时观摩之用。

关于教授方面，上海原有教授，因种种困难，恐不能全体撤退来闽，且教授钟点或须调剂，将来须添聘者至多。内地如有各科相熟人才，可由各同事尽量介绍，以便考虑延聘。

关于分校取消问题，总校既已奉命迁闽，分校自无存在必要，所有分校课程定于六月半结束，并即日呈请教育部，于七月底将分校名义取消，所有分校人员，均并入总校服务。

关于总校学生补课（补足三十年度下学期学程）问题，总校学生暂定在六月半开始补课，至九月底结束。所有课程可依教授多寡情形，尽可能开班。所有总校补课事宜，请周予同先生主持。在总校学生补课期内，请分校教员尽量分担课程。所有钟点，以兼任教员待遇致酬。各级职员应给津贴，其标准另行规定。

下半年度校历问题，三十一年度上学期定于十月半开始，请周宪文先生即日拟订校历，附注理由，呈部备案。

关于下学年新聘教员待遇问题，新聘教授待遇照教育部规定标准办理。到校月旅费，酌送一个月至三个月薪水（各种津贴亦照给)，如新聘教员在八月间授课者，应依兼任教员待遇，另行致酬。

专任教员授课钟点问题，自卅一年度起，专任教授每周授课时间以九小时为原则，在总校学生补课期内，仍以十二小时为原则。

教职员薪水调整问题，总校内迁教职员月薪自五月份起未在上海支领者，由分校照原薪额发给，至米贴、生活津贴等，亦可暂借一部分，俟内迁完竣后，再行结算。至全校教职员及校工月薪，俟上海同人多数到达时，再行调整。

教职员兼课问题，自下学年起，以教员兼职，职员不得兼课为原则。

关于关防问题，总校关防存沪，不能带出，即日在金华另刻木质关防及官章应用，并报部备案。

附中存废问题，自下学期起开办，人选及经费另定之。

(二)组织人事

部分负责教学人员会议，1944 年 10 月 6 日于校长公馆。出席者有：江之永、盛叙功、韩逋仙、卢怀道、许杰。

校长报告："本学年教授代表选举结果，计文学院詹剑峰、李祥麟、魏应麒当选；理学院黄缘芳当选；商学院林葭蕃、柯蓬洲当选。"

部分负责教学人员会议，1944 年 10 月 20 日于校长公馆。出席者有：江之永、盛叙功、韩逋仙、卢怀道、方光焘。

校长报告："经费稽核委员除校长、总务长为当然委员外，当选者方光焘、李祥麟、柯蓬洲、黄缘芳、林葭蕃五先生；公粮管理委员除总务长为当然委员外，当选者：教员代表方光焘、林葭蕃、魏应麒三先生，职员代表林光汉、张卫经、方岳三先生。"

讨论结果：校长参加中国航空建设协会名誉会员，学校为团体会员。请许杰、韩逋仙、盛叙功、沈炼之、江之永、卢怀道六先生参加中国航空建设协会特别会员。

部分负责教学人员会议,1944 年 11 月 24 日于校长公馆。出席者有:江之永、盛叙功、韩逋仙、卢怀道、方光焘、许杰、沈炼之。

讨论结果:借款购粮委员会以总务长为当然委员,由校长聘请章洪楣、谢震亚、陈一平、陆伦章、詹聿修等五先生组织之,并请章洪楣先生兼主任委员,詹聿修先生兼干事。

部分负责教学人员会议,1943 年 7 月 17 日于校长公馆。出席者有:胡寄南、韩逋仙、盛叙功、戚叔含、江之永、周宪文、俞剑华。

决定事项:关于学生公费问题,由校长聘三处长、三院长、文学院教授许杰、理学院教授尤崇宽、商学院教授柯蓬洲为委员,组织审查委员会,以教务长为主席。

部分负责教学人员会议,1944 年 4 月 15 日于校长公馆。出席者有:戚叔含、周宪文、盛叙功、胡寄南、俞剑华、方光焘。

决定事项:图书仪器委员会主席戚叔含先生辞职;另请许杰先生担任。

(三)教职员编制、学生名额与招生工作

部分负责教学人员会议,1944 年 10 月 27 日于校长公馆。出席者有:许杰、沈炼之、江之永、盛叙功、卢怀道。

校长报告:(一)教育部训令,重行核定本校教员为八十人,职员为六十五人,以后非经呈准不得增加。

指示事项,1942 年 5 月 13 日于建阳:

关于下年度招生问题:应即日组织招生委员会,规划招生事宜,并请周予同、杜佐周、张耀翔、王子瑜、周宪文、许杰、王书凯、方光焘、吴修九位先生为招生委员会委员,在周予同先生未到校以前,请周宪文先生代为主持,招生人数平均每系二十五人,九系共二百二十五人,加四成录取,总计为三百十五人,并呈报教育部备案。

在暨南大学一九四二年度第一学期第二次纪念周上的讲话,1942 年 11 月 9 日于建阳校部大礼堂。

截到目前为止,总计全校同学,原来分校从前旧生有三百三十六人,加上第一次招取的二百零四人,第二次招取的二百二十六人,外加联大借读的学生二百三十九人,共计一千零五人。至于教员则有六十三人,职员四十四人,共计一百零七人。

部分负责教学人员会议,1944 年 5 月 18 日于校长公馆:

决定事项:……(三)招生办法遵照部电,一方由本校自行招生。在本校、衢州、屯溪三处设考区;一方委托闽皖浙赣粤五省教育厅代办。招生人数以四百名为限;各院系人数以每系四十人为原则,理学院以三系论。详细办法由招生委员会拟定;(四)本届招生注重体格检查,并函各代招生教育厅注意代办;(五)招生委员会从速照例组织并将招生消息在各报公布。

部分负责教学人员会议,1945 年 4 月 6 日于校长公馆。出席者有:韩逋仙、卢怀道、王勤堉、沈炼之、江之永、俞剑华、方光焘。

决定事项:……(八)下半年招生人数:文学院每系二十五人;理学院数理系四十人,化学系三十五人;商学院每系三十五人。

(四)战后复员的准备

部分负责教学人员会议,1945 年 3 月 21 日于校长公馆。

讨论事项:……(二)战后本校复员问题,决议:(1)由各院院长分别拟具各院计划;(2)请校长及王、韩拟具全校计划;(3)请王教务长主持整理计划之责。(三)学生学术论文奖金如何分配问题,决议:(1)本学期每学系学生学术论文奖金以两千元为限;(2)总题目为战后的暨大与南洋;(3)由各院长系主任拟定各有关分类题目;(4)由奖学金委员会主持拟订实施办法;(5)成绩评定以奖学金委员会为最后决定者。

部分负责教学人员会议,1945 年 4 月 6 日于校长公馆。

决定事项:本校复员设计委员会请方光焘为常务委员。

何炳松赴渝参加全国教育善后复员会前的书面指示,1945 年 9 月 30 日:

请谈话会诸公商定并托沈炼之先生代行事项:(一)拟即组织迁校委员会,除三院三处主管人为当然委员外,每一学院各选代

表一人共九人组织之，由沈先生召集之，必要时，得邀学生自治会代表二人列席会议；（二）稽核委员会应遵部令日期开会；（三）本人离校期间全校人事以不变动为原则；（四）本校向以中途不变动同人薪额为原则，如同人中有此项要求，请先生代为说明；（五）韩先生如有短期请假赴台工作，必要时训导长职务暂请陆伦章先生暂代，同时即请童伯璋先生以讲师资格兼代课外活动组主任职务；（六）关于商学院长问题，俟周宪文先生返校授课时，请谈话会诸公与之商定。

何炳松

34.9.30

沈炼之代校长同部分负责教职员谈话会，1946 年 3 月 15 日于校长室。出席者有：章洪楣、戚叔含、方岳、王书凯、陆伦章。

沈炼之报告事项："一、何校长三月一日致教育部代电稿；二、何校长致朱部长函；三、校长三月四日来函寄来迁校要项；四、因部款未到，向省银行透借伍佰万元经过；五、教育部电及本校建阳校舍迁移时准让与建阳师范，如有多余房屋亦可让与县中，希酌办具报；六、建阳县政府函为本校迁移时，所遗北童游校舍及不能随校迁沪之校具、图书，请赐拨惠赠县中。"

（五）拟组织何校长长校十周年纪念会筹备委员会案

理由：查明年七月一日为本校校长何炳松先生任职十周年之期，本校虽有四十年之历史，校长任职十年者以何先生为第一人；国内各大学校长能任职十年者亦殊不多见。况何先生接事于校局兀臬之际，支撑于困难严重之时，经营擘划，艰苦卓绝，校誉日高。太平洋战争爆发后，尤能不避艰险，毅然内迁。上海大学不啻十数，而能完全内迁者，仅有本校；大学校长内来者，仅有何先生一人。是不特维本校弦诵于不辍，并能留天地正气于不坠，桃李满门庭，不愧树木雅化，弟子遍天下，宛然洙泗遗风。纪德纪功，自应铭于钟鼎；善颂善祷，是所望于同仁。

办法：由校务会议准定筹备委员五人或七人组织筹备委员会

负责筹备事宜。会中分为二组：

（一）会务组——筹备举行纪念会时之仪式，布置游艺、招待等项。（俟明年四、五月间再行组织。）

（二）编辑组——筹备征集编辑纪念文字等项（目下即应开始发动）。拟编刊物两种：

（A）校刊特大纪念专号“暨大十年”，刊登各方贺电、祝辞及纪念文字；

（B）纪念论文。征求校内外学者专家，撰著纯学术性论文若干篇，刊印专书，以资纪念，而垂永久。

提案人：方光焘、娄子明、周宪文、戚叔含、俞剑华、胡寄南、盛叙功、江之永。

附议人：卢怀道、王书凯、许杰。

三、关于东南联合大学

在暨南大学一九四二年度第一学期第一次纪念周上的讲话，1942年11月2日于建阳校部大礼堂：

关于东南联合大学的事情：教育部举办东南联合大学的用意，原是因为太平洋战争发生以后，为国家救护人才起见，特办一联合大学，以收容上海各公私大学内迁的员生。当时我在上海，蒙教育部委我兼任主任委员，主持其事。我因为才轻任重，主持两校精力实在不够，所以先后向教育部电请辞职至五六次之多，至今尚未获批准。后来浙东战争影响所及，联大员生由金华迁至江山，又迁浦城，最后才到达了建阳。本可以在最近期间正式成立，后以浙东战争关系，上海内迁的交通断绝，以致在上海的员生，不能够继续迁入内地。因此，教育部来电令东南联合大学暂缓成立。一方面继续筹备，联大的学生暂入暨大借读，教员也并入暨大，同时，也承暨大同事的协助，无条件地加以接受。因此，自明日起，联大的学生就可以来暨大注册，教员也由暨大照聘。联大的学生以借读的名义入暨大上课，如果将来联大一旦成立，那么联大的学生仍旧可以回联大。我并希望暨大的同学对于联大的同学们,当作自己的兄弟姐妹一样看待,不分畛域,互相切磋,为我国抗战期中文化史上留一佳话。

在暨南大学一九四二年度第一学期第四次纪念周上的讲话,1942年11月23日于建阳校部大礼堂:

现在要向诸位报告的是关于东南联大成立的问题。我想这一问题不但在座的联大同学,就是本校同学亦都很关心的。东南联大必须早日成立,我以为有二三个理由:(一)可使上海各公私立专科以上学校的师生因内迁有所归宿,继续撤退不至徘徊海上,观望不前;(二)东南人士对于联大成立期望甚殷;(三)东南陷区,战区青年多一升学之地。故我于九月间即电部,请求成立。到本月中旬,才间接接到部电,有已令该校限期成立之语,不过正式公文至今尚未收到。

国立东南联大筹委会给教育部的呈文,民国三十二年七月卅一日。

会呈

案奉钧部三十二年六月二日高字第26247号内开:"案查该校归并结束一案,经呈奉行政院三十二年四月六日仁嘉字第七九四号指令开:'呈件均悉,案经提出第六〇六次院会通过。各大学之经费原则于省预算部分,自四月份改由国库直接支付,并补办追减手续。除分别电令浙川晋三省政府转饬各该大学办理移交,并自四月份起由国库直接支付,另由院代编追减概算暨分行外,仍仰将东南联大划拨暨南大学经费经过情形具报,此令'等因,奉此除咨达浙江省政府并令知英士大学及国立暨南大学外,合行检附东南联合大学归并结束办法一份,令仰遵照办理具报,此令。"等因,并附国立东南联合大学归并结束办法一份,奉此。查奉颁办法,经已将联大所有各学院、科、班、教职、学生经费、校产等归并方法详载靡遗,并限联大尽于七月底将归并结束事宜办理完竣。遵已由本委员会依限造具各项移交表册,会同英大及暨大负责人员及钧部指派监盘人员郑贞文择于七月二十五日齐集本委员会礼堂，将各项表册印信、案卷、校产及图书物品等分别移交英大与暨大接收，随将文、理、商三学院及先修班归并暨大办理，法学院及艺术专修科归并英大办理，原有联大教职员则由两校选用。本委员会遂于七月三十一日宣告结束。除经费部分事实上不能遵限办结，经已电请展限两个月，理合检同各项移交表册，会同英大及暨大三方会衔，备文呈送，仰祈鉴核，附赐准予备案，分呈指令祇遵。又会呈系联大主持，合并陈明。

谨呈

教育部部长陈

计呈送分项移交表册清单一纸，表册三十二份

国立东南联合大学筹备委员会主任委员　何炳松

国立英士大学校长　杜佐周

国立暨南大学校长　何炳松

部分负责教学人员会议，1943 年 11 月 19 日于校长公馆。出席者有：戚叔含、韩逋仙、周宪文、盛叙功、江之永、胡寄南、俞剑华。

决定事项："东南联大学生及先修班学生自十二月份起一律改为贷金。"

（《何炳松纪念文集》，华东师范大学出版社，1990）

主持暨南大学十年

赵镜元

1935 年,暨南大学聘请先生担任校长。其时暨大有文、理、商三个学院,师生仅六七百人。先生下车伊始,广延专家学者,组成强大的教育阵容。郑振铎任文学院长,教务长先后由张耀翔和周予同担任。教授中如周谷城、钱亦石、胡愈之、郭绍虞、周宪文、吴泽霖、孙怀仁、武堉幹、傅东华、许杰、孙大雨、戚叔含、张世禄、杜佐周、陈科美等,允为一时之选,颇受同学欢迎。当时在上海的鲁迅先生、潘汉年以及中华学艺社的周昌寿等,均曾来校讲学。

除充实教学外,先生还大力整顿校容。如将真如教学大楼、大礼堂等修葺一新,充实图书仪器,绿化校园,拓展校内人行道,兴建一座高大校门。在先生苦心经营下,短短时期,一座华侨最高学府,面貌顿为改观。

1937 年"八一三"战事起于沪滨,真如是战争的据点,先生除将档案、图书、仪器等迁至中华学艺社(先生任中华学艺社理事长)外,还把学校先后迁至陶尔斐斯路、康脑脱路等处,继续上课,使暨南大学师生弦歌不辍。

先生是有远见的。他认定学校设在租界,只不过是权宜之计。他亲自跋涉于福建、江西、湖南查勘新校址。1941 年夏请周宪文教授来闽北建阳筹建分校。1941 年 10 月,分校在建阳文庙开学,首批招文、理、商三院一年级新生约二百余人。同年 12 月 8 日,太平洋战事起,日本侵略军进据上海租界,各大专院校多感惶惶无计,而暨大独建有分校,得于1942年举校自上海迁往建阳,与分校合并上课。当时上海大专院校内迁取得成功的,仅暨大一校而已。

建阳是一座山城,物资、交通、粮食供应、医药设备、图书仪器都有一定困难,教授尤其难聘。先生礼贤下士,在建阳仍聘到不少负有声望的学者来校任教。例如周宪文、冀朝鼎、孙怀仁、许杰、吴大琨、卢于道、江之永、潘天寿、谢海燕、罗君惕、盛叙功、王勤堉、沈炼之、戚叔含、卓如、方光焘、何家槐、俞剑华、王子瑜、胡寄南、叶作丹、苏乾英等,均在暨大任教。此外先生还延请外地学者,如龚普生、王亚南等来校讲学或短期开课。王亚南教授所开“中国经济问题的改造”一课,用马列主义观点,阐释我国经济长期停滞的原因,语言严谨,说理透辟,深得同学欢迎。

暨大迁建阳一年多时间,修葺文庙,扩建大礼堂、大饭厅,改建和新建师生宿舍,开辟体育场,改造图书馆等做了不少工作。为解决学校图书困难,请郭虚中教授专程去福州购置中文图书数千册,另有校友捐赠西书数千册,使暨大图书斐然可观。暨大内迁建阳时,师生仅有五六百人,至1945年,学生增至一千三百余人,教职工增至三百人左右。抗战胜利,捷报传来,举校欢腾鼓舞。先生于1945年10月离开建阳去上海,计划复员。到1946年,已草就新暨大蓝图,并已初具规模。对不少著名学者,如王亚南、郭大力、郑振铎、周予同、周谷城等,均已在延聘之列,群情为之振奋。不意教育部突然改调先生出长英士大学,名义上是要先生为桑梓服务,实际上是排斥先生,另用私党。先生经此打击,心境极不愉快,卧床十月,竟归道山,于1946年7月25日病殁于上海中华学艺社。

先生长暨大十年,特别值得赞扬的,是民主办校,研究气氛活跃。先生聘请教授,兼容并蓄。他主张“用人不疑,疑人不用”,放手让教授们各以自己的观点教授学生。郑振铎说他“做了十多年的暨大校长,暨大的学术空气始终是纯洁的。我们几位朋友和他共事了七八年,有的在十年以上,对于学术研究的自由,从来没有受到任何干涉”。俞剑华也说:“先生所聘教授,多系学术界知名人士,延聘时完全以品德学问为标准,对于派别向不注意,故所聘教授,包罗万象,左右逢源。”在建阳时,周宪文教授主讲经济学,广泛地介绍经济学一课,以剩余价值的观点,阐明资本主义积累的过程。陈文彬教授讲哲学概论,盛叙功教授讲经济地理,也都闪现出马列主义观点的光辉,深受同学欢迎。学生中的各团体,如壁联、史地学会、经济学会等,集结了不少要求进步的同学。

先生爱护同学的精神,也是值得称颂的。太平洋战事起,日军进占上海租界,先生即派人在金华设招待所,运送暨大学生去闽。此时各地沦陷区学生入闽者不在少数,先生奉命筹办东南联大,收容各地流亡学生,暨大和联大学生失去家庭经济上的接济,先生总是尽力解决他们的困难。现任香港文汇报总编辑金尧如当时和其他数十名青年学生,虽已考取暨大,但从录取到开学尚有一个月时间,寄居寺庙,家庭经济断绝,生活无着,金尧如代表流亡青年,往见先生,请予接济,先生慨然允许其所请,解决他们的困难。先生对同学,从不疾言厉色,作风民主,深受同学爱戴。当时建阳也蒙受白色恐怖的袭击,暨大师生中有的被当局罗织罪名,有被捕可能,先生总是尽力暗中为之解脱,事后也不与人言。据先生长女何淑莲回忆,当年为免遭逮捕,时有青年学生夜晚从先生家中化装逃脱的。次女何淑馨回忆,1945 年 12 月,暨大学生会主席金尧如领导同学开展民主爱国运动,其时先生在沪,即去信建阳,对同学行动表示积极支持。这都是先生爱护青年学生的具体表现。

此外,暨南大学既为海外侨胞子弟归国求学而设,先生在建阳暨大成立了南洋研究馆,请苏乾英教授负责搜集南洋方面风土人情历史资料。该馆经营数年,颇有成就。

先生一生致力于文教,其高贵的品德,不胜枚举。郑振铎教授在追悼先生的悼文中说:“先生主持商务印书馆编译所的时候,是那样宽宏开明,没有偏见。正和他主持暨南大学的情形相同……有好几次,仿佛有什么外来的压力,他极力地代为疏释,极力地主持正义。有一次，我们几个朋友发生了很严重的事件，很有被捕的可能，但过了几时，这件事却渐渐地消灭于无形了。事后才知道是先生极力疏释的结果，他自己却始终不和我们谈过。”“在我们许多朋友中，像他那样心胸广大的人殊不多见。”所以，先生不论对同学或同事，宽宏开明，正直无偏见。这是先生第一个美德。

先生珍视知识、珍视知识分子。郑振铎教授说过：“他喜欢同道的人，凡一切有学问趣味的朋友，他都看重他们，而且尊重他们学术研究的自由。”抗战军兴后，不少学者和知名人士困守陷区，生活困难，先生缄请其时教育部拨款补助，如马叙伦、秉志、沈尹默、许炳堃、高君珊等，均在其列。现浙师院徐正容教授，抗战时期避难至江西宁都，困顿万状。先生闻讯，当即汇款接济，并电请其来暨大任教。卓如教授因言论进步，遭当局注意，失业在家，先生毅然举荐他去英士大学任教。凡此均足见先生珍视知识分子。这是先生第二个美德。

抗战期间，汪精卫公开投敌，在南京粉墨登场。1940 年 3 月 9 日，汪伪政权正式开锣的一天，勒令上海大中小学一律放假一天，以示“庆祝”。当时陷身孤岛的院校，大多慑于敌伪淫威，莫敢反抗。大专院校的地下党同学，通过进步学生，要求各校表态，据暨大四一届商学院学生翁大启回忆，他当时作为代表之一，曾向先生要求表态，先生毫不犹豫地回答学生代表十个字：“曹汉不两立，忠奸不并存。”先生他决不附逆，表现了他与敌伪誓不共存的态度。高风亮节，这是先生第三个美德。

先生自奉俭朴，一生忠于文教事业，严以律己，其所得工资、稿费，常用于购买图书及资助知识青年。在上海，他一直没有私人房产，抗战胜利后，借住中华学艺社。在建阳时，先生的次女淑馨中学没有毕业，以同等学力投考大学，先生不允其报名考暨大，淑馨只得折程去邵武投考之江大学，在之大肄业一年后，再转入暨大外文系。生活俭朴，先公后己，这是先生的第四个美德。

（政协金华市委员会文史资料委员会编

《何炳松与故乡图文集》，2006）

刘士木

刘士木（1889—1952），原名志权，别号黑水村人，广东兴宁人，藏书家，著名学者。14岁入黄埔陆军小学，后赴日本留学，专攻经济学。曾担任印度尼西亚苏门答腊中华学校校长。1927年受聘为暨南大学南洋文化事业部主任，主持编辑《南洋研究》期刊和《南洋丛书》，对东南亚研究工作多有倡导。

刘士木与华侨事业和南洋研究

罗晃潮

新中国成立前我国认真研究南洋及华侨问题,并且卓有成绩的,刘士木先生要算是其中的第一个了。他不仅是我国南洋研究的首倡者、前暨南大学南洋文化教育事业部的创办人,也是发展华侨教育、推进华侨事业的活动家。1889 年,他出生于广东兴宁的一个农民家庭。十四岁那年,只身来到广州,就读于黄埔陆军小学;不久到了南洋,在苏门答腊的民礼创设了中华学校,并加入了同盟会从事革命救国活动;后来得到侨商的资助而留学日本。以后便来往于祖国、南洋和日本之间,为国民革命而奔走。他深感祖国与南洋关系密切,华侨事业意义重大,毕生致力于这方面的研究,大力组织各种研究南洋、研究华侨的团体,为使祖国富强,为维护华侨权益而奋斗一生。

一

19 世纪末到 20 世纪初,中国在清政府统治下,已沦为一个半封建半殖民地的社会,人民饱受封建主义和帝国主义的压迫和剥削,再也无法生活下去了。"山雨欲来风满楼",中国正处在大变革的前夜。青少年的刘士木,就生活在这行将变革的伟大时代,当时为振兴民族而献身的志士仁人的革命活动,特别是他故乡嘉应州著名爱国诗人黄公度强烈的爱国思想,都对他产生深刻的影响。

还在幼年的时候，刘士木便受到爱国思想的熏陶。他在故乡的兴民小学读书，唱的便是黄公度的从军歌。到了广州，又进入陆军小学；后来留学日本期间，则更喜读黄氏的著作。这样，他的爱国思想，从小便得到很好的培育，扎下了深根。所以当他在学生时代，便参加了革命党人的活动，追随同盟会诸先进，到了海外，对侨胞进行"宣传改造国命的工作"（刘士木编《日本海外侵略与华侨》）。不久，便在日里加入了同盟会，负责民礼方面的工作。从此便作为同盟会的一员，在海外的华侨中，为救国救民而积极地进行革命活动，正如他后来自己所说的，举"凡鬻报、递信、募饷、劝学乃至供给新闻，选运新刊，护送侨生诸事，就一己心力的所及，作不断的负责"（见《日本海外侵略与华侨》）。

广大的华侨都是华夏儿女，大都有一颗爱国之心。他们漂洋过海，多有一段辛酸的血泪史，在海外，他们又受到当地殖民主义者和反动派的歧视和压迫。他们迫切希望有一个富强独立的祖国为他们撑腰说话，因此革命党人的革命救国活动，广大的华侨是欢迎和支持的。然而另一方面，当时的革命派和改良派在华侨中正展开激烈的斗争，在南洋，保皇党更勾结清政府和当地殖民政府大肆迫害革命派和欺骗广大华侨。为反击这股逆流，揭露保皇党的实质，教育华侨，当时孙中山派胡汉民到棉兰，集资在槟城创办《光华日报》。正在民礼的刘士木积极参加宣传招股等工作，为创办该报和扩大该报在侨胞的影响，提高侨胞对国民革命的认识等方面做了不少工作。他积极为该报撰写的宣传革命形势和宣扬革命精神的通讯和烈士传记，都经他"于各方面详加调查，搜求事实，询诸逸老，采访家人"（见刘士木《吾与光华四十年》，载《南洋学报》8:2）而写成，起到较大的教育华侨、唤醒侨胞的作用。

民国建立后，由于他在民礼进行革命活动的劳绩和表现的写作才能，民国元年他被选为代表日里各埠书报社回沪参加吴世荣、陈楚楠、谢碧田等人组织的"华侨联合会"，向北京政府要求参政权，会中的一切报告大多是由他执笔的，后来还整理成《华侨参政权全案》一书，反映了广大华侨热爱祖国和积极参加祖国政治生活的赤子之心。

民国初年,国内党派林立,政争不已,而在国外日本帝国主义更虎视眈眈,袁世凯又称帝卖国,使刘士木深感有亡国之痛,于是他漫游全国,又来往日本、南洋之间,进行考察调查。他后来曾代表日本东京支部出席了1924年1月在广州召开的国民党一大,后又被聘为南京海外部的秘书,但他无意仕途,而一心一意在文化事业上,倾注出自己全部的爱国热情,开拓南洋研究和发展华侨教育事业,以唤起国人对南洋问题和华侨问题的关注,唤醒侨胞加强团结,自强自救。

二

可以说,刘士木的一生,是研究南洋的一生,是为促进祖国与南洋的密切关系的一生。他常说:"予的足迹印诸岛,予的精神及梦想,亦无时不在诸岛……海外事情,不能一息忘予怀。"(见《日本海外侵略与华侨》)他为什么对南洋这么"魂梦牵绕",对南洋研究这么"锲而不舍",即使是在蛰居槟城,贫病交煎的最后几年,还是念念不忘组建"槟城文库",还是孜孜不倦搜寻南洋资料,为南洋研究而献身,直到生命的最后一息?这是基于他对祖国的热爱。他早期在南洋时,一些富商资助他经营生意,他都婉言谢却,而决心到日本留学,就读于设有南洋研究科的日本大学商科经济系,也是为了搜集资料,便于日后开拓南洋研究,为祖国服务。

在这种爱国思想基础上,他所从事的南洋研究,是有的放矢,和联系着祖国的命运前途的。还在他留学日本的时候,日本正积极推行南侵政策,严重威胁着我国与南洋的密切关系,他深感这一问题所具有的严重性质,便特别着意搜寻有关日本南侵的资料,尤其是日本内部秘密发表的南侵政策,并编译了不少有关这方面的资料,这些都为他后来进行南洋研究,特别是日本南侵与我国关系的研究打下了深厚的基础,使他成为我国首批有影响的南洋研究学者。

1927年,他受聘为上海的暨南大学首任南洋文化教育事业部主任。该部是当时全国唯一的一所华侨高等学府所设的专门研究南洋问题的机构,这对于长期专注于南洋研究的刘士木,真像如鱼得水,大有用武之地。他到了该部后,便广为罗致人才,大力开展南洋研究工作。在他直接领导下,当时不少的南洋研究学者如李长傅、温雄飞、姚楠等,都在该部共事,为该部的发展打下了雄厚的基础,对我国的南洋研究产生了深远的影响。

在领导南洋问题研究工作中,他充分发挥属下各人的专长,同时根据当时形势的特点,针对人们对南洋问题缺乏全面认识和日本南侵政策对我国构成严重威胁的状况,在进行专题研究的同时,大力展开普及宣传工作。首先他抓住了问题的主次,在部中作了细微的组织分工,就南洋问题进行专题探讨与广泛的宣传。他就任不到半年,先是创办了《南洋研究》杂志,随后又发行了《南洋情报》,并在报刊上定期出版专刊,使得当时的南洋问题,逐渐引起人们的关注。特别是《南洋研究》的创办,这是我国第一份具有学术研究性质的研究南洋的杂志,出版时间最长,它对我国的南洋研究有着广泛的影响。与此同时,他又组织部里的研究人员编纂《海洋丛书》。和出版上述各种刊物一样,这套丛书也分普通的与专著的两类,对南洋各方面的情况,分别作有系统的介绍或研究。不到三年,这套丛书便出版了40余种,他本人或与别人合编的便占十二三种。该丛书的出版,大大促进当时人们对南洋问题的认识,在今天也有它一定的作用。这一时期也正是他翻译著述的盛产期,总计他个人前后所出版的专书不下20种,各类文章百余篇。

抗日战争全面爆发不久,他全家到了槟榔屿,在钟灵中学任图书馆主任之职,同时又与同人一道积极开展南洋研究的活动,大力搜集资料和着手组织南洋研究会,使南洋研究在当地活跃起来。1940年春,“南洋学会”在新加坡成立,他是发起人之一,并被选为理事,第二年被推举为理事长。不久,太平洋战争爆发,“南洋学会”的活动被迫停止,他便在槟城的黑水村隐居下来,自号黑水村人,过着清贫的生活。由于他的学识渊博,尤专于南洋问题,所以不时有人以名利引诱他“出山”，但他都婉言拒绝，安贫乐道。在此期间，他继续搜求南洋图书资料，以准备组织研究南洋的图书馆，可惜图书馆还未成立，他便于1952年10月溘然长逝。据报载，他在临终的当日早晨还在为刊行有关南洋问题的资料而操劳。他的这种为事业、为南洋研究而至死不渝的精神是十分感人的。

三

刘士木的一生，也是研究华侨的一生，是为维护华侨权益而奋斗的一生。他出生于侨乡，青少年时代便来往于南洋各地，生活和工作于广大侨胞之中，那时“各侨胞之劳动阶级，工作于各园丘者，其生活殆如入‘修罗地狱’，生死由人，夭寿听天”（见《吾与光华四十年》，载《南洋学报》8:2）。这种情况，深深激发着他的拯救广大侨胞于水火的报国热忱，所以他常自励：“予生非予有，为南洋群岛华侨事业所有，南洋群岛间五百余万侨众，皆我五百年前一家的骨肉……予与海外侨众得失荣辱的关系，久已认为切身的事情。”（见《日本海外侵略与华侨》P.2）

当他初到南洋在苏门答腊的民礼等地任教时，便一方面参加同盟会的活动，一方面为《光华日报》写了不少当地华侨烈士的事迹如《黄花岗烈士李祖奎事略》《温生财烈士传》等，以宣扬华侨烈士的革命精神，唤醒侨胞团结起来，救国自救。民国初年，又在当时何海鸣主编的《侨务旬刊》不时撰写文章，宣传华侨问题的重要性和严重性，为挽救危难中的华侨而大声疾呼，以引起国人的关注和当局的重视，同时又积极参加当时“华侨联合会”组织的向北京政府要求参政权的活动，为华侨力争一席位，以便更有利地为祖国与华侨的利益而展开工作。

他认为华侨问题的日益严重，究其根本原因就是祖国不强大，没有靠山，而未能充分觉醒的华侨本身又不团结，面对殖民政府歧视排斥和日本军国主义的侵略压迫，华侨的地位自然岌岌可危。因此，必须加强华侨问题的宣传，加强华侨的团结，组织华侨团体，发展华侨教育，提高华侨素质。从此，他便孜孜不倦为加强华侨与祖国的血肉关系，提高华侨的爱国主义觉悟，维护华侨的权益而奋斗。

1929 年，他积极参与发起和筹组南洋华侨教育会议。这是我国迄今唯一的直接由华侨教育工作者组织召开的一次会议。当时他负责会议的各项具体工作，从主持历次的筹备会议到会议的正式召开以及会后关于会议文件的编纂，他都亲力亲为，使得会议取得很大的成功。正是由于这次会议的影响，当时的中央训练部也召集了“华侨教育会议”，专门研究了华侨教育问题，随后不久召开的“第二次全国教育会议”也设小组对华侨教育作专门讨论。他作为华侨教育专家应邀出席了这两次会议，在会上提出了不少建议。这样，经过他和广大华侨教育工作者的宣传推动，当局对华侨教育便稍加留意并采取了一定的措施。在他直接的领导下，当时的事业部还开展了各种促进华侨教育，服务侨胞的工作，如指导侨生回国开学，编辑侨校课本和教材，举办侨务训练班，征集华侨革命文物，搜集和整理有关资料，等等。他还把自己历年收藏的大量书籍，其中包括一些难得的珍贵材料都公开出来，寄存该部，使当时的事业部，一时成了南洋问题和华侨问题的研究咨询中心，既活跃了当时学术界的华侨研究，也推动了社会上的华侨工作。在此时期，他又编写了不少有关华侨问题的专著和论文，着重分析当时的经济形势和日本的南侵与华侨的关系问题，就华侨危机的根源、现状和前途，发表了中肯的见解。其代表作有《日本海外侵略与华侨》、《南洋问题与华侨问题》、《华侨概观》(与徐之圭合编)等。这些论著的字里行间，洋溢着他对华侨的热爱，表现出解决华侨危机的迫切心情。这不仅说明了他对华侨问题认识的精湛，也是他深刻的爱国思想的体现。

在竭尽全力开展该事业部的华侨研究和华侨服务工作的同时，他又积极发动和组织各种旨在推进华侨工作和加强侨胞团结的华侨团体，并参与领导工作。还在 1926 年，他便与荣渭阳等人发起组织“华侨教育协会”，以“协助华侨教育之发展，增进侨民之文化事业”，并任该协会的干事部主席。1928 年又参加筹组“侨务协进会”，受聘为该会董事会的顾问。1929 年和 1930 年间,又积极发动组织“中南文化协会”,以“宣扬中南文化及促进侨胞在南洋之地位”,并被选为该会的常务理事。他常说,“要办事就要联合一些真努力,肯牺牲的朋友”一齐去办,他是这样认识,也是这样做的。他一方面以事业部为基地,直接地为发展华侨教育,提高华侨素质而扎实地工作,另方面又以民间的各种华侨团体为阵地,与关心华侨问题的同人一道,为促进华侨与祖国的关系,维护华侨的利益而做了大量有益的工作,并取得了一定的成绩。

刘士木先生早已离开我们了,他不愧是一个热爱祖国、热爱华侨的活动家,是南洋研究的学者,是华侨问题的专家,他为开拓我国的南洋研究和华侨研究的功绩是不可磨灭的,是值得我们怀念的。

(《暨南学报》1983 年第 3 期)

叶公超

叶公超（1904—1981），原名崇智，字公超，广东番禺人，出生于江西九江。著名外交家、书法家。1927 年任暨南大学外国文学系主任兼图书馆馆长。

从北大到暨南(节录)

傅国涌

1927年春天,时局发生重大变化,4月18日蒋介石在南京建立国民政府,北京已在风雨飘摇中,张作霖的奉系军阀惶惶不可终日,八所国立大学只能发三成的薪水,学校陷入困境之中,教授们纷纷南下,另谋出路。这时,叶公超家的世交、叶恭绰的好友郑洪年出任上海暨南大学校长,聘请他为外文系教授、系主任兼图书馆馆长。

这所学校的前身是暨南学堂,创立于清末,原来在南京,后来迁到上海真如,郑洪年接手时,刚改为国立大学。在叶公超南下之后,有英美教育背景的自由派知识分子云集上海,仅暨南大学外文系就集中了梁实秋、饶孟侃、余上沅、林语堂等人。徐志摩、胡适、罗隆基、潘光旦等也都在上海。创办新月书店、《新月》杂志以及"平社"的活动,都足以显示他们精神生活的多姿多彩,他们的才华、理想与追求。1928年,他的学生梁遇春北大毕业后,经他推荐也成了暨大外文系助教,主讲英国散文,并在《新月》上发表书评、书话。

"他在暨南,非常受同学的欢迎,他上课时讲的英文,真教人听出耳油,不情愿下课。"那时他不过二十四五岁,"头发梳得伏帖,口咬烟斗,衣服整齐,风度翩翩,一点也不像那些不修边幅的作家,倒十足像个绅士。大概在英国住久了的缘故,他说话坦率,有风趣"①。长期主持在马来西亚享有盛名的《光华日报》编务的温梓川是他在暨南时的

① 温梓川:《文人的另一面》,第21~22页,广西师大出版社2004年版。

学生,也是一位卓然有成的作家、马来西亚华文文化的开拓者,曾发表《叶公超二三事》《敢说敢为的叶公超》等,记述他在暨南上课时如何议论风发、妙趣横生等。赵世洵将这篇文章剪下寄给叶公超,多年后(1968),他遇到赵首先提起这事:"回去告诉梓川,他有机会来台北,叫他一定要来看我,难得我有个学生在南洋。"温梓川的文章确实唤起了他对"壮年时代韶华的怀念和回顾"。这些文章收入了温梓川的散文集《文人的另一面》中。温梓川回忆,他上课喜欢考据,"往往一堂五十分钟的课,常常为了一个字引经据典而耗去"。他喜欢打桥牌,"如果打了一夜牌,则上课照例不讲书,只叫同学口试,或听同学读一章节。他最注意发音,如果发音有误,照例须挨骂。……即使是女同学,如发音恶劣,亦不稍假以词色,直言斥讽,入木三分,那被骂的女同学也常常直立以巾掩面,甚至有泪不可抑者"①。

那时,叶公超孑然一身,又兼着图书馆馆长,就住在图书馆楼下一个小房间里,床上椅上全是书,"坐拥书城,引以为荣"。梁实秋说他有爱书癖好,北平北京饭店楼下的 Vetch 书店、上海的别发公司,都曾是他经常光顾的地方。做了图书馆馆长,更是名正言顺地大量买书。他个人最喜欢读的是英美的新诗,他对诗的看法与徐志摩、闻一多不同,在当时的诗人朋友中,饶孟侃算是和他谈得来的一个。后来叶公超从图书馆楼下搬出,在真如乡下离暨南不远处租了几间平房,小桥流水,阡陌纵横,非常雅静。饶孟侃有时也到那里去住,和叶公超做伴。有一天,二人谈起一个英国诗人,叶公超当即取出此人的诗集,翻出几首代表作,让饶孟侃来读,读过之后再讨论。那天饶孟侃倦极,竟然抛卷而眠。叶公超大怒,顺手捡起一本大书掷过去。虽没有头破血流,却让饶孟侃大惊失色,二人从此有了芥蒂。

梁实秋还记得校中有个女侨生经常到叶公超住处请教,"其人貌仅中姿,而性情柔顺"。叶公超自认为近于大男子沙文主义者,特别喜欢柔顺的女子。他当时又是独身。这位女生的男友扬言将对他不客

① 温梓川:《文人的另一面》,第 27 页,广西师大出版社 2004 年版。

气。他有些害怕,就借了一支手枪防身。有一天,他与饶孟侃外出试枪,途中有一条狗老对着他们吠,他开枪将狗击毙。狗主人索赔,无奈只好照赔。不久,女生回国嫁了一个贵族。

梁实秋每星期都要去真如三次,上课前后总是到图书馆和叶公超聊天,两人颇为相得,他的回忆应是可信的。

一次,因为在暨南中学部教英语的顾仲彝与曾虚白一起翻译哈代的《人间小讽刺》,暨南大学邀请曾虚白的父亲曾朴(《孽海花》作者、主持"真善美"书店)演讲法国文学,曾虚白陪同前往。演讲后,暨大设宴招待,叶公超和曾虚白在宴会上相识,那时他们一个办《新月》,一个办《真善美》杂志。没想到以后他们会在国际宣传处成为同事。

1928 年,叶公超还去过一趟美国,在华盛顿和梅贻琦初次见面。

从这年秋天开始,叶公超在胡适担任校长的中国公学兼课,往来于真如乡下和吴淞之间,和徐志摩、胡适等过从甚密。

1929 年夏天,叶公超结束了在暨南大学两年的教学生涯,重返北平,水木清华已在向他招手。

(傅国涌《叶公超传》,河南人民出版社,2004)

叶公超二三事

梁实秋

公超在某校任教时,邻居为一美国人家。其家顽童时常翻墙过来骚扰,公超不胜其烦,出面制止。顽童不听,反以恶言相向,于是双方大声诟谇,秽语尽出。其家长闻声出视,公超正在厉声大骂:I' ll crown you with a pot of shit!(我要把一桶粪浇在你的头上!)

那位家长慢步走了过来,并无怒容,问道:"你这一句话是从哪里学来的?我有好久没有听见过这样的话了。你使得我想起我的家乡。"

公超是在美国读完中学才进大学的,所以美国孩子们骂人的话他都学会了。他说,学一种语言,一定要把整套的咒骂人的话学会,才算彻底。如今他这一句粪便浇头的脏话使得邻居和他从此成朋友。这件事是公超自己对我说的。

公超在暨南大学教书的时候,因兼图书馆长,而且是独身,所以就住在图书馆楼下一小室,床上桌上椅上全是书。他有爱书癖,北平北京饭店楼下 Vetch 的书店、上海的别发公司,都是他经常照顾的地方。做了图书馆长,更是名正言顺地大量买书。他私人嗜读的是英美的新诗。英美的诗,到了第二次大战以后,才有所谓"现代诗"大量出现。诗风偏向于个人独特的心理感受,而力图摆脱传统诗作的范畴,偏向于晦涩。公超关于诗的看法与徐志摩、闻一多不同。当时和公超谈得来的新诗作家,饶孟侃(子离)是其中之一。公超由图书馆楼下搬出,在真如乡下离暨南不远处租了几间平房，小桥流水，阡陌纵横，非常雅静。子离有时也在那里下榻，和公超为伴。有一天二人谈起某某英国诗人，公超就取出其人诗集，翻出几首代表作，要子离读，读过之后再讨论。子离倦极，抛卷而眠。公超大怒，顺手捡起一本大书投掷过去。虽未使他头破血出，却使得他大惊。二人因此勃谿。这件事也是公超自己对我说的。

公超萧然一身，校中女侨生某常去公超处请益。其人貌仅中姿，而性情柔顺。公超自承近于大男人沙文主义者，特别喜欢 meek(柔顺)的女子。这位女生有男友某，扬言将不利于公超。公超惧，借得手枪一支以自卫。一日偕子离外出试枪，途中有犬狺狺，乃发一枪而犬毙。犬主索赔，不得已只得补偿之。女生旋亦返国嫁一贵族。

公超属于"富可敌国贫无立锥"的类型。他的叔父叶恭绰先生收藏甚富，包括其外公赵之谦的法书在内。抗战期间这一批收藏存于一家银行仓库，家人某勾结伪组织特务人员图谋染指，时公超在昆明教书，奉乃叔父电召赴港转沪寻谋处置之道，不幸遭敌伪陷害入狱，后来取得和解方得开释。据悉这部分收藏现在海外。而公超离开学校教席亦自此始。

公超自美大使卸任归来后，意态萧索。我请他在师大英语研究所开现代英诗一课，他碍于情面俯允所请。但是他宦游多年，实已志不在此，教一学期而去。自此以后他在政界浮沉，我在学校尸位，道不同遂晤面少，遇于公开集会中一面，匆匆存问数语而已。

（梁实秋《槐园梦忆》，中国华侨出版社，2013）

郑振铎

郑振铎（1898—1958），出生于浙江永嘉，原籍福建长乐。中国现代杰出的爱国主义者和社会活动家、作家、文学评论家、文学史家、翻译家、艺术史家，也是著名的收藏家。1928年6月16日，应邀到国立暨南大学演讲。1929年兼任暨南大学、复旦大学中文系教授。1935年任暨南大学文学院院长兼中文系主任，并参加编辑《中国新文学大系》。

追思三教授:郑振铎、王统照、方光焘

钱今昔

我是一九三七年,也就是抗日战争全面爆发的一年,同时认识又同时受业于郑振铎、王统照、方光焘三先驱门下的。从那年的十一月到一九四一年的十二月,上海是经历了一个“孤岛”时期,四郊给日军占领,作为租界的市区还保持些“相对中立”,进步作品的发行也稍宽于被称为“后方”的内地。那一年,年方十八岁的我考取了暨南大学。从此整整四年的读书期间,我接触了许多著名教授——特别是接受了文学界三位先驱的教诲。

暨南大学原来的校址在上海市西北郊的真如镇。可是战事再起,原先那绿树婆娑、红墙碧瓦的校舍便被烟火夷为瓦砾了,学校不得不迁入市区。亏得那时学生不多,约只一百多人,还能租屋上课,起先的校址是在陶尔斐斯路(即今南昌路东段)四合院里,房屋仅是一幢三层楼的大厦,没有操场,学生也以走读为主。物质条件虽很简陋,然而地狭屋窄,师生们的接触反而多起来了。

那时,郑振铎(西谛)是文学院长,并担任中国文学史的教授。正当四十岁上下的壮年,他骨骼虽相当高大,但脸容瘦长,戴一副白边眼镜,穿一套西装,那翩翩温文的风度掩不没内心的热情。他博览群书,办公就在图书馆里。他深入生活,参加了文协的社会工作。他教学时,语言流畅顿挫,侃侃而谈古今中外的文学精粹。除文学院外,理、商学院的同学也都慕他名前来旁听。教室是挤得满满的,却静得连一支铅笔、一页纸张落地都听得见声音似的。

很多本中国现代文学史上都列举了郑振铎的许多作品，如《取火者的逮捕》《插图本中国文学史》《中国俗文学史》《中国版画史图录》等。但还很少记述他在孤岛时期的文艺活动，那时他和方光焘合编的《文学》已经停刊，可是他仍以犀利的笔锋出版了诗集——《战号》，还以郭源新的笔名写了《桂公塘》和《风涛》等短篇小说。借宋末和明末的故事来抨击黑暗，并激励民心。此外，他还在一九四〇年同王统照等创办了《文学集林》刊物，有巴金等作家撰稿，可以说是"孤岛"上最负盛誉的文艺刊物。可惜不容于环境，只出版了四期就夭折了。

抗日战争时期，江南书香世家遭敌骑洗劫，许多古籍珍册，被人盗卖，甚之沦为破旧书籍流落于上海的四马路上，被人用作臭豆腐干的包纸。因此，郑振铎痛心疾首，虽则他一贫如洗，总要节用薪金，抢救几许。偶有所得，难免在教室中讲上几句。那时，他喜上眉梢，真有一洗心中块垒之慨呢！

记得一九三八年的春天，我写了两篇散文——《神灯》和《车中》，请郑老师指点，原想我仅是一年级的学生，盛名如他对此未必理会。却不料只隔三天，他就热情地找我，说两文已转给柯灵所编的文汇报副刊《世纪风》了，其中《神灯》一文他尤其喜爱。以后，我在他的鼓舞和指导下，走上了一段写作生涯的道路。其实他对青年作者的引领，又岂止我一人。当年暨大学生组织的文艺社，出版《文艺》月刊，他就是业务上的指导者。至今活跃于上海文坛的作家吴岩、生活于杭州的舒岱、澳门的华铃等人，莫不都受过他的熏陶。

一九四二年我离开上海到福建工作，行前与郑师告别。一九四五年抗日战争胜利后，我返回上海的第二天，就到静安寺附近的觉园去看望他。他正同吴岩和舒岱一起，在一间积满灰尘和线装书的大房间中，埋头于古籍的整理。那时他生活艰困，在他所主编的《民主》周刊上，曾写到物价飞涨，饱餐不易之苦，可是倾注生命于文籍的保存仍不稍懈。这可以说是中国知识分子所固有的美德之一吧！

新中国成立后他出任中央文物局长时，头一件就是向周恩来总理建议，由政务院（后来的国务院）通令全国各地，对古迹文物庙宇等一律加以保护。周总理采纳了他的意见。一直到现在，在中国各名胜旅游之地，都立着保护文物的通知。饮水思源，我想，总不应忘记郑振铎先生的心血吧！

我曾多次在静安寺庙弄四十四号郑师之家，遇到王统照老师，他俩的友谊是很深挚的。以后，我在校中选读了王教授的中国小说史课程。当时暨大文学院的学生，总数不到七十人。“小说史”又是选修课，教室里只有少数几个学生。在西装裤外面罩一件旧长衫，深度近视的眼镜，带一些山东音的普通话是他的外貌。淳朴、谦虚、诚恳，不多交际，埋头笔耕是他的内涵。章法谨严，结构缜密，凝练浓郁是他的文风。在一九三七年以前，已先后出版了长篇小说《山雨》《春花（初名秋实）》，短篇小说集《春雨之夜》《霜痕》《号声》《银龙》，散文集《片云》，诗集《童心》《这时代》《横吹》等。能得这样一位名师的亲授是很不容易的。所以我每次听课都很用功，课后又常到教师休息室向他讨教一些创作理论和外国作品的理解问题。后者虽已远远越出课程范围，但他从不厌烦，总是用温雅和蔼的语音详细地讲解给我听，记得我曾写过一篇《苔丝》的作者《汤姆士·哈代论》请他修改。他花了两个晚上，用浅绿色的墨水笔，以工整的字体在原稿纸上详细地修改了。后来，此文发表于作家范泉所编的中美日报《堡垒》副刊上。至今，还保存在我的贴报簿上。每一展视，眼前便会浮现出统照师循循善诱的音容来。

孤岛时期，他曾用卢生笔名在巴金主持的文化出版社出版了短篇小说集《华亭鹤》。以后，又用鸿蒙和提西两笔名写了个长篇小说《嫂情》，连载于柯灵主编的《万象》上，曾引起广泛的注意，也有人认为可同小仲马的力作《茶花女》相媲美。一九四九年新中国成立后，他担任山东省文教厅副厅长。曾托在齐鲁大学任教的友人孔另境来问我是否愿到鲁省的大学中文系任课。可是我却因老母荆妻惯居沪滨，没有前往，不料因此就未能再见到过去授业的老师了。

“孤岛时期”的暨大后期，校址迁到康脑脱路（今康定路）的一所教堂的二、三层楼上，那时我同吴绍彦、陈次园等人自办了一本《杂文丛刊》的小小刊物。约集了王任叔、唐弢、金性尧等人写稿，也常将刊物送给一些教授们指教，其中也包括送给方光焘教授。为此，我常到他寓所小谈。他的房间内书籍堆放，不甚规则。方师是中等身材，体型瘦弱，浙西口音浓重。他对那刊物谆谆指导，在内容构思和文学技巧上提供了不少可贵的意见。他虽是著名的语言学和书法理论家，曾发表过像《漫谈语言和言语问题》《要素交替与文化体系》等著名的学术论文，然而也曾写过不少文艺作品，像《虐疾》《曼蓝之死》等短篇小说都被收入于一九三五年郑伯奇所编的《中国新文学大系》第五册中。这两篇佳作，前者写一个贫苦妇女的生活挣扎，后者写小孩们对小猫之死的悲哀。他以虔诚的态度、朴实的文风、平凡的事实喊起了读者的共鸣。的确，无论是他的为人、治学也都给我们以诚朴、坦率和善良的感觉。他的小说，因他盛名于学术，反易为人忘。可是一九六六年起的祖国十年浩劫中，笔者也有几年遭难。那时，面对造反狂徒们灭绝人性的暴行时，我的心中却时时升起方师小说中的人性温情，算是给自己在子夜时看到丝丝生命的微光。

新中国成立后，方光焘除担任南京大学中文系主任外，并兼任江苏省文化局长、省文联主席。他原是一个正义感很强的人，敢说敢做，为苏省的文学发展做出了贡献。可是向来无拘无束的作家忽而任职政海，难免有不习惯的地方。记得一九五二年我偕同华东师范大学的一些师生，从上海到南京，作地质地貌实习，借宿南京大学时，曾往访方师，倾谈间，他曾慨乎言之道：“工作是很有意义的，可就是会议太多，还要经常接触一些无聊的人，讲一些无聊的话，白白浪费时间，真太可惜了。”一九六四年方师去世，迄今已近二十年了，可是每当我对开会、填表格、写规划之类感到十分烦恼时，便仍会在脑海中浮现出方师的那一段话来。但愿祖国“改革”的劲风，能有一天吹散那些无益的陋习才好呢！

在方师之前，郑师已于一九五八年出访阿富汗、阿拉伯联合共和国时，中途坠机身亡。再早一年，即一九五七年，王师也病逝于济南。三位文学界的先驱，同年而生，逝世之时又那么接近。虽说都死在十年浩劫之前，幸而免遭一场摧残，可是今年的祖国大陆，正提倡文学园圃中的花卉竞放，而哲人其萎，总令人无限地惆怅呢！

（《暨南大学建校八十周年新加坡校友会成立四十六周年纪念特刊》，1988）

郑振铎与暨南大学

黄新宪

一

郑振铎(1898—1958),字警民,又字铎民,常用笔名有西谛、C T、郭源新等,祖籍福建长乐,出生于浙江温州,是中国现代史上的著名作家、学者和社会活动家。从20年代中期至40年代初,曾在复旦大学、中国公学、燕京大学、清华大学和暨南大学担任过教职,其中尤以与暨南大学的渊源关系较深。他从1935年进入暨南大学至1941年日军占领上海租界,该校迁往福建建阳为止,前后任教达6年之久。

郑振铎在到暨南大学任教之前,曾在燕京大学任教。当时也在这所教会大学任教的冰心后来在回顾他这一时期的教学时写道:"振铎在燕京大学教学,极受进步学生的欢迎,到我家探病的同学,都十分兴奋地讲述郑先生的引人入胜的讲学和诲人不倦的进步的谈话。"[1]可见,郑振铎在燕京大学的讲学是成功的。但他因政治上倾向进步,加之生性耿直,而与校长司徒雷登及其周围的一些人发生冲突,不得不于1935年夏离开燕京大学举家迁往上海。

就在这一年的春夏之交,专为教育华侨子弟而设立的国立暨南大学因面临种种困难,代校长沈鹏飞宣布辞职,国民政府教育部委任原商务印书馆编译所所长何炳松为暨南大学校长。何炳松曾与郑振铎同在编译所工作,私交甚笃,且对郑振铎的学识十分赞赏,故请郑振铎到暨南大学担任文学院院长,以协助他进行改革。7月16日,同样与郑振铎有着很深交谊的鲁迅在致曹靖华的信中写道："暨大情形复杂，新校长究竟是否到校，尚未可知，倘到校，那么，西谛是也去的。我曾劝他勿往，他不取用此言。"[2]鲁迅从一开始便不赞成郑振铎去暨南大学工作，担心那里情况复杂，怕他刚从燕京大学受了冤枉气出来，又陷进另一个泥潭里去。确实，郑振铎与何炳松的交情非同一般。两人不但同事过，而且都是严肃认真的学者和真诚的爱国者，彼此志趣相投，思想上有不少相通之处。在危难时刻，何炳松还曾义无反顾地保护过郑振铎。除了这层关系外，郑振铎对何炳松个人有着很深的信任感，认为他是最合适的暨南大学校长人选。何炳松毕业于美国名牌大学，曾从事教育工作多年。1917 年应蔡元培的邀请到北京大学任教，深受蔡元培"兼容并包"的开明作风的熏陶。在主持商务印书馆编译所工作期间，处事严谨，对同事宽容。有鉴于此，郑振铎认为何炳松完全有能力团结一批学者办好暨南大学。此外，周围一些友人的支持，也是郑振铎下决心前往任教的一个主要因素。30 年代中期，上海的国立大学只有交通大学、同济大学和暨南大学 3 所，而暨南大学又面向海内外招生，在东南亚华人华侨中具有广泛影响，是一个十分重要的教育阵地。胡愈之等人便认为郑振铎应当去暨南大学协助何炳松进行民主管理，以改造这所学校。当然，经济方面的考虑也是一个重要原因。从燕京大学辞职后，郑振铎一时没有工作，生活陷于窘迫之中。

但是，鲁迅的担忧并非没有根据，当时的暨南大学问题成堆，社会各界责难较多。面对严峻的形势，郑振铎随何炳松前往暨南大学任教，自然感到压力很大，但他还是抱着民主治校的信念走进了暨南大学。1935 年 9 月 12 日，郑振铎在新学期开学式上指出，他到上海两个多月，为帮助何炳松校长接办学校，遇到不少困难。"因为我们的不敷衍，不联络，处处以同学的学业为前提，竟因此得罪了不少的人，招致了不少人的误会和不满。……有人在各小报上造谣，大肆攻击。但是我们仍然抱着决心，不愿以教育机关，供私人的酬劳。以前的人以'见不义而不为'为优良的道德，现在我们要见义勇为，凡蓄意破坏我们的学校，我们都要认为公敌。"[3]在 9 月 23 日召开的全校大会上，他又作了题为《华侨教育与理想之暨南大学》的演讲，谈了自己的抱负与理想，再次表达了支持何炳松校长办好学校的决心。

郑振铎言必行，行必果，忘我地投入到学校的工作中。他除担任文学院院长外，还兼任校务会议、行政会议、教育会议、聘任委员会、训育委员会、课程审查委员会、图书委员会、编译出版委员会、招生委员会、免费暨公费学额委员会等会议和委员会的委员，有一段时间还兼任学校图书馆的馆长，经常主持或出席校内的各种活动。与此同时，他还在中文系开设了中国文学史和敦煌俗文学的课程，并且花费很多时间备课，对学生进行指导。如《暨南校刊》上所载《文学院各专任教授指导时间一览》中就证明，有一段时间每星期一至星期六的上午9时到12时，星期二至星期四下午1时至4时，都是他指导学生的时间。遇到较大规模的学生考试，还要亲临考场监考。他负责分管学校的招生工作，并为此而远赴香港等地。甚至学校进行军训，也要由他操持。鲁迅在1935年7月30日致叶紫的信中说："郑公正在带兵办学，不能遇见。"[4]由于肩负重任，他的工作十分繁忙，所以有人认为，"实际上暨大的近一半担子，是压在他的肩上了"[5]。

二

在暨南大学任教期间，郑振铎始终坚持办名校要有名师的理念，不遗余力地聘请了一批在各学科具有广泛影响的知名学者到校任教。国立大学聘任教员一度须报国民政府教育部审批，他所提名的一些进步学者因教育部的反对而无法应聘。如原拟聘郁达夫讲授日本史，但教育部长王世杰认为郁达夫"生活浪漫，不足为人师"，遂未聘成。他还拟聘请鲁迅的挚友台静农前来任教，也因教育部的阻挠而未能实现。尽管如此，他在可能的情况下还是聘到了一批术有专攻的教师。在他的努力下，胡愈之、周谷城、楚图南、钱亦石、郭绍虞、周予同、王统照、傅东华、许杰、方光焘、张世禄、吴友祺等著名学者相继到校任教，壮大了暨南大学的师资阵容。对一些知名度还不高，但确有才华的青年学者,郑振铎也予以破格聘用。如二十九岁的李健吾刚从法国留学归来,便被郑振铎聘为文学院的教授。在聘任教师方面,郑振铎采取了灵活务实的做法。据许杰回忆,郑振铎对暨大文学院各系聘任教授均有一定的名额限制,但也充分考虑到应聘者的实际情况和个人愿望,往往提出两种方案供应聘者选择。如他设立了同一序列上的兼任教授和专职讲师两种职位,允许应聘者根据自己的实际情况进行选择,但两者之间的报酬是不一样的。兼任教授虽然头衔较大,但一年只能拿到一个学期(5 个月)的工资,专任讲师头衔虽然小一点,由于是专任,却可以拿到全年 12 个月的工资。[6]

郑振铎十分注意提高教学的水平,并为此做了大量的工作。担任文学院院长初期,他即对学程进行了整顿,"其目的有两方面,一是使其适合于一般大学的水准;一方面尤注意于增设南洋各地语言文字与历史地理学程,以及有关华侨高等教育的其他学程,俾能贯彻暨南大学所应负之特殊使命"[7]。关注学程建设,使之日臻完善,这是郑振铎在暨南大学任教时始终不渝坚持的目标。与此同时,他积极鼓励教师开展学术研究,为此创办并主编了全校性的《暨南学报》和《暨南大学图书馆馆报》,为教师提供了发表研究成果的园地。在他的倡导下,文学院也创办了多种刊物,如《文史季刊》《中国戏剧》《地理资料》等,以刊载师生的研究成果。他主持暨南大学研究委员会的工作,提倡教师著书立说。历史系陈高佣教授在他的鼓励下写下了一部《中国天灾人祸表》,由于资料翔实,立论准确而受到学术界的重视,陈高佣在书中多处提到郑振铎对他的帮助。郑振铎自己也发表了不少有影响的作品,学术专著《中国版画史》、诗集《战号》、小说《桂公塘》等都是在这一时期出版的。为了活跃学术空气,他开设了多种讲座。如中文系的文学研究会在 1935 年 10 月至 11 月间,先后举行两次讨论会。第一次讨论"文学遗产",第二次讨论"文学之趋势",并请傅东华教授讲《创作的题材、技巧和效果》。教育学会也举行了两次演讲会,第一次请何清儒博士讲《职业指导》,第二次请韦悫博士讲《大学之使命》,之后又请黄觉生教授讲《人格的发展及最近之研究》。郑振铎还经常亲自主讲。1936 年 2 月,他开设了《中国文化鸟瞰》的讲座,亲自给学生作鲁迅作品分析的演讲。他还十分注意图书资料的购置。在他的主持下,中文系购进了各时代总集、重要专集、《四部丛刊》以及各时代重要作家之专集;外文系增置了外国的文学名著和外国语言文字方面的基本书籍;史地系注意收集关于南洋史地的图书;教育系除购进知名学者李石岑教授生前收藏的全部图书外,还陆续购进了各国的教育名著以及国内出版的多种中小学教科书。上述措施促进了暨大教学与科研水平的提高,受到了师生的欢迎。

在何炳松、郑振铎等人的努力下,暨南大学于短时期内改变了原先的混乱状态,显示出勃勃生机,得到社会舆论的赞许。1936 年,《东方杂志》1 月号刊载了交通大学校长黎照寰所著的《青年努力新趋势》一文,该文在论述全国教育界形势后写道:"广州的中山大学,上海的暨南大学,武昌的武汉大学,北平的清华大学都像春花怒放,成绩斐然。"为此,何炳松校长表示,"因全校师生的一心一德,共同奋斗,不特校务渐入正轨,学术空气也日趋浓厚,凡是爱护本大学的人,无不奖勉有加,甚至把本大学和清华、武汉、中山等大学相提并论,我们全校师生感愧之余,自当格外努力,期于最短期间,把本大学造成一个名实相符的高等学术研究的机关,希望能为国家造成若干健全青年,毕业从事于学术救国的工作"[8]。在革新暨南大学的过程中,何炳松是主帅,而郑振铎的作用不容低估,因为如果没有郑振铎脚踏实地的忘我工作,许多具体的革新措施便难以在短期内得到落实。

三

1937 年"七七事变"之后,日本对我国进行了全面进攻,大片国土遭沦丧。同年 11 月,上海市区除了苏州河以南英美等国的"公共租界"和法租界暂时未被占领外,其他地方均被日军占领。人们称这块四周被围而又暂时未被占领的地区为上海的"孤岛"。抗战的爆发,中断了暨南大学的革新进程,也改变了郑振铎的生活。由于位于真如的校舍被日军炸毁，暨南大学只得暂时借用公共租界内的侨光中学及附近民房继续办学，开始进入了该校历史上长达数年的“孤岛”时期。这一时期，郑振铎继续担任文学院院长，坚持白天到校办公和上课。但是，在民族危亡的紧要关头，他并没有满足于当一个教书匠，或只是把自己关在书斋里，而是坚定地走上了救国的道路。他积极参加孤岛上几乎所有重大的政治、文化活动，如文化界救亡协会的工作，文化界和工商界上层爱国人士的秘密聚会，以及宣传抗日的国际宣传委员会的工作。与此同时，他还以自己独有的方式与强敌抗争，为国家的复兴做出了贡献。

重视进行民族气节的教育，是郑振铎在暨南大学任教时的又一鲜明特色。他常教诲暨南大学的学生，在国家危难时刻，应安贫守志，保持身心的清白，努力完成学业，以成为将来国家建设的柱石。1940 年 3 月 30 日，汪伪“国民政府”在南京宣告成立，上海的伪政权要求各学校停课举行所谓庆祝活动，遭到包括郑振铎在内的暨南大学师生的坚决抵制。曹汉不两立，忠奸不并存，这是何炳松、郑振铎等人对待汪伪政府的一致态度，学生们从他们的不妥协中受到了爱国主义的教育。也正因为如此，敌伪对暨南大学十分仇视。太平洋战争爆发后，日军于 1941 年 12 月 8 日攻入上海租界，孤岛不复存在。在上海租界的所有专科以上学校中，暨南大学是第一所被日军侵入并进行大规模搜查的学校。在《最后一课》一文中，他真实地记述了当侵略者即将出现在面前时，他和暨南大学的师生们仍然坚持上完了最后一课的感人情景。“这一课似乎讲得格外的亲切，格外的清朗，语音里自己觉得有点异样；似带着坚毅的决心，最后的沉着；像殉难者的最后的晚餐，像冲锋前的士兵们上了刺刀，‘引满待发’。”“谁都明白这‘最后一课’的意义。我愿意讲得愈多愈好；学生们愿意笔记得愈多愈好。”上午 10 时 30 分，有几辆满载着日本兵的军车，经过校门口，由东向西驶过，当头一面旭日旗，血红的一个圆圈，在迎风飘荡着。“我一眼看见了这些车子走过去，立刻挺直了身体，作着立正的姿势，沉毅的合上了书本，以坚决的口气宣布道：‘现在下课！’没有一个学生有什么要问的，他们没有迟疑，没有踌躇，没有彷徨，没有顾虑，个个都已决定了应该怎么办，应该向那一个方面走去。”“从来没有那末无纷纭的一致的坚决过，从校长到工役。”“这样的，光荣的国立暨南大学在上海暂时结束了她的生命。默默的在忙着迁校的工作。”[9] 都德的《最后一课》是小说，是艺术创作，而郑振铎的《最后一课》却取材于自己在暨南大学的真实经历。郑振铎在文中充分渲染了自己和学生的情绪，体现了一种炽热的爱国情怀和在强敌面前展露着的勇敢无畏的精神，学生从中感受到了强大的震撼力。暨南大学很快迁往福建建阳，郑振铎没有随往，而是留在沦陷区坚持未完成的事业。从此，他告别了讲台，由于种种原因，此后未能再有机会重返大学任教。

回顾郑振铎在孤岛时期的暨南大学的表现，可以清楚地看出，在民族危难面前，他坚定不移地反对侵略，毫不犹豫地与祖国和人民同呼吸共命运，为“大我”而牺牲“小我”，凛然地表现了一个爱国知识分子的良知。

四

郑振铎在暨南大学的活动以“七七事变”为界线，大致可划分为两个主要的历史阶段。在第一阶段，郑振铎应聘担任文学院院长，协助校长何炳松对教育教学进行一些改革，使暨南大学的面貌焕然一新。第二阶段，在强敌面前他坚持民族气节，痛斥侵略者对爱国学人的暴行，并为国家抢救和保存了一批珍贵文物。其个人品格和思想脉络在这两个阶段中一以贯之，始终鲜明地展示着，并无任何的割裂。著名学者季羡林与暨南大学没有什么渊源关系，对郑振铎的这段经历自然无法多加评判，但作为郑振铎早年在清华大学任教时的学生，他对自己的老师有着深刻的了解。数年前，他写下了情真意切的《西谛先生》一文，对郑振铎学识的渊博和爱国情怀的炽热深表钦佩，而这恰恰是郑振铎从清华大学到暨南大学十余年间身上留存的鲜明特色。老一辈学者对郑振铎的人品与学识的感受尤为深刻。郑振铎在暨南大学的经历验证了他们的评价是公允和准确的。

还应指出的是,郑振铎并不是一位职业教育家,但从在暨南大学任教期间的表现可以看出,他具有杰出的教育管理才能,锲而不舍的教育革新精神,在中国现代高等教育史上应占据一个重要的位置。更为可贵的是,在日本侵略者包围的上海孤岛,他一面从事教育教学,一面坚持进行各种抗日活动和保护文化遗产的工作。这表明,郑振铎教书不忘救国,无论从事何种职业,始终没有脱离时代,没有脱离大众,他是一个具有忧患意识和高度使命感的爱国知识分子。

注释:

[1]卓如编:《追念振铎》,《冰心全集》第六卷,海峡文艺出版社 1994 年 12 月版,第 716 页。

[2][4]《鲁迅全集》第 13 卷,人民文学出版社 1981 年版,第 172 页,第 181 页。

[3]《郑振铎在 1935 年 9 月 12 日开学典礼上的讲话》,《暨南校刊》,第 143 期。

[5]陈福康著:《一代才华——郑振铎传》,上海人民出版社 1996 年 11 月版,第 149 页,第 205 ~ 206 页。

[6]许杰著:《坎坷道路上的足迹》,华东师范大学出版社 1997 年 11 月版,第 256 页。

[7][8]暨南大学校史编写组编:《暨南校史》,暨南大学出版社 1996 年 5 月版,第 58 页,第 57 页。

[9]《最后一课》,《郑振铎散文》上册,第 30 ~ 34 页。

(《高等教育研究》1998 年第 6 期)

郑振铎与上海国立暨南大学

夏　泉

郑振铎,1898年出生于浙江永嘉,祖籍福建长乐,是我国20世纪的一位著名作家、文学史家。他于1917年考入北京铁路管理学校,"五四"时期在北京积极参加学生运动,并与瞿秋白等合编《新社会》旬刊。1921年与沈雁冰、王统照等发起组织全国第一个最大的文学团体"文学研究会"。同年到商务印书馆从事编辑工作,先后主编《儿童世界》与《小说月报》。1928年6月16日,曾应邀到国立暨南大学作题为《到民间去》的演讲。1929年,兼任暨南大学、复旦大学中文系教授。[①] 1931年起,历任燕京大学、清华大学和暨南大学等校教授,致力于学术研究,主编《文学季刊》《世界文库》,并与鲁迅合编《北平笺谱》及重镌《十竹斋笺谱》。抗战时期在"孤岛"坚持进步文化工作。1945年后积极参加民主运动。新中国成立后,历任第一、二届全国政协委员和文化部副部长、国家文物局局长等职。1958年出访阿富汗、阿拉伯联合共和国,途中因飞机失事遇难。郑振铎是"五四"运动所诞生的一代风流人物之一,也是新文化和新文学运动的一名真正的战士。他对祖国的文化事业有过多方面的卓越贡献。在其60载的生命历程中,三四十年代在暨大任教的六年半,是其一生事业发展的重要时期。本文拟从几个侧面论述郑振铎与上海暨南大学之关系,借此缅怀郑振铎先生对暨南大学的发展所做出的重要贡献。

① 郑尔康编:《郑振铎》,第293页。

一、郑振铎与何炳松之密切关系

如果要详细探讨郑振铎与上海暨大之关系，首先应追溯其与何炳松校长之交往与深厚友谊。循此轨迹，方能真正理清脉络，明了郑振铎任教暨大的缘由和始末。

据史料记载，同为浙江同乡的郑、何两人最早的直接交往是在20年代初，两人同在上海商务印书馆编译所工作。何主持百科全书委员会五系（后改任史地部主任），郑主编文学刊物和丛书。1927年"四一二"事变后，郑振铎等人写信抗议国民党右派背叛革命、屠杀民众的行为。有关当局拟逮捕郑，后经何炳松极力疏释，郑出洋暂避风头，此事遂告平息。正如郑振铎后来追忆此事时所说："他（指何炳松——引者）凭着他一腔的同情，热忱的为朋友帮忙，然而绝不求人知，这是何等的精神，何等的度量！"①

1928年夏，郑回到上海，这时何已升任商务印书馆编译所副所长（翌年升所长），郑成为何的下属，继续主编《小说月报》等刊物。1931年9月，郑到北平燕京大学任教，从此，两人分开工作三年有余。

1935年5月，国民政府教育部部长王世杰因暨大学潮迭起，学校乏人主持，商邀何炳松出任暨大校长一职。何在商务编译所的老同事郑振铎、周予同、杜佐周均力促何出任此职。据曾任暨大教授的许杰回忆，何当初对此事踌躇不决，但"郑振铎支持他去担任暨南大学校长，要他一面同CC发生关系，表面倾向于CC势力，另一方面，诸如办学方针等学校内部的事务，则由进步的学者们共同协商来管理"。②

1935年7月2日，教育部任命何炳松为暨大校长，并令先行到校视事。7月13日，何复函暨大代校长沈鹏飞，称届时派杜佐周、郑振铎等7人为代表，偕同职员前来接收暨大。③ 是时，郑振铎在燕京大学因

---

① 《何炳松纪念文集》，第236～237页。

② 同①，第359页。

③ 《何炳松论文集》，第558页。

聘请进步学者遭校长司徒雷登的排挤,有辞职意,但去向未定。应何邀请,郑匆匆南下上海,任职暨大。据《暨南校刊》1935年9月12日"开学专号"刊载,9月3日,教育部正式任命何炳松为校长。而在8月17日何颁布的《校长布告第7号》中,即已任命郑振铎为文学院院长兼中国语文学系主任及该校中文系专任教授。这一任命于8月13日经教育部核定批准。同时,何还委任郑为校务会议、行政会议、教务会议、聘任委员会、训育委员会、课程审查委员会、图书委员会、编译出版委员会、招生委员会、免费暨公费学额委员会等会议和委员会的成员。郑还一度兼任暨大图书馆馆长一职。在校庆大会上,以及开学典礼和毕业典礼时,何总让郑紧随左右。1935年9月12日,在暨大开学典礼上,郑振铎还作了题为《华侨教育与理想之暨南大学》的讲演,既谈了自己的理想和抱负,又表达了支持何炳松办好暨大的决心。以上事例说明了何对郑的器重与信任,郑是何出掌暨大最得力的支柱之一。

郑在暨大任教直至1941年底太平洋战争爆发。何、郑在暨大共事6年有余。后来郑留守上海"孤岛",从事抢救祖国的文化遗产的工作,仍与何保持密切联系。而且何还曾出面主持保护文献的重要工作,为国家、民族立下不朽功绩。抗战胜利后,暨大从建阳复迁上海,何、郑久别重逢。1946年7月25日,何病逝于上海,郑闻讯极为悲痛,次日,郑参加了何的追悼会,并任治丧委员会委员,还与友人联名恳请教育部抚恤何校长遗属。郑为此撰写了《悼何柏丞先生》一文,发表于《文汇报》和《读书通讯》杂志上,他深情地写道:

> 他的失去,使我们非常的伤心。……在今日"滔滔者天下皆是也"的时候,他的失去,我们格外觉得是一个重大的损失;不仅仅是损失一个"学人"而已。①

二、郑振铎对暨大发展所做出的重要贡献

郑振铎于1935—1941年在暨大任教期间,对暨南大学的发展做

① 《何炳松纪念文集》,第369页。

出了重要贡献,以其言行在暨南校史上写下了浓重的一笔。他在暨大的活动与影响可以说是多方面的。概括起来,主要有以下几点。

1. 以著名学者身份从事教学工作

郑学养渊深,治学严谨,尽管身兼多职,工作十分繁忙,经常要出席或主持校内各种会议,但他仍坚持在中文系授课,主讲中国文学史和敦煌俗文学等课程。同时悉心指导学生,为学生释疑解惑。如1937年3月15日出版的《暨南校刊》载有《文学院各专任教授指导时间一览》,就注明郑的指导时间是星期一至六,上午9~12时;星期二至四,下午1~4时。临考时他亲自监考。又据吴岩校友在《西谛先生二三事》一文中追忆:"在梯形大教室里听西谛先生(指郑振铎——引者)讲中国文学史可就热闹了,人坐得满满的,内容和资料满满的,笔记本满满的,都快溢出来了。……先生所说的虽是具体的做学问的苦处,要启发我们的却是民族存亡绝续之际的爱国主义的思想感情。"①

抗战全面爆发后,他以抗日救亡为己任,和暨大文学院周谷城、周予同、方光焘、李健吾等进步教授,在讲坛上宣讲爱国主义思想。郑振铎"主讲的中国文学史,过去总是把重点放在古代民间文学研究上面。这时,他却着重讲解历史上坚持民族气节的爱国主义诗篇,如陆游的《示儿》,文天祥的《过零丁洋》,于谦的《石灰吟》等,借古喻今,激励人们舍身杀敌。他的讲课吸引了大批学生,连其他院系的同学,也都主动跑来听他的课,从中吸取抗日救亡的勇气和力量"。②

郑振铎还十分关心30年代暨大世界语学会的活动。由于他的鼓励和支持,该会被列为暨大的学术团体,获得校方的专款补助。而且,他曾陪同胡愈之到暨大作关于世界语的讲演。③

太平洋战争爆发后,上海"孤岛"不复存在。郑振铎于1941年12月8日在上海暨大上完了著名的"最后一课"。后来,他用饱含情感的

---

① 《上海"孤岛"文学回忆录》(下),第26~27页。

② 《上海"孤岛"文学回忆录》(上),第180~182页。

③ 《暨南校史资料选辑》(第一辑),第237~241页。

笔端回忆了他给暨大学生上“最后一课”的情景:“我这一门功课还要照常的讲下去,一分一秒钟也不停顿,直到看见了一个日本兵或一面日本旗为止。”暨大被迫内迁福建建阳,郑则留在“孤岛”坚持斗争。从此,他结束了在暨大的教学活动,永远离开了黑板、粉笔、讲台和可爱的学生。①

2. 在暨大团结了一批进步师生,关心、扶持文学青年

一是团结了一批知名的进步学者。郑振铎作为当时全国著名的进步文化界核心人士,在社会上积极参与各种进步政治活动。在校内,他团结广大师生,抵制右翼势力,成为暨大进步力量的一面旗帜。据他本人晚年回忆,当时各大学经常要搞“总理纪念周”,每次都得参加,说到蒋介石时,都得站起来,唯独他一人坐在那里,由于他名望大,对他也无可奈何。郑任文学院院长时,召延或通过其关系引进了很多进步且有学识的教师前来任教,如周谷城、周予同、黄佐临、张天翼、李健吾、许杰、张世禄、吴文祺、王统照、方光焘等人。一时间,暨大文学院师资阵容鼎盛。尽管物质条件艰苦,时局险恶,但教师们仍充满着乐观主义精神,为祖国和民族哺育英才。“虽然是两迁三迁的,校址天天的缩小,但精神却很好;很亲切、很温暖、很愉快。”②郑用自己的言行、学问和人品,给教师们树立了一个典范。这种向心力和感召力是靠其学识与人格魅力在无形中逐渐形成的。

二是鼓励、支持学生的爱国活动。郑当时敢于开除在暨大的特务学生,坚决支持暨大的抗日救亡活动。1936 年 3 月 16 日,他在暨大纪念周上作了《牺牲的时期与价值》的讲演,先表示自己很想保持沉默,“现在说话很不容易”,接着却盛赞“一二·九”运动的意义和勇敢精神,认为它超过了“五四”运动,是“历史上最悲壮的运动”。③ 周一萍校友当时是中共暨大支部书记,根据江苏省委学委的指示,周一萍与

---

① “最后一课”的有关情况详见拙作《“大学犹海上之灯塔”》,载《暨南教育》1996 年第 1 期。

② 《郑振铎文集》(第三集),第 93 页。

③ 陈福康:《郑振铎论》,第 62 ~ 63 页。

郑振铎建立了经常性的联系，随时向郑介绍工作和想法，听取郑的指导和意见，每一次交谈，郑都认真听取情况介绍，并给予很高评价。1938年，一位进步学生用周方的笔名，在学协机关刊物《学生生活》上，发表了一篇揭露暨大压制学生救亡活动的文章，触怒了学校的国民党分子，要对她进行严厉处分，还企图以此破坏中共组织。后经郑的多方斡旋，终于将此事平息，保护了一批进步学生。

在"孤岛"时期，暨大学生主要创办了讴歌爱国主义思想的四种文学刊物：《一般》《译丛周报》《文艺》和《杂文丛刊》。他们的文学活动都曾受到郑振铎的影响与指导。

3. 著书立说，从事学术研究，以笔作投枪反抗异族的统治

郑一生为后人留下了大量著述。他的著述，首先是为了学术研究和教学科研工作的需要，其次是为了以此唤醒民众，表达其爱国主义情感。

他在暨大任教期间，撰写了大量的学术著作。如1938年8月，商务印书馆出版了他的《中国俗文学史》一书，约37万字。这是一部迄今仍未被超越的广义的民间文学史。郑还十分热心于中国古代戏曲的整理研究工作。1937年5月，他在《暨南学报》上发表长文《〈词林摘艳〉里的戏剧作家及散曲作家考》，分戏文、杂剧、南曲作家、北曲作家等四部分，考察了《词林摘艳》所涉及的5本戏文、33本杂剧等。

这一时期，郑还写了大批的小说和诗文。郑尽管很少写诗，但在抗战期间，只有诗的形式最足以表现其情感，寄托其悲愤、热情与希望。他在《芦沟桥》一诗的结尾这样写道：

芦沟桥——
是我们的第一道防线，
也是我们的墓地。
保卫芦沟桥！
民族的命运系在我们的枪杆上，存或亡在此一举！
以铁和血来保卫芦沟桥！

民族的命运系在我们的枪杆上，存或亡在此一举！①

在这首诗中，其爱国主义情感表露得淋漓尽致。

后来，他还撰写了歌颂文天祥抗元的《桂公塘》一书。他的夫人高君箴女士在《“孤岛”时期的郑振铎》一文中，回忆了郑撰写《桂公塘》一书的情景：

对他来讲，笔，是他不可缺少的重要武器，他的一切爱和憎，往往都是通过他的笔，表现出来的。记得还是在抗战初期，他正在写着《桂公塘》，那些日子，他竟是那样的不平静，似乎他也生活在南宋末年，与文丞相在一起，和元兵进行着苦战。连续几天几夜他没有合眼，只是情绪激昂地在案前飞笔疾书，或是在灯下来回踱着。有时，仰天长叹，吟诵着“人生自古谁无死，留取丹心照汗青”这两句他平生最喜爱的诗句；有时，则横眉拍案，连声叫骂“奸贼！奸贼！”②

4. 搜集古籍，抢救祖国优秀的文化遗产

从“八一三”事变到太平洋战争爆发前，郑振铎看到一些纸商以重价搜罗旧书作造纸原料，而且无数珍籍善本被英、美、日、德等外国人士买走，流落至异邦。郑目击心伤，竭力抢救。“狂胪文献耗中年，埋首残丛理断编。文物未随劫火尽，长留功绩在人间。”这是当时郑抢救民族文献的真实写照。

首先，他搜罗古今中外的珍贵书籍和文物。他是藏书家，“嗜书如命，每见可欲，百方营求，以期必得。其买书之勇，世罕其匹，虽典质举债不恤也”③。抗战全面爆发后，为了自己和别人研究的需要，也为了抢救民族文化，他倾其全部积蓄收购古籍，他收书的范围较之以往更加广泛。为了研究一部戏曲、小说的发展史，同一书的不同版本，他都尽可能搜罗到手。如《红楼梦》一书，他在20年代即以重价购得程甲

---

① 《郑振铎文集》(第二集)，第31、54～55页。

② 《上海“孤岛”文学回忆录》(上)，第154、161页。

③ 《中华文史论丛》1979年第4辑。

本和程乙本，后来又见了仅存二十三、二十四回的“脂砚斋”残抄本，他亦不惜重金收购。这一时期，他最大的收获是通过重庆国民政府教育部，为国家购得了《脉望馆抄校本古今杂剧》。暨大的同事当得知他要购买此书时，曾给予热情的鼓励，并很快凑齐了一千元钱。这部书的发现，具有重要的史料与学术价值。他还向何炳松校长建议，联络张元济等人，请求重庆当局拨款用于抢救民族文献，并获得批准。

其次，编印了几种罕见的重要史料丛书和祖国传统的木刻版画。他收罗古书后，考虑到这些海内孤本，如不重印，有可能得而复失。如他主编印刷了《玄览堂丛书》第一集（共 10 函 120 册）和《古本戏曲丛刊》，以及《中国版画史 · 图录》。《中国版画史 · 图录》附有英汉两种文字说明，对图录的版刻地点、时间、名氏及版本的考证，图画的收藏者，都作了详细的介绍。它填补了中国美术出版史上的一段空白。

郑振铎“以面包就白开水，或是以几个烘山芋凑合一顿”，宁饿肚皮，抢救古书的行动，为祖国保存了一座文化宝库。郑尔康对其父的这一爱国行为予以了高度评价：

> 您是一位赤诚的爱国者，因此您的买书和藏书又带有深厚的爱国主义色彩。在漫长的抗战八年里，您没有和许多老友一起去大后方或是奔赴抗日疆场，而是留在了上海，以您独特的方式进行着战斗——为国家抢救了大量珍贵的文献典籍。胜利后，这就是您献给祖国和人民的“战利品”。用您的话来说，这就叫“书生报国”。①

三、结语

梅贻琦先生曾指出：“所谓大学者，非谓有大楼之谓也，有大师之谓也。”暨南建校以来曾延揽了一批名师，他们的名字业已与暨南紧紧地连在一起。通过探讨郑振铎与上海国立暨南大学之关系，我们从中或许可以得出以下两点启示。

---

① 郑尔康：《玄览堂情思》，载《光明日报》1996 年 7 月 10 日。

1. 好的校长与优秀的师资是办好学校的关键

著名学者何炳松热爱学术工作，学术成果丰硕。他掌校时期(1935—1946)，是暨南校史上的鼎盛与辉煌时期之一。他有学者的远见卓识与办学理念，所聘教授，多系学术界知名人士(如郑振铎)，延聘时完全以品德学问为标准。可见，有名望的校长，像一面旗帜，能团结、凝聚一批高知名度的学者，这对于提高学校的学术声誉与办学质量，是至关重要的。何炳松治校后，暨南很快步入正轨，声誉日隆，盖源于此。

2. 名师的熏陶与培育，对学子的影响是终生受益

所谓名师，是指那些学术卓越、品德高尚且具备人格魅力的学者。高校是培育人才的学术殿堂，名师对学子具有很强的吸引力和感染力。郑振铎学问高深，为人正直，一生追求光明与进步，悉心扶持、奖携后学，赢得了暨南学子的爱戴。诚如暨南学子郑金殿后来所回忆的："郑知识丰富，学知渊博，口才流利，态度恳切，听他讲课的学生很多。"又如周一萍校友1981年在《疾风劲草识良师》一文中所提及的，郑振铎"最为可贵的，是在民族存亡的紧要关头所表现出的临危不惧、坚贞不屈、忠于祖国、忠于人民的爱国主义精神"。40多年后，周一萍还赋诗思念恩师："奋笔耕耘抒壮志，疾风劲草识良师。凛然正气浑难忘，最是寒凝大地时。"由此可见，名师对学子学业、人格及思想的影响是巨大的。一所名校，既要有好的校长，一流的生源，但更需要一流的教师，特别是那些大师级的学者。上述三者相辅相成，互相促进，形成合力，方能将一所高校真正办出品牌。

[参考文献]

[1]上海"孤岛"文学回忆录(上、下)[M].北京：中国社会科学出版社，1984、1985.

[2]郑振铎文集[M].人民文学出版社，1983.

[3]何炳松纪念文集[M].上海：华东师大出版社，1990.

[4]陈福康.郑振铎论[M].北京：商务印书馆，1991.

[5]何炳松论文集[C].北京:商务印书馆,1990.

[6]陈福康.郑振铎:狂胪文献耗中年[M].上海:上海教育出版社,1999.

[7]郑尔康.郑振铎[M].北京:人民文学出版社,1992.

[8]郑尔康.郑振铎书话[M].北京:北京出版社,1996.

(《暨南学报》2001年第5期)

郑振铎对暨南大学图书馆的贡献

王 华

引 言

暨南大学是一所有着百年历史和光荣传统的综合性华侨大学，其前身为暨南学堂，1906年创建于南京，1927年迁徙上海，更名为国立暨南大学，是年秋始建暨南大学图书馆。此后，该校图书馆随着暨南大学几经波折，多次停办，直至1978年国务院决定复办暨南大学，图书馆才得以重建，并逐步发展成为具有华侨特色的综合性大学图书馆。暨南大学图书馆创建之初称“洪年图书馆”，由当时的校长郑洪年先生捐资兴建。暨南大学图书馆历史上可谓英才际会，其中不乏大家，第一任馆长是留法学者张天方博士，著名学者郑振铎先生也曾任馆长。

郑振铎（1898.12.19—1958.10.18），字警民，又字铎民，笔名西谛（C.T.）、郭源新等，原籍福建长乐，出生于浙江温州，是中国现代史上的著名作家、学者和社会活动家，也是一位杰出的藏书家和目录学家。20世纪20年代中期至40年代初，他曾在复旦大学、中国公学、燕京大学、清华大学和暨南大学担任过教职，其中尤以与暨南大学的渊源较深。郑振铎一生与图书馆有着不解之缘，他曾任职暨南大学图书馆馆长、主管全国图书馆工作的新中国文化部副部长。郑振铎的图书馆学成就主要涉及文献收藏、目录学、图书馆管理等方面，其私家藏书的品种与数量曾名噪一时，其中《诗经》、《楚辞》、明清人文集、戏曲、弹词、宝卷、版画等图籍的收集尤其齐备，并亲自编有书目《西谛所藏善本戏曲目录》(1937)、《西谛所藏散曲目录》(1937)，以及《西谛所藏弹词目录》《清代文集目录》(均未刊)等。[1]他还收藏有大量的书目及目录学著作，仅北京图书馆普通线装书库就收有他的书目500多种。

郑振铎对暨南大学图书馆的贡献

郑振铎在到暨南大学任教之前，曾在燕京大学任教。但他因政治上倾向进步，加之生性耿直，而与校长司徒雷登及其周围的一些人发生冲突。就在1935年的春夏之交，特为教育华侨子弟而设立的国立暨南大学因面临种种困难，代校长沈鹏飞宣布辞职，国民政府教育部委任原商务印书馆编译所所长何炳松为暨南大学校长。何炳松曾与郑振铎同在编译所工作，私交甚笃，且对郑振铎的学识十分赞赏，故请郑振铎到暨南大学担任文学院院长，以协助他进行改革。于是，是年夏，郑振铎离开燕京大学举家迁往上海，任职暨大。1935年8月17日何炳松校长颁布的《校长布告第7号》中，任命郑振铎为暨南大学文学院院长兼中国语文学系主任及该校中文系专任教授。同时，何还委任郑为校务会议、行政会议、教务会议、聘任委员会、训育委员会、课程审查委员会、图书委员会、编译出版委员会、招生委员会、免费暨公费学额委员会等会议和委员会的成员，并兼任图书馆馆长一职。[2]郑振铎在任职暨南大学图书馆馆长的管理实践中，对图书馆在文献搜集购置、分类整理、管理制度、学术研究等方面做出了杰出的贡献。

1. 注重图书馆文献收集购置工作

郑振铎在关于图书的采购、访求方面有着自己独到的观点。提出了图书采访应主动积极、多渠道地搜集。他在《漫步书林》中谈买书、访书，认为图书馆有限的购书经费必须用在针对读者的需求采书，采书人员需对所采学科有一定的了解，而不是漫无目的地乱采一通；在采书渠道上，尽量从多种渠道访求，不拘泥于形式；要主动出击访书，而不是被动等待。书中记有："作为一个图书馆采访的干部，一个负责搜集文献的部门人，绝对地不能坐在家里等人送书上门，那样的人物是没有资格从事这一部门工作的。”[3]

郑振铎就任图书馆馆长一职以后，鉴于当时学校图书馆馆藏严重匮乏，立即投入图书馆的文献收集购置工作。由于郑振铎私人藏书颇为丰富，积累了相当的文献收集经验，所以在他主持全校图书资料工作时，尤为重视文献的收集工作。郑振铎在学校资金短缺的情况下，尽量压缩图书资料人员的人事编制，增加图书购置资金。他通过多种途径，广泛收集文献资料，并且主动了解各院系专业学科发展的需求，购书注重实用，为用而藏。在这些举措的推动下，各院系资料室馆藏得到了迅速的增长与丰富，如中文系购进了各时代总集、重要专集、《四部丛刊》以及各时代重要作家之专集；外文系增置了外国的文学名著和外国语言文字方面的基本书籍；史地系注意收集关于南洋史地的图书；教育系除购进知名学者李石岑教授生前收藏的全部图书外，还陆续购进了各国的教育名著以及国内出版的多种中小学教科书。[4]

上述措施促进了暨南大学教学与科研水平的提高，受到了师生广泛欢迎，也促进了图书馆文献采访专业水平的提高，开启了暨南大学图书馆采访工作密切联系各院系的先河，保障了文献采访的科学性与实用性。暨南大学图书馆发展至今，这种与本校院系密切联系与积极互动的优良传统一直得以持守与传承。

2. 树立藏书开放观念

郑振铎非常重视图书馆的藏书开放工作，他在北京铁路管理学校读书时不愿上图书馆的主要原因就是认为图书馆的书难以获得。在20世纪30年代的中国，图书馆受古代藏书楼的封闭思想影响巨大，一时难以改善。古代的藏书楼多是以收藏为主要目的，宁波范氏天一阁规定：即使是范氏子孙也只许每年在晒书时和书见一次面，更不要说是外人。清初钱谦益藏有奇书，常常“讳莫如深”，不让人知道，更不肯借书与人观之。而郑振铎则直言：“书是要读、要用的……书是天下公物，谁也不能拥而私之。”[5]明确藏书的目的是用来读的，应该向所有读者开放,而不是挟为私藏。这种无私的、开放的藏为所用思想符合现代图书馆对外开放的先进服务理念。他认为学校图书馆首要任务是为广大师生提供文献资料服务,这和他一贯强调开放的藏为所用观点是一致的。后来他在任职文化部副部长主管全国图书馆工作时,也一直肯定图书馆的最主要功能应是服务读者。开放是面向所有读者的开放,藏为所用是为读者所用,不是为藏而藏。在他的开放服务观念倡导下,学校图书馆和全校资料室积极主动采取多种措施满足师生对文献资料的需求,并引导学生阅读。如理学院资料室为便于全院师生阅览馆藏,特收集图书馆关于自然科学之专门书籍,在科学馆三楼另辟阅览室。并商请学院各教授将私人藏书,设法存到阅览室,以公诸同好,使同学能获得丰富的知识,进一步作高深的研究。[6]

暨南大学图书馆开放观念的树立,打破了部分藏书被垄断的局面,使得所有读者都有平等的机会阅读珍贵文献,而个人私藏公之于众的做法,则符合现代意义上的资源共享理念,使得有限的资源得到最大限度的利用。

3. 实用分类的措施

在图书的分类、整理方面,他认为对图书馆的图书应快速地予以分类整理上架,不能耽误读者利用图书;古书的分类编目,大可不必"中外统一",应先行编出,供给需要之人应用为是,不必老在"分类法"上兜圈子、想主意,而总是编不出"书目"来。在郑振铎的推动下,图书馆分类与编目工作也注重实效,面对大量增置的文献以及当时国内分类法不统一的混乱局面,没有过多纠缠于一些细节问题,而是以读者的阅读需求为第一要务,从速予以整理上架,以便师生借阅,发挥它应有的作用。[7]这种注重实用的分类思想在暨南大学图书馆特定时期有着重要作用,反映了图书馆的图书以藏为所用为其根本任务,至于如何科学地分类整理,等待时机成熟可作进一步的完善,在此之前,不能耽误读者的利用。至今,暨南大学图书馆仍然对一些读者急需的图书、新书设立专门书架,一边让读者阅览,一边进行分类编目加工,实用分类的措施延续至今,并且一直受到本校读者的肯定与欢迎。

4. 提倡编制各种书目,对文献进行深加工

郑振铎认为图书馆一项重要的任务,就是要向读者揭示馆藏,在丰富的藏书基础上应对所藏图书予以深加工,编辑书目,方便读者查找利用图书。郑振铎一方面组织本馆人员编写馆藏目录、新书上架目录,及时向读者报道,指导读者利用;另一方面组织专家学者编辑专题书目,他本人也致力于此项工作。此项工作的开展,便利了读者利用图书馆馆藏资源,也对图书馆采访工作有着参考与指导作用。

5. 推动图书馆学术研究

现代高校图书馆既是一个服务机构,也是一个学术研究机构。暨南大学图书馆历来重视学术研究,早在20世纪20年代,曾一度设置过图书馆学课程。在1934年初沈鹏飞短期代理校长时期,图书馆就创办过《图书馆概要》,进行图书馆工作实践与理论的探讨。郑振铎作为一名著名学者,更加重视发挥图书馆作为理论研究阵地的功能。他积极鼓励教师开展学术研究,为此创办并主编了全校性的《暨南学报》和《暨南大学图书馆馆报》,为教师提供了发表研究成果的园地。[8]《馆报》不仅面向本馆员工报导图书馆新闻、馆藏书目、专题书日研究、图书馆业务探讨等,而且面向全校师生,共同进行学术交流。郑振铎经常鼓励本馆员工发表研究论文,自己也带头在《馆报》撰写了大量文章,大兴学术之风,以推动图书馆的学术研究。《馆报》上连载馆藏书目以及对书目的研究文章,使得图书馆作为学校的一个学术性机构地位逐渐提升,不再仅囿于一些简单的管理工作,图书馆内的学术研究蔚然成风。

《馆报》的创办不仅为图书馆工作人员也为全校师生提供了一个自由的学术交流平台,从而极大地提高了暨南大学图书馆工作的专业技能与理论研究水平。《暨南大学图书馆馆报》成为国内高校图书馆界最早的几家馆报之一,是我校学术发展史上的一项重要成就,在高校图书馆发展史上也占有一席之地。

结 语

郑振铎从1935年进入暨南大学至1941年日军占领上海租界,该校迁往福建建阳为止,前后任教达6年之久,虽然由于多种原因,郑振铎任职图书馆馆长前后不到一年时间,但就在这个短短的任期内,他的一系列的管理举措开创了学校图书馆工作一种全新的局面,给图书馆后人留下一段永远值得纪念的回忆,为暨南大学及图书馆事业的发展做出了杰出的贡献。至今,郑振铎开创的一些优良传统仍然在新一代的图书馆人手中继续传承与发扬,仍然惠及广大师生读者。

[参考文献]

[1]黄新宪:《郑振铎与暨南大学》,《高等教育研究》1998年第6期。

[2]夏泉:《试论暨南大学在民国高教史上之地位》,《暨南学报(哲社版)》1996年第2期。

[3]陈福康:《郑振铎论》,商务印书馆1991年版。

[4]暨南大学华侨所:《暨南校史》(第二辑:1906—1949资料选辑),暨南大学华侨所,1983年。

[5]郑尔康:《郑振铎书话》,北京出版社1996年版。

[6]暨南大学校史编写组:《暨南校史》,暨南大学出版社1996年版。

[7]郑振铎:《郑振铎文集》,人民文学出版社1988年版。

[8]暨南大学华侨所:《暨南校史》(第一辑:1906—1949资料选辑),暨南大学华侨所,1983年。

(《图书馆论坛》2007年第2期)

郑振铎与暨南"最后一课"

胡安泰

19世纪法国著名作家都德写过一篇脍炙人口的名作《最后一课》,其悲壮的情节,让人每每读到时,会不免流下感动的热泪。都德描写的是普法战争中法国战败,在被割让的土地上一间学校不许再教法语的情景。文中这样描写道:学校老师汉麦尔先生坚持教完最后一节法语课,他站起身来,脸色苍白,转身面对黑板,拿起一支粉笔,使出全身力量,在黑板上写下了几个大字"法兰西万岁!"然后他呆在那儿,头靠着墙壁,再也说不出话来,只向学生们做了一个手势,"散学了,你们走吧!"……这是多么动人心弦的"最后一课"啊!

没有料到,20世纪的中国,在上海暨南大学,即1941年12月8日太平洋战争爆发后的这一天,著名教授郑振铎、王统照、周予同等也给暨南学生上了同样的"最后一课"。其悲壮情形与都德的"最后一课"可以媲美。

从燕京到暨南

那还得从郑振铎教授受聘暨南说起。郑振铎(西谛),1898年出生于浙江永嘉,祖籍福建长乐。著名作家、文学评论家、文学史家、文学教授。是"五四"新文学运动中最早最重要的文学社团——1921年1月4日在北京成立的文学研究会的主要发起人。

1934 年,郑振铎在燕京大学任文学系主任,因为聘请进步学者到校执教,遭到当时的校长、美国人司徒雷登的敌视,受到排挤,他愤而辞职。为此事,他曾致信鲁迅。鲁迅劝他说:“先生如离开北平,亦大可惜,因北平究为文化旧都,继古开今之事,尚大有可为者在也。”建议他到许寿裳(季茀)主持的北平女子文理学院任教,此事亦未成功。1935 年 4 月,他回到上海,与他的朋友、时任商务印书馆编译所长的何炳松(柏丞)商量到暨南大学应聘之事。由于暨南大学是以招收海外华侨子弟为主的国立综合性大学,其“活动”和“动向”均会带来国外的影响,因此,国民党当局对学校控制较严,情况比一般大学“复杂”。无论在当时的政界还是学界,都有人认为,在学术界和社会上没有相当地位或影响力的人是不敢到暨南大学当校长的。当得知郑振铎要到暨南任教时,鲁迅一开始是并不赞成的,因为担心暨南大学“情形复杂”,怕郑振铎刚刚从燕京大学饱受了冤气出来,又陷进暨南大学“泥淖里去”。当得知何炳松亦准备应聘任暨南校长后,鲁迅写信给曹靖华说:“新校长究竟是否到校,尚未可知,倘到校,那么,西谛是也去的。”事情的发展正如鲁迅所料想的那样,就在鲁迅写上述信的这一天,即 1935 年 7 月 16 日上午 10 时,郑振铎身穿笔挺的西装,挎着公文包,与杜佐周、张耀翔、程瀛章、程瑞霖、陈科美、陈中孚等七教授,作为新校长何炳松的代表,到上海西郊真如的暨南大学校园,与暨南前任代理校长沈鹏飞办理学校交接手续。从这一天起,直至 1941 年 12 月,他在暨南大学任文学院院长兼教授达 7 年之久。他先住上海地丰路(乌鲁木齐北路)地丰里 6 号,后迁至静安寺东愚园路庙弄 44 号。

1935 年 9 月 12 日是郑振铎到暨南大学后第一个新学年的开学日,也是他在暨南全校同学面前“亮相”的第一天,他在全校大会上讲了话。23 日在全校大会上他作了题为《华侨教育与理想之暨南大学》的讲演,谈他的理想和抱负,向暨南同仁及全体学生表达了努力服务于暨南大学的决心。在他任文学院院长及中文系主任期间,尽管国民党当局对暨南大学控制很严,凡聘教员均经南京教育部批准,甚至连他本人在暨南的任职,也是经校长何炳松多次敦促直到他到校约一个月才被国民党政府教育部“核定批准”的。但在他的努力下，还是聘请到周谷城、楚图南、胡愈之、钱亦石、郭绍虞、王统照、周予同、傅东华、许杰等一批著名学者。

周谷城、楚图南、胡愈之等人在后来都担任过中华人民共和国全国人大常委会副委员长，可见这支当时聘任的教师队伍是多么壮观了。他原欲聘郁达夫、台静农，终因当局阻挠未成。

他在暨南大学主要开的课程是中国文学史和敦煌俗文学，课后还要为学生作指导，校务及教务都十分繁忙。在当时的《暨南校刊》上刊出的《文学院各专任教授指导时间一览》中就可看出，该刊注明了一段时间内每星期一至六上午九时至十二时，星期二至四下午一至四时，都是他的指导时间。除教学外，还有一些杂务也要承担。那是开学后不久，当时的教育部要求国立大学搞军事训练，暨南大学作为一个“特别大队部”，他便被任命为“本大队第一中队长”，这正印证了鲁迅致叶紫信中所说的“郑公正在带兵办学，不能遇见”。他参与创办和主编了《暨南学报》，在兼任暨南大学图书馆馆长的同时创办了《暨南大学图书馆馆报》，并经常主持召开各科学术讲座。1936 年 2 月开设《中国现代问题讲座》，他就主讲了“中国文化的鸟瞰”。郑振铎还参与筹建南洋陈列室和创办有关南洋研究的刊物，主编中国人所著关于南洋著作的书目，开始调查国外所藏有关南洋的书籍，添置图书欲办成南洋书库。在以郑振铎为首的进步教师的努力下，暨南大学在不太长的时间内面貌有了大的改观。可以说，1937 年全面抗战开始前两年，是暨南大学历史上的一个黄金时期，郑振铎在其中发挥了重要作用。

进步力量的一面旗帜

教书育人是教师的天职，也是学校的本分。郑振铎在暨南大学任教期间，他爱他的学生，特别是有见地、有作为的进步青年，与他们交往密切。在当时，他不仅是全国著名的进步文化界的核心人物之一，也是暨南大学进步力量的一面旗帜。他的学生郑金殿在“回忆”中写道:“因为他学问渊博,讲课时课堂里总是座无虚席。上课铃一响,他就准时登上讲台。他很谦虚。有一次他问我对他主编的《世界文库》丛书有什么意见,我大胆地回答:‘最好增选一些世界语文学作品。’他表示将采纳这个意见。他的谦虚精神使我感动不已。”郑金殿和庄立章等同学发起成立世界语协会,正是由于郑振铎的斡旋,世界语协会作为一个学术团体才得以登记注册并得到了公开活动的资助。后来郑振铎还特别邀请胡愈之先生来校作关于世界语的报告,亲自主持报告会,从而大大提高了世界语协会在暨南师生心目中的声望,使该会在学生运动中发挥了重要作用。

1937年7月7日“卢沟桥事变”后,日本帝国主义把战火向中国南方延伸,8月13日,日军在上海闸北宝山路向中国军队阵地挑衅,首先开枪,下午四时,日军终于对上海发动了蓄谋已久的大规模侵犯,这就是有名的“八一三”上海全面抗战的开始。这天下午,郑振铎亲自主持了暨南大学文学院招生考试的最后一场口试。由于暨南真如校址处于临战状态,暨南大学已于11日将部分图书资料、文件档案、仪器设备转移到法租界爱麦虞限路(绍兴路)的中华学艺社内,考场就设在了该处。在考生中郑振铎特别注意到一个名叫钱景雪(今昔)的学生,从口试中得知,钱景雪刚刚高中毕业,但在报刊上已发表了一些诗文。郑振铎慧眼识珠,钱景雪入学后不久就担任了文学院学生会理事及史地系学生会主席,秘密担任了共产党领导的“学协”西区交通员,与郑振铎交往密切。

“八一三”以后,驻守上海的中国军队与日军激战数月,于11月12日全部撤离了上海。这样除了上海苏州河以南的英美等国的“公共租界”和法租界暂时未被日军占领外,其他地方都沦陷于日军之手。人们把这块四周被日军包围暂未被占领的土地称为“孤岛”。暨南大学原校舍已被战火所毁,从10月1日起暂借公共租界内小沙渡(西康路)的侨光中学及附近民房作校舍,坚持上课,地方虽小,师生间的感情更近了。在暨南“孤岛”期间郑振铎越是艰苦,越是坚持天天上课,他对学生的救亡活动也给予了坚决的支持和热情的指导。周鸿慈(一萍)是商学院的学生,一天他去找郑振铎,虽然没有表明他的暨南大学中共地下支部书记身份,但一说明是某先生介绍来的后,郑振铎马上明白了面前这位二十来岁的小伙子的身份,热情地接待了他。此后,周鸿慈便经常来找郑振铎,随时介绍抗日救亡的情况,并听取意见。郑振铎总是兴奋地听着并发表自己的见解。当时一位女同学用笔名"周方"在学协机关刊物《学生生活》上发表了一篇揭露当局压制学生救亡活动的文章,激怒了学校的某些人,欲通过处分这位女学生达到他们找出学校地下党组织领导人的目的。周鸿慈紧急找郑振铎求助,他爽快答应,经他努力将事平息,进步学生被保护了。

自租界成为"孤岛"后,在上海的文艺刊物大都被迫停刊,周鸿慈几位同学为打破这个沉闷的局面,创办了一个名叫《文艺》的月刊,希望得到郑振铎的帮助,他大声叫好,不仅与周鸿慈仔细商量具体细节,并且拿出一些钱给予资助。《文艺》月刊(后为半月刊)1938 年 6 月 5 日创刊,在郑振铎的指导下,该刊先后出了鲁迅、高尔基纪念特辑。当时在香港的茅盾先生看到了这份"孤岛"上的文艺刊物,又惊又喜,曾撰文给予高度评价。在编刊物撰文章的暨南大学文学院的学生中除了周鸿慈外,外文系的孙家晋和中文系的徐微也与郑振铎来往密切。孙家晋时年二十岁,他的习作与试译,郑振铎觉得很不错,是一个很用功而有希望的小伙子。女学生徐微,比孙家晋小两岁,她是在暨南大学迁到陶尔斐斯路(南昌路东段)临时校址后转入暨南的。在读中学时,参加过学生运动,到上海复旦大学读书后,因参加救亡运动被特务迫害而逃离了复旦。暨南接受了她,如郑振铎所说:"对流亡学生,应该这样。"徐微文笔相当漂亮,有名的东北女作家肖红,就是她小学时十分要好的同班同学。在"孤岛"后期,即 1941 年 4 月 15 日,暨南大学文学院的进步学生又创办了《杂文丛刊》,共出九期,分别以《鱼肠》《干将》《莫邪》《湛卢》《纯钧》《巨阙》等中国古代宝剑的名称和《紫荆》《菖蒲》《水莽》三种有强劲生命力的植物命名,是"孤岛"上"战斗"到最后的丛刊。该刊主要负责人就是与郑振铎来往密切的钱景雪同学。该刊的出刊,包括文章的观点、语句的修辞等都不断得到郑振铎的指导。后来,郑振铎在胡愈之处看到了他在燕京大学的同事、美国记者埃德加·斯诺写的《红星照耀中国》的样书,即决定组织翻译,并将书名中译为《西行漫记》。他发动暨南大学的学生周鸿慈、钱景雪等同学参与了此项工作。

孤岛的“最后一课”

在上海“孤岛”时期,郑振铎以暨南大学为重要“阵地”,坚持教学、著书立说、抢救祖国的古文献图书,支持和参与抗日救亡活动,做艰苦的文化工作。这一时期,在上海发生了一件震惊国内外的事件:他在暨南大学的同事平祖仁被汉奸毒刑拷打最后被枪杀,著名电影演员英茵挺身而出,募集钱款为平祖仁办丧事,留下一部分钱物给其家庭,后在国际饭店吞服鸦片自杀。当时的上海各报报道了这一重要消息,但避讳谈她自杀的原因。郑振铎义愤填膺,后来写了《记平祖仁与英茵》把这件事披露出来,认为“这一出真实的悲剧,可以写成伟大的戏曲或叙事诗的”。为了抢救祖国重要的图书文献,以免落入日本人之手,他曾以暨南大学的名义大量购买并储藏,先后向暨南同仁或从暨南经费中借出款项。暨南大学校长何炳松、商学院院长程瑞霖等为他的爱国热情所感动,纷纷给予资助,郑振铎后来回忆此时的情景时说,除了必须到暨南大学上课外,其他时间几乎全扑在抢救古书上了。

“孤岛”沦陷前一年的 1940 年,郑振铎在社会科学所的一位学生方鹤亭得知苏北新四军取得黄桥大捷后以记者身份到苏北盐城采访了新四军第一支队司令员陈毅,当陈毅知晓方是郑振铎的学生时关切地询问郑振铎在“孤岛”的情况,还谈起十几年前在郑振铎主编的《小说日报》上发表陈毅写的《归来的儿子》一文一事。陈毅请方鹤亭转告郑振铎,欢迎他来苏北根据地。后来,陈毅亲自写信通过地下交通带到上海,再次邀请他。他也通过地下组织向陈毅表达谢意并说明在上海坚持岗位不能离开的原因。陈毅很同意他的想法,为了预防万一,亲自布置上海地下交通站在吴淞口准备船只,一旦发生危险,只要到指定地点用接头暗号，就会有人护送他到苏北。陈毅代表党组织对他的关怀，更激励了他坚守岗位，做好应做的事的决心。

1941 年 12 月 8 日，日军偷袭珍珠港，太平洋战争爆发。这一天凌晨日军出兵占领了上海租界。闻讯后郑振铎匆匆赶往康脑脱路的暨南大学参加学校召开的紧急会议。校长何炳松与院系部门负责人在会上商议暨南大学去留事宜。会议简短而悲壮，一致决定，“当看到一个日本兵或一面日本旗经过校门时，立刻停课，将这所大学关闭”。以示决不做日伪统治下顺民的决心。郑振铎在《蛰居散记》一书中记述了暨南大学这“最后一课”。

会后，郑振铎、王统照、周予同等老师依旧按学校上课铃声分别走进十几间教室。郑振铎的那间教室正好临街，他站在讲台上隔着窗户可以看到街上，太阳暖暖地照着，街上依然有人往来，与平时没有什么两样。他发现今天的学生来得很齐，全都坐得直直的，几十双眼睛齐刷刷地看着他。郑振铎向学生们宣布了学校决定，说：“我这一门功课还要照常讲下去，一分一秒钟也不停顿，直到看见了一个日本兵和一面日本旗为止。”这一课似乎讲得格外亲切、格外清朗，语言里有点异样，但没有一丝的紧张。学生们心无旁顾，默默地听，用心地记。无论老师和学生，对于要辞别的东西格外珍惜和留念。这一天的黑板显得格外光亮，粉笔格外白晰柔软，课桌和讲台也格外可爱。

王统照在二楼一间教室讲中国文学课，他神情严肃，从容而谈。上午近 10 时，他从窗口望下去，康脑脱路上一片混乱，王先生像《最后一课》中的汉麦尔先生那样，向学生们宣布：“同学们，刚才教务处通知，学校今天起停办了，我们学校不能继续上课，更不能让敌人来接收，今天这一课是最后的一课，我们现在要解散了。”郑振铎当听到邻街响起车轮辗地的声音，由远及近，越来越响，几辆满载日本兵的车驶过校门，由东向西，当头一面太阳旗在阳光下抖动，他掏表一看，上午 10 点，他立即挺直身体，合上讲义，用坚定的声音向同学们宣布“现在下课！”同学们一起站起来，默默地不说一句话，有几个女生低头啜泣着。没有一个学生问为什么，没有迟疑，没有踌躇，离开了他们留念的课堂、慈爱的母校，朝着既定的方向走去。就这样，暨南大学结束了它在上海"孤岛"上的办学。

回到办公室，郑振铎迅速清理了他的书信文件，当天下午参加了暨南大学在上海的最后一次校务会议。学校决定迁移到福建建阳。郑振铎已决定留在上海。这样，郑振铎告别了讲台，离开了暨南，从此结束了他的教书生涯。

（胡安泰《暨南往事》，引领杂志社，2007）

郑振铎与上海暨南大学世界语学会

郑金殿

谈到三十年代上海暨南大学世界语学会,就使我想起郑振铎教授。

郑教授是中国著名的作家和文学史家。他同鲁迅一样,是世界语的热情赞助者。

一九三七年抗日战争全面爆发以前,他任上海暨南大学文学院院长,并教授中国文学史。他知识丰富、学问渊博,每次上课,教室里总是座无虚席。上课钟声一响,他便准时出现在讲台上。他平易近人,不耻下问。例如有一次,他曾问我对他当时主编的《世界文库》在编辑方面有什么意见。我不揣冒昧地回答:最好能编入一些世界语文学作品。他表示要注意这方面的选题,其谦虚态度令我钦佩。他关心青年人的成长,要学生们注重体育,勤读外语。当时他还兼任大学的图书馆馆长,星期天同学们经常看到他在图书馆同管理人员一起工作。

郑教授十分关心中国的文化,同时也注意世界文化的发展。他赞助世界语运动著有功绩。三十年代初期,上海暨南大学世界语学会的成立和发展是与他的鼓励和支持分不开的。由于他的努力,暨大世界语学会才被列为大学的学术团体,得到校方的专款补助,并可以从事公开活动,使该学会在暨南学生运动中发挥了重要作用。

上海暨大世界语学会会员来自各院校爱好世界语的同学,英语系的比较多,他们大都是爱国的进步青年。记得当时每个星期六晚上大家都聚在一起学习世界语。由庄立章同志主讲,我副之。由于大家学习很勤奋，一个学期以后，许多同学较好地掌握了世界语。大多数人都能用世界语夹杂汉语讲话。

上海暨大世界语学会一学期举行两次世界语茶话会。在茶话会上，同学们练习世界语会话，交流学习世界语的经验，表演余兴节目。学会每学期还举行一次远足旅行和野外聚餐。在远足旅行中，大家尽量用世界语会话，同时练习唱爱国抗日歌曲。当时，国民党反动派压制进步青年，禁止唱爱国歌曲。暨大世界语学会举办的远足活动是冲破反动派禁令的一个很好的方式。由于学会领导人组织能力强，每次远足旅行都使同学们心情愉快，过得很有意义。

上海暨大世界语学会还经常在校内组织演讲会，邀请一些知名的进步人士和学者到学校来作报告。记得一九三五年上学期，有一个星期日的上午，胡愈之同志由郑振铎院长陪同，到校演讲有关世界语的问题。消息传来，许多非会员同学也闻风而来，使会场挤得满满的，以致不得不改换演讲地点：由大教室改到大礼堂。在这次演讲会上，郑教授首先致词。他说，胡愈之同志是中国新闻事业的先驱，是中国世界语运动的先进。学习世界语，同做其他学问一样，要有明确的目的性，才能学得好。由于郑教授亲自主持了这次演讲会，因而大大提高了暨大世界语学会在全校师生心目中的地位。

当时暨大世界语学会有几个会员热心国际世界语通讯，他们在通信中将日本帝国主义侵略中国的真情告诉给外国朋友，收到了良好的反映。外国朋友的通信地址是由上海世界语者协会提供的。该会经常派人参加暨大的世界语座谈会，指导世界语学习，提供有关学习的意见，记得张企程同志曾经参加过我们的座谈会。

抗日战争全面爆发后，许多暨大世界语学会的会员，满怀爱国热情，奔赴抗日前线；有的则留在大后方继续从事抗日救亡工作，他们在比较困难的条件下，继续坚持传播世界语。他们的这种精神在今天仍然是值得我们学习的；而他们之所以具有这种精神，也是和郑振铎教授的热心教导分不开的。

(《中国报道》1981 年第 10 期，后收入郑金殿《郑振铎纪念集》，2008)

新来的文学院长

郑尔康

1935年初秋的上海，在暨南大学的礼堂里，正举行着隆重的“总理纪念周”。讲坛上，一个身着深色中山服的人正在做着讲演。每提到“委员长”的时候，全体人员都从座位上起立。这时，大家发现，唯独有一个身穿浅灰色西服，带深度近视镜的中年人，安坐在位子上纹丝不动，引起了众人的注意。当时的暨南大学，国民党特务控制很严，“CC”和“军统”活动十分猖獗，每次“总理纪念周”都是由他们操纵，人人必须参加，并且只要提到“委员长”，大家一定要起立。这是个什么人？胆子这样大！人们都在心里疑惑着……只有文学院的学生认得，他就是新来的文学院长——郑振铎。由于郑振铎的声望和地位，特务们一时竟也不敢拿他怎么样。从此他成了暨南大学“赤色分子”的代表，凡是有进步的标语出现，特务们就认为是郑振铎指使贴的。而他，依然如故，每次“纪念周”都参加，而每次提到蒋介石，他也总是安坐不动。那些特务学生虽是对他恨之入骨，但由于他是校长请来的大教授，又是社会上有影响的名作家，对他却奈何不得，倒是有些起哄闹事的“CC”学生被校方开除了。

那是1935年7月16日上午10点，郑振铎身穿新制的浅灰色西服，显得格外潇洒，挎着新买的牛皮公文包，精神抖擞地与杜佐周、张耀翔、程瀛章、程瑞霖、陈科美、陈中孚等七位先生受新校长何炳松（柏丞）先生的委托，作为他的全权代表，前往上海西郊真如的暨南大学，与该校代理校长沈鹏飞等人办理了学校的移交、接收手续。从这一天起,郑振铎接受何炳松的委任,担任了该校的文学院长。

当时,上海只有三所国立大学:同济、交通和暨南,而暨大特地为海外华侨子弟归国求学而设,因此,当局十分重视。当时,暨大只有三个学院,即文学院、理学院、商学院,其中以文学院师生最多。因此,文学院长在该校是一个很重要的位置。同时,何炳松还委任郑振铎为校务会议、行政会议、教务会议、聘任委员会、训育委员会、课程审查委员会、图书委员会、编辑出版委员会、招生委员会、免费暨公费学额委员会等一系列机构的委员职务。有一段时间,他还兼任该校图书馆馆长。因此,可以说何炳松把暨大近一半的重任托付给了他的这位老友了。

那次“纪念周”的事,便是郑振铎来暨大后不久发生的。当时暨大的地下党和进步学生也很活跃,郑振铎的这一举动,受到了他们的热情欢迎,因此学生们有什么重要的事情,都愿意找“郑先生”商量。

两年后,上海沦为了“孤岛”,万木萧疏,寒凝大地。此时此刻,郑振铎更是表现了一个爱国知识分子的凛然正气和高尚的品质。由于环境的限制,他已不可能创作和发表更多的作品,于是,他把讲坛作为重要的斗争阵地。郑振铎和周谷城、周予同、方光焘、李健吾等进步教授,在讲坛上宣传爱国主义思想。他主讲的中国文学史,过去总是把重点放在古代民间文学研究上面。这时,他把重点放到了讲历史上坚持民族气节的爱国诗篇。每当“郑先生”讲授陆游的《示儿》、文天祥的《过零丁洋》、于谦的《石灰吟》等诗篇时,除文学院的同学外,其他院系的同学也都相约着争先恐后赶来听课。梯形课堂里挤不下,很多人便坐在窗台上,连走廊里也挤得水泄不通。虽是严冬季节,课堂内外却热气腾腾。郑先生在讲坛上,慷慨激昂地吟诵着“人生自古谁无死,留取丹心照汗青”等壮怀激越的诗篇,吟诵着,讲解着,不时用拳头击得教案咚咚作响,脸通红通红地不断擦着汗。“这时的郑先生很像是一位指挥千军万马的元帅,他那魁梧的身躯,这时显得更高大,真有些古代武将的气概!”

在“孤岛”上，各大中学校，在中共地下党领导下都成立了学生会、读书会、团契等爱国的群众组织。根据中共江苏省委学委的指示，一位姓周的学生——他是暨大地下党的负责人——和郑振铎建立了经常的联系，随时向他介绍他们的工作和想法。这位姓周的同学后来回忆他和“郑先生”的谈话时说：“每一次交谈，他总是以十分兴奋的心情，听取我们的介绍，并给予很高的评价。正如《暮影笼罩一切》一文中所说的：‘可爱和骄傲，信仰和决心，交织成了这一时期的青年的活动趋向。’”郑振铎爱护每一个爱国青年，对他们提出的要求和所遇到的困难，总是尽最大的努力给以支持并帮助解决。一次，一位爱国学生用“周方”的笔名，在学协的刊物《学生生活》上，写了一篇揭露暨大压制学生救亡活动的文章，触怒了学校的“CC”分子。他们威吓这个学生，表示要对她严厉处分，还企图乘此机会一举破获暨大地下党。那位姓周的同学受组织委托，请郑振铎给以帮助。他听了事情的经过，十分震怒，说：“抗日救国何罪之有?！揭露破坏救亡活动的卑劣行为，正大光明，揭得好！他们有什么理由处分她！”说完，又连说了几个“岂有此理！岂有此理！”经过他多方交涉，“校方”答应不再处分“周方”同学，地下党组织也免遭敌人的破坏。

当时暨大的吴岩、舒昂等几个进步同学，在地下党支持下，准备创办一个综合性文艺刊物，名为《文艺》。当地下党的周某把这个打算告诉郑振铎时，这个办刊物的老手，顿时兴奋起来：“办刊物？太好了！需要我做什么？尽管说！”

《文艺》很快出版了，虽然只是几个学生办的，但郑振铎对这一度曾是万马齐喑的“孤岛”上唯一的抗日文艺刊物，每期都认真阅读，并经常提出很宝贵的改进意见。在他建议下编辑出版的鲁迅、高尔基的纪念特辑，在读者中引起很大反响。

为了培养年轻人，郑振铎还常带着《文艺》的编辑参加当时文艺界的一些重要活动和会议。文艺界的一些知名人士，也都渐渐熟识了这几个年轻人。一次，吴岩、舒昂和他一起去参加《鲁迅风》杂文座谈会，巴人走过去问他们：“你们两个都是西谛的学生？”“是的！”两人一齐回答。能够做“西谛”的学生，他们认为是很值得自豪的！

新中国成立后，当年暨南大学地下党的那位周某担任了军队的重要领导职务。每当回忆起“西谛先生”在暨大的种种往事，总是十分激动！后来，他曾赋诗一首，以表达他对当年的这位老师的怀念和崇敬：

奋笔耕耘抒壮志，疾风劲草识良师；
凛然正气浑难忘，最是寒凝大地时。

（郑尔康《郑振铎》，北京交通大学出版社，2008）

陈中凡

陈中凡（1888—1982），原名钟凡，字斠玄，号觉元，江苏盐城人。中国古典文学家，红学家。与胡小石、汪辟疆并称南京大学中文系“三老”。1928年任上海暨南大学国文系主任，次年任文学院院长。为了提倡曲学，他通过杜心楶介绍，于1931年专聘俞振飞来校开设昆曲选修课。他邀进步人士如许德珩、李达、邓初民等任教授，造成很大社会影响。

自传(节录)

陈中凡

一九二四年十二月,我应邀去广州。任广东大学文科学长兼教授,为期一年。曾接受孙文的三民主义。后来蒋介石、汪精卫等叛变,我不明其真相,乃失望而归。一九二五年十一月至次年七月,我在苏州东吴大学兼课时,伪教育部长易培基电邀我任江苏省教育厅长,未就。一九二六年初任金陵大学国文系教授。一九二八年任上海暨南大学国文系主任,次年任文学院长。曾约请李达、邓初民等来院讲社会学,乃初步接受马列主义学说。后因CC派潘公展、复兴派吴兴亚等嗾使三青团干涉校政,愤而辞职。其间,曾于一九三二年三月至七月,去广州办暨南大学临时分校并在中山大学兼课。一九三四年二月至七月短期失业在家。陈立夫曾约谈,因意见不合,不欢而退。同年八月,去广州中山大学任教授。一九三五年八月至一九五二年七月任金陵女子文理学院中国文学讲座教授、金陵大学中文系教授。其间,一九三七年曾随校迁成都,后又随校迁回南京。一九五二年下半年全国院系调整后,任南京大学中文系教授,以迄于今。

数十年来,我从事中国古典文学方面的教学和研究工作,印行的主要著作有:

《古书读校法》(一九二三年商务印书馆印)

《诸子书目》(一九二三年东南大学印)

《书目举要补正》(一九二七年金陵大学印)

《经学通论》分上下卷(一九二三年东南大学印)

《诸子通谊》(一九二五年商务印书馆印)

《中国文学批评史》(一九二七年中华书局印)

《中国韵文通论》包括:“《经》略论”“论《楚辞》”“诗骚之比较”“论汉魏六朝赋”“论乐府诗”“汉魏及隋唐古诗”“论唐人近体诗”“唐五代及两宋诗词”“金元以来南北曲”等九章。(一九二七年中华书局印)

《周秦文学》(一九二八年暨南大学印)

《汉魏六朝文学》(一九二九年商务印书馆印)

(《中国当代社会科学家　第1辑》,书目文献出版社,1983)

“这个陈中凡”

曹聚仁

此间有家报纸,每天有一种仿佛美国的《中国研究》专栏,其间对于“是非”有这么一种尺度:即是被中共所批评的都是“好的”,也一定是“对的”。最近因为陈中凡先生批评了关汉卿,所以陈中凡这小子,一定是错的,不好的。那专栏中用了十个“这个陈中凡”,即是“陈中凡这小子”之意。他心目中,一定以为陈中凡是不见经传,山沟出来的穷小子。

陈中凡即陈钟凡,江苏盐城人,1927年,他已经做了暨南大学文学院院长。所以,这位把陈中凡看作“这小子”的小子,那时也许还不曾出世。在暨大时期,为了诗“伯兮”问题,和章衣萍、章铁民、汪静之三先生打了笔墨官司。二章、一汪(汪是我的同学,衣萍便是《情书一束》的作者,那时都在暨大中学部任教),都是胡适之的小同乡,乃乞援于胡博士。胡博士很刻毒地挖苦了陈中凡一阵,说盐城是上海黄包车夫的家乡,有陈中凡这样的学人已经了不得了。这文章印在一种叫作《永安》的月刊上面,所以大家很少看到。

抗战胜利,我回到了上海,一位盐城学生带了中凡先生的信给我,我才知道他一直在做教育工作,走的是他自己的本行。不过我和他只是点头朋友,也就不相闻问。直到新中国建立,用新观点治旧文学,古为今用,如龙榆生之于词学,汪静之之于诗学,也看不出多大的进步。至于赵景深之于戏曲,那是他的本行,当然局面很宽了。有一天,我忽见到陈中凡先生的《汉魏六朝散文选注》,才知道十年不见,自该刮目相见的。倒是胡适博士骛外太多,晚年并无多大进步,他的家乡虽是理学名邦,却出不了新的戴东原。倒是黄包车夫家乡的学人,竿头直上,了不得的开展了。

我这话,当然说给那个小子听的。

(曹聚仁《听涛室人物谭》,三联书店,2007)

方光焘

方光焘(1898—1964),字曙先,浙江衢州人。语言学家,作家,文艺理论家,文学翻译家。1926年任立达学园中文专修科主任兼暨南大学讲师,1935年任暨南大学教授。

我所知道的方光焘先生

孙大雨

方光焘先生，字曙先，是1936到1941的五年半内我在上海暨南大学外文系的同事。他为人朴实正派，诚恳好学，富于正义感；早年曾留学日本，就学于早稻田大学，攻读英国文学和语言学。1919年的五四运动对他有深切的影响。

我与他同事期间的中后期，当时上海已是个三面被日寇围困的"孤岛"，学校在租界小沙渡路上课，他曾有七八次约我到王裕和等酒肆里问讯于杜康，同座的有开明书店的章锡琛、作家书屋的姚蓬子等。

1941年夏，我因连续两年反对有人贪污，遭到解聘。1941年秋天我离沪经香港到重庆。

1945年美国在日本广岛和长崎丢下两个原子弹，日本军阀在8月间向我国无条件投降。我在当年11月回上海。后来暨南大学曾复员到上海，我到了复旦大学去，曙先则到了南京中央大学。

[关于本文的说明]方光焘先生是我国创造社作家、左联成员、语言学家。新中国成立后任南京大学中文系主任、江苏省文化局局长、江苏省文联主席等职。抗战初期，他与孙大雨先生是暨南大学同事。方光焘先生是浙江衢州人。我是浙江龙游县人，属衢州市辖。1987年，家乡政协编《衢州文史资料》拟出方光焘特辑，知道我与孙大雨先

生有些往来,要我去请孙先生写篇关于方光焘先生的回忆文。当时82岁高龄的孙大雨先生答应了,就写了上面这篇文字。但这篇文章没有被编入《衢州文史资料》。今应《书城杂志》之邀予以发表。祝孙大雨先生健康长寿!

(《书城》1995年第6期)

方光焘教授

方文惠

方光焘教授是一位著名的语言学家、文艺理论家和教育家。他毕生从事教学和研究工作,在暨大任教的时间最长。1926 年初进暨大兼课,1935 年初聘为暨大专职教授;曾随暨大内迁福建建阳,直至迁返上海后的次年(1947)才离去。他是暨大民主革命学风之创立和坚持的主要人物之一。虽然他本人在暨大期间并未参加中国共产党,但是在他进步思想的熏陶下,走向革命的青年学生多得不胜计数。不少人成为新中国的学术界和政府机关中的骨干力量。新中国成立初期曾被誉为“红色教授”,足见他对青年的影响之深。

本文简略介绍他的生平,并着重记述他在建阳的生活和思想状况。

一、生平简历

方光焘教授(1898—1964)是浙江衢州市人。家庭出身是商人兼小地主。他有个长兄曾在北洋政府的司法部任职。他在衢州中学尚未毕业时的 1918 年,考取了公费赴日本留学。初进日本东亚日语预备学校补习日语一年,次年入东京高等师范专习英语,1924 年毕业。在校期间就和郭沫若等人创立创造社,曾在《创造》月刊上发表过小说和评论。回国后先在浙江省立第四中学(宁波)教书。次年即至上海大学任教。1926 年和夏丏尊等人创办立达学园,任中文专修科主任,同时兼暨南大学讲师。1927 年任上海劳动大学教授和开明书店编辑。1929 年去法国留学,在里昂大学专攻语言学。1931 年辍学回国,曾在上海中国公学任教,是年参加左翼作家联盟。1932 年曾应聘到安徽大学任教,次年回沪任复旦大学兼任教授,仍兼开明书店编辑。1935 年 8 月起,进暨南大学专任教授。1941 年曾随暨大内迁福建建阳,度过了抗战期间最艰苦的六年生活。1946 年随校迁返上海后,因同情和支援学生运动与新任校长不合,次年辞职去广州中山大学任教。1948 年 1 月到南京,任中央大学中文系教授。新中国成立前夕,他拒绝当局劝迁台湾,留在校内和进步师生一同迎接新中国成立。新中国成立后协助中国人民解放军南京军管会接管中央大学,改组成为新的南京大学,受到党和人民政府的重任。他曾任南京大学中文系主任,兼任江苏省文联主席,江苏省文化局局长,中国科学院哲学社会科学院学部学术委员等职。他是江苏省人民代表,第三届全国政协特邀委员。1956 年 3 月参加中国共产党。1964 年 7 月 27 日因病逝世,终年六十七岁。

二、思想发展的过程

方光焘教授一生的思想发展过程,正是旧中国许多爱国民主的知识分子所走的共同道路;从爱国的民主人士被吸引到党的周围,最后成为真正的党员。他早在中学求学的时候,就喜欢读民权报,对辛亥革命的成果为军阀篡夺极为不满。在日本留学期间,看到资产阶级的民主革命对劳苦大众没有带来幸福;后来看过河上肇的译著,开始对马列主义有所认识,对苏联十月革命有好感,对孙中山联俄容共政策颇兴奋,对日本军阀侵略中国极为愤恨。在上海期间,他同情革命,参加左联,声援过五卅惨案运动。他对蒋介石背叛革命的大屠杀极为愤懑,曾和许多进步文人同在一份反蒋宣言上签过字。1927 年他在暨大讲文学概论课时因介绍历史唯物主义的文艺理论而遭到学校当局的禁忌。大革命失败之后,有的人成为烈士,有的人摇身一变为阔人,有的人则感到彷徨悲观。他自己说是属于后一类。但是他秉性耿直,富于正义感。在他一生中,从未向国民党反动政权俯首贴耳过。除教书外,他未担任过任何政府的职务;但他绝不是“不问政治”的人,在讲坛上,在青年学生之间,他始终是一个反封建、反独裁的自由民主战士。他曾是左联组织中的活动分子;在安徽大学任教期间,曾不顾当时的浓厚封建气味,公开演讲批判封建文学,介绍鲁迅的反帝反封建的新文学。抗战初期,暨大在租界内上课的时候,他曾不顾风险,与王任叔、郑振铎等人参加各种讲演会、文艺讲习班、业余读书会等活动,宣传抗日,激发爱国思想;并且一贯支持进步学生的爱国行动,在建阳和迁返上海以后的几次学生运动中,他是旗帜鲜明地站在进步学生的一边。1946 年他参加了“大学教授联谊会”,支援学生反饥饿运动。“五二〇”运动后,曾签名公开宣言,反对逮捕学生。特务机关寄来的恐吓信和子弹,并未使他屈服和动摇。最后他和当时的反动校长大闹一场,愤而辞职离开暨大。淮海战役之后,南京危急,中央大学当局动员迁往台湾,他曾公开声明“决不随往”。在地下党和进步学生的爱戴和保护下,他是以兴奋的心情迎接新中国成立的。在新中国成立后,他热情地为党为人民做出了许多有益的工作。1956 年 8 月 15 日,这个为民主自由奋斗了终生的学者,终于在政治上找到了归宿,光荣地参加了中国共产党。

三、在建阳的事迹

1941 年太平洋战争爆发以后,日军侵占上海租界。暨南大学部分师生,在何炳松校长率领下撤退到福建建阳。当时教育部曾任命何校长为东南联合大学筹备处主任。后因各校建校地点的主张不一,东南联大流产。而暨南大学就在建阳城郊童游街附近建立临时宿舍,借用文庙为上课和办公之地,仓猝复课并开始招收新生和借读生了。方先生一家五口,住在两间茅草铺顶的平屋里。窗户是用白纸糊着代玻璃的。夜间要点桐油灯照明来工作。(因为煤油在当时是紧张的战略物资,极少供应。)建阳城内难民拥挤,生活物资供应紧张,物价飞涨。而且时常有空袭警报,有时也有敌机过境,前线失利的消息不断传来,人心惶惶。当时大学教授的物资生活待遇还不及当地一些老百姓。在这样艰苦的环境下，方先生对于抗战的前途始终抱乐观态度，他经常在进行教学的研究工作之外，总是孜孜不倦地和学生们谈话，在思想上教育和启发他们。他对当时国民党统治各方面，毫不掩饰地加以抨击；对于官员们的贪污腐化，尤其深恶痛绝。有一次国民党CC派的头目、当时的教育部长陈立夫到东南一带视察，途经建阳时曾来校召集师生们“训话”。在讲台上他装出儒雅风度，不谈当前国内国际形势，却大谈其孔孟之道，教青年怎样修养。会后方先生在学生面前批评道：“他算什么部长？误国误民，还装什么风雅？”又有一次浙江民政厅长阮毅成来校演讲，大骂当前青年思想不正（他指的是有些“左倾”），认为这都是被当代文学家教坏的。他说：“矛盾者，自相矛盾的人，能不把青年引入歧途吗？鲁迅，天性愚鲁，偏要迅速求成，胡说八道，青年们都跟着他上当了。”这种愚蠢而狂妄的攻击，引起会场上的骚动。许多师生们纷纷退场表示抗议。方先生是走在前头的一位，他回头来对同学们愤慨地说：“一个测字先生居然敢到大学的讲坛上来胡说八道。可笑，可悲啊中国！”他在攻击各种黑暗现象的后面，总是语重心长地向同学们指出：“黑暗的后面总有光明的。雪莱的诗句：冬天来了，春天还会远吗？青年们不要悲观失望。要谨慎选择自己未来的道路。要时刻思考着怎样建设新的中国。新中国的未来希望，寄托在你们青年一代的身上。”

方先生在建阳期间曾在校里开过文学概论、语言学概论和日语三门课。选修的人特别多，尤其是他的文学概论课，不仅教室里座无虚设，就连教室外的走廊里也总是站着、蹲着、挤满了别系旁听的学生。为什么他的讲课这样吸引人呢？主要的在于他的讲学内容。他不用什么教本，也不发什么讲义，只是带着几支粉笔走上讲台，偶尔在黑板写上一二个标题，自始至终滔滔不绝地讲着。他所讲的论题，都是针对现实，结合实际事例进行论证的独特见解，没有什么条条框框的束缚，他讲课的方式总是思辨性的（当时还未提出“唯物辩证”的说法），绝不是教条式的背诵或引证，他在讲课时，喜欢同学们提问，递条子或口头提问都可以。提问愈多，他讲得愈起劲。从不计较什么大纲进度。所以同学们在他讲课里获得的都是活的知识，兴趣自然很高。

当时暨大师生来自天南地北，思想状态是既很活跃，又很复杂。多数人倾向于不满现实，把希望寄托在遥远的北方（延安），进步的书刊成为他们的精神食粮。也有少数如三青团和国民党某些骨干和他们的追随者，常兴风作浪，对进步的师生进行盯梢和围攻，引起大大小小的学潮。1944 年的冬天，曾在中文系一个姓魏的讲师嗾使下，演出了一幕驱左的丑剧。部分学生拥进教师宿舍把许杰和盛叙功两位教授的家抄查，强迫他们离开建阳。方先生在白色恐怖下是不畏强暴的。他带头代表教授发表声明，要求校方严惩这些暴徒。1946 年初，魏某又跳出来，激怒更多的学生自然而然地聚集起来，砸烂了魏某的家。这是进步与反动势力的斗争，今后又不断地较量着。方先生当时还不是共产党员，然而他爱憎分明，态度十分明朗。暨南大学民主、自由、进步的传统学风在建阳时期不仅保持着而且有所发展，这和方光焘等一批老师的教育是分不开的。

四、学术上的贡献

方先生是一个学者。由于一生中的风浪颠簸和过早的逝世，他的著作来不及整理出版，但是他留下的文章和讲课笔记还是很丰富的。首先他是一位语言学家。他是我国最早把结构主义学派始祖索绪尔（Saursule）语言学说介绍进来的人，并且主张把普通语言学理论应用于汉语研究。关于这方面的论著，去年已有《方光焘语言学论文集》出版。（王希杰、方华等编辑，江苏教育出版社 1987 年初版）还有他的学生胡裕树、王希杰、卞觉非和方文惠等人的专文评介可作参考。30 年代后期，在上海开展的文法革新运动，他和陈望道先生是主将。反对当时模仿语法的体系，提出“广义形态”的理论，主张从汉语的形态出发划分词类和分析句子。50 年代后期，他率领南京大学的师生发表文章和北大的高名凯教授开展一场关于“言语有无阶级性”问题的大辩论。他在南大主持语言教研室和语法理论研究室期间，非常重视语言理论中的方法论的探讨。在他《试论语言研究方法》一文的提纲(见《论文集》第150页)中,可以窥见他的观点是采纳百家而有所独创的。

方先生又是新文学创造社的成员和一位文艺理论家。早年在《创造》杂志上发表过的小说,被收进《中国新文学大系》的有《疟疾》和《曼兰之死》两篇小说。后来转向文艺理论的研究,除了讲授文学概论、现代文学名著选、鲁迅研究、世界文学史和文艺学等课程之外,他曾发表过有关论文和译著十余篇。又曾和章克标合编过《文学入门》一书(开明书店出版)。他后期的文艺理论是深受鲁迅和苏联的卢那卡尔斯基的影响,一贯反对封建主义和颓废的资产阶级文艺而主张为人民服务的大众文艺。

方先生虽然离开我们了,他造就了新中国大批的专家学者和机关工作干部,他的光辉学说是永垂不朽的。

1987年10月

(《暨南大学在建阳》,中共建阳县委党史研究室,1998)

李健吾

李健吾（1906—1982），笔名刘西渭，山西安邑人。1930年毕业于清华大学文学院外文系。1931年赴法国巴黎现代语言专修学校学习，1933年回国。1935年任国立暨南大学文学院教授。全面抗日战争期间在上海从事进步戏剧运动，是上海剧艺社以及若干剧团的中坚。

暨大时期(1935.8—1937.11)

韩石山

初来乍到

> 接到你寄来的聘书,我高高兴兴地一个人先去了上海。巴金带我到他住的霞飞坊附近找了一所房子,在拉都路口,房子租定了,我又回了一趟北平,把家小接到上海,再去学校找你报到,一心准备上课。到底是新教授啊,什么也不懂,一切都得自己摸索。①

1935年8月,李健吾告别妻子南下,就任上海暨南大学法国文学教授。这是意想不到的殊荣。去法国留学前,他不过是清华大学外文系的助教,留法两年,并未获得更高一级的学位,按常规,回国后能当个讲师也就不错了。这次擢用,他的欣喜不言而喻。

按这里的叙述,似乎一到上海便租下房子,一租下房子便将家小接来。实际是到上海三个月后,才返回北平去接家小。尤淑芬即将生产,行动不便,待到这年的11月,二女儿维惠满月后,尤淑芬可以行动了,正好巴金有事北上,李健吾便与他相伴回到北平,将家眷接到上海。暨南大学在真如乡下,家在市内,这样常是白天在学校上课,晚上再赶回市内。

课讲得怎样,一位学生后来曾有记述,说他衣着朴素,身披长袍踏进课室,登上讲台时微微露着腼腆的笑容,投目环顾在座同学。看上

---

① 李健吾:《忆西谛》。霞飞坊在霞飞路即今淮海西路,拉都路即今襄阳南路。

去还不满三十岁，算是全校教授中最年轻的。他用流利的北京腔讲课，纵论欧洲历代文艺思潮，系统而又概括地引述古今文学流派之后，才重点地转到晚近和现代法国的小说和戏剧。①

朋友的帮衬（租房），学生的好评（讲课），仅是事情的一面，而整个上海文化界等着这位北方青年的，并不全是友谊与理解，还有疑忌与鄙薄。

暨南大学是专为海外侨胞子弟办的国立高等学府。一个二十九岁的北方青年，虽说留过洋，并没有显赫的学位，一来就是教授，总让人看着不那么顺眼。一篇论文就能看出真本事么？谁敢定不是个绣花枕头。霞飞坊、拉都路都在法租界，几个租界中，这儿是留学欧美的文化人聚居的地区。李健吾的性格，又是那样热情，奔放，外露，了无挂碍，更易招人非议。大上海是个五方杂处的地方，但不是没有章法。未必就是排外，只能说是一个高文化圈子对一位贸然闯入者的警觉。

这警觉，仅是人际交往习惯，并不足以对李健吾构成多大的妨害。另一个对李健吾不利的因素是，他被认为是京派文人。实际也就是的。这就与当时的文坛形势有关了。

1933 年以前，无所谓京派与海派。北伐成功后，国民政府定都南京，大批文化人南下，上海的文化事业日趋繁荣。北京改名北平，成了地地道道的古都，支撑文化事业的大都是些教授学者，学有根底，锐气不足，也就难以与上海抗衡。1933 年以后，形势发生了变化。先是沈从文与杨振声合编《大公报 · 小公园》文艺副刊，聚合起何其芳、卞之琳、李广田、萧乾、芦焚等一批青年作家。稍后，巴金北上，与原在北平的郑振铎、章靳以等人创办《文学季刊》及《水星》，阵容更加整齐。加上朱光潜、梁宗岱、李健吾、冯至等一批留欧作家先后回到北平，遂成波澜壮阔之势。理直而气壮，与上海文坛的抗争也就不可避免了。

1934 年 1 月，沈从文发表《论“海派”》，正式引发了京派与海派之间的论战。沈从文的文章中，虽将数种人都归为海派，主要的还是指

---

① 吴梦：《往事长留记忆》，1983 年 11 月 12 日《光明日报》。

这样两种人:“如邀集若干新斯文人,冒充风雅,名士相聚一堂,吟诗论文,或近谈文士女人,行为与扶乩猜谜相差一间。从官方拿点钱,则吃吃喝喝,办什么文艺会,招纳子弟,哄骗读者,思想浅薄可笑,伎俩下流难言,也就是所谓海派。感情主义的左倾,勇如狮子,一看情形不对,即刻自首投降,且指认栽害友人,邀功牟利,也就是所谓海派。”

当时参战的人士甚多。虽说沈从文在文章中将“茅盾、叶绍钧、鲁迅,以及大多数正在从事文学创作的杂志编纂人(除吃官饭的作家在外)”,排除在海派之外,还是引起了鲁迅的不满。鲁迅当即在《申报·自由谈》上,以栾廷石的署名,发表《“京派”与“海派”》,从北京与上海不同的地理文化特点立论,指斥京派也不是什么好东西:“北京是明清的帝都,上海乃各国之租界,帝都多官,租界多商,所以文人之在京者近官,没海者近商……而官之鄙商,固亦中国旧习,就更使‘海派’在‘京派’眼中跌落了。”

此话骤听有理,实则不无偏颇。若论明清之际,文人在京者自然近官,可那时上海还没有二十世纪二三十年代的繁荣。既论当前文人的倾向,就应该以当前的政治中心为立论的根据。自 1928 年国民政府定都南京后,上海成为特别市,实则成了政治的中心。而北京,连京字都保不住,成了北平。若在什么就近什么,恰恰是海派文人近官。鲁迅所以起而应战,与他在文坛的地位有关。他是左派的领袖,又是左翼作家联盟的发起人,沈从文指斥的海派中,就有“办什么文艺会,招纳子弟”,“感情主义的左倾”之语,就是“从官方拿点钱”那样的话,也叫鲁迅不舒服,毕竟他一连几年都是中央研究院的特约著述员,属“从官方拿钱”者。

实际上,鲁迅对北京与上海的真正看法,不完全如他文章中所说,倒是他的信中所言,更近于实情。1929 年 5 月间,北上探亲,在致许广平的信中曾说:“为安闲计,住北平是不坏的,但因为和南方太不同了,所以几乎有‘世外桃源’之感,我来此虽已十天,却毫不感到什么刺戟,略不小心,确有‘落伍’之惧的。上海虽烦扰,但也别有生气。”怎能想到,数年之后,这“世外桃源”里,竟渔阳鼙鼓动地来,难怪他老人家要那样冷嘲热讽了。

这样的情势之下，一个京派圈子里的骁将，忽然来到海派的大本营里当教授，怎能不叫被鄙为“海派”的学者文人侧目而视呢？

尤为可虑的是，李健吾还沉浸在初任大学教授的喜悦之中，兴致勃勃，浑然不觉。

是一位朋友及时提醒了他。写于1979年的《自传》中，李健吾说道：“我一到上海，朋友告诉我，上海方面有些人对我这个北方人来上海，很不满意，那时京派、海派之争正闹得厉害，我虽不在其内，也不得不回避一下。我在学校附近真如住家，只在学校认识周煦良、马宗融、张天翼和陈麟瑞几位先生。”

行文的方便略去了许多不必提及的事实，岁月的久远又缩短了当年的时限。照上文所说，似乎刚在拉都路住下，又搬到了真如。不是的，在拉都路至少住了将近半年的样子。后来是因了来去的不方便，也是为了那个“回避一下”，才搬到学校附近的真如乡下赁民房居住。

那么，这个坦诚告诫的朋友是谁呢？

笔者拜访尤淑芬时，提及此事，老人不假思索地说，是巴金。

至此，我们仍可以说，巴金之所以如此关照李健吾，还是将他视作安那其主义同志李卓吾的弟弟。以巴金选择朋友的挑剔，一生对文学理论的藐视，加上两人性情的不同，断不会对以戏剧与法国文学研究见长的李健吾有多大的钦佩。所以摈弃常人多有的地域成见，暗中给以指点者，只能做这样的解释。

也正因了哥哥的这位安那其主义同志的劝告，初到上海及去了真如很长一段时间，除去学校上课外，李健吾平日深居简出，伏案写作，很少与外界有什么接触。他将自己的活动限定在校园里。交往的也不过是陈麟瑞、周煦良、马宗融、张天翼等几位同事。就是对有知遇之恩的郑振铎，亦未登门拜访，只是在校园遇见了说几句话而已，甚至不知道郑振铎就住在“庙弄”。

处境如此，仍笔耕不辍。年轻气盛，精力充沛，外界的压抑与冷漠，更大地激发了他内在的才情。再蠢的人，也不会因了他人的疑忌，便捐弃了自家的本领，以坐实对方的轻藐。在这十里洋场上，多的是声色犬马，也多的是高人雅士，尤其是那些出身江南名门的世家子弟，更是以才学相标榜，以闲雅为命符。在这个圈子里，若没有真才实学，没有逸情雅兴，等于是身无分文的瘪三。甚至连瘪三也不如。瘪三还会引起人们的同情，而腹中空空、粗鄙无文的学者，只会遭人白眼。要在这个圈子里站稳脚跟，谦恭、热情，无异于心虚。你得先让人家心里佩服，才会作感情上的接纳。公平交易，钱货两讫，乃是现代文明的规则。空口的信义，如同路旁的垃圾筒，只会藏污纳垢。你只不过是个清华大学外文系的毕业生，写了几个剧本、几篇小说，发表了几篇论文，凭什么叫人高看？凭你那朗朗的笑声，还是凭你那纯正的京片子？

这层道理，以李健吾的聪颖，不会悟不出来。一个那么爱热闹的人，生活教会了他怎样沉默。

然而，并不孤独。学生们对他是敬爱的，授课之余，"师生谈笑漫无拘束，仿佛一家兄弟姊妹似的"。他还参加过学校组织的话剧演出。"校内曾公演讽刺剧《油漆未干》，见到他也登台，客串演出，说些尖锐的俏皮话，讽刺市侩们争买一幅无名画家的油画，只因画家将会成名，虽然油漆未干，行情却看好，所以才引起争购。他的舞台插话，登时引发全场哄笑！"①

小家庭的生活是温馨的，贤惠而俊俏的妻子，两个可爱的女儿。妻子平日料理家务，闲暇时便帮字迹潦草的丈夫誊抄文稿，孩子则另雇有女仆照顾。授课之余，尽可以从容地读，疾速地写。

在北平时，李健吾已开始用刘西渭这个笔名发表了一些文学批评文章，批评过的作家和作品计有沈从文的《边城》和《八骏图》、曹禺的《雷雨》、林徽音的《九十九度中》、萧乾的《篱下集》。这段时间看书多，兴致更浓，又接连写了好几篇，分别批评了巴金的《爱情的三部曲》、何其芳的《画梦录》、卞之琳的《鱼目集》、萧军的《八月的乡村》。

发表这些文章，用的都是刘西渭这个笔名。一时间，好多人都纳闷，怎么一下子冒出这么个成熟的文学评论家？朋友中，只有沈从文

---

①　吴楚：《往事长留记忆》。

和巴金知道刘西渭是何许人也。那些文章大都发表在沈从文编辑的《大公报》文艺副刊上，1936 年 12 月又由巴金为他出版了《咀华集》。就连郑振铎，起初也不知道这个刘西渭是谁，后来知道了，有一天两人见了面，郑振铎大声喝道：

"原来刘西渭就是你啊！"

这些批评文章，以分析的透彻精辟、语言的活泼机智见长，往往从作者写作的深层心理切入，纵横捭阖，直言不讳，被称之为"心灵的探险"式的评论。

然而，绝然没有想到的是，为写批评文章，先与巴金之间好生一场驳难，更莫名其妙的是，《咀华集》出版后，兴冲冲寄给梁宗岱，又被兜头浇了一盆冷水，且引起一场沸沸扬扬的笔墨官司。

情谊与纠缠

李健吾与卞之琳是一对好朋友，一个躁急而开朗，一个沉稳而执拗，性情不同，并不妨害两人情谊的绵长。

卞之琳，浙江海门人，1910 年出生，1933 年毕业于北京大学英文系。当年在北平，李健吾受聘于编译委员会撰写《福楼拜评传》，卞之琳也在为这个编译委员会工作，翻译《维多利亚女王传》。达子营沈从文的"一枣一槐庐"里，三座门大街十四号的《文学季刊》编辑部里，两人常不期而遇，谈诗论文。在李健吾新婚的小院里，尚未成家的卞之琳也常来叙谈，无锡籍的尤淑芬和海门籍的卞之琳原本就有一重同乡的情谊。

李健吾一家迁居上海后，卞之琳每次来沪，都在李家居留。末一次是抗战初起，卞之琳从雁荡山下来，住了三个星期，完成了他的译作《紫罗兰姑娘》。

交情的深笃，并不能消融两人在作品评价上的抵牾。1935 年 12 月，卞之琳的诗集《鱼目集》出版。朋友有作品集问世，自当评价一番。1936 年 2 月 2 日，李健吾写了《评〈鱼目集〉》。后来收入《咀华集》时，将前一年 7 月发表在《大公报》文艺副刊上的《新诗的演变》，与该文编在一起,作为全文的第一部分。文章的名字,以《咀华集》收文的体例,改为《鱼目集——卞之琳先生》。

《新诗的演变》中并未具体评论卞之琳的作品,只是分析了诗歌界的各种潮流后指出:“目前最有绚烂的前途的,却是几个纯粹自食其力的青年。来日如何演进,不可预测;离开大众渐远,或许将是一个不可避免的趋止。”又说:“然而真正的成绩,却在几个努力写作,绝不发表主张的青年。”不管当初为何写出这半篇文章,后来将它和具体评价卞之琳诗作的文章接续在一起,其肯定卞氏诗作的用意不言自明。

卞之琳与何其芳、李广田三人曾合出过一本《汉园集》,时人称为“汉园三诗人”,几乎可说是诗界新秀的代表人物。在《评〈鱼目集〉》中,李健吾首先肯定了这些年轻人的努力,及努力的成就。“这群年轻人站住了,立稳了,承受以往过去的事业(光荣的创始者,却不是光荣的创造者),潜心于感觉酝酿和制作……他们的生命具有火热的情绪,他们的灵魂具有清醒的理智;而想象做成诗的纯粹。他们不求共同,回到各自的内在,谛听人生谐和的旋律。拙于辞令,耻于交承,他们藏在各自的字句,体会灵魂最后的挣扎。他们无所活动,杂在社会的色相,观感人性的无常。”

而卞之琳的《鱼目集》,正好象征这样一个转变的肇始。意犹未已,还是怕“肇始”一词引起诗人的误会,又特意在此句之下加了个小注:“这种肇始也许只是少数人的事业,大多数人属于虚伪的传统(因为不是创造),或者带着超人的企图,也许不同情,甚至于加以否认。但是在创作上,自来不就是少数而又少数者在领先吗?等到少数变成了多数,事业又须换一番面目了。谁知道?创造是个莫测高深的神秘。”

引用了《朋友和烟卷》一诗的几句后,李健吾赞叹道:“那样浅,那样淡,却那样厚,那样淳,你几乎不得不相信诗人已经钻进言语,把握它那永久的部分……胡适先生反对旧诗,苦于摆脱不开旧诗;现在,一群年轻诗人不反对旧诗,却轻轻松松甩掉旧诗。”

(韩石山《李健吾传》,山西人民出版社,2006)

李石岑

李石岑（1892—1934），原名李邦藩，字石岑，湖南醴陵人。中国现代哲学家。1927年赴法、英、德等国考察西方哲学，1930年底返回上海。1932年“一·二八”事变发生，上海各大学停课，暨南大学在广州中山大学设立临时办事处，收容部分学生南下就读，李石岑应约去中山大学任教。1933年秋，回上海暨南大学。

东山听讲的回忆

冯正谋

那时候是民廿一年的初夏哟,当"一·二八"事变后一月,羊城一带的居民,因没有受到敌人的威胁,颇能安居乐业;但是该地人士爱国热诚,特别奋激!几没日不盼望前线我军胜利消息传来,这也是因为环境关系的缘故啊!

春光老将去,初夏方临下。我们学校驻粤大学部已经开学半个多月了,说来话长,忧心如焚的我,眼看国难当头,屡欲投笔从戎,终以匹夫之勇,无补实际作罢。

我记得是清明后有一天,我的朋友的妹妹说:"今夕听说贵校教授李石岑先生到东山朱先烈纪念学校讲演人生哲学,我和哥哥同你前往听讲吧。"我思考了一回说:"啊!这位哲学家的书我已看过了他所著的人生哲学,可是这位先生我还未看过呢。"

夕阳西下,金鸟归巢,万家电炬照耀下的腊青路上,我和我的朋友偕他的妹妹珊珊步行到车站复乘着一角小洋票的公共汽车到东山去——车行了一刻钟,经过黄花岗前进,微风频频地吹送,远望隐隐约约的新建筑物,朱先烈纪念校已在目前,我们三人下车后步进校门,环绕学校一圈参观运动场和宿舍后,即由招待请进教室,坐了半刻钟左右,李教授始到,欢迎的掌声响了,耳边听着娇微的声音说:"这位就是李哲学家和一位翻译的女士呀!"啊!这位就是哲学家李石岑先生。

操着湘语口腔的哲学家,头发已有些颓白了,两眼的神情气对着来宾,站着讲台前说了几句客套话,我一听而知他是湖南人了,善于联想的我,立刻动了我的好奇心,因此我思考中立刻有两种不同的批判。

(一)哲学家的头脑原来与常人不同。

(二)大思想家的意志原来比普通人强。

先生开始讲哲学了,我站在来宾中当然又做了一位记者,先生所讲的无非是哲学普通的概念及特质,和说明笛卡儿的多元论的二元论,霍布士的多元论的唯物论,康德的二元论与现象论之批判,斯宾挪莎的一元论的多元论,和黑格尔的一元论的唯心论。(关于先生所讲之稿子,因限于篇幅,后当另文分述之)

先生关于哲学理论发挥了差不多一小时许即退席了,来宾鱼贯出门,我们三人雇汽车返寓,我的朋友问我说:“你听了这一小时的哲学发生什么感想呢?”我说哲学是高深的理论,我听了一小时止懂得几个哲学名词和若干关于哲学一般概念而矣,朋友的妹妹跟着说:“亏了这位哲学教授费了这样多气力演讲,更亏了那位女士翻译足足一个钟头,我们听也觉倦了。”我说:“这不是大学问家应有的态度么?”于是大家嘻哈狂笑了一阵,霎眼间已抵寓了。且暂不说。

是年夏,驻粤部结束,李教授来真如应聘本校哲学教授,尤以兼任教育功课为多,自此关于哲学理论上,更予我详细探讨的机会。

我受先生一年余讲授的熏陶,更坚决地令我向着学问上途去奋斗,此后我惟有凭着——自强不息——的勇气前进着,战胜困难!克服馁气!回忆先生曾对我说过:“你有很好的讲演天才,且很适合于群众会上,你能够多多练习,则进步自速!”

哼!这未免过奖了,我愧不敢当,但我不努力,又何以纪念先生呢?回忆先生从暑假前发此语后,谁料竟辞我辈而长别!痛哉!

不过,人生孰无死,像先生之死,可说是为学术而死,那末,虽死就生,先生其能瞑目耶?

十一,七,一九三四于暨大

[《暨南校刊(广州)》(追悼李石岑先生专号),1934]

做了李石岑先生两年的学生

仟

在这学术空气沉闷不堪的国度里,有几个人肯埋头去做研究的工夫总算是难能可贵的事;然而不幸得很:语言学家刘半农先生死才不久,如今哲学家李石岑先生又和我们永远地告别了! 这不可谓非中国学术界的一个厄运! 呔! 真是倒霉国多倒霉事!

李先生的名字,我虽然在三四年前拜读他的人生哲学时就曾见过;然而初次见到李先生的面,却是在我来暨南念书以后。第一次是上他的哲学课,那时我正感觉到哲学这门功课一定很难听懂;谁知经过他用亦庄亦谐的话,很简单地作了一个介绍以后,好像什么高深的哲理都变成了明白的常识一样。从这一次起,我对于他的功课,对于他的人,都感到极大的兴趣。以后见面的机会愈多,自然对于他的认识便愈深切。

关于李先生的学问,因为他自己有许多著作问世,是好是歹,社会上早有公判,所以用不着我来介绍。不过,在我做他的两年的学生当中,他留下了几个深刻的印象在我的脑海里,很值得在这里说一说。

第一就是他那种锲而不舍的治学精神。李先生有丰富的著作,这是谁都知道的;他上课或讲演时材料的充足,也是谁都知道的。然而这种著作与材料,决不是可以从枯肠里搜索出来的,而是要从一个富于修养的宝藏里才能开发出来。李先生以前如何用苦功研究,如何夜以继日地写作,因为我没有亲眼看到,我不敢说。可是在这两年中,我敢说他的确没有安闲过。学校开了学固不必说,就是寒假暑假,他也是坐在他那所小房子里写或读。以今年暑假而论,据说热度之高,打破了六十年的纪录,然而李先生却还是挥汗在那里写稿。李先生这种努力治学的精神,真可以做我们做学生的人的模范。

其次就是他那种有条不紊的治学方法。无论谁,只要看过他的著作,或是听过他的讲演或上课的,没有不说容易懂。原因就是有条理,有层次。任何复杂的理论,他能够给你几个明确的概念,使你一目了然。我在学校里最爱上他的课,因为他的笔记最好记,而且能够记得很好。他教授的方法,不是死板板地直教下去,而是讲到某一段,便提出一些问题来讨论。有时,甚至就以一个问题来做讲题,使我们对于某种理论得到更深一层的认识。他教书是如此,他自己治学也是如此。他每日的作息时间,听说除却有特殊事故,从来不肯变更。

第三就是他那种富于研究的治学态度。李先生虽然在学术界有那么高的地位,可是无论什么人去和他作学问上的研究,他都能一律欢迎。他知道的,能够诚意地指导你;不知道的,能够虚怀若谷地接收你的意见。你在路上问他,他答复你;你在电车中问他,他也答复你;你到他家里去问他,他更和你侃侃而谈了。曾记得我们学校里组织了一个读书会,请他做指导人;他几乎没有一次不到,而且没有一次没有许多新鲜的东西告诉大家。他最欢喜学生到他家里去问他,他说过:"研究学问不是单靠教室里我讲你听可以成功的,最要紧的是要能常常见面讨论。"这种态度,颇似英国流行国话"大学生的真知识要从教授们的纸烟圈中领悟出来"。李先生是一个纯粹的学者,诚恳而富有研究的精神。

以上三点不过是凭一时记忆所及,偶然说到,其他值得说的自然很多。我做……他两年的学生,学业上得到了许多的进益,思想上受……很大的影响。在学术上,他确实成了我理想中的一个良好的导师。现在他的身体虽然不见了,然而他的精神,将永远地刻画在我的心坎里。

一九三四,十一,六

[《暨南校刊(广州)》(追悼李石岑先生专号),1934]

李石岑先生

陈凤仪

哲学家李石岑先生因病不治竟于廿八日溘然逝世，噩耗传来，我们的内心里，隐伏着无限的感伤！

自从“一·二八”之役，暨校南移，迫得随众棹归借读中山大学，那时李先生应该校的聘，偶尔相逢于轮上，这是，我初次的认识他，舟中无事，相与畅谈，初由古人身世谈到当代的哲学，再由做人必先认识自我谈到发展自我的精神，在谈话间，他的态度极为坦白，而自然，这一次的同舟畅谈，我可算认识了他的思想，他的为人怀抱我虽不敢自以为怎样确切地了解，然而总觉得他是时常有很好的印象给我。

李先生专攻哲学，他对于学术上的贡献很大，特别是我们教育系方面，回忆他在校讲座时，同学来听的人是那般，就是在隆冬下当的夜深时，同学不畏寒地从老远的教室跑来听讲，那时，一般同学因了他有了研究哲学的浓厚的空气，由此可以知道他感人之深切了。

因为李先生对于中国学术确曾有很大的影响，他的不断的努力的著述和他善于辞令而能在坛上立时影响数百听家，而更由于他能把握住时代要求，他的思想能适客观的种种要求。

现在，李先生是死了，在这学术幼稚的现今，一个从事努力学术的著作的人去世，是很值得我们哀悼的，时代学术是在狂澜中，他好比是行人的路灯，不幸而被骤然的飓风熄了，使我们感到的只是一种恐怖的危慄，夹着无限的同悲。

[《暨南校刊(广州)》(追悼李石岑先生专号)，1934]

龙榆生

龙榆生（1902—1966），名沐勋，晚年以字行，号忍寒。1928年9月，经陈衍介绍，担任上海暨南大学国文系讲师（翌年升教授）兼国立音乐院诗词课，而龙榆生开始研究词，也是从这段时间开始的。这期间，龙榆生得以拜谒夏敬观，并进而结识了陈散原（三立）、朱彊邨（祖谋）、程十发、胡适之等。1929年9月，龙榆生开始在暨大教词。词学成就与夏承焘、唐圭璋并称，是20世纪最负盛名的词学大师之一。1935年下半年开学之初，龙榆生辞去暨南大学的教职。

榆师在暨南大学及其后情况之零星回忆

章石承

清末词学泰斗朱彊邨侍讲,因反对慈禧太后庚子轻启战端,忤旨,几获罪。然亦以此风节闻海内。德宗载湉深许其识见、敢言,迁内阁学士,及德宗还京,又擢礼部侍郎,兼吏部侍郎。光绪三十年(1904),出为广东学政,忤大吏;请假回籍,次年乞病解职;宣统二年(1910),诏任顾问大臣,不就。闭户治词逾三十年,所刻《彊邨丛书》,搜罗之富,校勘之精,世所罕见。榆师自江西经福建来沪,往谒朱丈,快谭竟日,深为器重,许为善才,允其相从探讨词学,"三载之间,每旬日不相见,见必从论词学,或共校订"(榆师《彊邨本事词 · 附记》)。朱丈病垂危,以平昔校词所用之双砚,授与榆师,冀传其衣钵。榆师曾请吴湖帆绘"授砚图",陈三立作《受砚庐图题记》,并乞夏闰枝、张孟劬、邵瑞彭等词人题词,悬之书宅中,雨夕灯窗,治词学时,恒从其吸取精神力量,终身服膺彊邨词学而不倦。

1931年11月22日朱丈下世,遗命以丛稿授榆师,自己整理刊行。榆师遂不惮酷暑严寒,恒一灯荧荧,钞校遗稿至深夜。榆师家庭负担至重,虽节衣缩食,亦无力镌印费用。旋得刘翰怡、陈述叔、叶遐庵、杨铁夫、周梦坡诸先生之资助;又与夏闰枝、张孟劬、夏吷庵、黄公渚诸先生研究,商定体例:将朱丈手订诸稿勒为内篇,榆师纂辑之稿,别为外篇,合刻为《彊邨遗书》。校样时,俞师又不殚辛劳,仔细校对,虽长夜无眠,亦未尝稍息,遂使朱丈未竟之稿,得于丈逝世之次年即完成,刊行问世。

榆师任暨南大学文学院(时院长为陈师钟凡)中文系主任兼词学概论、词选教学时,国立上海音乐专科学校(后为国立上海音乐院)商请兼任该校词学讲席。师以词与音乐之关系极为密切,宋末始不复被之管弦,历元明而就衰敝,试图就商重振诗乐合一之宏图于音专诸先生,遂不顾两校相距数十里之遥,毅然前往兼课。1934 年上海商务印书馆出版之《中国韵文史》,列为《国立音乐专科学校丛书》之一,即为榆师在音专讲授诗歌、词曲之部分教材。

1933 年在榆师倡议与指导下,暨南大学有"词学研究会"之组织,会址设于莲韬馆,称莲韬词社。旋迁往他处,易名为"岁寒词社"。重要工作以《历代诗余》及唐宋以来词集为主,参阅词律、词谱,审定异同,编辑《词调索引》一书。当时在榆师领导下,从事研究与工作者为陈大法、章石承等。后以校事动荡,经费无着,遂告停顿。

1933 年 6 月底,上海无行文人×××因受鲁迅及左翼作家之揭发、批判,不甘失败,遂组织力量反攻,以《新时代月刊》社名义,邀请文艺界人士、大学文科教授举行"文艺座谈会",并托人再三邀请暨南大学张凤教授及榆师出席。孰意×××于次日报刊上登载消息,谓出席"文艺座谈会"者皆系反攻鲁迅及左翼作家机关报《文艺座谈》之发起人。榆师对此极为气愤,晤及中文系曹聚仁教授时说:"'上海地方真不容易做人,他们再三叫我去谈谈,只吃了一些茶点,就算数了,我又出不起广告费。'我说:'吃了他家的茶,自然是他家人啦!'我幸而没有去吃茶,免于被强奸,遥领盛情,志此谢谢!"(聚仁:《"文艺座谈"遥领记》,转引自鲁迅《伪自由书·后记》)榆师极鄙视×××之为人,称之为堕落文人。×××曾以其"解放词"集《落花》寄赠,冀得榆师片言只字之褒,以为抬高其身价之资本。榆师洞烛其阴谋,置之不理。

榆师在暨南任教期间,患胃病甚重。讲课时常走出教室,呕吐胃酸、白沫。吐毕,复回教室继续讲课。非万不得已不请假。如请假,亦必将讲课笔记托其先期辅导之弟子抄于黑板上并稍作解释。

榆师在暨南大学任中文系主任期间,由他推荐聘请来中文系任教或讲学者皆为当时名流、学者、词人,如陈衍(石遗)师之讲座,易孺

（大厂）师之歌词创作法，黄公渚（孝纾）师之《楚辞》《杜诗》选讲，卢冀野（前）师之曲选、曹聚仁师之国学概论、穆木天师之东欧小说选讲。听讲者皆济济一堂。

榆师于1933年编《词学季刊》创刊号时，得扬州丁宁女士投寄之《念奴娇·题虞美人使西》《凄凉犯》《庆春泽慢》《望江南·题山水画册》等词稿，低回百折，凄沁心脾，虽抒写个人身世之悲哀，亦为对旧社会制度之血泪控诉；既具艺术价值，亦有社会意义，今之李易安也。榆师并亲往扬州相访，其爱才也如此！

榆师于一次诗词习作卷中，得同学俞令默女士之《清平乐》："落红无数，正是愁来路。休倚高楼吟旧句，杜宇声声不住。春光去也匆匆，虽教留恋无从。痴绝天涯飞絮，终朝犹逐东风。"《蝶恋花·深宵见月》："碧海青天怜皎洁，一样人间，两样团圞月。如此凄清如此夕，任伊怅触年时别。霜冷离鸿音信绝。彻夜思量，底事成胡越。不顾珠圆宁玉缺，为情瘦损情知得。"《七绝一首》："消得孤怀酒一瓯，自扶残醉下危楼。宵来未洒芭蕉雨，纵□凄清不算愁。"令默女士家学渊源，才华盛茂，诗词功力甚深，置之宋以来闺秀词中，亦不多让。榆师批阅后，以卷示石承。石承除瓣香低首外，深庆天挺此才，将使师门词学能发扬光大。令默女士词作，后由榆师发表于《词学季刊》第二卷第二期。不久，学校送验学生中学毕业证书，反动教育部有所推敲，校方不察，将按"部令"执行，石承得知，起谒榆师，商量挽救之策，榆师立即往见校长，提出人才难得，请收回成命。校长以"部令难违"，未允所请。令默女士出身名门，本人非仅冰雪聪明，而又好学不倦。对人彬彬有礼，面对浮薄之徒则冷若冰霜。于是被彼辈制造流言蜚语，谓其证书系赝品，为伪教育部所闻，遂有此项"部令"，令默女士遂离校。灯窗雨夕，每言及此事，辄与榆师叹息当时教育制度之腐朽，重文凭而不重真才实学，不胜感慨万端。

1935年3月8日（旧历二月初四日），榆师赴吴兴城外七里之道场太坞山麓，参加朱丈彊邨葬礼，并在墓前留影。

1935年9月，何炳松先生任暨南大学校长，郑振铎先生为文学院院长，郑以榆师多病，遽发表教授一人代理系主任职务。榆师遂愤而辞职，改应广州中山大学之聘,任中文系主任兼词学教学工作。中文系同学闻讯,推代表向校方提出挽留,无效。举行惜别会,到会八十余人。先由中文系同学代表致辞,指出校方不以学生学业为重,随意更换词坛素负盛名之主任,表示愤慨。继由榆师讲话,感情激动,声泪俱下,于是师生均大哭。于此可见榆师在学生中之声望与师生感情之亲密。

榆师于中秋前二日举室乘"海元"轮南行。行前填《水龙吟·赋示同学诸子》:"十年湖海飘零,眼中何物令吾喜。狂涛怒撼,横流荡决,天胡此醉。几辈推排,无端歌哭,漫悲蝼蚁。但茫茫后顾,残阳谁挽,偷视息,真堪愧。惆怅天涯老矣。渺予怀、沧溟焉济。岁寒同保,鸡鸣风雨,待张吾帜。脱屣妻孥,关心桃李,知应有事。看三千水击,戈人何慕,展青云翅。"

榆师行七,曾刻"龙七"小图章一方,常盖于词笺之末。榆师体质素弱,患胃溃疡,年深日久,稍一操劳,即大发。但以家庭负担至重:既迎养太老师进士居于沪寓,又因旧社会,人浮于事,弟兄辈多失业,生活之资,不得不仰给于榆师,因而力疾工作,写稿、编书,恒至深夜,健康日益亏损。师母又患高血压,亦以此未能经常就医。贫病交迫,个中情况又不便为外人道。南行后,经济情况仍未能有所好转。返沪后,上海又沦为孤岛,米珠薪桂,更无法支持。

抗战胜利后,榆师为保卫故宫博物馆珍贵文物,不致损失,造有详细清册,以便逐一点交。时"接收大员"向榆师索取若干珍贵文物,如允诺,另造清册,彼则于"接收报告"中表扬榆师保护文物有功,请反动政府有关部门予以奖励,并安排工作,否则祸在眉睫。榆师不考虑个人利害,断然予以拒绝,遂被陷害入狱,识者冤之。暨南大学外国语文学系主任陈麟瑞师曾领衔发动暨南校友、榆师朋辈等签名要求保释,无效。

1958 年,上海商务印书馆出版榆师校笺《东坡乐府笺》,书前有榆师于 1957 年 9 月所写之《序论》,客观评价苏词,极精确。新版并辑录《东坡词评》,以供研究者参考。校笺《东坡乐府》迄今为止仍为最佳本东坡词集。

(《文教资料》1999 年第 5 期)

自传:苜蓿生涯过廿年(节录)

龙榆生

我那年暑假,回到上海,先把家眷送往九江,再返故乡看我的老父。在家里住了不到一礼拜,因为赤炎渐张,大有"行不得也哥哥"之势,我就悄悄的溜到九江,和我的岳丈及妻儿等,上庐山住了将近一个月光景。游览了海会、栖贤、秀峰、青玉峡、玉渊、三叠泉诸名胜,作了十几首纪游诗和一卷游记,颇为义宁陈散原先生所激赏,后来发表在暨大的刊物上面。

和风乍起,我孑然一身的回到那尘杂不堪的洋场上来!我是恶烦嚣而喜幽寂的,幸亏暨大设在离上海市十余里的真茹乡间,我以为一个人总是可以住在校内的。所以征尘初洗,便自跑到学校去,准备把行李迁入。不料那事务先生,毅然决然的拒绝了,说什么你是新来的讲师,是没有住校的权利的。那十足的官僚气,我就有些看不顺眼,但也只得废然而退,别想栖身之所。找了很久的时间,才在北火车站附近,找着一所一楼一底的房子,重把我的家眷接来。我当初教的是大学一年级的两班基本国文,时间是排在每天早上的第一节。那时上海附近的交通,还不很发达,自上海到真茹,总要赶上在北站七点开出的那班火车。冬天昼短夜长,我总是未明而起,走出门来,只听得洗马桶的哕啦哕啦之声,"如助予之叹息"!我素来是抱定"尽其在我"的主张,不管讨好不讨好,力总是应该卖的!各学校的学生,对于国文素来不很注意,何况暨大号称华侨最高学府,素来是以踢足球著名的!常常是球员一声令下,不问校长答应不答应,学校布告不布告,学生们会自动的停课!一班老教授们看惯了,也就安之若素,不把它认为什么稀奇!只是我这个不识时务的呆小子,不管风晴雨雪,他们停课不停课,只要教室里有了一兵一卒,我总是要滔滔不绝的讲下去的。那个说人类会没有同情心呢?我这样的笨干,居然在全校自动停课的时间,我班上的学生,是个个自动的来听讲了!同学们看见我的身体很瘦弱,老是大清早跑到学校里来,就一致要求我住在校内,他们也好在课外来求些教益。我把上次事务先生拒绝我的话,告诉了他们,他们都有些"义愤填膺"似的,众口一词的说:"岂有此理!"这时学校正在谋教授们的安心教学,在学校的后面,筹划着建筑十几幢的洋式平房,叫作暨南新村,准备有家眷的教授们住的。在十八年的春季,这房子就动工了。我就向学校当局去要求,预定一间给我住。当局又照例的说讲师没有资格住房子,把我拒绝了!同学们听到这个消息,替我打抱不平,说:"等我们去要求,看他们敢不敢拒绝。"原来暨大的行政系统,是校长指挥院长和其他的高级职员,院长和其他的高级职员指挥教授讲师,教授讲师指挥学生,学生又指挥校长,是循环式的!说也奇怪,他们学生去一说,就灵验了!我不待那房子竣工,就搬了进去。同时在那年的暑假,当局也把我改做专任教授了!

我住在暨南新村,自十八年起,到二十四年秋季去广东止,足足住了六年。中间虽因"一·二八"事变,逃到法租界辣斐德路国立音乐院的汽车间内,过了一个旧历年,住上几个月。等到淞沪协定成立,学校搬回真茹以后,我又重新披荆斩棘的回到那所村居去。我手种的竹子,被人家芟夷尽了!只有柳影婆娑,和那不凋的冬青树,依旧的危立窗下,似解迎人,直叫我发生"树犹如此,人何以堪"的感慨!

我初到暨大的那一年,是郑韶觉先生做校长。正在由商科大学,力谋扩充,他聘了陈斠玄先生做国文系主任,作为扩充成文学院的基础。那时所聘的教授,也大都不愧为"一时之选",而我以一个五年前在上海做小学教员而被女学生们赶掉的酸小子,居然也和这批名流学者,以及什么金字招牌的博士硕士们,"分庭抗礼"起来,这虽然要感谢石遗先生的介绍和斠玄的提拔，而我那自己的努力，能够得着这么的结果，也总算是天不负人了！“学而不厌，诲人不倦”，这是先师孔子的伟大精神，也就是先君传给我小子的无上宝训！我虽然一生戆直，只管呆头呆脑的苦干，以致引起人家的嫉妒，遭遇了不少的风波，可我相信，“最后胜利，总是属于我们的”。暨大本来是个情形复杂的学校，又迫近在政治商业中心的上海，那被野心家利用来作斗争的舞台，原也是不足引为诧异的。我不加入任何党派，也没有什么同学、同乡等等的观念，我只知道以身作则的教学生怎样读书，怎样做人。我的一生，受人敬重在此，被人嫉妒和攻击也在此！我眼看着暨大由商科扩充到有了文学院、法学院、理学院、教育学院，完成现代大学的组织，这不能不归功于郑韶觉氏的辛苦经营！我个人自从讲师做起，为了苦干，得着学生的信仰，不到三年，做了中国语文学系主任，也算是“一帆风顺”，“得其所哉”的了！

我从小爱读《史记》中的《刺客列传》，尤其是“士为知己者死”这句话，深印在我的脑海里面。我以前做事，抱定这个主张，我以后做事，还是抱定这个主张。我在暨南，因为是斠玄先生找我去的（我和斠玄，本来毫无关系，因为石遗先生的介绍，才和他相知），所以我就“竭忠尽智”的想替他把暨南的文学院办好。后来文学院虽然扩充为外国语文学系、历史社会学系，可是我认为中国语文学系，是斠玄的基本队伍。那时教育学院的院长，是谢循初先生，他的确是个精干的人才！拼命的把他那一院扩充，向学校争得经费，布置了一间颇为完美的教育研究室。我为着要鼓励国文系的同学们，注意自动的研究文学起见，也同样的向学校里要求些设备费，费了九牛二虎之力，才分得一间空洞的房子。我就对同学们讲：“我们通力合作，来做给他们看吧！”于是先把我频年辛苦积下来的钱购置的《四部丛刊》和其他新旧图书杂志等，搬到研究室去。再由我负责，向同事顾君谊先生和其他欢喜买书的同学刘钟经等，要求各出所藏，藉供众览，不一瞬间而琳琅四壁，超过教学研究室的所有，这颇有些叫人惊讶！我是每天晚上都到那里去，和同学们讨论研究，虽然知道这“为人太多，为己太少”，是对自己的学术成就,有相当的损害,可是我认为既担任了这职务,是应该先公后私,一往无悔的。我这样的硬干、笨干,虽然没有得着怎样显著的效果,但是至少我是"于心安"的。可惜过了不久的时间,就遭到"一·二八"事变,真茹陷入火线,大家一窝蜂的走了!所有学校里的图书仪器,那个还有这闲情去理会它?我那天晚上,因为儿女的拖累,和老父及诸弟妹等,——我的家乡,因为十八年遭了兵祸,一直闹了五年,我家老小数十口,都逃到上海来,分住在暨南附近——没法伴着同走,仍旧在暨南住了几天。后来我那留在图书馆服务的学生谌然模,从梵王渡跑到真茹来看我,我才把老少送入租界。又屡次在飞机回翔侦察之下,用独轮手车,督着谌生,把图书馆和研究室的图书,搬出许多。最后幸亏图书馆副主任许克诚先生,借了几辆运输粮秣的军用卡车,才把所有的图书仪器,全部运了出来。只剩下我自己的单本新书,放在研究室内的,损失了一千册左右。

自从十九路军在大场撤退之后,上海的局面,渐渐的恢复了常态。斠玄早经应了中山大学之聘,到广州去了。郑校长也率领一批学生和教职员,浩浩荡荡的从苏州奔向上海租界内来,临时在赫德路和新闸路之间,租了两座洋房,作为准备复课的校舍。那时有许多重要的教职员,各自奔回老家,没有集中在上海。我只好替学校尽义务的四出奔走,勉强凑合了一个临时局面,不久就复课了。其他上海附近的私立大学,如复旦、光华、大夏之类的学生,都投奔到暨大来,做借读生,倒也称得上"得风气之先,极一时之盛"!我那时是担任文史哲学系(这个系是临时合并中外文学系和历史社会系而成的)主任,实际执行了文学院的职务,而把那院长的空头衔,让给张凤博士去了。——他原是历史社会系主任,兼图书馆主任。——后来那批造谣中伤的人,竟认我们两个是斠玄的替身,叫什么"龙凤配",在某种小报上大肆攻击,我也只好置之不理。等到学校搬回真茹,斠玄也自广州回任院长,我依旧担任中文系的职务。那时我感觉到上海一般大学生国文程度低落的原因,缺乏在那一个"读"字。我以为思想感情,是做文章的要素,而那思想感情,要靠着语言文字来表达。所以要求国文的进步,必得把古今来可资模范的代表作品，读个烂熟，才能够把他人的思想感情和语言文字融成一片，然后酝酿在本人的心胸，又把他人和自己融成一片，这样才会心手相应，笔随意转，做出条达晓畅的文章来。我除了在大礼堂对附中学生公开讲演过“请开尊口”这么一个题目，提倡国文科的朗诵外，又向学校要求拨了一间距离宿舍较远的洋式平房，作为中文系的研究室和放声朗诵国文的实验场所。我那时担任的课程，是偏在诗词一方面的。我对学生说：“这两项都要特别注重声调，更非朗诵长吟不可。大家如果有志于此的话，只好跟着我来！”我和学生约定在每天早上的七时到八时，为朗诵的时间，我总是六点三刻就首先到了研究室，领导着三四十个男女同学，聚在一块，放声朗读起来，“洋洋乎盈耳哉”！那些校工和校外的人，经过那窗下，莫不“驻足而立，倾耳而听”。大家有了兴趣，加入的反而多了起来，一间房子挤得满满的。果然不久就发生了效果，平仄也懂了，读诗的也会作诗了，学词的也会填词了。自秋季读到冬季，天亮得渐晏了，我总是在东方发白的时候，就到了研究室。一班女同学倒感到不好意思，大家未明而起，都赶到这里来共读，男同学却有些“知难而退”了！我有一天为着了寒，病倒了，还要充硬汉，瞒着妻子，悄悄的起了身，走到研究室去，督导他们，他们被我深深的感动，说：“先生不必太辛苦了！我们会自动的去读。”那偶然偷懒的男同学，也都鼓起勇气来了！他们读过书之后，就结队到我家里来问病，仿佛自家骨肉似的。这个读书会，终于维持到了寒假，照了一张纪念相，我还题了一首《浣溪沙》的小词：

半载相依思转深，拟凭朝气起沉阴，生憎节物去骎骎！文字因缘逾骨肉，匡扶志业托讴吟，只应不负岁寒心！

词虽不佳，却是在我这个笨家伙的人生过程中，很值得纪念的一回事！

我在第二次回到上海来教书以后，交游渐渐的广了，认识的名流老辈，也逐日的多了。最初器重我的是新建夏吷庵先生，他做了一篇《豫章行》赠给我。先后见过了陈散原、郑苏戡、朱彊邨、王病山、程十发、李拔可、张菊生、高梦旦、蔡孑民、胡适之诸先生，我不管他们是新派旧派，总是虚心去请教，所以大家对我的印象，都还不错。我最喜亲近的，要算散原、彊邨二老。我最初送诗给散原、苏戡两位老先生去批评，散老总是加着密圈，批上一大篇叫人兴奋的句子，苏翁比较严格些，我只送过三四首诗给他看，只吃着二十八个密圈子。我因为在暨南教词的关系，后来兴趣就渐渐的转向词学那一方面去，和彊邨先生的关系，也就日见密切起来。彊邨先生是清末的词坛领袖，用了三四十年的功夫，校勘了唐宋金元人的词集，至一百八十几家之富，刻成了一部伟大的《彊邨丛书》。他自己做的《彊邨语业》，也早经为海内填词家所"家弦户诵"，用不着我再来介绍。他的谦和态度，叫后辈见了，感着"蔼然可亲"。我总是趁着星期之暇，跑到他的上海寓所里，去向他求教，有时替他代任校勘之役，俨然自家子弟一般。他有时候填了新词，也把稿子给我看，要我替他指出毛病。我敬谢不敢，他说："这个何妨，你说的对，我就依着你改，说得不对，也是无损于我的。"这是何等的襟度，我真感动到不可言说了。他替我扬誉，替我指示研究词学的方针，叫我不致自误误人，这是我终身不能忘的。在他老先生临没的那一年，恰值"九一八"事变。他在病中，拉我同到石路口一家杭州小馆子叫知味观的，吃了一顿便饭，说了许多伤心语。后来他在病榻，又把他平常用惯的朱墨二砚传给我，叫我继续他那未了的校词之业。并且托夏映庵先生替我画了一幅《上彊邨授砚图》，他还亲眼看到。我从他下世之后，就把所有的遗稿，带到暨南新村去整理。"一·二八"的晚上，我用我的书包，把这些稿件，牢牢的抱在身边，首先把它送入"安全地带"。后来就在音乐院的一间仅可容膝的地下室里，费了几个月的功夫，把它亲手校录完竣。同时得着汪先生和于右任、刘翰怡、陈海绡、叶遐庵、李拔可、林子有、赵叔雍诸先生的资助，刊成了一部十二本的《彊邨丛书》。我和汪先生的关系，也是从这个因缘来的。隔了不多时间，我又得了夏映庵、叶遐庵、易大厂、吴瞿安、赵叔雍、夏瞿禅诸先生的资助，在上海创办了《词学季刊》，作为全国研究词学的总汇。在二十二年的春季，由民智书局出版，引起了国内外学术界的注意，所有填词家，都集中到这个刊物上来了！我和日本京都的东方文化研究所,从这时交换刊物起,一直维持到现在。《鲁迅全集》里,也提到我这个季刊。在民智出过四期之后,改归开明书店办理印刷发行,直到"八一三",开明在虹口的印刷所烧掉了,这才中断下来!在创办的初期,大家都以为范围如此之窄,至多能维持到一年,就算了不得。那知我还是不断的努力干下去,材料也越来越多了,行销所至,远及檀香山,僻至甘肃的边地,——这不是我瞎吹,有信件为证的。——倒也非区区始料所及呢!

"盛名所至,谤亦随之",这确是两句至理名言,我从重来上海,稍稍忝窃虚名以后,各个大学总是拉我去演讲——我生平最怕在大庭广众中像煞有介事的作什么学术演讲,叫我去听中外名流学者演讲,我也有些头痛,这大概是我一生蹭蹬的最大原因吧!——我认为自己本分内的责任还未尽,那还有许多精神去出风头,或捞些"外快"?我那几年对于暨南,是抱着热烈的希望,把那个暨南新村也当作我的第二故乡,总是专心致志的不肯"外骛",所以对各方的要求,一概婉辞谢绝。谈到兼课,除了从十七年冬季起,因为萧友梅先生拉我去代易大厂先生的课;后来大厂厌倦教书,萧先生就一直聘请我在他主持的国立音乐院(中间一度改组为国立音乐专科学校)兼任国文诗歌教席,到国府还都的那年春季,才算脱离。中间除了二十四年度请假到广州,足足有十二年的历史,所以音乐院出身的同学,对我都有好感,差不多没有一个不认识我的。至于其他学校,我除了在复旦、中国公学、正风文学院短时期的兼过两小时诗词课程外,就不曾踏上过门。人家还认为我是搭架子,那晓得这正是我的呆气呢?

暨南自迁回真茹之后,情形愈加复杂了!郑校长为了敷衍各方面,纯粹的学者渐渐走开,他的黄金时代也渐渐的过去了!许多有背景的人物,打进这个学校来,此争彼夺,闹个不了,有的利用华侨学生做打手,动不动就演起全武行来,斠玄也曾被威逼过!我素来是不偏不倚的,站在超然地位。他们拿不到我的劣点,除了在××新闻造了一大篇谣言外,只好另想方法,离间挑拨我和校长院长的感情,说什么我是一个纯粹学者,不适宜于办事方面呀!什么主张太偏,专叫学生学会作诗填词有什么用呀! 后来郑校长果然听信了他们的话,笑着对我说:"我为着你的专心研究学问,还是不担任职务的好!"他背地笑我是"书呆子"。我把主任辞掉不干了。郑校长待我不错,不但不减我的薪水,并且尊称为什么特别讲座,钟点也教的少,我也乐得逍遥自在呢! 后来郑校长被外力威逼,那当年藉了挑拨而得着好处的人,又来运动我,要我也来参加"驱郑",我坚决的拒绝了! 事去之后,大约才感觉到只有"书呆子"是靠得住的,所以郑氏对我,反而特别要好起来。

郑氏被驱以后,学校弄得不可收拾。教育部几次派人来调查,结果决定由那位高等教育司长沈鹏飞先生,临时代任校长。这位沈代校长,倒也是个老实人,可惜太懦弱了! 一切大政方针,都要请示于上海某组织,结果校内更加政治化了! 斠玄既随郑氏以俱去,继任文学院长的×××,叫学生代表某来向我说:"×先生——他是上海某组织的头儿——素来很仰慕你,希望你去看他一回,他是很想借重你的。"我当时表示:"我和×先生素昧平生,去看他做什么? 我宁愿丢了教授不干,断断乎不肯牺牲我素来的主张,去加入什么组织的。"那代表也就默认的走了,我仍旧若无其事的教我的书。后来沈氏请我到他的办公室去谈话,把已经填好的志愿书,当面要求我盖一个印,我毅然的拒绝了。我说:"国立大学,是为国家造就专门人才的。在国立大学做教授的人,只顾替国家尽教育人才的责任,那有闲情去参加其他的组织呢?"他被我反问得哑口无言,以后也不再拿这事相强了!

大约那时候的什么组织,是需要时时刻刻联系斗争手腕的吧? 打倒了他的敌人,马上就会自家人和自家人摩擦起来。所以过了不到半年,中文系的主任问题,又闹得无法解决,结果还是把我强拉了出去。我和他们"约法三章"的说妥了我的条件,才又勉强的干了一年。

到了二十四年的春季,沈氏又敷衍不下去了! 把整个的学校闹得乌烟瘴气。我曾到过南京,向当时的教育部长王雪艇先生,和侨务委员会委员长陈树人先生,陈述一切,希望他们注意,不要把这个唯一华侨教育最高学府糟蹋了。不知怎的,大家都有些不愿过问,我也只好不管了。直到暑假以后,何某以发表什么“本位文化”的十教授宣言之一的资格,拉上了某党要人,正式来接任暨南的校长。他和华侨教育,也是素来“风马牛不相及”的,我对暨南深深的感到绝望了!

(《忍寒庐学记·龙榆生的生平与学术》,三联书店,2014)

江应樑

江应樑（1909—1988），祖籍广西贺县（今八步区），民族学家，主要从事民族学田野调查、中国西南民族与东南亚民族研究。1925年考入上海暨南大学预科，次年升入本科。1932年大学毕业后留暨南大学附中教书，兼任暨大南洋文化事业部干事。

江应樑先生早期佚文一束

——暨南大学校史文献披览所见

赵灿鹏

江应樑先生(1909—1988)是我国著名的民族学家、历史学家、人类学家,他从1930年开始,投入西南民族与东南亚民族历史的研究,撰写了上百万字的著述,成为中国现代民族学的主要开拓者之一。江先生自1948年起执教于云南大学,最初在社会学系,1953年调入历史系,直到1988年去世,在长达四十年的岁月里,扎根云大,为培养西南边疆民族历史研究的青年人才,贡献出自己的全部心力,深受后进学者敬爱追念。

江先生早年就读于上海暨南大学,大学毕业后留校工作,历任暨大中学部职员,兼任南洋文化事业部干事,中学部教员,大学部职员;自1927年考入暨大预科,直至1935年被迫由暨大辞职,南下执教于广州教忠学校,江先生与暨南大学结下了八年的因缘。① 由十九岁到二十七岁,在江先生的人生历程中占十分之一的时间比重,而由精神

① 有关江先生在暨南大学的经历,参见《南洋研究委员会职员一览表(二十一年度)》,《暨南校刊》,第二十五期,1932年8月1日,第4~5页,按:原文误作“二十二年度”,据上下文改;《二十一年度大学部职员一览表·南洋美洲文化事业部》《二十一年度中学部职员一览表》,《暨南校刊》,第三十一期,1932年9月12日,第17、20页;编者:《南洋美洲文化事业部一年来概况》,《南洋情报》,第二卷第三期,1933年6月1日,第123页;江应樑:《江应樑自传及著作简述》,《文献》杂志编辑部编:《中国当代社会科学家》,第八辑,北京:书目文献出版社,1986年,第70页;江应樑:《江应樑自述》,高增德等编:《世纪学人自述》,第三卷,北京:北京十月文艺出(下转197码)

世界的完全与学术生命的长成而言，这八年暨南生涯意义的巨大，恐将远远超过时间比例所表示的程度。[①]

江先生曾经说，他从大学四年级开始写文章投稿，逐渐建立了终生走学术研究的人生道路的思想。[②]他在暨南学习、工作期间撰写的文稿，在他的自述中，仅提到《中南交通之初期考》（《南洋研究》，第四卷第五、六期合刊，1933）、《唐宋时中国境内的外侨》（《南诏》，创刊号，1934）、《中世纪东南亚海道上的航船》（《新亚细亚》，第十二卷第一期，1936）、《阿拉伯海舶东来贸易与两宋国家经济的关系》（同前，第十二卷第三期，1936）、《六朝时代中国境内之西域佛僧》（同前，第十二卷第四期，1936）、《杨一清与明代中年的西北边疆》（同前，第十二卷，1936）等6篇。[③]

（上接196码）版社，2000年，第311～312页。按江先生任职于南洋文化事业部时，该部名称为南洋美洲文化事业部，1935年辞职时，又改称海外文化事业部，不过为行文简明起见，文中都采用该部的通称——南洋文化事业部。

① 江先生的学术研究处女作《中南交通之初期考》，发表于暨南大学南洋文化事业部刊物《南洋研究》（第四卷第五、六期合刊，1933年6月15日），他在自述中还曾经说："从大学四年级起，我就开始写文章投稿，这一方面是为了解决生活，再方面也逐渐建立了终生走学术研究这条路的思想。"（江应樑：《江应樑自述》，载高增德等编：《世纪学人自述》，第三卷，第311页）后一句话可以表明暨南时期对于江先生学术生命的意义。

② 江应樑：《江应樑自述》，载高增德等编：《世纪学人自述》，第三卷，第311页。

③ 江应樑：《江应樑自述》，载高增德等编：《世纪学人自述》，第三卷，第311～312页；江应樑：《江应樑自传及著作简述》，《文献》杂志编辑部编：《中国当代社会科学家》，第八辑，北京：书目文献出版社，1986年，第69～70页，文字略同。按《南洋研究》刊载《中南交通之初期考》一文，江先生记篇名作《中国与南洋群岛初期交通考》；《中世纪东南亚海道上的航船》一文，篇名记作《中世纪东南亚海道上的航船》，出处记作第十一卷；《阿拉伯海舶东来贸易与两宋国家经济的关系》一文，篇名记作《阿拉伯海舶东来贸易与两宋经济》，出处记作第十一卷；《六朝时代中国境内之西域佛僧》一文，出处记作第十一卷；故三文皆系于1935年，不确，发表先后次序亦有错乱，《江应樑主要著译目录》（《江应樑民族研究文集》，北京：民族出版社，1992年，第563页）讹误亦同，兹据原刊改正；《杨一清与明代中年的西北边疆》一文则未（下转198码）

笔者近日因撰写南洋文化事业部史稿的关系，翻阅暨南大学校史文献，发现有江先生早期佚文多篇，向来未经江先生本人与研究者提及，于是辑录目次如下：

一、文学创作类（14 篇）

（一）散文（8 篇）

1.《从故乡到暨南》（1927 年重阳晨作），《暨南周刊》，暨南大学出版课印行，第十一期，1927 年 12 月 17 日，第 31 ~ 34 页；

2.《雪郎》（1927 年冬节作），《暨南周刊》，新年特刊，1928 年 1 月 1 日，第 63 ~ 68 页；

3.《卖鸡蛋的老太婆》（1928 年 1 月 19 日作①），《暨南周刊》，第二卷第八期，1928 年 4 月 16 日，第 11 ~ 14 页；

4.《吕白秋》（1928 年 11 月 19 日作），国立暨南大学丽泽学社编辑：《丽泽》，创刊号，1928 年 12 月 1 日，第 17 ~ 24 页；

5.《异乡》（1928 年 12 月作），《丽泽》，第一卷第二期，1929 年 3 月 1 日，第 4 ~ 20 页；

6.《五个汤圆》（1929 年底作），暨南大学学生会编辑出版：《国立暨南大学学生会新年特刊》，1930 年 1 月 1 日，第 38 ~ 43 页，署名“应樑”；

（上接 197 码）见原刊。不过，《云南旅沪学会会刊》第二期（云南旅沪学会编辑出版，1935 年 4 月 30 日），载有江先生《中国与南洋群岛之初期交通考》一文，内容与《南洋研究》所载《中南交通之初期考》相同，江先生记忆中将二者篇名混一，原因即在于此。又《大学》第二卷第三期（1934 年 3 月 1 日）载江先生论文《唐代中国与阿拉伯人的海上交通》，《新亚细亚》第十二卷第六期（1936 年 12 月）载《广东猺人之史的考察》；《国立中山大学日报》第 2323 期（1936）有《国立中山大学研究院文科研究所民俗学会征求昆明民俗资料简则》（又载《民俗》，第一卷第二期，1937 年 1 月 30 日），第 2333 期（1937）有《研究院文科研究所历史学部研究生研究计划 · 西南民族研究计划》等四篇，江先生自述、《江应樑主要著译目录》《江应樑传》中皆未提及，亦为其早期佚文。

① 文末署“一九，一八”，“一八”纪年，疑为“一七”之误，即民国十七（1928）年。

7.《垂死的一夜》,《丽泽》,第二卷第一期,出版年月不详;①

8.《湖上拾零》,国立暨南大学秋野社编辑出版:《秋野》,第二卷第一期,出版年月不详。②

(二)诗歌(6篇)

1.《旧岁新年》,《暨南周刊》,新年特刊,1928年1月1日,第39~41页;

2.《睡梦里的狂风》,《暨南周刊》,第二卷第八期,第30页;

3.《又一度思家》,《暨南周刊》,第二卷第八期,第30~31页;

4.《呈我的女王》,《暨南周刊》,第二卷第八期,第31页;

5.《忆起了我在江心里》,《暨南周刊》,第二卷第八期,1928年4月16日,第32页;

6.《在西子湖的碧波上》,《暨南周刊》,第三卷第四期,出版年月不详,第30~31页。

二、学术著作类(10篇)

1.《华侨与土人同化问题》,国立暨南大学南洋美洲文化事业部刊行:《南洋情报》,第一卷第二期,1932年12月1日,第43~44页;

2.《华侨移殖南洋的几个重要时期》,《南洋情报》,第一卷第三期,1932年12月15日,第84~87页;

3.《国内出版物将绝迹于南洋》,《南洋情报》,第一卷第四期,1933年1月1日,第120~121页;

4.《救侨应从灌输文化入手》,《南洋情报》,第一卷第五期,1933年1月15日,第181~183页;

5.《南洋侨教之当前危机》,《南洋情报》,第一卷第七期,1933年3

---

① 参见《〈丽泽〉第二卷第一期预告》,《暨南校刊》,第二十五、二十六、二十七期合刊,1929年12月27日,无页码。

② 参见《暨南周刊》(第二卷第十二期,1928年5月21日,第90页,篇名作"湖上零拾";第三卷第一期,第74页)所载《秋野》出版广告,署名误书作"汪应樑"。

月 1 日,第 254 ~ 256 页;

6.《南洋华侨多闽粤人的原因》,《南洋情报》,第一卷第八期,1933 年 3 月 15 日,第 318 ~ 321 页;

7.《归国侨生应否施与特殊教育》,《南洋情报》,第二卷第一期,1933 年 5 月 1 日,第 10 ~ 13 页;

8.《失业华侨归国之救济》,《南洋情报》,第二卷第二期,1933 年 5 月 16 日,第 67 ~ 68 页;

9.《暨大学生的双重使命》,《南洋情报》,第二卷第三期,1933 年 6 月 1 日,第 151 ~ 153 页;

10.《中国历史上适于产生民族文艺的几个时代》,《暨中月刊》,第五、六期合刊,1935 年 5 月,第 33 ~ 35 页。

以上共 24 篇诗文,其中文学类 14 篇,学术类 10 篇,前者为学生时代的创作,后者是留校任教时期的作品。其中时间最早的是 1927 年 12 月 17 日发表的《从故乡到暨南》一文,这时他刚考入暨南大学预科不久。江先生自承“从大学四年级起,我就开始写文章投稿”①,事实上他勤于写作的习惯,应该是大学时代开始就已养成的了。江先生于 1928—1929 年间,就读于暨南大学中国语文学系,以上 14 篇诗歌、散文,大都写于这个时期。1929 年 9 月转入历史社会学系后,他专心投入学术研究,即不见有文学作品问世。

江先生的诗文,表现出相当的文学造诣,他于 1927 年 12 月 17 日,在《暨南周刊》发表处女作《从故乡到暨南》时,主持刊物编辑工作的是中国现代著名文学家章衣萍(1902—1946),能够入章氏法眼的,显然不是太差的作品。这些诗文是江先生青年时期心路历程的见证,弥足珍贵。

与江先生有着类似经历的,是历史地理学家、复旦大学教授谭其骧先生。谭先生于 1927 年秋考入暨南大学,在转读历史社会学系

① 江应樑:《江应樑自述》,载高增德等编:《世纪学人自述》,第三卷,第 311 页。

之前,先在中文系读过一年。他比江先生高一年级。[①] 谭先生在中文系读书期间,一度非常热爱文学,其门人葛剑雄先生对此有一段记述:“谭其骧对新文学的兴趣很大,假日常到福州路书店买小说和文学期刊,还尝试写过小说。其中一篇曾在某刊物发表过,可惜以后他自己也忘了题目和内容,更记不得是哪一刊物,或许永远无法找到了。”[②]

按:谭先生这篇佚文,题目是“给我的小弟弟”,作于1927年10月22日,载《国立暨南大学中国语文学系期刊》创刊号,是一个短篇小说,内容写对去世的小弟的怀念。[③] 与江先生的作品相较,谭先生的文笔,似显得过于平实,缺少一点特别的意味。谭先生晚年曾自述道:“我这个人形象思维能力很差,而逻辑思维能力却比较强,所以搞文学是肯定成不了器的,学历史并且侧重于搞考证就相当合适。这一点我是通过数十年来的实践,深有自知之明的。”[④]事实证明确实如此。暨

① 《十八年度下学期学生学号一览》(《暨南校刊》,第七十二期,1930年6月24日,第16页):历史社会学系,二年级,江应樑,学号163;三年级谭其骧,学号167。谭其骧先生晚年回忆说:“在暨南历史社会系两年中,我的同班同学连我一共只有5人。除我毕业于1930年外,另外四人都毕业于1931年夏。这四位是江应樑、陈源远、许震球、刁焕国。”(谭其骧:《我与暨南》,黎先耀主编:《校园漫步》,北京:经济日报出版社,2001年,第246页)据《十八年度下学期学生学号一览》,历史社会学系三年级学生,有赵文祥、沈宁、谭其骧、陆燕诒、李天敏、王虎、骆介庵、温高文等8人,学号165—171、153;二年级有李佐泉、周镜百、伍金柱、陈元发、李龙启、刁焕国、陈鸿威、杨恩纶、许震球、刘玉泉、陈耀华、江应樑、陈源远等13人,学号151—152、154—164。又《历史社会学系转学学生学分审查结果》(《暨南校刊》,第二十八、二十九、三十、三十一、三十二期合刊,1930年1月18日,第14页,“结果”二字,原文作“秩果”,据文义改),列有陆燕诒、王虎、沈宁、谭其骧、骆介庵、赵文祥、江应樑、温高文等8人。谭先生回忆有误。

② 葛剑雄:《悠悠长水——谭其骧前传》,上海:华东师范大学出版社,1997年,第17页;葛剑雄:《禹贡传人——谭其骧传》,杭州:浙江人民出版社,2003年,第10页,文字略同。

③ 谭其骧:《给我的小弟弟》,《国立暨南大学中国语文学系期刊》,创刊号,1928年6月15日,第214~219页。

④ 谭其骧:《谭其骧自传》,《文献》,第十一辑,北京:书目文献出版社,1982年,第165页。

南大学南洋文化事业部创立于1927年9月,是中国现代规模最大、成绩最多、声名最著的东南亚与华侨研究机构,该部除出版《南洋研究》月刊外,并于1932年11月刊行《南洋情报》半月刊,以介绍南洋社会动态,讨论南洋华侨问题为宗旨。江先生于1932—1933年间兼任该部干事,所发表的九篇论著,涉及华侨历史、教育、族群关系、侨务等重要问题,是现代中国华侨研究史上的重要文献。[①] 希望有有心人,能将它们与江先生的文学创作一道,辑为《早年文稿》一卷,以免散失。[②]

此外,笔者在阅览暨大校史文献过程中,还发现一些有关江先生生平的记录,择要摘录如次,供学者研究参考:

1.1928年9月,江先生以中国银行存单向暨南大学校方抵借200元。[③]

2.1928年10月17日,暨南大学中国语文学系壬申级级友会成立,江先生为会员之一。[④]

3.1929年2月20日,暨南大学教务处收到云南第一师范学校来函,证明江先生"确在该校新制修业四年,成绩及格"。[⑤]

4.1929年,江先生由暨南大学中国语文学系转读历史社会学系,其学分审查结果如下[⑥]:

---

① 江先生晚年说:"我在大学读书时,曾读过中文系、社会系、历史系,写过和发表过一些文章,但都没有归入专门的行道。"(《江应樑民族研究文集·自序》,第1页)其中显然有自谦的意思。

② 江晓林著《江应樑传》(桂林:广西师范大学出版社,2005年,第33、40页)提及江先生早年著作,并有《暨南与苏州的调和》(载暨南大学特刊,笔者未见),以及《六朝佛僧东来与中国政治文化关系》《楚辞与汉赋的渊源》《北京的文人政治》《东晋与北魏时中原士大夫之崇佛热》《今年国内水灾的透视》等篇。

③ 《国立暨南大学支出月计报告表(中华民国十七年九月份)》,《暨南周刊》,第四卷第八期,1928年12月15日,第30页。

④ 《中国语文学系壬申级级友会章程》,《暨南周刊》,第五卷第三期,1929年1月22日,第22~23页。

⑤ 《教务处日志》,《暨南周刊》,第五卷第四期,1929年4月15日,第13页。

⑥ 《历史社会学系转学学生学分审查结果》,《暨南校刊》,第廿八、廿九、卅、卅一、卅二期合刊,1930年1月18日,第14页。

<table>
<tr><th>姓名</th><th>由何校</th><th colspan="2">原有学分</th><th colspan="2">承认学分</th><th colspan="2">主任教授</th></tr>
<tr><td>江应樑</td><td>本校中文系一年级</td><td>（上期）一九</td><td>（下期）三二</td><td>（上期）一九</td><td>（下期）三二</td><td>（上期）程仰之</td><td>（下期）程仰之</td></tr>
</table>

5. 1929 年 11 月 7 日，云南省教育厅致函暨南大学，为暨大滇籍学生江应樑、万汝明、周泳先、杨恩纶、林懋绩等五人补给津贴事宜。知江先生于当年 8 月起，获得云南省教育厅留学津贴；次年 3 月起改称奖学金，每月国币十五元。①

6. 1930 年 5 月 24 日，暨南大学历史社会学系于江湾叶家花园举行师生同乐大会，江先生担任大会筹备委员会会计委员。②

7. 1932 年 3 月，暨南大学驻苏办事处为江先生等云南学生九人开具证明，“领取奖学金应缴学期成绩，俟办妥后再行补寄”。③

8. 1932 年，江先生担任暨南大学苏州中学部训育课干事。④

9. 1932 年 5 月 8 日，江先生列席参加暨南大学苏州中学部第一次部务会议，担任记录工作；会上议决江先生等四人兼任苏州中学部图书干事，不另支薪。⑤

---

① 《云南教育厅公函（第六三号）》，《暨南校刊》，第二十四期，1929 年 12 月 2 日，第 2 页；《云南省教育厅公函（第四号）》，《暨南校刊》，第五十七期，1930 年 4 月 28 日，第 2 ~ 4 页。江晓林著《江应樑传》（第 19、27、32、34 页）说云南省教育厅每月补助为十块大洋，疑误。

② 《历史社会学系师生同乐大会筹备委员会启事》（《暨南校刊》，第六十八期，1930 年 6 月 9 日，第 13 页）：“兹将大会出入账务清报如次，若有错误，可向敝会会计委员江应樑君处（二宿舍四十四号）查寻。”

③ 《驻苏办事处工作志要》，《暨南校刊》，第九期，1932 年 4 月 4 日，第 3 页。又 3 月 19 日，暨大驻苏办事处“收到香港锡务公司汇来云南教育厅发给本校滇籍学生张福全等八人，十一、二两月份奖学金，每人三十元，共二百四十元，当即通告各该生亲自前来具领”。（《驻苏办事处工作志要》，《暨南校刊》，第十期，1932 年 4 月 11 日，第 4 页）

④ 《暨大苏州中学部办事处职员》（国立暨南大学 1932 级毕业同学录），1932 年 9 月 1 日，中国第二历史档案馆藏国立暨南大学档案，档号：27 - 4 - 6866；《二十一年度中学部职员一览表》，《暨南校刊》，第三十一期，1932 年 9 月 12 日，第 20 页。

⑤ 《苏州中学部部务会议记录摘要 · 第一次部务会议记录》，《战后之暨南（二十年度第二学期国立暨南大学一览）》，上海：国立暨南大学，1932 年，第 75 页。

10. 1932 年 6 月 6 日，江先生列席参加暨南大学苏州中学部第二次部务会议，担任记录工作。①

11. 1932 年，江先生兼任暨南大学南洋研究委员会（当年 9 月恢复南洋美洲文化事业部旧称）干事。②

12. 1932 年 10 月 24 日，江先生列席参加暨南大学南洋美洲文化事业部第四次委员会议。③

13. 1933 年初，江先生代未婚妻周玉麟女士向暨南大学训育委员会申请，准予住宿校外以便养病。④

14. 1933 年 3 月 24 日，江先生出席暨南大学南洋美洲文化事业部本学期第一次部务会议。⑤

15. 1933 年 5 月 22 日，江先生出席暨南大学南洋美洲文化事业部本学期第二次部务会议。⑥

16. 1933 年 11 月 8 日下午，江先生出席暨南大学教务处出版课第

---

① 《苏州中学部部务会议记录摘要·第二次部务会议记录》，《战后之暨南（二十年度第二学期国立暨南大学一览）》，上海：国立暨南大学，1932 年，第 77 页。

② 《南洋研究委员会职员一览表·二十一年度》，《暨南校刊》，第二十五期，1932 年 8 月 1 日，第 4～5 页，按：原文误作“二十二年度”，据上下文改；《二十一年度大学部职员一览表·南洋美洲文化事业部》，《暨南校刊》，第三十一期，1932 年 9 月 12 日，第 17 页；编者：《南洋美洲文化事业部一年来概况》，《南洋情报》，第二卷第三期，1933 年 6 月 1 日，第 123 页。

③ 《南洋美洲文化事业部第四次委员会议记录》，《暨南校刊》，第三十八期，1932 年 10 月 31 日，第 9 页。

④ 《训育委员会工作志要》（《暨大生活》，第一期，1933 年 2 月，第 7 页）：总务课文书组收到文件之六“江应樑代请准周玉麟住宿校外以便养病函一件”；发出文件之二“函江应樑请转知学生周玉麟准予通融住宿校外”，之三“函财务室准周玉麟不缴宿费”。按周玉麟女士，时年 21 岁，籍贯云南石屏，为暨南大学历史社会学系四年级学生，学号一五六九号，原住第七宿舍十六号，通讯处：云南昆明华园寺巷 16 号（《1932 年度大学部学生一览表·二十一年度第二学期》，广东省档案馆藏国立暨南大学档案，档号：88－1－10，第 20 页）。

⑤ 《南洋美洲文化事业部本学期第一次部务会议记录》，《暨南校刊》，第五十七期，1933 年 3 月 27 日，第 4～5 页。按：“录”字原阙，据文义补。

⑥ 《南洋美洲文化事业部本学期第二次部务会议记录》，《暨南校刊》，第六十五期，1933 年 5 月 29 日，第 4 页。

一次课务会议;会上讨论剪存报章分类之厘定问题,议决由江先生在一星期内拟就细目以及编制《二十二年度暨南大学一览》问题,议决由江先生拟定细目,分类随时收集材料,以便编订。①

17.1934年3月起,江先生于暨南大学中学部,分别为初中三年级、高中普通科二年级、高中师范科二年级,讲授必修课程“外国历史”,授课时数依次为二学时、三学时、二学时。②

18.1934年3月22日下午,江先生出席暨南大学教职员组织“莲韬俱乐部”会员大会,并担任记录工作;会上被推定协助理事会组织春假旅杭干事会,并担任文书。③

19.1934年3月23日,暨南大学成立二十八周年纪念大会,江先生担任教育部总务司司长雷震讲演辞的记录工作。④

20.1934年4月9日,暨南大学总理纪念周活动,江先生担任校长沈鹏飞训辞的记录工作。⑤

21.1934年4月14日,暨南大学校董陈立夫,于暨大演讲《生命力之解释》,江先生担任记录工作。⑥

22.1934年4月16日上午,南洋华侨参观团《星洲日报》总经理林蔼民,于暨南大学总理纪念周活动,演讲南洋华侨近况,江先生担任记

---

① 《教务处出版课第一次课务会议》,《暨南校刊》,第八十一期,1933年11月13日,第5~6页。

② 《中学部初中三年级准开学程表(二十二年度第二学期)》《中学部高中普通科二年级准开学程表(二十二年度第二学期)》《中学部高中师范科二年级准开学程表(二十二年度第二学期)》,《暨南校刊》,第九十二期,1934年3月26日,第8~9、11页。

③ 《莲韬俱乐部开会员大会》《莲韬俱乐部春假旅行杭州》,《暨南校刊》,第九十三期,1934年4月2日,第5~6页。

④ 《本校成立二十八周年纪念大会中教育部总务司司长雷震先生讲演辞》,江应樑记录,《暨南校刊》,第九十三期,第3~4页。

⑤ 《校长训辞(四月九日,总理纪念周)》,江应樑记录,《暨南校刊》,第九十四期,1934年4月15日,第3~4页。

⑥ 《生命力之解释 陈立夫先生四月十四日在本校演讲》,江应樑记录,《暨南校刊》,第九十五期,1934年4月23日,第2~5页。

录工作。[①]

关于后来离开暨大的情形,江先生晚年回忆说:“1935 年军统与 CC 特务抢占暨南,我被赶出学校,带着妻女来到广州,在私立教忠中学教书。”[②]自 1933 年 12 月起,暨南大学发生学潮,校长郑洪年被迫于次年 1 月辞职,校长职务由教育部高等教育司负责人沈鹏飞代理[③],同时有大批教授与行政职员去职,包括暨大秘书长黄祖培、教务长暨理学院院长于基泰等人。[④] 这次变故出于非常,当时暨南校中人士多以“不幸事件”称之。[⑤] 时任暨大教授兼训育主任的费哲民,于 1980 年回忆道:

> 1933 年夏,国民党 CC 特务和蓝衣社特务联合在上海抢大学,暨大是被抢之一。他们不惜使用收买学生和某些反动教授等卑劣手段,打击思想进步的教授。他们向暨大校长郑洪年提出一份名单,强迫签字解聘,遭到郑校长的严词拒绝后,特务采取暴力行动,将校长和一些进步教授驱逐出校。当时被驱逐出校的有李达、郭大力、邓初民、许德珩和我等。[⑥]

暨南大学的学潮,即使在沈鹏飞代任校长之后,仍然余波未歇,直

---

① 《校长布告(第四五号)》,《暨南校刊》,第九十五期,第 1 ~ 2 页;《南洋华侨近况 林蔼民先生四月十六日在本校讲演》,江应樑记录,《暨南校刊》,第九十五期,第 5 ~ 6 页。

② 江应樑:《江应樑自述》,载高增德等编:《世纪学人自述》,第三卷,第 311 页;江应樑:《江应樑自传及著作简述》,《文献》杂志编辑部编:《中国当代社会科学家》,第八辑,第 70 页,文字略同。

③ 《教育部训令(第七九〇号)》,《暨南校刊》,第八十八期,1934 年 2 月 26 日,第 3 页;《二十二年度第二学期开学典礼——校长训辞》,《暨南校刊》,第八十九期,1934 年 3 月 5 日,第 3 ~ 4 页。

④ 《校长布告(第二、五号)》,《暨南校刊》,第八十八期,第 5 ~ 6 页。

⑤ 暨南大学新任教务长杨公达于开学典礼上演讲,一再强调:“暨大经此不幸事件后,欲求更好建设实不易为……本校经过此次不幸事件后,再不能有不幸事发生,倘使再有类似事件发生,则暨大前途,实未可乐观。”(《开学典礼中——杨教务长讲辞》,《暨南校刊》,第八十九期,第 4 ~ 5 页)

⑥ 费哲民:《费哲民自传》,海宁县政协文史资料工作委员会等编印:《海宁人物资料》,第一辑,1986 年,第 186 页。

至1935年7月,沈氏辞职,何炳松继任暨南大学校长之后,才最终平静下来。前引江氏、费氏两位先生所述暨大风潮的情由,大体无差。[①]两者对读,可以知道江先生从暨南大学去职,也是由于1934—1935年间,暨大校政的风波所致,只是时间稍晚一些而已。

(《西南古籍研究》,2007)

---

① 1934年前后暨南大学的风潮,是民国时期政治派系势力在教育领域延伸的一个显著案例,其中有许多未解之谜,亟待深入探讨。据美国学者魏斐德研究,教育部于1933年"党化"运动中开除了一批持自由主义观点的教员,暨南大学有四分之一教授去职;据传暨南大学校长郑洪年于1933年初加入"法西斯党"(笔者按:当指国民党复兴社),同时复兴社在暨南大学组织学生协会"文化促进会",有效地实现对大多数学生的控制,当CC派伸入暨大,发展组织势力之时,双方公开开战,CC派成员被抓并关押于校中,复兴社暂时处于上风(参见[美]魏斐德著,梁禾译:《间谍王:戴笠与中国特工》,北京:团结出版社,2004年,第109页;以及萧作霖:《复兴社述略》,中国人民政治协商会议全国委员会文史资料研究委员会编:《文史资料选辑》,第十一辑,北京:中华书局,1961年,第56~57页);而1935年7月代沈鹏飞任暨大校长的何炳松,则为CC派阵营人士,似表明CC派最终获胜。

周谷城

周谷城（1898—1996），湖南益阳人。1927—1930年在上海暨南大学附中、中国公学任教。1932—1942年任暨南大学教授兼史社系主任。其间撰写了《中国通史》上下两册，1939年开明书店出版，书中首次提出并运用“历史完形论”的理论，意在指出历史事件的有机组织和必然规律。

暨大执教，著中国史

张兰馨

1932 年秋，周谷城返回上海。应暨南大学校长郑洪年邀请，到该校任教授，并兼史地系主任，一直到 1942 年。

暨南大学的十年生涯是周谷城一生中的一个关键时段，也是他成为中国著名历史学家的发源地。他在暨大开始讲授《中国通史》，每周 9 课时。这样他就有充分的时间，一边教学一边著述，把教学和科研很好地结合起来。经过多年的努力，周谷城于 1939 年由开明书店出版了《中国通史》上下册，计 75 万余字。此书的特点是运用新的史学理论来阐述中国上下五千年的历史，具有独特的风格和特色。正如当年开明书店在重印该书时所做的预告中所指出的，“本书为国立暨南大学周谷城教授所著史学五书之第一种，周君本其十余年的教授经验，汇合最新的史学理论，形成了自己的一套系统，用来说明中国数千年的往事，轻快自然，头头是道。书中有任何其他中国通史著作未曾运用过的史学理论，有未曾采录过的新鲜资料，未曾使用过的编制方法。文字诚朴，动人情感”。所谓未曾运用过的史学理论即“历史完形论”。周谷城根据历史完形论认为：“历史事情是有机组织和必然规律。”[①]它的内容大致可以分为三个方面：第一，强调历史研究“务须维护历史之客观的独立存在，明了历史之自身以增今人的知识”。要理解历史的完整，必须运用分析的方法。第二，批评中国现有各种史书

① 《我是怎样研究世界史的》，见《历史教学问题》1982 年第 3 期。

破坏了历史完整的统一，是史料而非史学。第三，指出撰述历史须做到“选材以历史自身为标准”，“行文以说明史实为标准”，“标题以符合内容为标准”①，周谷城在他撰写的《中国通史》中把这一新颖的史学理论贯彻始终。

《中国通史》比较系统地反映了周谷城精心治史的独到见解。在下列几个方面具有新的特点：

1. 关于中国古代史分期问题。周谷城认为中国是世界的一部分，研究中国历史必须结合对世界历史的考察。他认为西汉末年新莽元年（公元9年）是中国封建社会的开始。这种观点代表了我国史学界关于中国古代史分期问题的一派主张。理由是秦和西汉以前，中国几乎完全是工商奴隶主所支配。不能认为奴隶的使用到秦时便中止；王莽篡夺汉政权时，曾发布文告，更名天下田曰王田，奴隶曰私属，可见王莽改革包括了解放奴隶的内容，这反证地说明了秦汉时使用奴隶风气盛行，所以要更名奴婢为私属。由世界历史来看，即从全局看部分，古代埃及、亚述、波斯、印度、罗马等，无一不是在征服许多部族或国家后扩大而形成帝国的。这些帝国强盛时，也是奴隶制最盛的时期。秦汉帝国与这些帝国处于同一时代，其社会性质不会相差很远。

2. 关于对孔子的评价问题。周认为孔子是法家的一翼，是法家的右翼。其思想“仍属贵族时代的，仍是一味拥护那传统的而又垂死的典章制度，并造出他所以拥护的种种理由来，成为一种学说”②。孔子的中心思想是“仁”，仁可以为万物之衡，是行动的准则，君、臣、父、子的界限是不能逾越的。到了80年代，周谷城认为孔子主义（confucianism）已成为全世界通用的名词。孔子思想曾对统一中华民族，维护传统文化起过重大作用。例如中国中世纪反佛和近代反耶稣，都利用了孔子主义。“孔子主义的教育理论和道德学说，对后世都有积极的影响。即使反孔者，实亦阳述之而阴奉之。孔子主义的正面意义与中国

---

① 《中国通史》上册，导论（摘要，不是原文），1939年开明书店出版。

② 《中国通史》上册，上海人民出版社1982年版，第207页。

文化的绵延不可分割。”①周对孔子的评价是放在历史客观环境中去作分析，与民族虚无主义者把孔子一概打倒的看法是截然不同的。

3. 关于中华文化汇合演进的问题。周谷城对隋唐与秦汉时代的文化作了系统的比较研究。他认为隋唐统一帝国与秦汉统一帝国不同。“秦、汉帝国虽与外族发生极密切的关系，然其典章、制度、文化等的夸耀于各部族之前者，皆其自己独自创造出来的东西。隋、唐帝国就不同了，因其时代直接与南朝、北朝相互对立之后，所有典章、制度、文化等，多系汉族与其他各族所分别创制的。迨统一告成，汇合演进成为一种较秦、汉更复杂更高等的东西。”②可见中华文化的发展是各民族汇合演进的结果。

4. 关于中西文化交流的问题。周谷城认为，汉、唐时代中国本部的商人，直接或间接与从敦煌以西、葱岭以东诸国来的商人频频交往，互通有无，随着通商关系的发达，西亚各地的文化亦随着转移东来，而交接汇合乃至于混同。他指出“亚洲中部葱岭东西附近的许多地方，在汉、唐时代，常为国际市场，因之亦为中国、印度、希腊三大系文化交汇之所”③。

5. 关于历史上阶级和阶级斗争的问题。周谷城既重视阶级斗争情况的描述，但又不完全局限于两大对抗阶级的阶级斗争的叙述，他同时注意对社会全体成员在社会主要矛盾和主要目标下相互关系的剖析，并且注意到地理环境和天然资源对社会历史发展的影响。

总之，《中国通史》运用史论结合的方法，将阐述与论证融为一体。文章清顺，轻快自然。他站在世界的高度，鸟瞰中国的历史变迁，用对比的手法纵论中外历史，给人以宽阔的视野和系统历史规律的认识。

由于《中国通史》是周谷城半个世纪以前的作品，难免带上那个时代的特点。新中国成立后虽经两次修订，包括对秦桧和岳飞的评价在

---

① 周谷城：《给孔子76代后裔孔令朋的信》，1984年8月30日。

② 《中国通史》上册，第442页。

③ 《中国通史》上册，第475页。

内的许多问题,都做了较大幅度的改动,但总的体系决定了他很难作大规模的改动和修订。这些不足之处,无损于这部著作的学术地位和它的历史作用。周谷城自己曾说他还不算马克思主义者,因而对他在半个世纪以前的著作,我们今天也无须求全责备。周谷城一人独立完成的这部完整的(从远古时代直到"五四"运动)《中国通史》从初版到现在共印行了21次,发行100万册以上。影响及于中国的香港、澳门、台湾地区和新加坡、日本、美国等国家。今天它仍然是我国高等学校广泛采用的文科教学参考书之一,是广大学生和干部学习和研究中国历史的一部系统的参考书。

(《周谷城教育实践与教育思想》,湖南教育出版社,1998)

李长傅

李长傅（1899—1966），又名李震明，祖籍浙江杭州，后移居江苏镇江。我国著名的历史地理、南洋华侨史学家。1928年春至1929年秋，在上海暨南大学南洋文化事业部当编辑，潜心于南洋及华侨问题的研究，为研究南洋问题杂志撰稿，编辑《南洋丛书》。

李长傅先生对中国华侨华人研究的学术贡献

周玉红　张应龙

李长傅先生是中国著名的华侨华人史专家，为早期中国国内华侨华人研究的兴起和发展做出了不可磨灭的贡献，其中有些贡献是开创性的。在某种意义上讲，李长傅先生可谓中国华侨华人研究的重要传承人之一。李长傅先生对中国华侨华人研究关注由来已久，早在20世纪20年代初，就阅读了梁启超的《中国殖民伟人传》、美国人密亨利的《华侨概况》（英文）而产生了研究华侨、南洋问题的兴趣，写了一篇《世界的华侨》的论文，在《东方杂志》上发表。1928年春，开始潜心于南洋及华侨问题的研究[1]。几十年来，先生以扎实的古文功底，多重的语言工具，不俗的理论素养和科学的研究方法为贯穿于其学术活动之中的基石，先后撰写了研究方面的主要著作近10部，发表了有关华侨研究方面的主要论文近20篇，对中国华侨华人研究的许多重大问题进行了富有价值的研究和探讨，为中国华侨华人研究的早期繁荣立下了卓越功勋，是中华民国时期研究华侨问题的大家之一[2]。概括起来，李长傅先生对中国华侨华人研究和发展的贡献主要表现在以下四个方面：

一、开创了中国国内华侨史的区域性研究

中国人移民海外（特别是东南亚地区）已有相当长的历史，自秦汉到唐宋，由行商到住商，加上元明逃避战祸的难民，构成了早期华侨的

主体。明代的中国典籍(正史和游记等),对东南亚地区的华侨多有记载。到清代,关于海外华人的记载更多。鸦片战争后的国内外局势,客观上促使华工移民潮的出现,华侨主体由“华商”向“华工”转变,华侨数量大增。到清末,有的学者或任职于毗邻国家,或任教于东南亚地区,有机会接触当地华侨,对华侨问题渐生兴趣。20 世纪初,在各种报刊上出现了关于华侨华工的报道和介绍,华侨问题已成为中国与外国政府交涉的一个因素,表现了国民对华侨问题的关注[3]。然而,这一时期尚无对华侨问题的研究。早期华侨华人研究,实际上是从一般描述性著作起步的,作者通常不是学者。中国国内对华侨华人问题的系统关注较晚,相关著述基本上是中华民国建立以后才陆续问世的[4]。

20 世纪 20 年代后期,可以算作华侨研究的起步阶段[5]。由于华侨对中华民国的建立贡献卓著,民国时期的学者对华侨颇为重视,民国成立后不久,就涌现出了一批较早开展华侨研究的学者群,先后出现许多描述和研究华侨(主要是南洋,即东南亚地区)的著作,使华侨研究在民国时期呈现出研究质量普遍提高、研究范围扩大、涉及理论性问题探讨的特点。李长傅先生是其中的主要学者之一。1926 年《东方杂志》刊登了李长傅先生的《中国殖民南洋小史》,通篇对华侨移民东南亚的历史进行了考察。随后,他又撰写了《南洋华侨概括》等书。李长傅先生的著述是 20 世纪 20 年代诸书中比较有价值的。而同时代其他著述虽涉及领域甚广,且不仅仅局限在华侨华人历史方面,但多是一般描述性的,学术意义较小[6]。

南洋是中国对东南亚地区的习称。南洋地区位于亚、澳两大洲之间,当太平洋和印度洋之间航路的要冲,也是欧、非两大洲和东亚之间的交通要道,自古以来,即为东方与欧、非之间居民海道往来的通道。早在秦汉时期,中国的先民即曾到达今爪哇及苏门答腊等地。明、清以来中国闽粤一带先民多前往南洋各地进行贸易交往,并有不少先民侨居各地,因而对中国的关系特别密切。在 20 世纪初的二三十年代,即有约千万华人侨居南洋各地,从事工商业及各种文教事业[7]。南洋史地研究是南洋华侨研究的必要依托，正是以南洋史地研究为基础，李长傅先生能够在南洋地区的区域性华侨史研究中写出诸如《南洋华侨史》这类早期较有分量的专门著述。他众多的论著中，南洋史地占据着主体地位，其开拓性和系统性都是人们所公认的。正如中山大学东南亚研究所专家余定邦在回顾东南亚研究的历史时说，“最早把东南亚史作为地区史来研究的，是暨南大学的李长傅先生”[8]。正是以李长傅先生等人为首开创了中国国内对华侨华人史的区域性研究，把重点放在华侨华人最为集中的东南亚地区，从而取得较深入的成果，揭示了华侨华人历史上许多以往鲜为人知的事实[9]。

二、开启了暨南大学研究华侨华人问题的传统

南洋交通地位重要，资源丰富，气候炎热，物产富饶，自 17 世纪以来，即引起西方殖民者的注视。在早期，西、葡、荷等国先后侵占菲律宾及其他群岛，继而英、法二国占有马来亚、新加坡、缅甸及越南等地。在 19 世纪末年，美国击败西班牙，进而据有菲律宾。在二战时期，日本侵略者更强据今南洋全境。1945 年，日本战败，各国人民始奋起驱逐日寇，先后宣告独立建国，因而南洋各国在近代的历史阶段中，都曾经历了沦亡之痛，殖民地的痕迹，至今犹有残余，而居住其地的中国侨裔，也不免同受其害，血汗之苦，不堪历数。正是在近二三百年来，中国闽粤沿海一带的居民，由于国内生计艰困，多侨居南洋各地，他们筚路蓝缕，曾艰辛创业，历尽种种酸楚，如早在 18 世纪初期的清朝乾隆年间，在爪哇的侨裔曾遭受殖民者的残酷迫害，血泪之痛，实史不绝书。清代末年，清廷也看到华裔的生活艰困，文化落后，而当地殖民者，又不可能为华裔尽教化之责，特于 1906 年（光绪三十二年）由当时的两江总督端方倡议在南京开办暨南学堂，招收南洋回国子弟就学，即今暨南大学创校之始[10]。

民国时期，高等院校即已直接参与华侨研究。暨南大学在这方面尤显突出。至 1927 年郑洪年长校，改为大学，扩大规模，当时即考虑到南洋文教事业研究的重要性，同时创设南洋文化事业部，聘请对南

洋文化事业素有研究的李长傅先生担任主持及开展研究工作,并于次年创办《南洋研究》杂志。1928 年春,李长傅先生进入暨南大学南洋文化事业部当编辑,为研究南洋问题杂志撰稿,编辑“南洋丛书”。1927 年成立的南洋文化事业部旨在指导南洋华侨一切改进事宜及南洋各种问题之研究,1930 年改名为南洋美洲文化事业部,美洲的华侨也成为该部的研究对象。1934 年又改成海外文化事业部,研究范围扩展到世界各地的华侨。最后,暨南大学南洋文化事业部出版了一套与华侨问题密切相关的“南洋丛书”(40 种)和其他与华侨研究有关的著作。较具影响的有《南洋华侨殖民伟人传》(1928)、《移民专号》(1929)、刘士木和钱鹤合编的《华侨教育论文集》(1929)、长野朗著《中华民族之国外发展》(黄朝琴译,1929)、钱鹤的《南洋华侨学校之抽查与统计》(1930)和《南洋华侨教育会议报告》(1930)、吕家伟的《华侨运动之意义及其计划》(1931)、林珠光、朱化雨编的《南洋华侨教育调查研究》(1936)、刘士木的《日本海外侵略与华侨》(1937)、程天放的《东南亚之华侨》(1937)等[11]。其中李长傅先生的《南洋华侨概况》《南洋华侨移殖史》和《南洋华侨史》,是“南洋丛书”中较有分量的研究性著作,代表着当时暨南大学研究华侨问题的最高水平。南洋文化事业部创办的《南洋研究》成为中国学者研究华侨问题的主要刊物,自 1928—1941 年太平洋战争发生时止,先后出版 10 卷共数十期,大量发表了中外学者对于华侨华人问题的各种考订和论述,这些论述覆盖历史、政治、经济、文化、社会各个层面,并非单一的历史学研究,成为这一时期华侨华人研究的一大特色。李长傅先生在《南洋研究》上先后发表华侨问题论文 10 余篇,除了对华侨研究的一些基本问题做了颇有见地的理论性阐发之外,还分国别对南洋地区的华侨历史进行了细致的梳理,是《南洋研究》在华侨研究方面的重要成果,也成为《南洋研究》推动中国华侨研究深入开展的力量源泉。

李长傅先生主持的暨南大学南洋文化事业部及其刊物《南洋研究》,作为当时研究华侨问题的主要专业机构和专业杂志,是民国时期华侨研究兴盛的重要体现,对一些理论性问题进行了深入探讨,推动了这一时期研究质量的提高和研究范围的扩大,对刚刚起步的华侨研究起到了不可低估的作用,成为酝酿 20 世纪 30 年代中国华侨研究高峰期出现的一个重要研究基地。国立暨南大学作为中国第一所国立华侨学府,直接参与华侨研究,华侨问题专家李长傅先生等一批治学严谨功底颇深的学者执教于暨南大学,培养出了一批华侨问题研究人才。以李长傅先生等为首迈出了暨南大学对华侨研究由描述性进入理论性探讨的可贵一步,由此,研究华侨问题成为暨南大学的传统。

三、开辟了中国国内华侨华人研究方法多元化发展的学术道路

20 世纪初开始,西方及日本出现大量华侨华人研究著述,其着力点从对海外华侨华人社会的研究,并且逐渐摆脱早期单纯描述性普及读物或政府报告的形式,走向严格意义上的学术研究。李长傅先生的《华侨》是中国最早关于华侨研究的著作之一。日本学者长野朗正是在参考了这一著作的基础上于 1928 年写成了《中国民族之海外发展》[12],成为当时国际上相当有分量的华侨华人著作。西方学者的著述,重视从个别区域或国家入手,综合运用历史学、人类学、社会学、经济学、法学理论,对海外华人的历史和现状进行较为深入的研究,诸如华侨社会结构、华人同化、意识、秘密会党、华人信仰、华人教育、华人经济等方面,无一不纳入其研究课题之内,形成风格各异、内容充实的著述,覆盖了华侨华人社会的各个方面。华侨研究是南洋问题研究的一个重要研究对象,南洋史地研究是南洋研究必不可少的内容。李长傅先生自称,他研究南洋从地理教学与编地图开始[13]。将历史地理研究手段运用于华侨研究是李长傅先生对华侨历史研究在研究方法上的一大突破。

历史地理一是要实地考察,二是要利用考古资料。研究历史地理,牵动古今各种自然和经济现象,千头万绪。史地之难治,向为学者所慨叹。更何况于南洋历史地理。文献记载本属缺略,而且在仅有的记载中,又往往是名称混淆。有鉴于此,要做到材料准确,观点无误,

不但要“采录群书”，而且要“参以南侨之口碑”。所谓“参以南侨之口碑”，意指研究南洋、华侨等问题时，除重视收集整理文献资料外，还要进行实地调查考察，掌握第一手资料，与文献资料互相参证考订，补充文献资料的不足，从而提高科研成果的质量。为了研究南洋各地的实况，李长傅先生曾于1937年全面抗日战前夕先后到南洋新加坡、马六甲、槟榔屿、曼谷及西贡等地考察，在长达三个月的考察期间，他在所到各地进行细致调查、考察各地风土民情、自然条件与社会经济状况[14]。

考证是历史地理研究重要的手段之一，地名的沿革需要考证订正。先生说：“地名之考证，为历史上重要的工作，一有错误，贻误非浅。”[15]先生为了弄清一个地名的确切位置、命名的原因及其演变规律，从不吝惜时间，务必彻底搞清。李长傅先生强调“地名之考证”，而且在研究南洋华侨问题和其他问题时都身体力行，但从不囿于己见，而排斥他人之意见。如当先生在《南洋华侨史》等论著中，对阇婆地理位置的考证受到当时学术界质疑时，先生在反复研究讨论的基础上，不厌其烦地就一个问题撰写论文，以澄清疑点。

李长傅先生对南洋史地方面的研究不仅范围广泛，而且常多新见，在进行了南洋实地调研的前提下，利用所搜集的各种文献资料和掌握的第一手华侨资料，撰写著作不下50篇，虽为三四十年代的著述，实总结了南洋各国在过去殖民地时期以及早期的历史地理概况，这些资料至今仍很有参考价值。西方对于华侨华人的学术研究，从一开始就不是历史学或经济学、政治学之类的单一学科的研究，而是综合性的、全方位的研究，其覆盖面甚广且不断扩大，特点在于研究对象的单一性，而不是学科或研究方法的单一性。从李长傅先生的著作影响来看，同时期中国的华侨华人研究在研究方法上已具有了一定的国际水平。李长傅先生把历史地理研究手段运用于华侨研究，说明他在研究华侨问题的方法上已经开始突破单一历史学科的限制，进行了将中国华侨华人研究从传统史学领域研究转向多学科的综合性研究的初步尝试，实现了地理学与历史学在研究南洋华侨问题上的学科交义，初步打破当时占主流的历史学研究一枝独秀的封闭局面，较早孕育了中国华侨华人研究走向多学科全方位研究的种子。在当时国内华侨华人相对国外落后的整体状态下，这种研究方法上的灵活运用，顺应了华侨研究方法多元化的发展趋势。

四、相关著述奠定了中国华侨华人研究的部分理论基础

相对而言，国外对华侨华人问题的关注要早于国内。华侨对于移居地的影响无论从政治上、经济上、文化上、社会上观察，都远远大于对移出地（侨乡）的影响。因此，移入国家对华人移民的关注不但早于移民移出国，而且其观察也较为深入。从业已出版的国外著述看，早期有关华侨华人问题的著述多出自西方殖民官吏、外交官和领事官员之手。这一类的著述，特别是初期出版物，多是描述性的政府报告、殖民官员和外交官的笔录或普及性通俗读物，其学术性不强而史料价值高[16]。在20世纪20至30年代的10多年中，李长傅先生从大量中外文文献中，追根寻源，详加考证，发表、出版了大量关于南洋华侨方面的论著。

李长傅先生的《世界的华侨》，综合了外国学者的材料，探讨了华侨在各地的历史、分布及境况，是一篇较早的综合性研究论文。《南洋华侨概况》一书，是先生积数年有关南洋的资料，详加整理考核，分别纂辑而成的，有关华侨在政治上、经济上的地位、生活状况、移殖的历史等，均以简练之笔，撮叙无余，是一部较全面地论述华侨问题的专著[17]。这些论著，显示出先生扎实的学术功底，至今仍有一定的参考价值。然而，李长傅先生华侨研究的代表作应是1937年出版的《中国殖民史》，这是在其早期对东南亚华侨华人研究的基础上扩展而成的，可作为1949年以前国内华侨华人历史研究最高水平的代表作。

中国学术界对华侨华人问题的关注始于清末，梁启超可以说是清末民初报道和关注华侨华人（包括留学生）问题的主要学者。梁启超的“华侨殖民论”可算是清朝末年华侨研究中出现的第一种关于华侨地位和历史作用的理论。李长傅先生的《中国殖民史》，可以说是“华

侨殖民论”的代表作之一。他在例言中指出,该书定名为《中国殖民史》或《中国移殖民史》,这表明作者将“殖民”与“移民”等同,“所谓中国狭义的殖民实含有移民之性质,而移民亦含有狭义殖民之性质”[18]。这一著作分为五章,在总论中探讨了殖民之意义、中国殖民之地理环境及中国殖民之动因,并将中国殖民分为四个时期:殖民初期、鼎盛时期、中西势力接触时代和欧人势力时期。其余四章重点研究了各个历史时期的殖民活动。作者较重视历史研究中的方法论,提出经济动因“当然为中国殖民之主要动因”,这是颇有见地的[19]。从本质上说,华侨华人问题是一个移民问题。华侨华人研究最初并非是一个严谨的学术领域,而是一个现实感极强的政治、经济、社会公共领域问题。在书中,李长傅先生分析了中国海外移民的地理、经济、社会和政治诸背景,并将华人向海外移居划分为若干个时期加以系统分析,用充分的论据澄清了华侨华人历史上许多的疑点,在许多问题上都有独到的见解,时至今日,仍不失为研究华侨华人史的有价值的参考书。李长傅先生的著述,对华侨问题作了全面的、系统的论述,在众多方面奠定了中国华侨华人研究的基本理论基础,在国内外产生了深远的影响。

除上述四方面之外,李长傅先生还就华侨研究中的一些具体问题进行了深入探讨,提出了自己的观点,如先生在其《南洋华侨史》中对“华侨”名称的出处进行考证,而且要言不烦地对其展开论述。再如在《海外华侨人数之统计》一文中,先生指出:“我国侨民散布世界,足迹遍五州。其人数政府向无确实调查。虽有各种统计,然不实不尽,各家记载,各有异同。”为了弄清华侨人数及其地理分布,先生采用列表对比研究的方法,将当时收集到的有关华侨总数的五种统计数字分别列出,然后逐项加以订正。最后,“根据各国新近调查所得之数字,列成总表”,指出全世界华侨大概在千万以上[20]。

李长傅先生在治学上勤奋学习,注重基础训练。在研究工作中,既重视文献资料的收集整理,又注重野外实地调查,还善于做考证工作。先生始终坚持实事求是的治学原则和一个学者的道德和良心,这是需要我们大力宣传和提倡的。先生说:"写东西是给别人看的,既不能骗自己,更不能骗别人。材料不确实,观点有错误,就会贻误他人。"[21]这是一位华侨问题研究大家对华侨华人学者的谆谆告诫,也是所有的学术研究都应遵循的一条基本原则。

附:李长傅先生华侨研究主要论著目录

1.《华侨》,中华书局,1927 年。

2.《南洋华侨概括》,暨南大学,1928 年。

3.《南洋华侨移殖史》,暨南大学,1929 年。

4.《南洋华侨史》,暨南大学,1929 年。

5.《中国殖民史》,商务印书馆,1937 年。

6.《南洋华侨》(东方文库续编),商务印书馆,1937 年。

7.《世界的华侨》,《东方杂志》,1923 年,二十:十六。

8.《中国殖民南洋小史》,《东方杂志》,1926 年,二十二:五。

9.《欧人屠杀华侨小史》,《华侨努力周报》,1927 年,二:七。

10.《荷属东印度华侨略史》,《南洋研究》,1928 年,一:二。

11.《英属马来西亚华侨略史》,《南洋研究》,1928 年,一:四。

12.《菲律宾华侨略史》,《南洋研究》,1928 年,一:五。

13.《海外华侨人数之统计》,《南洋研究》,1928 年,二:五。

14.《南洋华侨移殖史鸟瞰》,《新亚细亚》,1931 年,一:四。

15.《菲律宾史上李马奔之真人考补遗》,《燕京学报》,1931 年 6 月九。

16.《"菲律宾史上李马奔 li-ma-hong 之真人考"补正》,《燕京学报》,1931 年 12 月十。

17.《华侨研究之基础问题》,《南洋研究》,1939 年 4 月八:一。

18.《华侨研究之基础问题》(下),《南洋研究》,1939 年 7 月八:二。

19.《法印华侨之发展》,《南洋研究》,1939 年八:四。

20.《泰国华侨之发展》,《南洋研究》,1940 年 1 月九:二。

21.《和印华侨之发展》,《南洋研究》,1940 年九:三。

22.《菲律宾华侨之发展》,《南洋研究》,1940 年九:一。

23.《马来亚华侨之发展》,《南洋研究》,1941 年 10 月十:三。

24.《中世纪南洋华侨发展史》,《中日文化》1942 年 5 月二:四、五。

25.《南洋华侨与东亚建设》,1942 年 9 月。

[参考文献]

[1][14][15][17][20][21]陈代光. 李长傅先生传略[J]. 地理学与国土研究,1990,(2):61 ~64.

[2]牛建强. 李长傅先生学术活动的基石[J]. 暨南学报哲学社会科学版,2005,(4):102 ~109.

[3]周南京,刘宏. 华侨华人百科全书(总论卷)[M]. 北京:中国华侨出版社,2001:999.

[4][5][6][9][16]袁丁. 从学术史看华侨华人的学科发展[J]. 华侨华人历史研究,2004,(6):1 ~7.

[7][10]李长傅. 南洋史地与华侨华人研究[M]. 广州:暨南大学出版社,2001,(序二).

[8]袁丁. 评中国有关东南亚的研究[J]. 东南亚纵横,2006,(3):41 ~47.

[11][12][19]周南京,刘宏. 华侨华人百科全书(总论卷)[M]. 北京:中国华侨出版社,2001:1008,1003,1004.

[13]李长傅. 南洋史地与华侨华人研究[M]. 广州:暨南大学出版社,2001,(序一).

[18]李长傅. 中国殖民史[M]. 北京:商务印书馆,1998:4.

(《八桂侨刊》2009 年第 4 期)

曹聚仁

曹聚仁（1900—1972），笔名袁大郎、陈思、彭观清、丁舟、听涛等，浙江浦江人。著名学者、作家、报人。20世纪二三十年代和抗战胜利后曾两度任教于暨南大学。1925年8月任上海暨南学校附中初中部国文教师，9月任暨南学校高中师范科国文教员，10月任暨南学校大学部商学院国文教授直至1933年。主编过《涛声》《芒种》等杂志。晚年移居香港。

奇人曹聚仁与《暨南的故事》

胡安泰

奇人曹聚仁

“我是曹聚仁，暨南大学的。”

这是年仅二十七岁的曹聚仁与遐迩闻名的鲁迅第一次相遇作自我介绍时说的第一句话。“暨南大学的”充满自信和光荣。就是这位曹聚仁先生对暨南大学一往情深，只有他说过“我是属于‘暨南’的”“自己是属于暨南的”“是暨南一分子”这样让人感动的话。

曹聚仁，浙江金华人，1900 年出生于在光绪年间中过秀才的农家。他自幼聪明，是个让父亲骄傲的“早慧”孩子。用他自己的话说：四岁便能念完《大学》《中庸》，五岁那年，已读完了《论语》和《孟子》，六岁就会动笔了。“所谓动笔，并不是拼句填字之类，而是写成短篇四五百字的完整文章。到了七岁那年，就读完《诗经》，除了那篇古怪字最多的《小戒》（秦风）以外全书都背得默得，所谓‘整本倒’（即从头至尾全部背完来之意）。”

曹聚仁十岁那年，他父亲的一位好友到他家躲避仇人。这位父亲的朋友不仅是少林拳名家，还擅长治跌打损伤，又会讲《水浒》。很快曹聚仁与他成了好朋友，向他学习这三样本领。特别是每天两小时的说《水浒传》，对他影响颇大。直到他三十岁以后，他仍然在做说书的“梦”，想以说书为业。1944 年冬天他在赣县时，还想登台讲书。这说书的本领，就影响了他一生所做的文章和说话。他无论是做何种文章,还是讲话,总是滔滔不绝、头头是道,有板有眼,引人入胜。其根源就在于此了。

1913 年春天,他被父亲送到金华城读中学,因为英文不好,又犯了舍规,不到一年半,学校以“志趣卑下,行为恶劣”将他除名。对此他一直耿耿于怀。1915 年他考上了浙江省立第一师范,在这所学校读了五年,对他影响很大,后来走的路,便是在这几年中确定的。为了能让他上学,他父亲每年得卖掉 30 担谷才能应付他的需要,这 10 亩地收成的负担是沉重的。于是曹聚仁为《兰江日报》和《元江日报》写稿赚取零用钱,从十五岁起他就这样开始了他一生的写稿生涯。1919 年“五四”运动爆发,曹聚仁成了一师的领袖,并以一师代表参加了杭州学生会。1921 年师范毕业后,在上海得同学范尧生的介绍到一家女校教课维持生计。第二年邵力子介绍他到陕西盐商吴怀琛家当家庭教师,教三个小孩子读书。三年的家庭教师生活,对他一生的影响“非常之深切”,因为教课并不繁重,而让他有了十分从容读书和写稿的机会。他不仅系统地读了不少古典名著,如《老残游记》《三国》《水浒》《红楼梦》《聊斋》《儒林外史》等,还读了不少的世界文学名著的译本和哲学、社会学方面的书籍,用他的话说“和托尔斯泰、柴霍甫、莫泊桑、左拉、士尔德、莫诺亚、霍桑打了交道”。一本《儒林外史》,这部“解剖知识分子灵魂的图画”几乎与他形影相随,先后读了一百多遍,《红楼梦》看了也有七十多遍,《聊斋》读了四五十遍,《水浒》看了二十多遍。

在这段时间里,他不仅将他一师老师单不庵教给他的一点考证学知识好好整理了一番,还把国学大师章太炎的《国故论衡》《检论》读了一遍,逢星期六就要到上海南市职业教育社去记录章太炎的国学讲稿。当时,章太炎的国学讲稿,请了几位颇有文笔工夫的老先生作记录,由《申报》刊载。但邵力子看了曹聚仁的记录稿赞许有加,推荐给《觉悟》连载,章太炎看了他的记录稿也十分惊异,没想到一个二十岁出头的小后生能有这等手笔。章太炎请钱玄同转告单不庵,要收曹为弟子。就这样,曹聚仁成为章太炎门下最年轻的弟子了。在这段时间里,因得邵力子的提挈,曹聚仁在新闻界也崭露头角,结识了《民国日报》的不少报人，其中对曹聚仁影响最大的是吴稚晖。曹聚仁后来那种淡然的处世态度与恣肆的文笔，或多或少是受了吴稚晖的影响。

1925年秋天，在姜琦任暨南校长任内，曹聚仁应聘到暨南任教，暨南改组为大学后在郑洪年任校长期间，先后除担任教师外，还任过秘书、初中部主任、出版科主任，后来任专职教授。从1925年到1934年，他先后在暨南大学住了九年。1949年在他的"上饶时期的熟朋友"李寿雍任暨南大学校长时回到暨南大学任了半年的教授，直到暨南并入复旦、交大。

曹聚仁在暨南大学任教任职期间，除精于教业、勤于公务外，他仍然研究文史，笔耕不断，还创办了在二十世纪三十年代颇有影响的《涛声周刊》。据他的夫人王春翠回忆：他除了白天任课，晚上就在家写文章，应报刊之约，每天都要写一两篇文章。他写文章是很专注的，随便什么场合、什么时间都能写。有一次逛公园他突然想起了什么，就从随身携带的口袋中掏出笔墨在一块石头上写起来。他与朋友聊天，突然想起来什么也会不打招呼进里间写起来，朋友往往扫兴而去，他也不出来送客。他不抽烟、不嗜酒，写文章只喝浓茶，右手执笔，左手捧茶杯。写到满意时口里还呐呐有声，要是文思不开，他便把毛笔管放在口中，咬呀、咬呀，这样咬咬写写，写写咬咬，不两天，一支新毛笔就剩下半支了。

曹聚仁与鲁迅的交往始于他在暨南大学任教时。那是1927年，上海内山书店到了一批新书，通知了曹聚仁。第二天下午曹聚仁夫妇到了书店，店里没有什么顾客，曹聚仁在书架前选书。王春翠忽见里屋有个穿长衫的人端坐着看书，此人颧骨很高，眉峰兀突，鼻嘴间有撇胡子，她觉得面熟，拉了拉曹聚仁的衣角。当时曹聚仁并不认识鲁迅，不过他从报纸刊物上见过鲁迅相片，很快就断定是鲁迅，兴奋地对王春翠说："他是鲁迅先生，真的是鲁迅先生。"王春翠脱口"啊"了一声，鲁迅可能听到了，转过脸来对着他俩，曹聚仁很快走了过去，伸出手说了本文开头的那一句话。鲁迅站起来伸手与曹聚仁热烈地握了握说："久仰先生大名，说起来我们还是同乡呢。"就这样曹聚仁与鲁相识相交,在以后的交往中建立了友谊。

1931年春,曹聚仁担任暨南大学文学院教授。一次几位朋友相逢,对于当时的政局悲愤不已,曹聚仁更是痛感“吟罢低眉无写处”。恰好上海群众书局的方东亮来暨南大学找曹聚仁商量出版事宜,他请曹为书局编一套新文艺选本。曹聚仁向他提议结合选本出一份刊物,写点文章“叫喊一番”,方东亮同意。8月,曹聚仁编的《小说甲选》和《散文甲选》付排,《涛声周刊》创刊号随即交印。《涛声周刊》名义上是“涛声社”编辑,实际上开头几期,曹聚仁唱独角戏,基本上曹一家人在办。其中有曹聚仁同他在暨南教书的妻子和四弟曹艺,到后来有周木斋、杨霁云、陈子展、黄芝岗及暨南大学的曹礼吾。由于当时生活的清淡艰辛,曹聚仁往往不修边幅,有一次他步行去会见一位朋友,因穿着寒酸被门房挡在了门外,待门房把他的名片送到里面,主人才知道曹聚仁来访赶忙出门相迎,但他已走了,以致后来,那位朋友见了他总是再三道歉。《涛声周刊》在曹聚仁及他的一帮朋友的努力下,销路虽不大,却有了一批“先睹为快”的读者;作者不多,却有了颇显水平的撰稿队伍。其中就有鲁迅,先后为刊物写了《从三十六计走为上计》《祝(涛声)》《守常先生全集题记》等。鲁迅不仅亲自给《涛声》写稿,还不断给予鼓励、支持、推荐。这从鲁迅的《伪自由书》,《准风月谈》,《南腔北调集》,《且介亭杂文》一、二、三集,都可以看到鲁迅谈及《涛声》的文字。《涛声周刊》的“不朽”渐渐引起了当政权者忌恨。1933年1月为纪念淞沪抗战一周年,出了纪念特辑,其中有一篇题为《望断南天思壮士》的文章,是“愤当局媚‘李顿调查团’,把十九路军调去闽赣前方打内战的倒行逆施”而写的,被当局查扣,后被国民党上海市党部以“袒护左翼、诽谤中央”之罪名勒令停刊了。之后不久,随着郑洪年被辞去暨南大学校长职务,曹聚仁也离开了他任教九年的暨南大学。

曹聚仁离开了学校,但仍留在上海,和陈望道、叶圣陶、陈子展、徐懋庸、乐嗣炳、夏丏尊等七人,提倡“大众语”运动,轮流在《申报》附刊《自由谈》发表文章。卢沟桥事变后,曹聚仁改当战地记者。之后八年他辗转于前线和后方,写了许多战地通讯,并以记者自居。抗战胜利后，他回到上海，以写作为业，在暨南大学兼课，直至1950年春，他南去香港，开始了他专事写作的生活。1959年他从香港回内地观光，住在北京新侨饭店，周恩来专程到饭店看望了他们夫妇。

在香港闲居期间，他曾为两岸和平统一事业"斡旋"而奔波。美国国务卿杜勒斯曾两次以十万、二十万美元为引诱请他到美国讲学，希望他不要插手国共和谈之事，被曹聚仁婉拒。1972年7月23日他在澳门镜湖医院含憾病逝，终年七十二岁。曹聚仁是个多产作家，他一生作的文章加起来有4000多万字，数量惊人，质量甚佳。在他同时代的文人中，恐怕没有几个人可比。他的文章已编印成书的，有几十本之多，较为著名的有：《国学概论》（记章太炎讲演）、《文思》、《文坛五十年》（正编）（续篇）、《酒店》（小说）、《秦淮感旧录》（两集、小说）、《采访外记》、《采访二记》、《采访三记》、《北行小语》、《北行二语》、《北行三语》、《山水、思想、人物》、《人事新语》、《万里行记》、《蒋百里评传》、《鲁迅年谱》、《鲁迅评传》、《现代中国通鉴》（甲编）、《现代中国报告文学选》（甲乙集）、《浮过了生命海》、《国学十二讲》、《中国学术思想史随笔》、《我和我的世界》等。

《暨南的故事》

曹聚仁除去他二十一岁前读书外，当了10年的记者（战地记者在内），在香港从事专业写作20余年，加上几年的家庭教师和辗转求职赋闲，所剩前后约十年时间是在暨南大学度过的。占去了他人生踏入社会的五分之一时光。他热爱他在暨南大学的任教生活，对暨南充满了留念和回忆。他一直认为是"属于暨南的""是暨南一分子"，到了晚年，他往往以暨南的一员参加暨南师生的集会"在那儿重温旧梦"，唱"暨南校歌"，回忆往日暨南的人和事。在暨南校史上，像曹聚仁那样在暨南从教达10年之久的名师是不多的，而在其晚年又能以深情的文笔回忆《暨南的故事》，那就更少见了。

曹聚仁的《暨南的故事》分上中下三篇，共一万二千余字，先后分三次在1957年2、3月出版的《热风》半月刊八十二、八十三、八十四期刊出。它以生动的笔调刻画和描绘了真如暨南的人和事,有褒有贬,有喜有忧,是一篇难得的暨南史料。当然,曹聚仁的眼光是有限的,限制在他的个人直观感受中,虽然有些辛辣,但不乏坦诚。既然是"故事"我们就不必过分较真了。

关于"暨南精神",曹先生自有一番解说,他把"暨南精神"与"中国官僚"的不明"是非"相对照,入木三分。他是这样说的:"'暨南精神'恰正相反,他们天真、热情、不计利害得失,一股劲往前冲。黑是黑,白是白,他们会当面和你争论,争得面红耳赤,可不会记在心上,过后依然和你十分亲热的。"在这里曹聚仁把"暨南精神"的留与失与华侨学生的多与少放在了一起加以说明,"特色"即"精神"了。

在《暨南的故事》中,作为二十世纪二三十年代担任多年教授的曹聚仁提供了不少乏为人知的史料。比如,郑洪年辞职和曹聚仁离开暨南的主因。《故事》叙述:"原来华侨青年的爱国情绪最高时,思想也最激进;上海学生运动,从上海大学被解散后,重心就到真如来,那是事实。郑氏本人,当然没有左倾的意向,但他庇护了左倾教授和学生,这就成为被攻击的理由了……到了一九三三年(应为1934)春天,郑洪年辞去了校长职位。"至于曹的离开,是因为"我已成为了左倾的作家了(……我们反抗当时采取高压态度的政府,我们在国家民族的立场,主张对日本作战……)……CC的决策,要控制全国的大学。我们都在黑名单之列,到了一九三三年(应为1934)春天,郑洪年辞去了校长职位,我们也离开暨南了"。

关于暨南这所侨校,公开较大比例招收国内青年学生是从郑洪年出任暨南大学校长后的事。《暨南的故事》提供这方面的史料,"依暨南的成例,除了侨生,(事实上,一半是闽、广籍的学生,也有一半从海外来的。)是不许投考这一学校的。其间,只有极少的例外,即是宝山县的可以保送三名,因为真如乃是宝山县属。还有岑春煊家可以保送三名,因为他捐过一片地皮;其他,只有教职员子弟可以依例入学了。因此,暨南的侨生(即闽粤青年),总占了百分之九十五以上:每逢假日,真如车站一眼望去,都是戴着形形色色的帽子,近于'小黑炭'型的小伙子。(小黑炭陈镇和短小精悍,足球名将之一。)在上海近郊,来了这么一批小伙子,在那时,也可说是一种奇迹。到了郑洪年重任暨大校长,暨南扩充为完全大学,也附属了中学部,这才开始招收国内青年学生,侨生的比例,便逐渐减低到四与六之比"。到了何炳松任校长"侨生比例便低落到二与八之比了"。

在真如暨南时期,有几位曹聚仁的同仁,在《暨南的故事》中,是被描写得栩栩如生的。第一位数黄季刚,这位章太炎先生的大弟子,他目空一切。有一次在南京碰到戴季陶,戴问他有什么著作,他回答:"我正在编漆黑文选,你那篇大作,已经编进去了。"所谓漆黑文选,是《昭明文选》的对称。搞得戴季陶十分尴尬。当时暨南大学教务长黄建中,曾是黄季刚的学生,担任了学校哲学的课程。有一次,两人下课碰了面,学生黄向老师黄问好,黄季刚转问黄建中教什么课,黄建中说哲学。黄季刚大声道:"我问你,你自己懂不懂?不要胡吹乱说。"弄得黄建中愕然,不知所措。在曹聚仁眼中,这便是第一等的怪人。再说张凤(天放),他曾是曹聚仁的国文老师,在暨南大学与曹同事八九年,又曾同住在真如杨家桥,交往比较密切。张凤先生研究了面线点检字法,还编出了字典,对此有兴趣的学人也不少,但被"霸占了商务印书馆的王云五占了先",王云五的四角号码检字法"压倒"了面线点检字法,使张老先生遗憾得不得了。在曹聚仁眼里,在史学上最有了不得成就的是后来在北京大学任史学系主任的杨人楩,在当时只在暨南大学担任英文的课程,是"第一等聪明人",很有风趣,但并不怎么显山显水,颇有些藏而不露。说到曹聚仁曾为其写过特写的两位教师汪静之和曹礼吾,在曹看来,汪静之是诗人,却最不懂风雅,曹礼吾,最懂得风雅,也写得一手好诗,却不是诗人。汪静之不免有点好名,而曹礼吾有点逃名遁世的。

说到曹礼吾,曹聚仁是十分敬重的。他说:我生平有一知己朋友,湖南长沙人曹礼吾。曹礼吾进暨南是曹聚仁向任中学部主任的夏开权推荐的。在暨南,上自教职员下至校工,都以为两位曹姓老师是同胞兄弟,甚至有人会"张冠李戴"把两人弄混,为《袁中郎全集》标点、后任中文系主任的刘大杰，诗人潘伯鹰、冯至都把曹礼吾当作了曹聚仁，害得曹礼吾对曹聚仁开玩笑地说：“我的名片上要附刊一行字——并非曹聚仁。”在曹聚仁的师友之中，曹礼吾是“真正懂得鲁迅文章的”。有一天晚上，鲁迅在曹聚仁家中吃晚饭，曹礼吾、陈子展、徐懋庸等在座，曹聚仁说到曹礼吾讲鲁迅《好的故事》的事，鲁迅大为赞许。在曹聚仁的笔下还写了陈钟凡、龙榆生、章铁民、卫聚贤、陆侃如、冯沅君、张世禄、顾仲彝、周谷城、洪逵、王济仁、徐名鸿等暨南的教师。有写实的，有带过的，也有调侃的，总之人物群像生动有趣，尽管有些尖刻无情。

曹聚仁与暨南的关系还有一件事不得不提，那就是他与林语堂的有关标点之争。在中国现代文坛上，曹聚仁和林语堂都是著名人物。曹聚仁提倡大众语，林语堂则主张语录体。二十世纪三十年代中，暨南大学文学院中文系青年教授刘大杰，与林语堂交往甚密，学术上颇多共同语言，他标点了《袁中郎全集》出版，在扉页上题注了“林语堂先生校订”。这引起了曹聚仁的注意，为书中一些标点失误做起了文章，在《晨报》副刊发表了《标点三不朽》一文，继而在他主编的小报上也刊出了。这在暨南大学校园产生了反响，有人也对刘大杰提出了质询，当时刘大杰请教了校内黄公渚等前辈，承认错了就改，但对曹聚仁“小题大做”“借题发挥”也表示了不满，为澄清是非，请林语堂在暨南礼堂作了《做人与做文》的演讲，大意是标点错了并不重要，做人比做文章重要得多。对曹聚仁的为人说了一通。林与曹这对老朋友，从此也疏远了。曹聚仁后来写了一篇文章《我与林语堂吵了嘴》，说的就是这件事。

曹聚仁过世许多年了，他留在世上的文稿仍是一笔文坛财富，让人思味，在暨南留下的足迹也让人回味无穷。在他逝世后，周恩来亲自安排在澳门为其举行公祭，并为其亲拟墓碑碑文“爱国人士曹聚仁先生之墓”，安排将其骨灰携回他的家乡浙江兰溪蒋畈安葬，盖棺定论，让他落叶归根。

这就是奇人曹聚仁的奇事了。

（胡安泰《暨南往事》，引领杂志社，2007）

探寻曹聚仁先生早年的活动足迹：以暨南大学为中心的考察

夏 泉 蒋 超

曹聚仁（1900—1972），字挺岫，号听涛，出生于浙江浦江（今兰溪）。曹聚仁一生博学多识，笔耕不辍，有著述60余种，4000余万字，可谓著作等身。他一生经历丰富，当过教授、记者、作家和各类报刊的自由撰稿人。到目前为止，论者大多从曹聚仁作为记者、作家、报人及社会活动家，尤其是他为海峡两岸统一所做贡献的视角进行研究，而关于他在暨南大学任教的这段历史，却鲜有人提及。① 实际上，20世纪二三十年代任教暨南大学9年的经历，是曹聚仁人生历程中事业发展的重要时期。② 本文拟以暨南大学为中心，追寻其早年的活动足迹。

一、曹聚仁与暨南大学校史有关的资料

曹聚仁一生关于暨南大学的回忆文章，大部分收入《文坛三忆》和

① 李伟的《曹聚仁传》（河南人民出版社，2004年）第五章“初当大学教授”“享誉暨南”“文澜阁整理古籍”“蓝布衫的故事”“自拆政治隔离带”五节对曹聚仁任教暨南大学的活动足迹有所涉猎。

② 曹聚仁于1925年8月任上海暨南学校附中初中部国文教师，9月任暨南学校高中师范科国文教员，10月任暨南学校大学部商学院国文教授直至1933年，详见夏泉《暨南文丛》（卷二）曹聚仁篇“序言”（暨南大学出版社，2006年）；暨南大学前身系暨南学堂，创办于1906年，1911年因辛亥革命停办，1918年复校，1927年国立暨南学校升格为国立暨南大学。

《我与我的世界》中。通过这些文章,他对暨南师友均有深切的回忆[1]。他在《文坛三忆》里记叙了一大批的暨南师友,如夏丏尊、刘大白、张凤、潘伯鹰、曹礼吾、杨人楩、汪静之等。曹聚仁也回顾了担任暨南大学教授的经过,叙述了他以一个五年制师范毕业生资历成为大学教师并受到学生欢迎的真实故事,以及立足暨南从事文学活动所接触的人与事,特别详述了他主办《涛声》的经过,其中以《蓝布衫的故事》一文最为有趣。①最后,他还回顾了在暨南大学遭遇的人情世故和任教暨南时所经历的风风雨雨[2]。《文坛三忆》计有 40 余篇文章,除回忆文章外,尚有文坛掌故。后来《文坛三忆》中的大部分文章收入曹聚仁的回忆录《我与我的世界》一书[3]。《我与我的世界》是一部有重要史料价值的传记文学作品[4],是研究暨南校史和曹聚仁不可或缺的重要资料。李伟《曹聚仁传》的部分章节,以及行止《曹聚仁传略》(《晋阳学刊》编辑部编《中国现代社会科学家传略》第 9 辑,山西人民出版社 1987 年版)等关于曹聚仁在暨南大学任教情况的记述,正是基于此书。

曹聚仁的这些回忆文章不仅再现了暨大历史,而且表达了他对暨南大学的强烈感情。抗战胜利后当他重返上海真如目睹成为废墟的暨南园时,曾深情写道:“真如,和我有着九年的密切关系,其闻多可喜亦多可悲。……桃浦静静如旧,只见绿水滔滔,白鸟飘飘,莲韬馆,连着暨南大学那些大房子,都付与荒烟残砾,无影无踪了。只有一所洋楼,孤零零地站着,这便是旧日的科学馆……每一次战争,都给暨大以打击与破坏。我的住所,我的书籍,我的一切,连着我的梦想,就在战争中全部毁灭了。”[5]曹聚仁对与暨南大学有关的事记忆犹新,总有一段割舍不了的情怀。若干年后他在回忆暨南大学校门口的“南星”书店时仍历历在目:“上海暨南大学校门边,那家书店的店名,也叫‘南星’。那位夏老板……他开了三家书店……独有在暨南叫‘南星’,其意即是说‘南洋星加坡’之意……我做了二十来年国文教师,也不知出了多少国文题目,独有《南星书店老板》最为成功……时隔三十多年,

① 曹聚仁:《文坛三忆》,生活 · 读书 · 新知三联书店,1999 年。

我于今想来,印象还很深。”[6]通过这些著述,曹聚仁“对暨南大学的起落发出感慨,言语中隐隐透露出对暨大的关怀”[7]。这些回忆文章对研究二三十年代的暨大历史有重要意义。

除此,曹聚仁任教暨南大学时编撰的与暨南大学校史有关的资料有《暨南学生之真精神——颂自治会的义务小学》①、《暨南创校以来大事年表》(仅见1929年前部分)②、《夏丏尊先生——师友之一》③、《暨南的故事》④、《莲韬馆》⑤等。曹聚仁还与张凤、刘士木编辑《创校二十五年成立四周年纪念论文集》(国立暨南大学纪念刊物之一),该书于1931年6月出版,内收《暨南大学之回顾与前瞻》《本校设立外文领事系之过去与将来》等文43篇,并有郑洪年、张群题写的纪念辞,孔祥熙等人的题字。[8]这些都是研究暨南大学早期历史的珍贵资料。

二、曹聚仁与暨南大学两任校长姜琦、郑洪年⑥

姜琦和郑洪年是暨南大学在真如时期的两任校长。经过姜琦经营,暨南初高中两部发展得以平衡,并增设了商科大学。郑洪年的一生,也和暨南呼吸相通,他有如抚育儿女,把暨南当作自己终身事业,他重长暨南后学校由中等学校发展升格为完全大学。[9]二三十年代曹聚仁在暨南大学任教的9年,正处于这两任校长长校时期。

曹聚仁与姜琦结识于浙江省立第一师范学校。当时“五四”运动席卷全国,也冲击了浙一师⑦。施存统的《非孝》引发“一师风潮”,学

---

① 《暨南半月刊》第39期,暨南大学档案馆藏,卷宗号2004-XS12-11-20。

② 《暨南创校以来大事年表》,暨南大学档案馆藏,卷宗号2004-XS12-11-21;参见周孝中:《暨南逸史》,暨南大学出版社,1996年,第19页。

③ 《秋野》1928年3月第5期。

④ 见夏泉主编《凝聚暨南精神》,广东人民出版社,2006年。

⑤ 见马兴中主编《暨南往事》,暨南大学出版社,2006年。

⑥ 郑洪年是暨南学堂首任堂长(1907—1909.1),国立暨南大学首任校长(1927.6—1934.1);姜琦曾任国立暨南学校校长(1925年—1927年夏)。

⑦ 浙江省立第一师范学校前身是“浙江省官立两级师范学堂”,1912年改为“浙江两级师范学校”,次年改名为“浙江省立第一师范”。详见琚鑫圭等编《中国近代教育史资料汇编·实业教育·师范教育》,上海教育出版社,1994年,第944~946页。

生们强烈要求挽留校长经亨颐。后经蔡元培等斡旋,学生们同意经亨颐离任,由学生自治会经全校学生票选邀请蒋梦麟任校长。当时代理北京大学校长的蒋梦麟因校务缠身,遂推荐姜琦任一师校长。姜琦上任后比较开明,深得学生拥护。曹聚仁作为学生领袖,参与了"一师风潮"。他对姜琦的办学方针颇有好评:"伯韩先生(姜琦字伯韩——引者注)的办教育方针,我后来颇为了解;他以为办教育和主政不同,尽量取民治主义的态度,校政完全公开。伯韩先生的让你们试验的态度,倒比那些糊涂官僚不许学生做任何试验收效好的多。"[10]之后,"他以自治会代表参与校务。教师也就对他另眼看待。每科成绩,无不在 90 分以上"[11]。姜琦是一位教育家,很爱才,学生时期的曹聚仁给他留下了深刻印象,这也为日后曹聚仁在暨南受重用埋下了伏笔。1925 年 7 月,国立暨南学校校长赵正平辞职。经江苏省政府推荐,北洋政府教育部任命暨南学校原教务主任姜琦接任校长。姜琦长校后,"由于他办学有年,学识宏福,对暨南情况比较了解,颇受师生欢迎,各项工作积极推行,学生人数日渐增加"[12]。曹聚仁对姜琦的治校方针大加肯定:"在暨南的校史上,我所知道的校长,只有姜琦是一本正经办学的教育家;他的作风最民主,一切决定,都由校务会议来主持,他自己只是一个学校的代表人。校内的一切,又由各院、科主任来执行,他只是一个'虚君'。"[13]他特别推崇姜琦的教育主张:"在我印象中……姜校长则是一位教育家。……他的《教育哲学》,是一部'没有偏见'的富有偏见的作品。……他的主张,在当时,不愧是一个大胆的主张,也可说是对于观念教育所取的一种革命态度。"[14]他认为姜琦是值得敬重的,以五十多岁的中年人,具有青年的热情,什么事都起劲地干,干了总有相当的成功。[15]姜琦这种治校风格和个性特点在曹聚仁心中留下了难忘的印象。

1927 年夏,姜琦调离,南京国民政府大学院任命郑洪年接任校长。郑洪年曾是暨南学堂首任堂长,"与学生相濡以沫,对暨南极有感情"[16]。他长校伊始,即将学校升格为大学,并且不拘泥于陈规陋习,进行大刀阔斧的改革。在郑洪年的苦心擘划下,学校设备日臻完善,规模大具，校誉远播，凡有知名学者抵沪，郑洪年消息灵通，必登门拜访，礼聘为教授，师资阵容鼎盛，暨南孕育了“百花吐艳，异端争鸣”的学术研究气象。[17] 1927 年大革命失败后，曹聚仁栖居于杭州西湖文澜阁，过了半年舒适闲散的生活，返回暨南大学后受到郑洪年器重，被聘为中学部副主任。[18]当时中学部的教师阵容强大，除商、文、理、法、教育各学院的教授兼授中学有关课程外，郑洪年还聘请汪静之、范叔寒等任国文教师。这些教师不少是学有专长的人才，后成为著名教授、作家。[19]暨南一度有一流学者云集真如，齐足并驾，名骋千里的局面[20]，“曹聚仁以他的所长和这些学人相辉映”[21]。郑洪年对曹聚仁等特别重视，在暨南新村修建了别墅，有营他“菟裘以谋终老之意”[22]。为减少 1932 年“一·二八”事变引发的战火对校园的侵扰，该年春夏间，暨大分别在广州和苏州复校，大学部设在广州，中学部设在苏州。当时，曹聚仁是初中部主任，他绕道松江转至苏州，在此住了半年多。暨中借苏州三元坊的工专开学，曹聚仁住在阔街头的网狮园。[23]当时的暨南学生，被当地人叫作“鳄鱼”，很难管理，郑洪年看到曹聚仁等特别辛苦，就让他们一心一意专做教授。[24]暨南大学是一所以华侨青年为主要招生对象的大学，学生思想之激进在上海各大学居于前列。“九一八”事变后，学生爱国情绪激昂，校方对进步师生予以庇护，引起当局侧目。郑洪年由此被迫辞职，曹聚仁和其他一些教授也离开暨大。[25]曹聚仁在郑洪年任校长的 5 年中，从秘书、初中主任、普通出版科副主任、科主任到教授，几度更职。他对郑洪年的治校风格十分熟悉，知道郑洪年有意要把暨大办好，但大学毕竟不是郑洪年曾任次长的铁道部，教授和学生不像他在铁道部的部属那样听话，所以郑洪年一直为暨南的事而头痛。[26]曹聚仁也颇懂得郑洪年的脾气，“近之则不逊，远之则怨”，与郑洪年始终是不即不离。郑洪年提倡风雅，因此，若干诗酒之会，都有曹聚仁的份。曹聚仁曾替郑洪年做过一首《看云楼题句》，末两句云“登楼且袖经纶手，看取青山送句来”，颇合郑洪年心意。[27]

三、曹聚仁在暨南大学的活动

曹聚仁在暨南大学任教期间,对暨南大学的发展做出了积极贡献,其言行影响着真如时期的一批暨南师友与学子。概括起来主要有下述四端。

(一)顺应时势,改进陈旧教材

姜琦出任国立暨南学校校长后,聘曹聚仁授课。姜琦长校不久即碰到难题——暨南附中的国文教师多次被学生轰走,一时找不到合适的教师。产生这种情况的原因主要有二:一是"五四"运动以来青年学生对新文学比较感兴趣,而国文教师大多是受科举思想熏陶的旧文人,不仅对欧美文学常识与新文学毫无所知,而且对经史文学也缺乏研究[28];二是一些在新文坛刚露头角的青年作家的中国古代文学修养较差。于是,姜琦推荐曹聚仁去试教。曹聚仁完全具备了新旧两种教师的优点,对此曹聚仁也坦承:"一面,我又是受了五四文学思潮的洗礼,对新文艺作品和欧西文学颇有兴趣……加以,我研究了章太炎的《国故论衡》、《检论》和《齐物论释》,和胡博士的新考证学,也就对一些语文上典物上的疑问,可以剖解得有条有理了。"[29]果然,曹聚仁试成功,学生们很喜欢听他的课。第一个月他担任初中二三年级的国文课。一个月后又叫他担任高中师范科的国文;时隔一月,又再升级,要他尝试暨南学校商科一年级的国文。[30]

曹聚仁到暨南后,对国文教材作了变动,采用鲁迅与周作人合译的《域外小说集》和林琴南译述的《拊掌录》,还加上黄遵宪的《人境庐诗草》。他认为"选用古文体翻译的西洋文学名著,既可以养成青年人对中国古典文学的欣赏能力,同时也介绍了西洋文学名著,而且在讲堂上可以说得头头是道"。[31]在教材的内容上他选用了一些思想方法论和文学批评方面的著作,如《庄子·秋水篇》《荀子·解蔽》、刘勰《文心雕龙》的《神思》篇、曹丕《典论·论文》、陆机《文赋》以及颜子推《家训》、严复译《天演论》与《群学肄言》、黄远生的遗著等。[32]这些著作的引入,广受学生欢迎。在对教材改革的同时,曹聚仁在教学方法上也锐意革新。他在授课时，“总是开列参考书目引导学生消化课本，摒弃填鸭式的教学”[33]。曹聚仁的这些改革很有效果，赢得学生的好评。如有一位姓杨的台湾籍学生，原本不喜欢上国文课，后来听了曹聚仁的课后改变了态度，专门写了一封长信，述说自己认识的转变：“老实说，我是素来不在教室中听中文课的，自从你来教国文以后，我才觉得读读国文，也颇有道理。后来，有一段时期，我又觉得你的思想不够前进；到了现在，才懂得国文课并不是思想宣传班，而是语文常识与技术的修习。”[34]

（二）关心时局，创办《涛声》周刊

1931 年春，国民党在文化界禁止出版进步书刊，封闭进步书店，颁布旨在扼制进步文化的出版法，通缉左翼作家，造成中国文化界的禁锢局面。时在暨南大学执教的曹聚仁对这种现状极为不满。他经常为《申报 · 自由谈》《申报周刊》《立报 · 言林》撰稿，为陈灵犀主编的《社会日报》撰写社论，每日一篇。但因言论激烈，主张抗日，常被禁发。[35]于是，他和四弟曹艺等创办《涛声》，以笔作投枪，向现实发出呐喊。关于创办《涛声》的动因，曹聚仁认为：“自从国共婚变以后（那是民十六年的事），我就远离政治漩涡，躲到图书馆里去读古书，做时代的蠹虫。后来回到暨南大学教书，只是教书，不再谈社会问题了。从一九二七年到一九三一年，其间差不多沉默了五个年头，什么也不写。一九三一年秋天，‘九一八’事变发生了，似乎沉默不下去了。”[36]曹聚仁的夫人王春翠也回忆：“朋友们相逢，满腔悲愤，曹聚仁更是痛感‘吟罢低眉无写处’。……曹的意思是：国家危急存亡之秋，似乎沉默不下去了。想有个阵地，写点文章叫喊一番也好。”[37]在这种时局下，《涛声》应运而生。《涛声》从创刊到 1933 年 11 月 20 日被上海市当局以“袒护左翼，诽谤中央”为由下令停刊，11 月 25 日出休刊号为止，共出版 83 期。作为《涛声》主旨的“虚无主义”，亦即曹的人生哲学。“我们的虚无主义——只是一群热心的爱国主义者，恰在现实的石头上碰了壁，一面对国家前途表示绝望，但也不曾对任何路向表示信心。”[38]《涛声》实际出版不过一年三个月，在从 20 年代末冷寂的文坛到 30 年代的激烈交锋,它是这个过渡时期中发出呐喊的“寒鸦”[39]。《涛声》在暨南也吸引、影响了一批读者,曹聚仁每期都把《涛声》送到真如镇暨大旁边的书店[40],成为暨南学子茶余饭后了解时局的重要刊物。

(三)以文会友,结交学界同仁

曹聚仁在暨南时,常和鲁迅、陈望道等往来①,与陈独秀亦有交往。自1927年曹聚仁为鲁迅在暨南大学讲演《文艺与政治的歧途》做笔录与鲁迅相识,直到鲁迅去世,两人交往频密。曹聚仁以文会友,以《涛声》为阵地,同鲁迅结为忘年交与战友。[41]鲁迅曾以罗抚的笔名,在《涛声》上发文,并对《涛声》比较关心。如1933年6月3日他致函曹聚仁:“看起来,就是中学卒业生,或大学生,也未必看得懂《涛声》罢,近来的学生,好像‘木’的颇多了。但我并不希望《涛声》改浅,失其特色,不过随便说说而已。”[42]曹聚仁先后编撰《鲁迅手册》《鲁迅评传》《鲁迅年谱》,热情地介绍、宣传鲁迅。其夫人王春翠后来回忆了当时曹聚仁和鲁迅交往的情景:“除了鲁迅常来我家外,还有陈望道先生也经常光临。他们常与曹聚仁商量文章,同议时局……曹聚仁经常在我面前说先生是中国文坛难得的巨子。”[43]1932年,陈独秀被国民党逮捕后关在南京狱中,曹聚仁常通过其在监狱做医生的三妹曹守三(秀珊)致函陈独秀,为他提供资料,劝他写自传。同年,黎烈文开始主编《申报·自由谈》,请曹聚仁写版头杂文,《自由谈》就成了曹聚仁发表杂文的主要阵地。[44]

在暨南任教的第二学期,曹聚仁每周要上课五天。由于无班车可乘,火车经常脱班,为不耽误上课,只好把家由市区搬到真如,和张凤教授合租,妻子王春翠也到真如并在暨大附小任教,曹聚仁把所有精力都放在了教学上。[45]曹聚仁在暨南大学和同事们关系融洽,他在杂文中曾多次提及这些同事,如汪静之、曹礼吾、张凤、潘伯鹰等。曹聚

① 涉及曹聚仁与鲁迅交往的研究论文主要有夏泉的《鲁迅与上海暨南大学》(《广东鲁迅研究》1996年第1期)、陈丽颖的《曹聚仁与鲁迅交往考略》(《池州师专学报》2002年第2期)等。

仁回忆:“真如南阳宅的南边,有一所广东式的楼房,民国十六七年间,静之、铁民、仰之诸兄都住在那边。我和礼吾就住在南阳宅的杨姓平房中,相隔咫尺,时常往来,谈笑很是热闹。”[46]那时的暨大,也可以说是“新旧兼容,百家争鸣”的,所以同事之间存在观点分歧也在所难免。曹聚仁提倡大众语,林语堂则主张语录体,标榜“独抒性灵,不拘格套”,以明代公安派袁中郎为宗师,并讥讽大众语啰嗦。时在暨大任教的曹聚仁就和林语堂因刘大杰而引发一场论争。这场论争是针对刘大杰的标点问题的,林本在幕后,但知道曹聚仁是醉翁之意不在酒,故而也就站出来了,曹后来写了一篇《我和林语堂吵了嘴》的文章追忆此事。[47]曹聚仁还根据当时章铁民和汪静之与中国文学系主任陈钟凡之间的“伯兮粗人”之争,在他继任主编的校刊上发表《伯兮新解》一文,指出汉代今文家“拘迂可笑”,阐明“考据与欣赏本为两途,道并行而不背”的道理,作为这场“伯兮粗人”之争的结语。[48]曹聚仁认为“国文课并非为天才创作家而设,只是为一般人的语文修习着想”。他把国文科当作了一门每个国人必修的学问,面对的是大众,旨在提高国人的基本功。曹聚仁在暨大任教的9年,对几位学生影响很大。何家槐尚未毕业,就开始在《新月》等刊物发表小说;温梓川、彭成慧在暨南求学时,已经发表了有关南洋题材的小说;作家黑婴的文学创作也始于暨大。[49]

(四)置身学术,关注教育

曹聚仁在暨大期间,除了白天授课,晚上就在家撰写文章。他写文章很专注,随便什么场合,什么时间都能写。据王春翠回忆:“有一次,我和他去逛公园,他突然想到什么,就从随身带的‘文房四宝’袋里掏出笔墨,在一块石头上写起来。……写文章就喝浓茶,右手执笔,左手捧茶杯,写到得意的时候,口里还呐呐有声,要是文思不开,他便把毛笔管衔在口中,咬啊,咬啊……”[50]曹聚仁还被复旦、大夏、艺术大学等校聘为讲师、教授,讲授国文、新闻学等课程。[51]他编著《国学概论》《国故学大纲》《文思》《笔端》《文笔散册》等,并为四马路群众图书公司出版的《陶渊明集》撰有万余言序言。[52]曹聚仁颇想成为一名史学家,担任中国通史教授。他的史学观点顺应时变,暨南的同事杨人楩曾将法国马厄迪学派介绍到中国,对曹聚仁的史学观点有很大影响。对杨人楩译注马厄迪的《法国大革命》,曹聚仁深为倾倒,特别赞赏马厄迪的治史方法。他认为:"非有可靠证据勿下论断,非证以可信的史料,勿轻于相信;对人物与事变之判断,必须依据当时之思想与判断。任何文献必须以最严厉之批评;对于流行之歪曲与错误的解释,即出于最可靠的史学,亦须无情地予以摈弃。总之,须以求真为主。"他对好友曹礼吾说:"马厄迪可以和中国的王船山媲美,两人对史学的贡献一样大。"①曹聚仁很想研究史学,但始终未能遂愿。他后来回忆:"我当时的雄心,颇想成为一个史学家,我颇愿担任中国通史的教课。可是,每一家大学,总是叫我担任国文教授,而不是中国通史。只有中国公学,让我教过一学年的史学通论,也不是中国史。到了抗战胜利,我重回上海,又在暨南大学兼课,教的却是新闻学和采访学,也不是中国史。"[53]对史学苦苦追求,却始终没有如愿,这也许是曹聚仁最大的遗憾。

暨南大学是一所侨校,"1929 年 6 月 6 日在上海召开的南洋华侨教育会议是我国华侨教育史上的一次重要会议"[54]。曹聚仁作为筹备委员之一,参与会议的全过程,做出了重要贡献。② 除此,曹聚仁关注陶行知的"乡村教育"试验,他认为"农业社会的中心,不在都市,而在乡村"。1927 年 2 月 5 日,在真如国立暨南学校的曹聚仁曾致函陶行知介绍学生王琳:"乡村师范的办法,真是中国教育的还魂丹。在我不仅是钦佩,而且是十二分的羡慕……祝乡村教育运动猛进!"[55]陶行知在接信后于 2 月 11 日复函曹聚仁,表示对育才小学深为佩服,并希望他加入乡村教育的发展,函称:"接读二月五日手书,欣悉先生决

① 行止:《曹聚仁传略》,《晋阳学刊》编辑部:《中国现代社会科学家传略(第 9 辑)》,山西人民出版社,1987 年,第 370 页;曹聚仁《史学家杨人楩》,《我与我的世界》,人民文学出版社,1983 年,第 243 ~ 244 页。

② "南洋华侨教育会议"之具体筹办及开会过程,见《申报》1929 年 5 月 24 日,6 月 6、7、8、9、10、11、12、13、14、18 日的有关报道。

以育才小学试验乡村教育，并介绍王琳君报考试验乡村师范，俾学成后回到育才学校服务。高瞻远瞩，至堪钦佩。……先生对于农业社会及教育之见解，洵属至理名言，发人深省。叔愚先生与弟深望先生加入乡村教育之发展。……全会同志当无不踊跃欢迎也。”[56]

四、结语

教育家梅贻琦有言：“所谓大学者，非谓有大楼之谓也，有大师之谓也。”曹聚仁学术视野开阔，涉猎甚广，品德高尚且极具人格魅力，在当时暨大很有影响。他是中文教授，名声很响，连外系学生也知晓。据载，他上课时，教室总是挤得很满。[57] 20世纪二三十年代是暨南大学的发展时期，当时的校长姜琦、郑洪年广泛延揽人才，暨南大学出现“文化昌达，名士百出”的局面。这种氛围曾吸引一批学人来此任教，曹聚仁就是其中的佼佼者。这种氛围也给曹聚仁留下了深刻印象，使他对“暨南精神”有独特的理解。他曾多次在文章中提及“暨南精神”，他认为真正有点“暨南精神”的日子，是在姜琦和郑洪年长校时期。同时这个时期也是暨南侨生最多、最富有青春力朝气蓬勃的时期。诚如他所言：“‘暨南精神’恰正相反，他们天真、热情，不计利害得失，一股劲往前冲。黑是黑，白是白，他们会当面和你争论，争得面红耳赤，又不会记在心上，过后依然和你十分亲热的。”[58] 曹聚仁对“暨南精神”的理解包括现今“暨南精神”①之“知行合一”“和而不同”两个方面。这种精神，不仅是一种大学的文化现象，更是一种博大兼容的办学胸怀，蕴涵了接纳、理解、竞争、包容、和谐之意。

注释：

[1][3]许定铭：《醉书随笔》，山东画报出版社，2006年，第35页。

---

① 2006年暨南大学百年校庆之际，经过半年的“暨南精神大讨论”活动，综合广大师生对“暨南精神”的理解，暨南大学将“暨南精神”的内涵提炼为“忠信笃敬、知行合一、自强不息、和而不同”十六个字。见张桂国、张绍磊：《“暨南精神大讨论”理论观点综述》，《暨南学报（哲学社会科学版）》2006年第5期。

[2][7][41]夏泉:《暨南文丛》(卷二)曹聚仁篇“序言”,暨南大学出版社,2006年,第382~383、381页。

[4]来华强:《论曹聚仁〈我与我的世界〉的传记文学特质》,《河南大学学报(社会科学版)》2005年第3期。

[5][9]曹聚仁:《莲韬馆》,《文坛三忆》,生活·读书·新知三联书店,1999年,第70~71、68页。

[6]曹聚仁:《书林又话》,上海书店出版社,1999年,第51页。

[8]北京图书馆编《民国时期总书目(1911—1949)》,书目文献出版社,1995年,第464页。

[10][15]曹聚仁:《后校长姜琦》,《文坛三忆》,生活·读书·新知三联书店,1999年,第15、14页。

[11][21][31][32][45][49][57]李伟:《曹聚仁传》,河南人民出版社,2004年,第38~39、61、55、54~55、54、56、55页。

[12][16][18][19]张晓辉、夏泉等:《百年暨南史》,暨南大学出版社,2006年,第35、41、44、62页。

[13][58]曹聚仁:《暨南前页》,《我与我的世界》,人民文学出版社,1983年,第258~259、256页。

[14]曹聚仁:《后校长姜伯韩》,《我与我的世界》,人民文学出版社,1983年,第124~127页。

[17]暨南大学华侨研究所编《暨南校史资料选辑(1906—1949)第1辑》,1983年,第34、57页。

[20]曹聚仁:《杨人楩先生》,《文坛三忆》,生活·读书·新知三联书店,1999年,第96页。

[22][23][24]曹聚仁:《暨南后页》,《我与我的世界》,人民文学出版社,1983年,第267~268、269~270、270页。

[25][38][39][44]行止:《曹聚仁传略》,《晋阳学刊》编辑部编《中国现代社会科学家传略(第9辑)》,山西人民出版社,1987年,第370、370~371、371~372、372页。

[26][27]曹聚仁:《暨南中页》,《我与我的世界》,人民文学出版社,1983年,第264、264~265页。

[28][29][30]绍衡编《曹聚仁文选(下册)》,中国广播电视出版社,1995年,第290、291、290页。

[32][34][53]曹聚仁:《我做了教授》,《我与我的世界》,人民文学出版社,1983年,第210、210、209页。

[35]李伟:《曹聚仁大事年表》,《曹聚仁传》,河南人民出版社,2004年,第360页。

[36]曹聚仁:《"乌鸦"商标·〈涛声〉周刊》,胡靖编《曹聚仁杂文集》,生活·读书·新知三联书店,1994年,第362页。

[37][43][50]王春翠:《我的丈夫曹聚仁》,钟业坤主编《暨南人》,暨南大学出版社,1996年,第47~48、46~47、52页。

[40]黑婴:《忆暨南》,《随笔》1987年第1期。

[42]鲁迅:《致曹聚仁》,《鲁迅书信集(上卷)》,人民文学出版社,1976年,第377页。

[46]曹聚仁:《诗人汪静之》,《我与我的世界》,人民文学出版社,1983年,第235页。

[47][48]周孝中:《暨南逸史》,暨南大学出版社,1996年,第53、54页。

[51]《艺术大学之刷新》,《申报》1928年2月21日。

[52]《群众图书公司出版新书》,《申报》1926年8月6日。

[54]周聿峨:《华侨教育史上的一次重要会议——南洋华侨教育会议》,暨南大学华侨研究所编《华侨教育》第2辑,1984年,第58~59页。

[55][56]陶行知:《加入乡村教育运动——致曹聚仁》,《陶行知全集(第8卷)》,四川教育出版社,1991年,第267~268、266页。

(《东南亚研究》2009年第5期)

徐中舒

徐中舒（1898—1991），初名道威，字中舒，以字行，安徽怀宁（今安庆市）人。历史学家，古文字学家，考古学家。1928年任复旦大学和暨南大学中文系教授，1934年与容庚等共同发起成立考古学社。后任教于四川大学，兼任四川历史学会会长等职。主编有《甲骨文字典》等。

徐中舒与暨南大学

——由其佚著《尚书讲义》的新发现说起

赵灿鹏

徐中舒先生(1898—1991)是中国现代著名的历史学家、古文字学家、考古学家,清华国学研究院毕业,曾从学于著名学者王国维,历任暨南大学教授,中央研究院历史语言研究所研究员,四川大学历史系教授、主任,四川历史学会会长,中国先秦史学会理事长,《甲骨文字典》《汉语大字典》主编,以精研先秦史、古文字学,广为海内外学界推崇。暨南大学是徐先生任教的第一所国立大学,为其学术生涯的起点;徐先生在暨南大学任教期间,是校长郑洪年最为倚重的人物之一,在校史上留下了深刻的印记。关于徐先生与暨南大学校史的重要关系,目前似尚未见有论著提及。今据新发现徐先生佚著《尚书讲义》,以及相关校史资料,略陈所见,以供研究者参考。

一

笔者近年在上海图书馆发现一部《尚书学讲义》,署名方欣安辑,暨南大学 1929 年 10 月铅印出版,全一册,184 页。此书存本稀少,目前仅知另有一部藏于上海社会科学院图书馆。

方欣安即方壮猷(1902—1970),现代著名史家,以治民族史、宋辽金元史著称。方先生原名彰修,学名方兴,字欣安(或作欣庵、新安、心安),湖南省湘潭县人,1926 年毕业于清华国学研究院,1927—1929 年间,在暨南大学、复旦大学等校任兼职讲师,讲授中国古代史、中国文学史等课程。①

该书目录卷端题"国立暨南大学历史社会学系　尚书学讲义第一种"。全书由四个部分组成,依次为徐中舒《尚书讲义》(40 页)、王国维《尚书讲义》(54 页)、方欣安《尚书讲义》(24 页)、方欣安选《尚书学讲义》(66 页),页码皆自为起讫。

第一部分卷端题"《尚书》讲义　徐中舒",内容为《商书》四篇(《盘庚上、中、下》《高宗肜日》《西伯戡黎》《微子》),《周书》八篇(《牧誓》《大诰》《金縢》《康诰》《酒诰》《梓材》《召诰》《洛诰》)注释,共计十二篇。

第二部分版心题"尚书讲义　王静安""尚书讲义第三编",总以

① 岳华:《方壮猷传略》,北京图书馆《文献》丛刊编辑部等《中国当代社会科学家》,第五辑,北京:书目文献出版社,1983 年,第 11 ~ 19 页。岳华为方壮猷先生哲嗣方克立教授笔名。按方先生在暨大、复旦的教学经历似乎都不久。1927 年底暨大编辑出版的《国立暨南大学改组特刊 · 职教员一览表》,1928 年 1 月 14 日出版的《暨南周刊》寒假特刊载黄振汉《改组后的国立暨南大学》附"职员一览表",皆未见方先生的姓名。1928 年初,他在清华国学研究院的同学、暨大同事周传儒说"……方君壮猷,原任复旦、暨南功课,后不满暨南当局,辞去教职,专在复旦"(周传儒:《从上海给研究院同学谢国桢君的一封信》,《清华周刊》,第 29 卷第 2 号,1928 年 2 月 17 日,第 160 页)。据暨大 1929 年 10 月印行方先生辑《尚书学讲义》,卷端题"国立暨南大学历史社会学系《尚书》学讲义第一种",可知方先生于 1928 至 1929 年间,又重返暨大,执教于历史社会学系。但是方先生的姓名与《尚书》学课程,未载于暨大 1929 年编辑出版的《暨南年鉴(1929 年) · 教职员》,及 1929 年 9 月 16 日出版的《暨南校刊》第三期《文学院史学社会学系准开学程(十八年上学期)》。而 1929 年复旦大学编辑出版的《复旦大学章程 · 大学部教员》,及 1935 年复旦大学编辑出版《三十年的复旦(1905—1935) · 中国文学系系史》列举该系历任教员,亦无方先生姓名。方先生于 1929 年赴日本留学,从东京大学教授白鸟库吉研究东方民族史,出国前曾在商务印书馆任编辑工作(钱穆:《师友杂忆》,北京:三联书店,1998 年,第 143 页)。顺带一提的是,方先生的密友徐中舒先生是安徽怀宁人,怀宁先贤中亦有名方壮猷者,字午桥,道光二十年(1840)举人,有《海鹤翁稿》《方壮猷文集》行世(柯愈春:《清人诗文集总目提要》,北京:北京古籍出版社,2001 年,第 1558 页)。

“商书参考材料”“商周书参考材料”之名，收录王国维古史论著七篇：（一）《殷之先公》；（二）《殷之先王》；（三）《殷先王世数》；（四）《商诸臣》；（五）《商之都邑及诸侯》（以上“商书参考材料”五篇，见《古史新证》）；（六）《殷周制度论》（“商周书参考材料”一篇，见《观堂集林》）；（七）《殷都邑考》（收录《说自契至于成汤八迁》《说商》《说亳》《说耿》《说殷》五篇，见《观堂集林》）。

第三部分版心题“尚书讲义第一编　方欣安”，内容为“汉以后伪《尚书》”，收录《伪古文尚书》二十五篇白文，及《书古文训》中之古文《尚书》举例。

第四部分版心题“尚书学讲义第二编　方欣安选”，收录《尚书》学参考材料十六种：（一）阮元《国史儒林传·阎若璩传》；（二）阎若璩《尚书古文疏证》目录；（三）崔述《古文尚书辨伪》卷二“集前人论《尚书》真伪”；（四）皮锡瑞《书经通论》之二十五“论伪古文多重复且敷衍不切”；（五）皮锡瑞《书经通论》之二十四“论伪孔书相承不废，以其言多近理；然亦有大不近理者，学者不可不知”；（六）惠栋《古文尚书考》（节选）；（七）阎若璩《尚书古文疏证》第九“言《左传》‘德乃降’之语今误入《大禹谟》”；（八）阎若璩《尚书古文疏证》第十七“言安国古文学源流真伪”；（九）李绂《书古文尚书冤词后》；（十）丁晏《尚书余论》；（十一）孔安国《尚书孔氏传序》（伪）；（十二）孔安国《孔子家语后序》（伪）；（十三）皮锡瑞《经学史讲义》①第五章《经学中衰时代》；（十四）万斯同《群书疑辨》卷一《古文尚书辨》；（十五）《四库全书总目》卷十三“书类存目一”《书古文训》提要；（十六）孙星衍《尚书隶古定释文序》。

徐中舒、方壮猷先生为清华国学研究院1926年毕业生，“古史新证”是导师王国维1925年9月在清华国学研究院开讲的第一堂课，当年10月王氏并讲授《尚书》课程[1]53，《观堂集林》是王氏考辨古史的代表作。《尚书学讲义》第二部分，从王氏《古史新证》《观堂集林》中

① 皮锡瑞著《经学历史》有上海群益书社1911年版，题名《经学史讲义》。

选录七篇论著，体现出徐、方二先生师承所在。这一部分题名“商书参考材料”“商周书参考材料”，与第一部分徐中舒先生《尚书讲义》紧相配合，应该为徐先生编选。①

署名为方壮猷先生所编的第三、四部分，疑系根据顾颉刚《尚书》讲义改编而成。第四部分“《尚书》学参考材料”之六，为惠栋《古文尚书考》（节录），卷首还保留有顾氏案语“颉刚案：……今以限于钞印之力，止录《舜典》及《大禹谟》两章……”一段，可为证明。②

徐中舒先生的《尚书讲义》，凡《今文尚书》二十八篇，“虞夏书”未录，“商书”阙《汤誓》一篇，“周书”阙《洪范》《多士》《无逸》《君奭》《多方》《立政》《顾命》《康王之诰》《柴誓》《吕刑》《文侯之命》《泰誓》等十二篇。其中多采用王国维之说，例如《盘庚中》“暂遇”（7 页）、《金縢》“丕子”（19 页）、《酒诰》“棐徂”（29 页）、《洛诰》“惟七年”（40 页）等条；亦有自抒新解处，如《微子》“刻子”（12 页）等条，可与王氏在清华国学研究院的《尚书》讲义参看[2];[3]。

广泛利用甲骨文、金文等新出资料，解说简明切要，是徐先生《尚书讲义》的一个显著特点。这部讲义学术价值的另一方面，在于参考材料选录的精当。参考材料有三大部（第一、三部仅见目录，正文未收）：首先是从《史记》中选录《殷本纪》《周本纪》，《二代世表》中的殷、周世表，《鲁周公世家》等十篇；其次是王国维有关古史的重要论著，《古史新证》为王氏有关甲骨文与殷商史研究一系列独创性

① 本书卷首目录阙载方壮猷先生编选第三、四部分，仅载讲义第一、二部分，且篇目拆散，另按“商书”“周书”的部类重新编排，可证。

② 顾颉刚：《〈尚书〉讲义（厦门大学）》，王煦华整理，彭林主编《中国经学》，第 3 辑，桂林：广西师范大学出版社，2008 年，第 15 ~ 17 页。按顾先生于 1926—1929 年间，在厦门大学、广州中山大学开设《尚书》研究课程，编印有《尚书讲义第一编》（厦大）、《尚书学讲义》（中大），后者收录参考材料六十二篇，汇集汉代以来《尚书》学者之说（顾潮编著：《顾颉刚年谱》，北京：中国社会科学出版社，1993 年，第 130 ~ 135、145 页；王煦华《顾颉刚先生在中山大学》，《庆祝杨向奎先生教研六十年论文集》编委会编《庆祝杨向奎先生教研六十年论文集》，石家庄：河北教育出版社，1998 年，第 666 页）。

成果的总结①,《殷周制度论》就殷周祀典、世系、宗法、丧服、分封制度等方面进行系统论述,“义据精深,方法缜密,极考证家之能事”[4],有“近世经、史二学上第一篇大文字”之称[5];最后是清代学者崔述有关古史记载进行全面考辨的论著,崔述(号东壁,1740—1816)的辨伪考信工作,在20世纪20年代由于刘师培、梁启超、胡适、钱玄同、顾颉刚等学者的表彰[6]199,以“科学的古史家”著称于世[7]952,崔氏学说盛极一时,“东壁《遗书》几于一时人手一编”②。梁启超认为崔氏《考信录》一书,“考证三代史事实最谨严,宜一浏览,以为治古史之标准”[8]。徐先生选择崔氏《商考信录》《丰镐考信录》《丰镐考信别录》三种计四十篇,作为《尚书讲义》的主要参考材料,正是时代学术风气的一种反映。③ 以上三种参考材料,较为全面地提供了阅读《尚书》的历史背景知识。

以笔者浅见,这部编纂于八十年前的大学讲义,内容包括中国上古史最基本的原始文献与学术文献,根据今天学术进步的程度衡量,仍然具有较高的学术价值,可以作为一种有相当学术深度的《先秦史文献读本》,供中国古代史专业教学使用,尤其适合先秦史专业的研究

---

① 仓修良主编:《中国史学名著评介·〈古史新证〉》,济南:山东教育出版社,1990年,第三卷,第475~498页,条目撰者谢维扬师。徐中舒《王静安先生传》(《东方杂志》,第二十四卷第十三号,1927年7月10日,第49页):“……先生在研究院讲演《古史新证》《尚书》……先生此时对于古史,已有成熟之见解。其《古史新证》,乃增损《殷卜辞中所见先王先公考》《续考》《殷周制度考》诸篇而成,凡前后之不足持者,至是皆刊削净尽。”

② 钱穆:《读崔述〈洙泗考信录〉》,见钱穆《孔子传》,北京:三联书店,2002年,附录(二),第116页。按:原文如此,疑当作“东壁《遗书》一时几于人手一编”。

③ 现今古史学界已不大重视崔述的作品,著名先秦史家赵光贤曾经感慨,崔氏著作虽经顾颉刚精心整理出版,“但读者并不多,不少在大学讲授先秦史的教师竟不读《考信录》”[赵光贤:《崔述在中国史学史上的地位》,《北京师范大学学报》(社科版),1992年第5期,第58页],吕思勉曾经说“……崔氏考据之学,并无足称”(吕思勉《论学集林·读〈崔东壁遗书〉》,上海:上海教育出版社,1987年,第177页),这是一种有代表性的批评意见。但在笔者看来,撇开其偏颇固陋之处,崔述对上古历史所作的细密考辨,特别是《商考信录》《丰镐考信录》《丰镐考信别录》三种著作中试图建立系统的商、周史的努力,仍然具有久远的价值。

生研读。

与徐先生同时在清华国学研究院从学于王国维的杨筠如，著有《尚书核诂》一书，为学界极口揄扬，近年学者以宋代朱熹、蔡沈师弟薪火相承，撰定《书集传》的美谈，称其能发扬王氏《尚书》之学①。作为王国维《尚书》学的另一部传承之作，徐先生《尚书讲义》的发现，相信将引起学术界广泛的重视。

二

除了《尚书讲义》之外，徐中舒先生另有一种著作《中国文字学》，1930 年由暨南大学出版。这应是徐先生在暨大中国语文学系开设"中国文字学史"课程的讲义。② 该书同年 4 月入藏暨南大学洪年图书馆③，因 1932 年中日淞沪战役，暨大校址沦为战区，藏书损失大半，1938 年所编《暨南大学图书馆劫余书目》，1939 年编《国立暨南大学图书馆新编书目》，其中"语言文字"类均未见收录[9]53;[10]46－48，可知当时

---

① 李学勤《尚书核诂新版序》，杨筠如《尚书核诂》，黄怀信标校，西安：陕西人民出版社，2005 年，第 4 页。按王国维晚年有志撰写《尚书注》，但未写成，他于 1924 年为容庚《金文编》作序说："余尝欲撰《尚书注》……荏苒数年，未遑从事……"（《王序》，容庚编著《金文编》，北京：中华书局，1985 年，第 9 页）

② 徐先生执教暨大期间，自 1927 年起，在中国语文学系讲授"中国文字学史"（或称"文字学史"），课程编号"国七丨一"（《丨六年度教务概况》，国立暨南大学编辑出版《国立暨南大学校务特刊（十六年度）》，上海，1928 年，第 57 页；《文学院中国语文学系准开学程表（十八年秋季）》，《暨南校刊》，第二期，1929 年 9 月 12 日，第 5 页，注明有讲义作为教本），《中国语文学系指导书（十七年度）》（国立暨南大学中国语文学系编辑部编辑《国立暨南大学中国语文学系期刊》，创刊号，上海：国立暨南大学出版课，1928 年，第 284 页）录有课程纲要"讲授殷周以来文字之流变，及两汉以来研究文字学者之方法及其中（鹏按：原文如此，'中'字疑当作'得'）失。"1928 年秋，徐先生在暨大高中部普通科三年级讲授"文字学纲要"课程（《高级中学部各科准开学程（十七年秋季）》，《暨南周刊》，第三卷第八期，1928 年 9 月 1 日，第 157 页），同时在复旦大学中国文学科讲授"中国文字学"课程（复旦大学编辑出版《复旦大学章程·大学部教员》，上海，1929 年，第 12 页）。

③ 《洪年图书馆新书目录》（《暨南校刊》，第五十七期，1930 年 4 月 28 日，第 28 页）："徐中舒《中国文字学》，1 册，发行处：上海，暨大。书码：722－393。"

暨大藏本已经散亡。检京、沪两地各大图书馆藏书目录,此书皆无藏本,疑佚。

再者,1927—1928 年,徐先生在暨大曾为大学部预科讲授"国文"和"国学概论"课程,二者都印有讲义①,《国文》讲义目录如次(序号及撰者、出处为笔者所加):

1《答冯子华处士书》([唐]王绩)、2《大道篇》(《尹文子》)、3《爱类》(《吕氏春秋》)、4《察今》(《吕氏春秋》)、5《论贵粟疏》([汉]晁错)、6《周黄徐姜申屠列传叙》(《后汉书》)、7《解嘲》(扬雄)、8《三国志·诸葛亮传》、9《游黄山记》([明]徐宏祖)、10《庐山草堂记》([唐]白居易)、11《卖火柴的女儿》([丹麦]安徒生作,周作人译)、12《训俭示康》([宋]司马光)、13《文艺批评杂语》(疑为周作人《文艺批评杂话》)、14《奏疼吟》(疑为[唐]韦庄《秦妇吟》)、15《谢玄淝水破秦之战》(《资治通鉴》,见[清]曾国藩编《经史百家杂钞》)、16《金石录后序》([宋]李清照)、17《班超传》(《后汉书》)、18《我们建设怎样的国家》(汪精卫)、19《物色篇》(《文心雕龙》)、20《原君》([明]黄宗羲撰《明夷待访录》)、21《琵琶记·吃糠》([元]高明)、22《吟雪》([明]施绍莘)、23《非十二子》(《荀子》)、24《日本的风刺传》(疑为周作人《日本的讽刺诗》)、25《东山》(《诗经》)、26《七月》(《诗经》)、27《招魂》(《楚辞》)、28《口技》(疑出[清]蒲松龄撰《聊斋志异》②)

---

① 黄振汉《改组后的国立暨南大学》(《暨南周刊》,寒假特刊,1928 年 1 月 14 日,第 13、18 页)记徐先生担任学程为"国文""国学概论"两门,又大学部预科所开学程,必修课目有"国文",选修课目有"国学概论"。

② 民国时期国文课本中所选的《口技》有三篇之多,分别录自[清]郑澍若编《虞初续志》、[清]张潮辑《虞初新志》、[清]蒲松龄撰《聊斋志异》(参见傅东华、陈望道编:《(初级中学用基本教科书)国文》,上海:商务印书馆,1931 年,第一册,第 108 ~ 116 页),按徐先生友人王伯祥编《开明国文读本》(上海:开明书店,1932 年,第一册,第 137 页)所选出自《聊斋志异》,疑徐先生选者亦同。

以上 28 篇,加上《国学概论》,共计 29 篇,原注 32 篇、185 页[11],篇目编次稍欠条理,疑有讹误。《国学概论》讲义未见传本,疑佚。

三

1927 年 6 月,暨南学校改组为国立暨南大学,郑洪年(字韶觉,1886—1958)出任校长。通过与郑氏同为国民党元老的易培基(1880—1937)的引介,徐中舒先生与夏丏尊、方光焘、方壮猷、刘薰宇、章克标等一批立达学园的成员到暨大任教。① 徐先生同时兼课于复旦大学中国文学科。②

徐先生在暨大任教,另外还有清华国学研究院导师梁启超的关系。梁启超与暨大校长郑洪年,都曾从学于康有为,皆系万木草堂弟子[12]94。除徐先生之外,约略同时在暨大任教的清华国学研究院毕业生,还有方壮猷、龚业光、程憬、周传儒等人[13]。周传儒的回忆可为证明:"梁……介绍我去见暨南大学校长郑洪年,郑是梁在万木草堂时的同学……清华研究院学生受梁照应的还有一些人,如介绍陈憬、徐中

① 章克标《暨大教授》(陈福康等编《章克标文集》,上海:上海社会科学院出版社,2002 年,下册,第 117 页):"……正好暨南大学要在上海复校了,这是主要为华侨学生办的一所国立大学,已经请郑洪年来当校长,易培基此时又是教育部长了,所以可以托匡互生兄介绍,我们朋友中有许多人到暨南大学去教书了,如夏丏尊、方光焘、徐中舒等等。"章克标《开明书店的书和人》(陈福康等编《章克标文集》,下册,第 533 页):"……匡互生则是立达的中心人物,因为他同易培基知己交深,易当时任教育部长,我们这些人由他介绍而进暨南任教的。"按 1927 年 9 月 5 日,暨南大学校长郑洪年正式就职,易培基作为国民政府教育行政委员会代表,莅校主持就职典礼(《校长正式就职纪事》,《暨南周刊》,第一辑,1927 年 10 月 8 日,第 5 ~ 17 页)。又 1927 年 8 月立达学会设立董事会时,曾提出易培基、李石曾、郑洪年三人为董事(商金林撰著《叶圣陶年谱长编》,北京:人民教育出版社,2004 年,第一卷,第 380 页)。

② 复旦大学编辑出版《复旦大学章程 · 大学部教员》(上海,1929 年,第 12 页)记徐先生学历为"清华大学研究院毕业,暨南大学讲师",通讯处为"真茹暨南大学",可知其本职在暨大,复旦为兼课。

舒去教书……”①

徐先生在暨大，是校长郑洪年最为倚重的人物之一。1927 年 6 月大学改组成立之际，郑氏草拟改组暨南大学计划书与组织大纲，即由徐先生协助[14]。8 月份大学历次教务会议，多由徐先生担任会议记录[15]。9 月 21 日，暨南大学成立南洋文化教育事业部，与大学部、中学部鼎足而三，为暨大组织构成的三大支柱之一。该部设立委员会总揽部务，下设教育、调查、指导、宣传、编译等五股，徐先生担任该部委员会委员、教育股主任，兼任该部主任秘书，具体主持部务[16]。徐先生同时兼任中国文学系讲师[17]，系主任夏丏尊自 1927 年 8 月开始[18]，任职一学期后即提出辞呈[19]162。校长郑洪年颇属意以徐先生为中文系主任，而为徐先生婉谢，遂于 1928 年 1 月 5 日聘陈钟凡担任中国文学系主任兼教授[18]。1928 年初，周传儒写信给谢国桢，介绍南方的清华国学研究院同学情形时说：“……至其现状，徐君中舒最称红阔，以一身兼复旦、立达、暨南诸校功课，并为暨大南洋文化事业部主任。新近郑韶觉屡征同意作暨大文学系主任，固辞不就，可见其声望之隆矣。”[13]

虽然如此，徐先生的内心并不快乐。1928 年 12 月 31 日，徐先生致书傅斯年说：“两年以来，弟在暨南、复旦，为教职事牵缠，不获专力学问，深以为苦。”②即以主持暨大南洋文化教育事业部而言，徐先生参与起草该部组织条例、宣言、各股办事细则，办理与校长、大学各部、

① 周传儒：《回忆梁启超先生》，中国人民政治协商会议广东省委员会文史资料研究委员会编：《广东文史资料》，第三十八辑，广州：广东人民出版社，1983 年，第 244 ~ 245 页。1927 年 1 月，梁启超为推荐程憬，专门写信给金陵大学国学系主任陈钟凡（吴新雷等编纂：《清晖山馆友声集》，南京：江苏古籍出版社，2000 年，第 114 ~ 116 页）；又 1927 年冯国瑞于清华国学研究院毕业时，梁启超曾为他给甘肃省省长薛笃弼写推荐信，大加奖掖（王锷：《冯国瑞与麦积山石窟》，中国人民政治协商会议天水市委员会文史资料委员会编印：《天水文史资料》，第六辑，1992 年，第 44 页）。

② 台湾“中央研究院”历史语言研究所藏傅斯年档案，档号：元 63 - 1，转引自徐亮工：《从“书”里到“书”外：徐中舒先生的学生与生平（代前言）》，《川大史学 · 徐中舒卷》，成都：四川大学出版社，2006 年，第 9 页。

国民政府海外殖民部,及上海与南洋有关系之各团体的联络事宜;大约每个星期组织召开一次部务会议,担任会议主席;编辑印行《南洋研究》月刊与丛书,及地图、国内外通讯、各项调查材料、南洋美术明信片;代表该部出席暨大校务评议会等等,有繁杂的行政事务需要处理,而且须分心从事与自己专业距离甚远的华侨教育研究(如撰写《南洋华侨教育与立案条例》,进行马来亚沙朥越学校调查);同时还兼任上海华侨教育协会①干事部委员、研究股主任、海内外撰述员等职。②

数十年后,徐先生回忆这段生涯,还有很深的感慨:"1927、1928两年,我在上海复旦大学、暨南大学和立达学园任教,功课很忙。这时我的接触面较广,我的读书时间渐少,我有些苦闷。我只想为自己打算找一个作研究工作的地方,希望关起门来,不闻世事来钻牛角尖……"③

堪称双美的是,1927年12月,著名华侨研究学者刘士木(1889—1952),应暨大聘请,入职南洋文化教育事业部④,于1928年2月被聘为文化股主任,同年6月23日被聘为该部部主任[20]。既有得力人才作为后继,徐先生于是辞去南洋文化教育事业部职务,专任暨大中国

① 华侨教育协会是1926年2月,由著名华侨研究学者刘士木等在上海发起成立的民间团体,以"协助华侨教育之发展,增进侨民之文化事业"为宗旨。协会分董事、干事两部,各设正、副主席;韩希琦、刘贝锦、陈敬贤(陈嘉庚之弟)为董事部正、副主席,刘士木、黄介民为干事部正、副主席。干事部设总务、经济、文书、庶务、调查、研究、编辑、宣传、介绍、交际等十股,每股设正、副主任各一人,干事员若干人,分理会务(陈国华编著:《先驱者的脚印——海外华人教育三百年1690—1990》,Toronto:Royal Kingsway Inc.,1992年,第202~203页)。

② 关于徐先生主持暨大南洋文化教育事业部的情形,详参赵灿鹏:《开辟东南亚与华侨研究的新纪元——暨南大学南洋文化事业部史稿(1927—1951)》,未刊稿。

③ 徐中舒:《我的思想检查总结》,1952年8月12日手写稿,转引自徐亮工:《徐中舒先生学术编年(1898—1950)》,未刊稿。

④ 顾因明《〈南洋华侨史〉序》(李长傅:《南洋华侨史》,上海:国立暨南大学南洋文化事业部,1929年,"顾序",第1页):"去年(鹏按:1927年)……到了十一月初,刘先生将应郑韶觉校长之聘,主任暨大南洋文化部……"《事务处总处课日记》(《暨南周刊》,寒假特刊,1928年1月14日,第69页)记1927年12月20日收到刘士木应聘书。

语文学系①讲师、历史社会学系教授②,并于 1928 年秋,兼任暨南大学高中部教员[21]。

就在 1928 年夏,徐先生与傅斯年在上海晤面。傅氏于 1927 年秋在广州中山大学创立语言历史研究所(1928 年 10 月收归中央研究院,改称历史语言研究所,1929 年春所址迁北平[22];[23]276-284),邀请徐先生到所工作。徐先生欣然应允,乃于 1929 年 1 月辞去暨南、复旦教职,前往北平就史语所之职,从此专事古史与古文字研究,遂成为一代名家。③

[本文撰写过程中,承上海图书馆历史文献中心黄显功先生、樊兆鸣先生、陈建华女士提供阅览资料的方便,四川大学历史文化学院徐亮工教授赐示手稿《徐中舒先生学术编年(1898—1950)》,谨致谢忱!]

[参考文献]

[1]孙敦恒. 清华国学研究院史话[M]. 北京:清华大学出版社,2002.

[2]吴其昌. 王观堂先生尚书讲授记[C]//王国维. 古史新证——王国维最后的讲义. 北京:清华大学出版社,1994.

[3]刘盼遂记. 观堂学书记[C]//王国维. 古史新证——王国维最后

① 1928 年春,暨大中国文学系改名中国语文学系[《十六年度教务概况》,国立暨南大学编辑出版:《国立暨南大学校务特刊(十六年度)》,第 54 页]。

② 《历史社会学系同学会》(国立暨南大学编辑出版《暨南年鉴(1929 年)·团体》,无页码)记 1928 年秋暨大历史社会学系师生联欢大会,出席者有系主任黄凌霜,教授程仰之、徐中舒、王家吉等。

③ 参见徐亮工:《从"书"里到"书"外:徐中舒先生的学生与生平(代前言)》,《川大史学·徐中舒卷》,第 9~11 页。按徐先生辞职以后,暨大仍然保留着他的中国语文学系讲师、历史社会学系教授职位,1929 年 8 月国立暨南大学编辑出版的《暨南年鉴(1929 年)·教职员》(无页码)还有徐先生的项目:"徐中舒 国文,《尚书》及文字学史教授。"并见同年 11 月 28 日出版的《暨南校刊》第廿三期(第 2 页)所载《本校组织与教职员姓名》。徐先生 1930 年 3 月 29 日致陈中凡函中说"……韶觉校长曩日又坚约南旋……"(吴新雷等编纂:《清晖山馆友声集》,第 372 页),可相为印证。

的讲义.北京:清华大学出版社,1994.

[4]徐中舒.王静安先生传[J].东方杂志,24:13,1927.

[5]抗父.最近二十年间中国旧学之进步[J].东方杂志,19:3,1922.

[6]陈光唐.邯郸历史人物传续集[M].北京:中国文联出版社,2000.

[7]胡适.科学的古史家崔述[C]//[清]崔述撰.崔东壁遗书.上海:上海古籍出版社,1983.

[8]梁启超.国学入门书要目及其读法[J].(清华周刊)书报介绍副刊,3,1923.

[9]国立暨南大学图书馆编辑出版.暨南大学图书馆劫余书目[M].上册"中文(附日文)之部",上海,1938.

[10]国立暨南大学图书馆编辑出版.国立暨南大学图书馆新编书目[M].第一卷第二号,上海,1939.

[11]十七年度上学期中文讲义统计表[C]//国立暨南大学编辑出版.国立暨南大学校务特刊(十六年度),上海,1928.

[12]陈汉才.康门弟子述略[M].广州:广东高等教育出版社,1991.

[13]周传儒.从上海给研究院同学谢国桢君的一封信[J].清华周刊,29:2,1928.

[14]国立暨南大学十六年度下学期第七次纪念周[J].暨南周刊,2:7,1928.

[15]大学部教务会议录(八月七日特别教务会议),八月十一日大学部教务会议录,大学部教务会议录(八月十六日)[C]//国立暨南大学编辑出版.国立暨南大学改组特刊,上海,1927.

[16]赵灿鹏.暨南大学南洋文化事业部的历史沿革[J].东南亚研究,2007,(6).

[17]职教员一览表[C]//国立暨南大学编辑出版.国立暨南大学改组特刊,上海,1927.

[18]民国十七年度大事月表[C]//国立暨南大学编辑出版.国立暨南大学校务特刊(十六年度),上海,1928.

[19]夏弘宁.夏丏尊传[M].北京:中国青年出版社,2002.

[20]校长布告(第九十一号)[J].暨南周刊,3:6,1928.

[21]高级中学部各科准开学程(十七年秋季)[J]. 暨南周刊,3:8,1928.

[22]大学院接收广州中山大学语言历史研究所之经过[J]. 大学院公报,1:5,1928.

[23]傅乐成. 傅孟真先生年谱[C]//傅斯年全集,第七册,台北:联经出版公司,1980.

(《暨南学报》2015 年第 10 期)

周宪文

周宪文（1907—1989），字质彬，号毅恒，笔名惜余，黄岩县东山（今属椒江区）人。1934年出任驻日留学生监督。次年辞归任国立暨南大学经济学教授兼系主任，继任商学院院长。1941年5月，受暨大委派赴福建建阳筹设分校，任分校校务委员会主任。是年12月，太平洋战争爆发，上海租界沦陷，暨大总校迁往建阳与分校合并，仍任商学院院长兼东南联大筹委会副主任。

怀念周宪文教授

许　杰

在暨南大学纪念建校八十周年的欢庆日子里，我想起了周宪文，怀念周宪文！这不仅因为一个巧合，恰巧在暨大建校八十周年的日子，周宪文也逢到八十诞生纪念。这真是一个巧合，我们且把怀念周宪文作为纪念暨大建校庆祝的一个内容吧！

我和宪文兄的相见与相识，追溯起来，已是五十多年以前的事。一九三五年暑假，我受聘于暨南大学中文系，当时文学院院长兼中文系主任是郑振铎，商学院院长是周宪文。我虽然不学经济，但我与周宪文却是同乡，我们之间，虽然不很接近，但平时相处或相遇，却也互相倾慕互相尊敬。过了那年，中日战争爆发，我离开上海，先在家乡主持一个中学，后又受聘于广东省立文理学院。及至太平洋战争爆发以前，周宪文首先到福建建阳筹办暨南大学分校，为暨大内迁作准备。他到建阳以后，知道我在粤北，就邀我回校，协助他办理筹建分校事务。不久，太平洋战争爆发，暨南大学总校全部内迁，周宪文对于总校打了一场先锋，应该说是立了一个头功。建阳是一个山城，社会文化生活和政治经济状况都比较落后，开办之初，到校师生尚不很多，我们相处却比较接近，交情多了，彼此也更为接近、更为了解一些。我当时觉得，周宪文不仅是一个青年学者，而且办事方面也比较精明能干，待人接物也平易可亲。不久，暨南总校迁至建阳。又不久，日本帝国主义宣布无条件投降，暨大又迁回上海。这时，周宪文却去了台湾。在解放战争期间,大约是一九四七或是四八年间,宪文兄从台湾回来,曾经和我见过面。再以后,我们之间,一直就隔绝着,至今也将近四十年了。

在这两地隔绝的四十年的日子中,我对他的怀念,却是没有间断过。这虽然由于我们分处海峡两边,社会生活和政治气候有所不同,我对他的怀念不时有些转变或起伏,但对他的怀念的心情,却是始终存在着、继续着的。反之,倒是可以说,这怀念的心反是越来越浓厚,越来越激越、越激烈的。

记得在新中国成立初期,我就想着他,怀念他,深悔自己当时没有坚决留住他,劝说他。其后,由于"左"倾路线的错误,有些老朋友都受到迫害,如周予同、李平心等同志,我也曾想起他,而且在为他远离大陆而庆幸。特别是当有些朋友,如同陈兼善、范寿康等老朋友都能够取道美国回到大陆。我更是联想到他,周宪文为什么也不能从美国转回大陆呢?这些年来,我是不时地想起他,怀念他的。

一直到粉碎"四人帮"以后,他也通过有关的道路,辗转寄了两张照片给我。我从照片中看到一别便是隔绝四十年的故人的面影。呀!这是周宪文!周宪文也在海峡的彼岸想到了我,周宪文毕竟也是七十老人了。我从照片上看到,他一个人站在两叠精装书的旁边。这两叠书,差不多都和他立着的人一样高。呀!这真是"著作等身",而且两倍的"等身"呢!这成绩可多大呀!这又怎能不令人高兴呢!另外的一张照片,照的是一叠书打横放在长搁板上,而他自己,却是伸开了双臂,意欲用这伸开的两手作为量度物体的长度的形象。从这张照片上看来,他的两手伸开,还是不能把他面前竖起的重叠着的书的背脊盖完,这也说明他的著作是超过他那两臂的长度的。这是多么形象、多么令人高兴和羡慕的成绩!这怎么不令人高兴和羡慕呢!他大概也和我想念他一样的不时在想念着我们吧,所以才把这两张照片,辗转邮寄到我的手里呢。这不证明他也同样的在想念我们吗?

但是,我们虽然自各都在纪念着这份故旧的友情,相互地在想念着对方,但终因为中间隔着一条海峡,我们的辗转通信,还是时常断绝的。我们是多么的希望着祖国的统一，至少也希望尽速地实现“三通”的理想呵！去年五六月间，我们由于侨居美国的前暨大同学傅湘霳君的联系，通了几封信，但以后又中断了。现在我手头还保存着他自己亲笔的来信，当我在想念他的时候，时常翻出来读它。同时，我因为暨南大学创办八十周年校庆的日子里，为了有意义地更好地纪念这个校庆，我把宪文兄在亲笔信中告知我的一些琐细事实，抄录一些在下面，让和我一样的过去暨南大学的同事和同学，知道宪文兄这几年来在台湾的生活情况和精神思想的状态，也可以聊慰一些怀念之情吧！

首先，周宪文兄是勤于写作的。他那种勤奋的程度，真是难以令人设想。他曾经告诉我，这三十年来，足足写了近三千万字。上年（一九八五年）五月二十日从海外转来的信中说：“我今年七十九了；写作至本年底，八十岁，真正退休了。三千余万字，已有交代。腹稿《我的经济学》，大概向‘主’交卷了。”我们如果以时间计算，那么，三十年写三千万字，三年就要写三百万字，而在一年之内就要写一百万字左右，这样推算起来，一年三百六十日，每日平均也要写出三千多字了。自然，一日写三千字，我们平常说来，似乎也不算多。不是有许多作家，埋头著作，一天一夜往往写出几千字万把字或是更多一些，不是时有所闻的吗？但要经常地写，无日无夜地，而且终年如一日地写，这真是谈何容易。我没有调查研究，也没做过统计工作，但在我们国内外的学术界，我们的学者和著作家，他们化上毕一生的精力，能够写出三千万字的作家，虽然也不是绝无仅有，恐怕也不是很多的吧！从这一点说，宪文兄个人的成绩且不去说他，但他对国家民族，对这一时代的文化建设的贡献，又该怎样的估价呢。

其次，说到宪文兄为人处世的品德，我在这里也只想引抄他来信中的一些原话，来加以说明。我在他的来信中，得知暨南大学的师生，到台湾去后从而发财发迹的，不乏其人。其间一个是当年的助教；另一个是当时的学生。前者到台湾后，说已是“名利双收”，发了许多财，他的名字，已经要列入“要人”“排行榜”。宪文兄在来信中说，多年以前，有人办一半月刊，愿出“高薪”，请我主编；并请出“师母促驾”，我一口拒绝。另一暨大的同学,到了美国之后,也发了财,“面团团似富家翁”,十五年前,宪文兄“公职退休”以后,那位同学慷慨建议,要他去“环球旅游,一切交通费用,都由他负责”。但是,宪文兄对于他们的好意,却都拒绝了。他对于那名原助教邀请的拒绝,据他来信中表示,这是因为“盗亦有道”,而口头上却推说:“我老了,不宜于喊‘拥护与打倒’了。”

宪文兄还有一个小儿子留在大陆,经过所谓“文化大革命”这一遭乱,他特别地想念他。宪文兄在寄我的信中说:“他是我周家的‘传人’,旧观念,可称‘周家驹’。但是,他未得父亲的照顾,孤力奋斗,我内心十分不安。”所以前次来信,希望我能在大陆联系,使他的著作在大陆出版,就以这版税,让他儿子抽去,作为他的遗产。后来他又来信说:“前函讲起印书事,这完全是为小儿的生活,名利与我无关也。”他又说:“近日仔细想想,尚请代为留心一事,千万不能求人,生平幸运,从未求过人;临老绝不作此事。拜托拜托。这也是我们‘台牛’的脾气也。总之,我要的是‘尊敬’,而不是‘同情’。”

可是宪文兄的人情味还是非常浓厚的,他说:“数十年,与家人音讯隔绝。午夜梦回,每自饮泣。”这不是完全道出了这一种崇高爱国主义的纯真心情吗?所以他在来信中,多次都说起希望祖国富强的心情。他对我说:“我俩的共同认识与希望,是咱们的早日统一。”又说:“我一生幸运(万分幸运),得结局(现在,应可说‘结局’了),心满意足。数十年的断绝,难免隔膜;但求老友欢叙,待之,姑待之。”这种希望老友欢聚的心情,又是何等迫切呵!

一九八六年这一年,一面是宪文兄诞生的八十周年,同时也是暨南大学建校的八十周年大庆。在台湾的宪文兄的师友,计划在这一年中出版一本为他八十岁大庆的纪念特刊。他在来信中,也对我说了。他说:“明年,我八十岁,同学为我印行拙作《中外学人年谱集刊》,两千六百万字,照片约二百张,印刷费用二万美元,全出同学之善意玉成,首题:‘恭祝周宪文师八十大庆暨国立暨大福建分校成立四十五周年。’”等云云。我想,这是在台湾方面的暨大师友,在为宪文兄八十大庆盛典的计划；他们对于大陆将举行暨南大学创办八十周年的庆祝计划，不一定清楚地知道，清楚地联系起来的。但是，在我们大陆，我想为纪念暨大创办八十周年，也忘不了周宪文，而纪念周宪文的八十诞辰，也可以同纪念暨大建校结合起来的。所以，我写这篇短文，一面是为了纪念暨大的建校，一面也表示我们在怀念周宪文，并且纪念他的八十大庆。这也不是没有意义的。

一九八六年元旦后一日，上海

附记：

这篇短文写成交出之后不久，我即听说宪文兄在台患病，但语焉不详，着实令人担心不已。当即依照可能通讯联系方法，去信香港、美国探询详情，但皆久久得不到消息。直到五月初旬，傅湘霳同学从美国回来探亲，绕道台湾，见到周兄以后，又来医院看我，这才知道宪文兄于去年八月中风，急送医院抢救，目前已有好转，虽然左侧手足已恢复感觉，略近正常，但仍须住院疗养。湘霳问他要否把病状告诉大陆亲友，他说“可以不必，不久可以好的”。我在这里，也为他祝福，希望他不久可以复原。正好这篇短文的校样，今天送来，特附记这一段消息，转告大陆关心宪文兄健康的师友，想来也是大家所乐于知道的。

许杰附记

一九八六、元、二十八

（《椒江文史资料》第9辑，1991）

怀念周宪文教授

吴大琨

我是在1942年的冬季在福建建阳暨南大学文学院担任讲师职务的时候认识周宪文教授的。因曾和周宪文教授共住过一个宿舍里，并曾有一个时期共在一处用膳，接触的机会较多，他留给我的印象是很深刻的。

在我的印象中，周宪文教授是位非常开明的学者。首先，他是一位真正的“学者”，就是说，是有真才实学，愿意在学术上积极努力并帮助青年上进的人。像这样的人物，在当时是不多的。当时，我是被国民党反动派在“上饶集中营”里囚禁了三年半之久，刚得到保释出狱的青年，由于在“集中营”里，看惯了那些国民党反动文人的丑恶嘴脸，所以对于国民党人，我还抱有戒心。初认识周宪文教授的时候，我也对周宪文教授怀有戒心，但接触之后，感到宪文教授对人彬彬有礼，而且态度和蔼，温存，就慢慢地放下心来。给我印象最深的是，一天饭后，他忽然问我要不要看一篇王亚南教授写的文章，我当然愿意，他就把王亚南同志写的《中国商业资本论》的单印篇给我阅读。从这一点看，周宪文教授对于用马克思主义观点的学术论文也是很欣赏的，他对马克思主义并无偏见，这就使我改变了对周宪文教授的看法。这以后，又过了一段时间，他正式约请我，征询我是否可为商学院讲授一门“战时经济”的课程，我同意了。于是，我就从一个单纯在暨大文学院教英语的讲师，成为同时在商学院里兼开经济学课程的讲师。当时，在暨南大学有一些进步青年知道我的名字，都来选修了这门课程，所以，当这门课开设的时候，教室内挤满了人。我也就趁这机会向学生们介绍了苏联的反法西斯战争的情况，受到了学生们的欢迎。我这样地讲授"战时经济"的内容，周宪文教授不会不知道，但他从来没有干预过我的讲课，我愿意怎么讲，就怎么讲，这也说明他是非常开明的学者。

我是1943年底离开福建建阳去广东曲江私立东吴大学经济系任教的。离开建阳以后，就再没有和周宪文教授通音讯。这次接到中国人民政协椒江市委员会文史资料工作委员会的征稿信，才知道周宪文教授自1945年去台湾后，曾先后担任台湾省立法商学院院长、台湾大学法学院院长及人文研究所所长、台湾银行经济研究室主任等职，尤勤述作。七十年代退休后，潜心译著，逾三千万字，可谓著作等身，饮誉中外，非常值得钦佩。我认为，像周宪文教授这样非常开明的学者，他的成就，不仅是台湾一省的光荣，也是我们全体中国人民的光荣，所以，特趁人民政协椒江市文史资料工作委员会出版《怀念周宪文教授》专辑之机，题了"著作等身，国人之光"八个字，以表我对周宪文教授的怀念。

（《椒江文史资料》第9辑，1991）

毛彦文

毛彦文(1898—1999),浙江江山人。南京金陵女子大学英语系毕业。1929年赴美国密歇根大学攻读教育行政与社会学,两年后获教育学硕士学位,到欧洲游历。回国后,任暨南大学、复旦大学教育系教授。1935年2月9日与熊希龄结婚后辞去大学教职。

毛彦文教授婚恋趣事

胡安泰

毛彦文(1898—1999),女,浙江江山人,20 世纪 30 年代任暨南大学教授。

1930 年毛彦文获得美国密西根大学教育硕士学位回到上海,被暨南大学、复旦大学延聘,成为当时上海令人刮目相看的女教授,是当时暨南大学知名的三位"女杰"之一。其才貌双全,年轻活跃,她惊人的毅力和才华很受学生们的爱戴。也使不少文人雅客倾心向慕,其中就包括时任清华大学西洋文学系教授的风流才子吴宓。吴宓已经结婚生子,遇到毛彦文后,立刻坠入万劫不复的情网。

作为清华名教授的吴宓公开发表情诗,曰"吴宓苦爱毛彦文,三洲人士共惊闻。离婚不畏圣贤讥,金钱名誉何足云",真的与发妻离婚,抛弃了三个幼小的女儿。然而,毛彦文并不爱吴宓。一个是新潮女性,热衷于政治、公益事业。一个是旧派文人,只会写旧体诗,真的是两段道上跑的"车"。对吴宓的穷追不舍,毛彦文只得敬而远之。

1935 年 2 月 9 日,暨南女教授毛彦文与曾是民国"名流内阁"总理兼财务,后退出了政坛的熊希龄在上海慕尔堂举行了盛大的婚礼,曾轰动上海。三十三岁的新娘,六十六岁的新郎挽手相偎,被人称为"畸形婚姻"。但两人十分珍重,始终如一。婚礼十分隆重。当时上海市长吴铁城及社会名流冯玉祥、章士钊、梅兰芳、郑洪年等均亲临致贺。

刚卸下暨南大学校长一职的郑洪年,仍为曾是同事的女教授晚婚亲笔题写了贺联,曰“儿孙环绕迎新母,乐趣婆娑看老夫”。有人对毛彦文的选择有些不理解。其时,她的气质、毅力和才华,决定了她是一个非常有主见的人。她不仅是为了个人的幸福,也为了她所热爱的公益事业。熊希龄的余生,不遗余力地投入到济贫施教、改良社会的公益事业中,担任着北京香山慈幼院院长,兼任世界红十字会中华总会会长。毛彦文毅然接受熊希龄的求婚,是敬爱其人,也是为其从事半生的慈善事业,勇为其担起重担。结婚两年零十个月,熊希龄过于劳累,在六十八岁时不幸去世。毛彦文为之营葬于香港浅水湾华人永久公墓,并请旅居香港的原北京大学校长蔡元培先生为之题写墓碑,留下了永久纪念。

毛、熊结婚给吴宓不小打击。失恋后,他痛苦不堪,大写《忏悔诗》,凄苦悲凉,自怨自艾。诗句四处发表,并没有博得同情。吴宓仍不醒悟,又把这些诗拿到课堂上去讲,成为了学生们的笑料。吴宓最得意的门生,后来任暨南大学外国文学教授的钱锺书深感痛心,他写了一首诗送给老师:“有尽浮生犹自苦,无尽酸泪情难偿。”因为对待毛彦文的问题上与老师观点大相径庭,还导致了钱锺书与吴宓之间几十午的误解。

新中国成立后,毛彦文到美国定居,在美国西雅图华盛顿大学任历史系教授。吴宓得知消息,又千方百计向海外归国的人打听她的消息。吴宓的后半生,因思念太深,经常会在梦中与毛彦文相会,一觉醒来,泪湿枕巾。在“文革”期间,吴宓在对毛彦文无尽的思念中永远闭上了他的双眼。

1962 年毛彦文退休后到台定居,她不忘暨南情,1981 年在新加坡,专门到暨南大学新加坡校友会访问,白发师生相见甚欢,合影为念。1990 年湖北举行熊希龄的诞辰 120 周年学术讨论会。毛彦文以熊毛彦文名义寄来贺词,云:“云天高谊,殁存均感。”可见她对熊氏情深,终生不渝。

时光荏苒,一天研究吴宓的专家沈卫威教授在台北拜访了毛彦文。此时，毛氏已一百岁高龄。沈教授大声对她说："大陆出版了《吴宓日记》，里面有许多关于你的内容，表达了对您的爱慕之情，您有什么话要说吗?"毛彦文回答了一句："好无聊，他是单方面的，书呆子。"

（胡安泰《沙金集》，金融与市场杂志社，2011）

许 杰

许杰（1901—1993），原名世杰，字士仁，笔名张子山，浙江台州天台人。我国当代著名文学家、教育家、文学理论家。1935年任上海国立暨南大学文学院教授。抗战期间，任建阳暨南大学教授兼中文系主任。出版短篇小说集《子卿先生》，汇编出版《许杰短篇小说集》。

忆暨南大学

许　杰

我们当年在上海被程寅生聘请去安徽大学作教授的一班知识分子,也就是开明书店的同仁,或者是被大家戏称为“徽帮”的十多位朋友,三年以后,经过几次校长的更动,留在安徽大学的就越来越少了。到一九三四年暑假的时候,蒋径三、方光焘、陈望道、范寿康、姜琦(伯韩)等都已先后离开了安徽大学,而留下来的,差不多只有我和周予同。

一九三四年,中国文化界曾经出现了一个《中国文化本位宣言》,这个宣言由十位教授签名发表,即所谓“十大教授宣言”。这十位教授在当时的学术界有一定的地位,但是,在政治上同国民党并没有什么关系,在国共两党之间取中间态度的居多。其中有几位向国民党靠拢,但那是后来的事情。《中国文化本位宣言》发表之后,在当时的文化界和学术界引起了一些反响,我在安徽大学也注意到这个宣言。十大教授之一的何炳松,那时正在商务印书馆编辑所任总编辑。

十大教授宣言,引起国民党二陈势力(CC)的注意,他们采取种种手段笼络十大教授,企图在政治上利用十大教授。当时上海的暨南大学,原来也是一所中立的大学,并不是 CC 势力所能支配的。但是,暨南大学历年的学生风潮,却闹得不可开交。这是因为暨南大学的进步学生当中,有中共地下党员在从事学生运动。同时,国民党当局也雇用了一批党徒在其中活动。再有就是特务学生,这些特务学生随身带着武器，时常在公开场合与进步学生发生冲突，学校方面也觉得棘手。由于经常地发生学生风潮，这个暨南大学的校长，就在不断地“换马”。而一般的在学术界没有一定的地位，或者，在社会上没有地位，在政治上也没有后台的人，不够资格担任暨南大学的校长。

于是，在这样的背景之下，十大教授之一的何炳松被CC派看中，担任了暨南大学的校长。当时，何炳松的政治倾向性并不鲜明，但是，既然被CC所利用，自然要遭到许多进步人士的白眼。由于这些原因，何炳松不敢公开地接受CC的委派，去做暨南大学的校长。那时候，郑振铎、周予同、杜季堂（作舟），这几位进步的知名学者，都是商务印书馆的编辑。正在何炳松左右为难踌躇不决的时候，郑振铎支持他去担任暨南大学的校长，要他一面同CC发生关系，表面上倾向于CC势力，另一方面，诸如办学方针等学校内部的事务，则由进步的学者们共同协商来管理。这样，何炳松出任暨南大学校长，杜作舟任总务长，郑振铎任文学院院长兼中文系主任，其他几位校方负责人也都是由进步人士担任。

我在安徽大学得知了上述情况，加之“徽帮”的同仁都已先后离开安大，所以，我也希望到暨南大学当教授。但是，郑振铎担任暨大的文学院院长兼中文系主任，事先有种种部署，例如各系聘任教授，有一定的名额限制等等。其时，由于郑振铎的关系，而进入暨南大学任教的，有刘雁玲、吴文祺、张世禄、张天翼等人。我也应聘来到暨南大学，郑振铎根据当时暨大文学院的实际情况，只能给我一个“兼任教授”的名义，或者给我“讲师”的名义。而且，如果接受“讲师”的职务，可以拿到全年十二个月的工资，而“兼任教授”只能拿到一个学期（五个月）的工资，虽然这样，我还是愿意接受“兼任教授”的聘书。于是，我虽然当了暨南大学的教授，却没有住进暨南大学，学校的一切行政事务也都与我无关。我只是每个星期去两次，上完课就回家。当时，暨南大学的学生运动，我完全没有接触。这两年当中，我与教职员同仁的接触也很少。

那个时候，暨南大学设在上海的近郊真如镇，我到暨大去上课，要从我的住处勃来里孟马浪路坐黄包车到新闸桥，再坐黄包车到交通路转乘公共汽车到真如，有时也从北站乘火车到真如。郑振铎、杜作舟，他们在暨南大学都担任了××长，有时候从真如回上海，我也顺便搭乘他们的小轿车。刘雁玲、张天翼、张世禄、吴文祺他们都是举家迁到真如，我到真如去上课的当天，时常到他们家里去坐一坐，或者吃了午饭再返回上海。曹聚仁当时也在那里，不过我同他没有什么交往。抗战以后，张天翼离开上海到长沙，我也来到长沙，接触就比较多了，在真如暨南大学的时候，因为我总是来去匆匆，彼此接触的机会并不多。

由于暨南大学给我的工资不多，我的收入就比在安徽大学的时候少了，然而在上海的生活开支却比在安庆的时候多得多，所以我不得不另谋出路。前此我在上海结识的一班朋友，如许也夫、林美衍等，他们同国民党上海市党部有关系。林美衍雄心勃勃，要在上海办一点事业，起初在市内办大公小学，后来扩充为大公中学，继而又改为职业中学，我便到他办的大公职业中学兼课。此外，林的朋友汪曼云，市党部的委员，同浦东中学有关系，汪介绍我到浦东中学兼课。浦东中学在浦东的六里桥，须从大东门董家渡摆渡过去。还有一位朋友同新乐师范有联系，我也曾去新乐师范兼课。新乐师范在黄浦江下游，须从杨树浦摆渡到庆宁寺，或由外滩摆渡到高桥，再乘坐一段小火车。

林美衍主办的“大公”学校由小学发展到职业中学。我是亲眼看到的。他同上海市党部的吴开先以及当时的上海市教育局长潘公展拉上关系。大公职业中学办成之后，捐款最多的是天厨味精厂的老板吴荣初，同时，林美衍又与上海市长吴铁城拉上关系，大公职业中学的主楼因此而命名为“吴公楼”，人们戏称为“蜈蚣楼”。

与此同时，许也夫同杜月笙搭上关系，当上了上海市社会局劳资调解科的科长，在四明村住了一幢洋楼，他希望我去找他，可是自从他发迹之后，我却从来不去找他。抗战开始以后，许也夫回到浙江天台，做抗敌后援会的主任。他在天台的排场仍旧很大，同在上海的时候一样，挥霍无度。但是，他从上海带回来的钞票有限，于是，不得不只身重返上海，希望谋个一官半职。那个时候的上海，既有国民党的势力，也有日本人的势力,而且国民党的势力之中还有一个汪精卫的势力。因为许也夫这个人过去有一点地位,所以,这些派系都注意到许也夫,看他做些什么事情,看他走什么人的门道。不料,许也夫求官心切,四处拉关系,脚踩几条船,结果被特务打死了,还不知道究竟是哪一方面的特务干的好事。——重庆方面,把他当作汪伪方面的人;日伪方面,又把他当作是重庆方面的来人。许也夫由天台回到上海,没有房子住,住在劳工医院的特别病房,就在特别病房里被糊里糊涂地枪杀。

一九三五年到一九三七年这两年里,我为着生活,终年东奔西走,疲于奔命,许多时间花费在马路上。不过,教学工作倒是颇为轻松的,中学里的语文课,由我自己选一点课文去讲讲。暨南大学里我所担任的课程,有公共语文课,也有中文专业课。中文专业课方面,我开过语法课,当时暨大中文系的文学课,由刘雁玲、张天翼、郑振铎等人教授。那两年里,我也写过一点文章。同一时期,左联在上海也有一些活动,但是我很少参加,他们常来通知我,偶尔我也去参加一二次。

其时在上海,我和周予同在法租界勃来里孟马浪路(今马当路)新民村顶到一间石库门的房子,用我的名义,大约三百元钱,当时还是便宜的,后来就要几两金子,甚至几条金子了(十两一条)。顶下来之后,我有承租权,我不放弃,房东不能赶我走,那时上海的风气就是如此,有些人顶了房子再转手出租,就是所谓的"二房东"。我们顶下新民村的这间石库门房子之后,两人自行分配,每人每月还要交三四十元的房租,也就是每月须交六七十元的房租给房东。

我和予同在一起住了多年。予同兄的身个并不太高,全身的形态近于矮胖,面孔圆圆的,走起路来两腿有点蹒跚。对人说话,总显出微笑的样子,给人以和平可亲的美感。自然,这还只是他那外表所给予人的印象。其实,他那内心世界,也和他的外表所给予人的印象一样,同样是一个和平可亲的人。他是教育家,也是经学家、经学史专家。他在教育方面,虽然没有明确提倡过实践或身体力行的教育,但他那注重品德教育的精神,却首先体现在他自己的待人接物方面。在经学方面,他研究孔孟儒家的学说却又否定并且批判孔孟儒家的学说。但是,尽管他彻底批判了孔孟儒家的学说,他在自己的生活规范上,还是极其讲究待人接物之诚,也就是宋儒的诚意之诚,和孔孟之道所讲的仁爱之仁以及所谓“忠恕之道”,所谓尽己之为忠,推己及人之谓恕的道德。他是经学家,也是经学史家,他对于中国几千年来封建传统文化的代表著作“四书五经”的研究,在五四运动以后六十年来中国学术界的学者之中,是没有一个超过他或赶得上他的。他为了要批判中国五千年文化传统的理论根据和大本营,曾经比任何人都下过更深入的功夫去钻研“四书五经”,并且摸透了对方营垒中的堂奥与军事要点设施,从而反攻出来,击中肯綮,给对方以致命的打击。予同兄在近代中国经学与经学史研究上的学术地位,实在没有其他的人堪与伦比。

我受聘为暨南大学文学院中文系兼任教授的同时,予同兄被聘为暨南大学文学院历史系主任,因为我们都从安庆回来,又都一同进了暨南大学,我们觉得在真如居住不便,所以共同顶来一间三层楼的石库门房子,除了厨房客厅两家合用以外,其余房间,便平均分配居住。自那时以后,我们两家和睦相处十几年,朝夕相见,从大人到小孩,竟从来没有发生过任何一点争执或吵架。

两年以后,“八一三”全面抗战,我和予同曾离开上海。我经过江西到长沙,在长沙住了一段时候,回到浙江天台家乡,主持天台大公中学,其后又转到广东连县和福建建阳两地教书,直到抗战胜利以后回到上海。予同兄经过杭州回到浙江温州,但不久之后又返回上海,所以,马当路新民村这所房子,抗战期间就是予同住在那里。抗战胜利以后,我回到上海,我们两家,仍旧住在一起。

(《新文学史料》1986 年第 3 期)

在建阳暨大

许 杰

抗战全面爆发以后,我在暨南大学,算是留职停薪,也就是保留教授的职称,却没有薪金。为了生计,我不得不再度四处奔走。抗战后期,暨南大学曾经搬到江西,不久,又搬回上海的租界。这个时候,暨南大学的教员,主要是滞留在上海孤岛的暨大同仁,包括何炳松、郑振铎、傅东华、周予同等人。到了一九三九年前后,由于对日战争形势的变化,估计暨南大学在上海的租界里也难以存身,所以,何炳松便决定派人到内地另设一所分校,这就是后来的福建建阳暨南大学,当时的名称是暨南大学福建分校。

此时,我正好离开东陂的广东文理学院,于是,便以在内地的暨大同仁的资格,到福建建阳参加了暨大分校的开办工作。暨大福建分校的主任,是原暨南大学商学院的院长周宪文,也就是这位周先生,约请我到建阳来任教。与我一道离开广东的盛叙功、陈守实两家,从连县乘坐民船到曲江,到了曲江之后,我们三个家庭,才分乘汽车各奔前程。盛叙功回到浙江金华,陈守实回到敌占区的江苏常州,我则来到建阳。

主持暨大分校筹备工作的周宪文,有一个助手,名叫柯瀛(蓬舟),也是周宪文最亲密的朋友。周宪文曾在日本担任过中国留日学生的监督,负责管理庚款留日学生的有关事务,柯瀛即担任周宪文的秘书。周宪文在暨大商学院任职的时候,柯蓬舟并没有到暨大来,而周宪文受命筹建分校之后，便将他也请来了。柯蓬舟是学会计的，会计学是商学院的公共必修课。柯蓬舟与周宪文还有一层关系，即都是浙江黄岩同乡。当时，暨大分校的事务主任林光汉，是个广东人。初到建阳时，教职员不多，我们每天吃饭的时候都聚在一起，碰头的机会很多，了解的情况也很多。

建阳地处闽北，在江西到建瓯、福州的中间。抗战期间有一条公路经过这里，所以，成为南北交通往来的一个枢纽，中国旅行社也在这里设了一个分社。如果往上追溯历史，南宋时候，朱熹曾在这里讲学。离建阳不远的一个集镇麻沙，曾经是南宋时候木刻印书的地方，在文化史上称作“麻沙版”。所以，建阳在历史上曾是文化之邦，但是，到了清末和民国初年，这里已经相当冷落了。抗战以后，由于地理位置的关系，这里又成为一个交通中心。暨南大学决定到福建办分校，周宪文就选中了建阳这个地方。

当年，建阳的县长胡福相，也是浙江人。他的秘书杨百泉，是我在天台文华小学校长时期的学生。周宪文为了取得地方当局的支持，曾多次走访胡县长，胡县长也对分校的事务颇多关注。有一次，周宪文同胡福相在言谈当中，提到已经来到建阳的原暨大教授，杨百泉在一旁插话说“许杰教授是我的老师”，于是乎，他们对我便格外的客气。由于这些“关系”，暨大分校在建阳总算是站住了脚跟。

建阳这个地方，没有一幢像样的房子，可以办大学的。起初，在建阳城外的童游，借用文庙的庙宇作校舍。文庙只有一座空荡荡的庙宇，以后在这个庙宇的周围又建造了宿舍。我们初到建阳的教职员，住在庙宇里，事务主任林光汉请来了一个厨师，大家就合在一起吃饭。现在回想起来，我们当时白手起家办大学，确有一种筚路蓝缕的感觉。

这一年的十二月二十八日，太平洋战争爆发，日本军队占领了上海的英法租界。暨南大学在上海已无法存身，上过了“最后一课”，决定内迁到福建建阳。所以，暨大分校刚刚开办起来，紧接着就迎来了总校内迁的工作。这样，暨大不仅要在建阳招收新生，上海内迁的教职员和学生也要来建阳，必须大兴土木，一时间异常的紧张和忙乱。

这个时期,何炳松个人的地位也在变化。他原是商务印书馆的编辑,因为参与发表十大教授的“中国本位文化宣言”,被国民党CC看中,受任暨南大学的校长。当时,支持他出任暨大校长的,有郑振铎、周予同、杜佐周等人。过了几年之后,何炳松的地位显著提高,而支持他的那些人毕竟是隐在幕后,外人并不知道。因此,国民党当局更加看重何炳松,交给他一大笔机动经费,要他帮助滞留在孤岛上海的大学教授设法内迁。上海各大学(包括国立大学、私立大学和教会大学)的著名教授和学者,如果想离开上海去内地,可以找何炳松支付车旅费。可是,何炳松拿了这一笔钱,却不敢轻易相信知识分子。譬如说,有一位教授找到何炳松,告诉他说:“我想到内地去,但是经济上有困难,请你给我一点帮助。”而何炳松却回答说:“你如果真的动身,我就给你经费。”——他却没有设身处地想一想,人家手中没有钱,又怎么能筹备动身呢?

当时,不仅仅是教授或学者内迁,上海的私立大学如果决定内迁,也可以由何炳松发给经费。太平洋战争爆发之后,正式动员私立大学内迁到“国统区”,上海各大学在福建成立了一个“东南联合大学”,即“东南联大”。在这个社会动荡的时期,何炳松的权限却在不断地扩大,他既是暨南大学的校长,又是东南联大的主任。

有一件事情,我至今仍然记忆犹新。傅东华原是暨南大学文学院的教授,有许多藏书,还有家小。他和何炳松是同乡,都是浙江金华人。傅东华与何炳松商量,希望拿到一笔经费迁到内地,可是,由于傅东华做事拖拖拉拉,还因为何炳松不能爽爽快快地给钱,以至于傅东华变卖了藏书和家当,从上海跑到浙江金华的时候,正赶上日本军队打过来,金华沦陷,傅东华终被日本军队捉去。当时,杭州已是敌占区,傅东华被日本人送到杭州,要他编什么“省政府公报”。于是,多少年来,傅东华被当作“汉奸”。这个事情,何炳松是负有一定责任的。新中国成立以后,我为了帮助傅东华洗刷这个“汉奸”的恶名,曾经提名傅东华担任上海市的政协委员。然而,傅东华当了政协委员之后,遇到什么“政治运动”,还是有人要说他是“汉奸”。

建阳的暨南大学,挂了两块招牌,一块是“暨南大学”,另一块是“东南联合大学”。这时候,距离当初开办暨大分校的时间,已有一二年左右。我在建阳的暨南大学,自然还是中文系教授。周宪文担任暨大分校主任,兼任商学院院长,还兼任教务长,他要我兼任教务处的注册科主任,也就是新生入学办理手续,须经过我签字。抗战期间,大家的工资都不高,但是,我因为身兼教授和注册科主任两个职务,在全校的教师中,工资仅次于周宪文,一般的教职员对我都很羡慕。

那个时候,暨大文学院开设了中文系、史地系、教育系。商学院开设了会计系、银行系、国际金融系等,因为我担任注册科主任,所以同学生的接触面比较广,对学生的情况也比较了解。我与新招收的学生就接触得比较多。其中有浙江台州来的,当然是我的同乡,浙江其他地区来的,也算是我的同乡。此外,还有江西和闽南的学生,也都同我接近。

当时,建阳的物质生活相当艰苦,但是,同事之间或师生之间,关系融洽,可以说是心心相印,亲密无间。不过,暨大分校在建阳开办之初,因为教职员不多,大家见面的机会也比较多,相互也比较了解。到了暨大总校内迁来建阳之后,学校挂了两块招牌,师生人数骤然上升,情况就越来越复杂了。

暨大在建阳,同当地县政府的关系不错。何炳松到建阳之后,又同建阳的国民党警备司令钱东亮拉上关系。而且,何炳松这个人很会做官,也很会摆架子,在学校里脱离一般的教职员,忙于在建阳上层社会的交际应酬。他的生活,很有气派,家里有专门的厨房,每天要到几十里以外的市场去买菜。在那么一个穷乡僻壤的地方,师生的生活本来是很艰苦的,因此,何炳松的生活十分引人注目,学生们讽刺说:“何校长公馆里,三日一大宴五日一小宴。”

何炳松同建阳的那个警备司令不仅来往频繁,还同他结拜为“把兄弟”。显然他的兴趣不在办学,而是在于混迹官场。不久,“东南联大”被解散,国民党当局委任何炳松为“英士大学”的校长。

我在建阳暨大,开始的时候,兼教务处注册科的科长,后来改兼中文系教授兼主任，再后来，何炳松又委任我为教务长。当时的大学，校长之下设有“三长”——总务长、训导长，教务长，协助校长工作。总务管理学校的后勤杂务，训导管理学生的思想教育，教务管理教学活动，现在的大学也差不多是这样的体制。一九四三年，我开始任暨南大学的教务长。这个时候，盛叙功离开广东回到金华待了一年，到建阳暨大来任教，陈守实也从常州到建阳暨大来工作。盛叙功来暨大之后，任总务长。训导长是韩逋仙，韩曾经是中共地下党员，脱党后成了国民党的走卒。他管理学生，完全是CC的一套特务办法，其手下训导处的一班职员也都是清一色的国民党员。

建阳暨大的后期，人员庞杂，派系繁多。尤其是教职员和工友中福建本地人很多，这些福建籍的教师，觉得学校办在福建，而学校的大权却不在福建人手里，地方主义的情绪日渐高涨。恰在此时，全国兵源紧张，抗战初期学生可以不抽壮丁，而抗战后期在校的大学生也不能幸免，国民党当局开始在大学里组建所谓“青年军”。重庆的教育部颁布了许多“优待”青年军的条例和办法，凡是在校的学生，报名参加青年军，即可享受某些优厚的待遇。我当时的想法，这些都无非是鼓励青年，实际是欺骗青年学生，引诱他们到前线充当炮灰的伎俩。但是，有些青年学生，则利用报名参加青年军的机会，向学校提出种种条件，要求这样或那样。于是，在重庆教育部规定的优待办法之外，暨南大学又制定了若干优待的办法。

这些事情，自然牵涉到我这个教务长，譬如说，有一条规定，一年级学生参加青年军，可以算作二年级学籍，若干年之后还可以算作“毕业”。有些学生，就向我提出各种要求，我告诉他们：“你们报名参加青年军，固然是爱国主义的行为，精神可嘉，国家给你们适当优待以资鼓励，也是应当的。但是，如果以参加青年军为条件提出种种过分的要求，这就和出卖壮丁没有什么两样。”这一番话，我甚至在青年军的动员大会上也是这样说的。

不料我的这些谈话，却触动了那些利欲熏心、唯利是图、以参加青年军为幌子来谋取私利的学生的灵魂，伤了他们的自尊心。他们对我很反感。同时，福建籍的教师，特别是福州籍的教师，为着福建或福州本地学生取得考试及格的分数，也时常来找我这个教务长，而我也总是板着一副公事公办的面孔对待他们，所以，这些教师对我也颇多怨言。再加上当时暨大的“三长”都不是福建人，他们对福建人没有“掌权”，忿忿然而不平，于是，趁机鼓动学生闹风潮，矛头指向教务长许某人和总务长盛叙功。至于后人推论，把这风潮归结为新旧思想，或进步与落后两派思想的斗争，我当时还没有这样认识呢！

这个风潮，使我感到很突然，更因为不了解它的来龙去脉，而感到困惑。暨南大学在上海的时候，学生闹风潮是家常事情，郑洪年、沈鹏飞任校长的时候都是如此，何炳松当校长自然也不例外。学生闹风潮，背后都各有一部分教师，这部分教师利用学生的拥护，来攻击另一部分教师，反之亦然，历来如此。其中，当然也有进步与反动的斗争，有些是国民党在幕后指使的，含有政治斗争的意味。

虽然暨大的学生风潮时有发生，但是，就我和盛叙功两人而言，我们绝对不愿意自己成为学生闹风潮的理由或导火线。所以，我们在学生风潮兴起之初，立即去找校长何炳松。何的态度很好，他说：“学生的风潮刚刚起来，这一次风潮的来龙去脉，我也不很清楚，但是，我可以说，反对你们（教务长和总务长），就是反对我。所以，希望这一次的风潮，不要闹成以往那样，各拉一派学生来反对另一派。你们两位暂时离校避一避风头，让我理顺各方面的关系，并且，搞清楚风潮的详细情形。”为了加强自己说话的语气，他停顿了一下，拍着胸脯对我们说：“我绝不出卖朋友！”

那一天夜晚，我们同何炳松会面之后，星夜离开建阳，到江西崇安。如果我们不离开学校呢？很有可能引起两派学生的对立，从而使风潮愈演愈烈，益发不可收拾。而我们两人离开了学校，那么，这一次风潮的直接对象也就没有了，冲突可以逐渐地平息下来。

风潮初起的时候，情况非常严重，显然，对方早有预谋，组织得也很好，只是因为我们自己不了解这些情况，才蒙在鼓里。据说，风潮的起因，是福建籍的教师发牢骚，说暨大办在福建，可是福建本地人一点权利也没有,掌权的都是外乡人,一定要给点颜色让他们看一看。其次,许某人做教务长,对福建籍的教师和学生一点不客气,也是一个原因。而那些已经报名参加青年军的福建籍学生更是起劲,他们煽动说,许某人在大会上讽刺和讪笑"报名参加青年军等于出卖壮丁",是"污辱"他们的人格!

那一天晚上十一点多钟,一二百学生打着火把,喊着口号,从学生宿舍冲到我们所在的教工宿舍。前面的学生手里举着火把,一派明火执仗的紧张气氛,后面当然也有跟着看热闹的学生。他们聚集在教工宿舍前面,高喊盛叙功和许某人出来。

其时,暨南大学的教工宿舍,是一排排单溜的平房,一家一间房,方光焘、戚叔含、王书凯、盛叙功和我,都住在同一排。我们住的恰巧是第一排,前面正有一个空旷的场地,学生们就聚集在这个广场上面高声喊叫。面对这样的场面,我走了出来,站在凳子上,对学生们讲了一通话,这个时候我既不能火上加油,又要尽量把话说清楚。方光焘和王书凯,在一旁也说了一些劝解的话。不一会儿,学生们就散开了,而我们也了解到,闹事的学生指名要盛叙功和许某人两人滚蛋。

我之所以出任教务长,是因为当时建阳的暨大"山中无大树",而盛叙功任总务长,是因为他与何炳松是同乡,彼此熟悉和了解。只有那位训导长,是重庆方面委派的。此外,还因为何炳松同时挑了两块招牌,"东南联大"那边也要安排一套人马,所以,虽然我同何炳松并不熟悉,也没有什么"关系",他却让我做了暨大的教务长。而我却自认为是何炳松相信我,有心想拿出本领来做一番事业。所以,我一本正经地认真对待教务长的工作,从不虚与应付,从不"走后门拉关系",也正因为如此,得罪了不少教职员同仁,尤其是得罪了那一班福建籍的教职员同仁。

那么,反对我们的公开理由是什么呢?闹事的学生说总务长盛叙功贪污钱财,而教务长许某虽然不经管钱财,但是同盛叙功一鼻孔出气!

事后调查清楚,这一次的风潮,幕后的指使人是中文系的福州籍教师魏应麒,学生方面的主要人物就是他的兄弟(已经报名参加青年军)。整个风潮的主要参加者,也就是一批福建籍的本地师生。

我们在崇安住下来之后,不断有教职员同仁来探望,也使我们不断地了解一些学校的情况。风潮之后,学生们组织了各地的同学会,例如江西同学会、闽南(厦门、漳州)同学会、浙江同学会等,这些都是拥护我们的学生。学生们出版了许多壁报,探讨风潮的起因与发展,替我们辩白。中文系的学生文艺社团“未名社”,在风潮初起时,因为不了解情况,无从发言,现在也加入了壁报的行列。最后,学生们联合在一起,出了一期大型壁报“壁联”。

另一方面,由于我们离开了学校,许多原来“中立”的教授倒向闹事的一方。“三长”之中跑掉了“二长”,剩下的训导长,也站到那一边。这种情况之下,何炳松劝我们暂时不要回来,虽然他曾经声称“不出卖朋友”,但是,事实上他已经在出卖我们了!他从暨大的教授中另请两位同仁分别继任教务长和总务长,并且,提拔那位魏应麒做文学院的院长……

我们在江西崇安住了一些日子以后,将两家的家眷都接了过来,何炳松每月都派人将薪水送来。这个学期结束之后,何炳松还继续送给我们一个学期的工资,直到抗战胜利以后,我们离开崇安。

(《新文学史料》1987 年第 1 期)

世纪老人许杰与“建阳风潮”

——许杰老师晚年的七封信

钱国屏

1996年，暨南大学上海校友会编印《许杰先生纪念文集》，许杰老师(1901—1993)离开人世已经三年了。我从文集略知许师一生经历和一些未公开发表的诗文，不免心潮涌动。二十世纪的中国，是矛盾重重的一百年，又是大步流星的一百年。从这个世纪走过来的许杰老师，经历接连而来的真伪、善恶、美丑的猛烈冲撞，既有毫不含糊的决裂和斗争，又有妥协和宽容。作为作家、诗人的许师，心胸像海洋一样宽广。

《寄盛叙功》诗两首

盛叙功也是我的老师。盛师原任暨南大学史地系主任，我是史地系学生。1976年，许师先后作诗两首，从上海遥寄在重庆的盛师，抒发胸怀。读后，我的心灵为之颤抖。

三月一首有前记：“昨梦叙功同志，惊醒后历历在目。回想建阳旧事已历三十余年矣。一时思潮起伏感慨万端，辗转床头终夜不寐。口占七绝一首，翌日始录出寄之。”《寄盛叙功》：“建阳旧梦卅年前，今夜梦君似昨天；醒来寻思梦里事，辛酸情味向谁传?”

似乎意犹未尽。四月作《再寄盛叙功》：“棱角销磨三十年，凌人盛气记从前；而今放眼看风物，几个惊奇化自然。”

“建阳旧事”是什么？三十多年后，夜里惊梦，白日萦回，牵肠挂肚，如此折磨着这位年过古稀的老人。这是1976年，中国人民梦魂不安的年头。国家事、个人事，老人心头波涛翻滚。这陡然使我想起许师晚年寄我的七封信。

那是1988年，我受福建建阳党史办，当年暨大地下党支部书记、老战友林绿竹（张连）的嘱托，撰写《从建阳到上海——1943年至1947年暨南大学学生运动的回忆》。1945年初的建阳风潮是学运史上一件大事。许师是建阳风潮的受害者。如同近代史上的殉道者，以自己的苦难启迪人类智慧和觉醒。在撰写过程中，我自然要再求教于尊敬的许师。这就是许师在八十七岁到九十一岁的五年里先后给我七封信的由来。信中说到当年许多师友往事，集中的话题则是建阳风潮。

第一、二封信

我原想请许师自己写这件事。1987年11月20日，许师给我第一封信说：“关于‘暨大在建阳’的稿件，我似乎记得在我的回忆录中提及，所以现在也不想再写，乞谅。你如有暇翻看，看是否说得得体。”

我找到在《新文学史料》上连载的许师的回忆录《坎坷道路上的足迹》。关于建阳风潮，大致就是《纪念文集》里蒋荷贞作《许杰生平年表》所述：1945年春，因主持教务工作秉公负责，遭到地方势力倾轧；又因没有满足几个带头从军学生的无理要求，引起不满，结伙闹事。为顾全大局，接受校长“暂时走开”的劝告，同总务长盛叙功离开建阳，避居崇安。

这是记事性的叙述。我读回忆录后，觉得没有揭示“风潮”的政治本质。我把自己看法写出简要轮廓，请许师指示。

1988年8月25日，许师寄来第二封信，除有关校长何炳松一些事外，说：“我提到建阳风潮的简略经过。真正幕后，我自己肯定，还不能说是已经‘摸透’的。我只提到魏应麒一人的名字，我也未便把自己打扮得怎样进步，说这次风潮是进步与落后的斗争。至于当时暨大同学的社团以及代表进步的'壁联',我也说得不多。这些,要你们自己亲身经历的同志,自己提正确的符合当时历史事实的资料了。你说对否?"

许师指示令我感动。这不是简单的谦逊,而是科学的求实精神;其中也隐约含有自己不便说的意思。于是,我放开手脚,详尽叙述"风潮"的来龙去脉。

卑鄙而歹毒的突然袭击

1941 年,暨南大学从上海内迁福建建阳。当时最活跃的学生社团是未名文艺社。1943 年第三次反共高潮,国民党建阳当局和校内反动势力勾结,借"共产党"名义先后逮捕四名学生,都是未名社骨干。后来又说证据不足而释放,但是未名社只好停止活动。这是反动统治者的"火力侦察";他们查明支持未名社的是许师,"未名"的名称是许师起的,讲座的第一个主讲人又是许师。

这年暑假后学生运动重又兴起。继"未名"而起的是"太白社"。"未名""太白"是鲁迅为青年文艺刊物的命名。许师支持太白社,主张文艺为人生、为民主而呼号。支持史地学会的是盛叙功,提倡唯物史观。一时间热气腾腾,进步倾向是显而易见的。

国民党在建阳城里有一个党政军特的联席会议,专门对付共产党。他们"虎视眈眈,其欲逐逐",蓄谋寻找时机,打击暨大进步力量。

1945 年春,国民党发动十万知识青年从军运动。暨大就由一个名叫魏开瑜的学生带头闹起来。大家不知魏开瑜何许人也。他一会儿大字(一个字 15 平方厘米)公布名单,一会儿又充当从军组织的头头,煞有介事。大家对从军闹剧不感兴趣。有同学在壁报上嘲笑这伙人物是清朝入关后的八旗子弟。吵吵闹闹一个多月,就在即将集中开拔前几天,魏开瑜一伙扬言离校前要扫除学校的"垃圾",显然要掀起一点风浪了。

事态果然急转直下。一天早晨,在校本部文庙,贴满红绿标语。没有一点正经东西,就是什么"不准贪污奎宁丸"(建阳流行疟疾,奎宁丸是宝贵的西药)之类,其中"拥护何炳松校长!打倒盛叙功、许杰”,引人注目。大家还来不及思索是怎么一回事。当天半夜,在北童游、袁家祠学生宿舍有人嚷嚷,大家还以为“失火”了。待穿衣出来,门口已准备好夜间走路照明用的篾片(可燃烧的干薄竹片)。有人带头,有人跟从,吵吵闹闹,拥到教授宿舍盛叙功、许杰家中,恶言相加,强令立下字据,于次日离开建阳。所有这一套,是在不到二十四小时内干脆利索地干完。

没有一点思想准备,为谎言所羞辱,为暴力所胁迫,许杰、盛叙功两位教授于次日离开建阳,步行一百多里,翻山越岭,投宿荒村野店,避居邻县崇安。

这就是建阳风潮——一次卑鄙的歹毒的突然袭击。

以后,校方屈服于政治压力,没有履行避居崇安是“暂时”的诺言,许、盛两师再也没有回暨大。魏开瑜一伙地方恶势力,又散布许师“态度冷酷”等流言蜚语,混淆是非。许师祸从天降,愤怒、痛苦郁积心头,从此以后,再也没有机会诉说。

似乎事出偶然,其实是蓄谋已久的必然。建阳风潮是抗战胜利前后国民党反动统治镇压民主的大黑潮中的一个黑漩涡。日寇袭击珍珠港后,在美国压力下,中国政局出现短暂的“民主”;而国民党反动统治乘机侦查镇压对象。在东南尚未沦陷的福建,临时省会永安聚集黎烈文、邵荃麟、羊枣等知名进步文化人,同建阳暨大的许杰、方光焘一道,开展东南新文艺运动。在许、盛被驱逐后不久,永安兴起逮捕程星龄(新中国成立后政务院参事)大狱,羊枣被捕并杀害于狱中。在昆明,李公朴、闻一多先后遭暗杀。建阳风潮只是国民党反动派打内战、大屠杀的先兆。

经过多年抗战,人民的觉醒大不同于抗战前暗杀杨杏佛、史量才的时代了。对许、盛的突然袭击,进步学生深深感到挨了一闷棍,分散的抗议都被扼杀了。于是,在地下党张连支部领导下,学生社团迅速组成“壁报联合会”(简称“壁联”),几乎团结全校学生总数百分之八九十。不久,“风潮”的肇事者,前台是魏开瑜,后台是魏应麒、韩逋仙(训导长),也为大家所识破。

我写好《从建阳到上海》三万多字的二稿,寄许师审读。

第三封信及点名问题

1988年10月19日,许师来信说:“你的长信和长稿,我都看过了。你的长稿,虽然是长,我中间放下几次,还是看完了。首先我觉得你立意好。你把自己经受过的一个学校、一个地方的学生生活和学生运动,放到整个时代、整个社会发展中去考察,这是很有见地的。你主张‘和盘托出’——还历史以本然面目,这是首要,这观点我也同意。基于这一点,我对你稿子中只提魏、×字样,而没有提他们的名字,而且所叙述的内容,也很少涉及他们,这一点是否可以考虑。关于魏应麒,在我写的文章中,我提到过不止一次。我对你建议,不应该对他们的名字,有什么避忌。我也曾经提到魏开瑜,那是学生,我误作魏应麒的兄弟,也就算了。可是,你是可以提的,我以为。关于×××,我在当时,还不知道这个人。记得事后几年,我知道他是这次风潮中起作用的人物之一。他却给我来了信,我当时也因为有这种成见,根本没给复信。一直到近几年,听说他在当地教育界有一些成就,而我在考虑,我当年没有给他复信,是否太过。但这也只是我心里话,你说到这里,我和你谈心才附带说的。我隐约知道,魏应麒已不在人世了。为了还他一个本然的历史事实,就应该提到他。对于×××,我的意思,根据你的全盘托出的原则,根据我所说的还他一个历史本然面目,假如历史本然面目原来如此,我们也不必‘为贤者讳’的。”

许师批评一针见血。我着重于叙事,忽略了说“典型环境的典型人物”。于是我在三稿中作了补充。

现在完全明白:建阳风潮校内主角是韩逋仙、魏应麒一伙。

训导长韩逋仙貌似忠厚,内心奸诈。他在大革命时代曾任中共江苏省委秘书长,是出卖江苏省委和赵世炎、陈延年同志的大叛徒。韩的叛变使地下党遭受很大破坏,是那时最大的案子。“风潮”发生时,韩是福建省三青团的骨干,又是建阳反共联席会议成员。从军青年集会时,魏开瑜狂喊“打倒盛叙功”,韩立即支持,阴险地说:“反正你们已从军,校方不会开除你们。”他还煽动说:“把‘卖马货’的赶走,把‘买马货’的查出来。”此人毕竟在政治大风浪里翻过筋斗,“风潮”后一声不吭,大不同于魏应麒一伙趾高气扬。抗战胜利,他悄悄溜到台湾去了。

魏应麒跳出来也不是偶然的。1943 年蒋介石《中国之命运》出笼,他在课堂上多次自我吹嘘,说写过多篇吹捧文章。他同卓如教授同住一个院子。每有学生、朋友来访,他故意敞开房门,拉大嗓门嚎叫:“许杰、卓如是共产党。”在文明礼貌、知书达理的大学里,如此嚣张和横蛮,实属罕见。立场反动,观点陈旧,是国民党反动统治的社会基础;在那个时代的大学里,也不只魏应麒一个。

略加勾勒这两个人物,“风潮”的反动性质就十分明白。在国民党反动统治即将有大动作之前,韩、魏几个充当急先锋,赶走许、盛,扼杀即将兴起的学生民主活动,一石两鸟,历来是这帮反动小丑的如意算盘。不过,历史有自己的规律,并不按照反动小丑意愿走路。

迟到五十年的“招供”

建阳座谈会后,我路过上海探望许师未遇。回京不久,接到 1988 年 11 月 29 日信:“你从建阳回来后,来到我家,我正好去深圳。我竟连在上海见到你的机会也失去了。今天收到你的信,虽然简单,但谈得扼要。我觉得这次建阳聚会是很有意义的。我等着看明年出版的纪念刊物。根据你信中述说,大家都觉得对魏、×要提名,我当然同意。如果依我的意见,×的名字可以不提。不过,我只对你说,我没有改变大家已经决定意见之意。这一次风潮定为‘反动’的性质,我也同意大家定的意见。关于韩逋仙的过去历史,原是党员,是脱了党的,我早知道。但对陈延年、赵世炎的案子有关,我这才听说。此人在台湾,前些时,说是神志不清,出门迷路,但不知近来仍活着否?这也恶贯满盈了吧。”

要不要点×××的名,许师似乎犹豫不定。这是可以理解的。对制造“风潮”的历史错误,当然应该揭露。×作为当事人,如愿意做真正的革命者,对自己历史上的政治错误,理应正视,理应决裂,理应自我揭露;

这就不必为别人说啥而忐忑。留有余地,留待本人自我觉醒,是许师对后辈学生的希望。因此,在《从建阳到上海》回忆录里,我是直呼姓名;但在怀念许师的这篇文章里,遵照许师最后嘱咐,以×代之。

关键是确定事件的性质。我们确认建阳风潮是反动政治迫害,许师的赞同是我意料之中的。不过,这都是我们被害者一方的判断。在《暨南大学在建阳》出版后,福建省党史办发现国民党旧档案里存有1946年的密电两则,是"护校斗争"中建阳反共联席会议主席曾建平给省主席刘建绪的请示报告及刘的批复。这两份密电是斗争的另一方,即官方的自我招供。

1946年的护校斗争又是魏应麒挑起的。他在基本国文课堂上讲解屈原赋时用词不当,同学生发生争论。作为教授,解决这种问题本来不是难事。不料,也许仍浸沉在一年前"驱逐"许、盛的胜利酒醉中,魏应麒竟采取一连串异乎寻常的行动。第二天课堂上,×××率领几个小同乡在后座保驾。争论再起时,×××一伙居然压制学生发言。大学课堂上居然出现地痞聚众起哄,自然激起广大学生的强烈不满。以其人之道还治其人之身,晚上学生们到魏应麒家同他讲理。他从边门逃跑。不料,一小时后,×××的同伙砸了商学院院长、留美归来的卢怀道教授的家。魏、×随后还纠集同伙聚居建阳城内,扬言"有大机关作后台",要到校本部童游"大干一场""大流血"。这一连串流氓行径,逼得全校绝大多数学生组织护校斗争。

当时"壁联"已经成立,斗争是地下党支部通过"壁联"来领导。"壁联"采取就事论事的策略,不触及政治时局,年前"驱逐"许、盛旧账也一字不提。目标集中魏、×两个知名人物,其实就是一连串流氓行径。为能团结大多数,另组"护校委员会"进行活动。"壁联"的策略取得成功,最后赶走魏、×。同时,也因为就事论事,魏、×一伙在以后几十年的长时间里,一直把性质完全相反的"建阳风潮"及"护校斗争"混说为"地域之争"。

真是天网恢恢、疏而不漏。五十年后,曾建平的密电作了真实的"坦白交待"。密电说:"暨大学生藉故殴伤教授魏应麒,并毁卢怀道住宅,真(代日)日罢课,以大联盟名义发出传单,要求民主运动,反对一党专政及毁谤国民党,暨大当局无法抑制,除密令沈代校长设法抑制外,拟将煽动学潮首要卜新贤、金尧如、兰文灿、李法儒、李曦、钱国屏、梁华光、柯以圻等密捕讯究,当否乞电遵。”

作为“密捕”对象之一,我有权利作点自我辩护:

魏应麒是被我揍了一拳。那个晚上,我首先觉察魏从边门溜出,向黑暗的童游街猛奔,到丁字街口拐弯处滑了一跤。我是第一个赶到。拳头触及魏的面颊,热乎乎,软绵绵。这是我第一次、也是最后一次打人。魏惊叫一声,爬起来像兔子一样活泼地跑了。当时我自恨拳头不硬;想不到这一拳,竟把他“殴伤”了。

魏冠以“教授”,学位、职务比魏高得多的卢怀道,一顶桂冠也没有。这小小差别,暴露魏、×立场的鲜明。明明是自己一伙砸了卢宅,倒要“密捕”无辜学生来“讯究”。贼喊捉贼,天下还有比这更卑鄙、更无耻的勾当吗!

“密捕”八人,基本上是“壁联”骨干。“壁联”是经校方批准的合法组织,公开要求“政治民主”“思想自由”,均属重庆旧政协提出主张的范围之内,蒋介石国民党也签了字的。这份密电添加“反对一党专政”“毁谤国民党”,是扣红帽子,为“密捕”找借口。这是在昆明“一二·一事件”之后,魏、×一伙扬言“大流血”,并非吓人空话,是为一网打尽的“密捕”造舆论。也是重演镇压“未名社”的伎俩,只因形势不同而未能得逞。这份密电招供使真相大白:这伙大叫大喊“大流血”的好汉在以后的岁月津津乐道“地域之争”,无非是掩盖另一件未遂反动政治大迫害的烟幕而已。

省主席刘建绪早已派小组到建阳暗查。得悉在课堂上同魏直接冲突的是第三战区司令顾祝同的同学、军需总署署长的儿子,“护校委员会”主席是江西省主席熊式辉的亲属,都不像“共产党”,转一圈就回去了。况且,“一二·一事件”后,昆明警备司令关麟徵,国人皆曰“可杀”;暨大即将复员上海。刘建绪复电说:“学潮起因及经过详情希即电告,被殴伤者务饬分别请法院勘验,一面劝导复课,勿任扩大,余缓议。”结果，魏应麒的“殴伤”也没有再“勘验”，倒是被校方解聘；×被开除。

许师在事后会听说护校斗争，但是，他或许不会像我们这群学生有“出了一口恶气”的快感。今天细读曾建平电文，回想当年种种：对手之卑劣，处境之险恶，仍不免为许师捏一把汗。然而，许师毫不畏惧，坚持真理，宣传真理，启迪青年一代跟上时代，实在应该得到我们这些受益的学生深深的感激和尊敬。

题字及“建阳风潮”诗两首

我请许师为《暨南大学在建阳》题字，并请几位长于诗文的老同学为题字拟稿，供许师采用。1989 年 1 月 18 日信寄来题字。

题词是：“祝《暨大在建阳》出版　民主堡垒　革命摇篮　戊辰冬月许杰题　时年八十又八岁。”

还赐我墨宝，填词《浪淘沙》：“时节届清明，怀念亲人。英雄碑下奠英灵，特大花圈抬不绝，地满天盈。明令莫题名，偏要题名。人心向背在人心，消息新闻封锁尽，全国飞腾。”作于两首《寄盛叙功》的同时，许师怀念盛叙功显然同清明时节风云有关。

信上说：“收到你的来信，我非常高兴。为了我的题字，你竟然给许多同学（写信），足见你对这事的重视。……我还是采（傅）春龄同学的。……你的关于魏、×的评价，我完全同意。对何校长的评论，也应该在肯定方面多些，即学者的身份，应该肯定，你说对吗？”

不到一个月，我收到第六封信，是最重要的一封。抄录于后：

> 国屏同学：你一月三十一日复信，我已于前两日收到。……我现在想起来，在四十三年前，也即是建阳风潮以后，我与盛叙功先生避地崇安。就在那个时候，我写过两首旧诗。……我想，这是我的旧作，又是真实感情的反映。……如果时间还赶得上，就请你转寄建阳，希望能在这本纪念刊上刊出。这事情你定夺。并希望回我一信。我的诗稿附另纸。己巳年元旦已过了几天，在这

里,补说一句,祝春节愉快。

许杰
1989.2.10

我即将许师诗抄寄建阳,刊于《暨南大学在建阳》中学生运动回忆录的第一篇。

诗 两 首

许 杰

七 律

——建阳暨南大学风潮

漆黑一团天地齐,更深鼠闹不闻鸡。森森堂庙嘶骸骨,寂寂东南树战旗。怒看小鬼装人样,忙举钝刀剥狗皮。四壁阴寒风凛冽,荷戈立雪待晨曦。

七 绝

——建阳风潮,避地崇安,同事苏乾英前来看慰,深夜坐谈

狂风过后月钻云,寂寞寒灯对故人。幸喜胸中留正气,滔滔流水不平鸣。

以上小诗两首,系一九四五年暨大风潮避地崇安时所作。四十余年来,从未示人。一九八八年十月,暨大当年部分同学,重聚建阳集会,决定出版《暨南大学在建阳》纪念刊物,特行抄记,希作补白,并以志我当年之心境与感受云耳。一九八九年二月十日许杰附记 时年八十八岁

建阳风潮的政治性质,许师这位“五四”时代的斗士,原来在事发的当时就已经明白。是非分明,形象生动,感情强烈,语言准确,这确是当年战斗的歌。我立即想到毛泽东的《咏梅》。七律八句岂不是“已是悬崖百丈冰,犹有花枝俏”吗!存箧四十多年,待学生们写出书时才刊出,确是“待到山花烂漫时,她在丛中笑”啊!

“对得起生活与历史”

最后一封信是1991年7月15日寄我的。许师说：

《暨大在建阳》一书，已于前几日送来。这书总算印出来了，你和王朝旦(王准)曾化了很多心血，真难得。当然，我看了这书，感想很多。但也很觉欣幸；因为有这一本书的编辑，也把我在建阳时期的一段生活记录了下来，总算没有对不起这一时期的生活与历史。可惜，叙功先生已先作古，不能亲眼看见，但他如地下有知，也该瞑目。一般的说，九十一了，还能看报写信，偶然也还写点文，这总算不差。但我也自己知道，近几年来，特别是去春到今年，体力精神都衰退得厉害。这恐怕也是自然规律，也只能算了。你放心。说起那两首诗，也有个别字印错，但这没有什么。主要精神已经体现出来，这就很好，可以很满意。

随后我病了两年多，住了四次医院，还开了一次刀，没有能够多多写信安慰这位老人。待1996年稍为康复，我看到的已是《许杰先生纪念文集》了！

“对得起生活与历史。”这句深邃而广袤的格言出于九十一高龄的世纪老人之口，需要我们后辈细加琢磨。

许师“感想”的是什么呢？

建阳风潮郁积在心头的块垒，现在已经消失。也许是四十年代建阳那群学生：太白社那个才气横溢的绍兴青年；热情活泼中文学会主席的矮个；光着脚板在篮球场上飞奔的闽南少女。这绝不是恋旧：在护校斗争中成长的青年群体，同年年底到上海打响抗议美军暴行的第一枪，成为上海“五二〇”运动的一支重要队伍。这群青年书生，是“第二条战线”的战士，又是共和国第一批忠诚干部，经过中年、老年，现在也是年近古稀的老人了。同样，他们有欢乐，也有悲哀，其中也充满甜酸苦辣。许师观察几代人的经历，这是多么丰富厚实的人生！

巴金老人1982年为筹建中国现代文学馆而大声疾呼：“我们的现代文学好像是一所预备学校，把无数战士转送到革命战场，难道对新中国的诞生就没有丝毫的功劳?”还说,鲁迅先生“是我们现代文学的主帅,但他并不是‘光杆司令’”。确实,我们这些第二条战线的战士,衷心尊敬和感谢巴金、许杰这些在主帅鲁迅率领下的指战员。

这些天,我沉浸在怀念许师的思绪中,想起五十年代初的一件往事。那时间,语文课文由过去古文为主转变为全部语体文,习惯于古文串讲的语文老师在课堂上无话可说,没话找话就难免闹笑话。我在上海教育局管语文教学工作。有一篇课文《永不掉队》,写苏联卫国战争中教授参军、战后青年军官上大学,两人位置互换引发的故事。教师对人物角色关系弄不清,有争论。我到华东师大请许师在陕西南路体育馆作报告。这是用马克思文学理论剖析具体作品的示范,启发很大,反应很好。现在回头看,当年语文教学面临的难题并非小事,是中外文学史上文体革命、文学革命的集中反映。从古文转到语体文的文体革命,在西方是文艺复兴,在中国是“五四”运动。工农登上文学殿堂,在西方是十月革命前后的俄国文学,在中国是三十、四十年代的左翼文艺运动。许师吸取西方几个世纪变革的营养,又亲身经历中国的变革,自然轻而易举地做出这样示范。只要闸口一开,加以疏导,语文教学就通畅地流入现实时代。我想,“中国二十世纪的世纪老人”是一个专门概念,是中外人类中独特的群体。中国的这一百年,像许师说的“对得起生活和历史”,要走完西方十五世纪文艺复兴到现代的六百年的思想历程。包括许师在内的“中国二十世纪的世纪老人”的传记及其比较研究,将是中国人民留给世界人类文化中一份特别宝贵的文化财富。可惜,《暨南大学在建阳》《许杰先生纪念文集》只是暨大一群老学生编写的内部读物,印数很小。而许杰老人属于中国人民,属于时代和未来。因此,我将许师晚年七封信刊布并作一点说明,让后人了解许师有关建阳风潮的诗文的来龙去脉,为别人撰写我所企盼的《许杰传》提供一点可靠资料,是我这个老学生义不容辞的责任。

1998 年 7 月于北京

(《新文学史料》2000 年第 1 期)

新月派

新月派，现代新诗史上一个重要的诗歌流派，受泰戈尔《新月集》影响。该诗派大体上以1927年为界分为前后两个时期。前期是1923年于北京成立的以胡适、陈源、徐志摩、闻一多、梁实秋等人为代表的新月社；1927年春，胡适、徐志摩、闻一多、梁实秋等人在上海创办新月书店，次年又创办《新月》月刊，新月派的主要活动地点转移到上海，这是后期新月派。新月社带俱乐部性质，其成员梁实秋、罗隆基、叶公超、潘光旦、梁遇春、余上沅、刘英士、饶孟侃、顾仲彝、卫聚贤等，都走上过真如时代的暨南教席。

“新月派”在暨南

季 轩

在中国现代文学史上，新月派是特殊的一群。在暨南名师的剪影里，新月派也是另类的一族。梁实秋、罗隆基、叶公超、潘光旦、梁遇春、余上沅、刘英士、饶孟侃、顾仲彝、卫聚贤等，都走上过真如时代的暨南教席。

梁实秋(1903—1987)

新月派常常被誉为“绅士型”的作家集团，这其间最有绅士气质的恐怕要数梁实秋先生了。暨南园时期的梁先生总是穿着那件团花的貂皮袍子，两袖反卷，擦得很光亮的黑皮鞋，头发向两边分梳成那时最流行的花旗装，略显发福的脸上流露出一团和气的神采。在南园餐馆的争论者中，先生总是默默地坐在那里吐烟圈，静静地看着别人争论，半晌不说一句话，自有一份绅士的从容与静穆。

在暨南的教席上，先生作为西洋文学系的教授，讲的是“文学批评”之类的课程，同时兼任上海《时事新报》的副刊编辑。先生的文章隽永生动，于平淡处见沟壑，在不经意间起波澜。特别是后来的《雅舍小品》和《秋室杂文》广为传颂，以致后人往往记住先生是一位作家，而淡化了他的为人师者身份。这个清华出身，美国白璧德的弟子，一生先后在东南、暨南、青岛、北大、中大和师大以及后来的台大等高校任教。40余年的讲台生涯,始终兢兢业业,“教书就靠事前的充分准备和吸收资料,否则,上了讲台讲起书来,丢三掉四,心里真不是滋味。如果娓娓道来,毫无冷场,那不仅学生听来津津有味,对课程产生兴趣,就是自己也会感到舒服爽快”。这是先生的原话,也是先生的心声。无论是为人、为文还是为师,和蔼的语态、隽永的笔调、渊博的西洋学识,使得先生都赢得广泛的尊重。

罗隆基(1896—1965)

当章诒和的那本《往事并不如烟》(牛津版《最后的贵族》)在坊间风行时,这个饱受争议的历史人物罗隆基也透过历史尘封的记忆走上前台。世人热烈评论臧否,却少有人记得他曾经是真如时代暨南讲坛上的教授。罗隆基在暨南是政治经济学教授,教的是政治学,哥伦比亚大学与伦敦大学的留学背景,使得他非常欣赏英美的“民主政治”和“议会制度”。虽然口齿伶俐,辩才无碍,无奈曲高和寡,选课的学生寥寥。直到他在《新月》上发表数篇鼓吹自由思想与人权主义的文章,引起更大的风波之后才引起学生的注意。

梁实秋先生在《论罗隆基》一文的结尾说:“世人皆欲杀,吾意独怜才。”梁任公在《李鸿章传》开篇即云:“天下惟庸人无咎亦无誉。”罗氏非等闲之辈,一生充满了毁誉,或许章伯钧的话最能说明问题:“他的这种颇为浪漫的生活态度,与其说是品格沉沦,不如说是在压抑、委琐的现实中,唯一可以表现自己、表现活力的方式。当然,他也用这个方式摆脱精神孤独。”

叶公超(1904—1981)

新月派的另一员干将叶公超长期处在被人遗忘的角落,似乎要淹没在滚滚的历史洪流里。至于知道叶公超曾经是真如时代的暨南名师就更寥寥了。民国政府的大秀才陶希圣在评价叶公超时说:“文学的气度,哲学的人生,国士的风骨,才士的手笔。”也有人将叶氏的一生分为两截:前半生是文人,后半生是政客。作为文人,或云叶氏真名士自风流,或云叶氏装腔作势。作为政客,也不乏攻击之声,说他善于“见人说人话,见鬼说鬼话”,从叶氏以耿直个性不容于蒋家看来,此论更近于言过其实。暨南人永远带着亲切的心情怀念这位曾经的西洋文学系主任(1927—1933),怀念这位方面大耳,西装革履,口衔一个栗色大烟斗,一派英国绅士风度的暨南名师。

1931 年赛珍珠小说《大地》(1938 年以其“对中国农民生活史诗般的描述”获诺贝尔文学奖)问世。是年,身在暨南园的叶氏在英文刊物《中国社会政治科学评论》第 3 期发文评《大地》时,敏锐地揭示“一个外国小说家没有沉溺于自己的幻想之中而是深入地描写了我们昏暗的现实社会的底层,这是唯一的一次。《大地》是这块国土的史诗,并且将作为史诗铭记在许许多多阅读过它的人们的心目中”。即便如此,叶公超在上述评论文章中直言不讳地指出:“大自然的变幻不定——水灾、旱灾与蝗虫灾害——甚至远不及国内的战争以及军阀征收的高额的土地税带来的危害大,这一点,赛珍珠在小说中,没有提及。”言为心声,叶氏为人可见一斑。

梁遇春(1906—1932)

或许是天妒英才,文学史上向来不乏短命的才子,如王勃、李贺、拜伦、雪莱,暨南讲坛上的梁遇春亦是如斯。才如江海命如丝是这些才子们共同的生命特征。废名曾如此评价梁遇春:“此人只好彩笔成梦,为君应是昙华招魂。”昙花一现的生命状态成就了他传奇式的人生,也留给后人莫大的遗憾与怅惘。

在现代中国文学史上,梁氏以《春醪集》和《泪与笑》两本散文集赢得了读者的广泛尊敬;在暨南的讲坛上,梁氏以其博学与才思博得了暨南学子的普遍爱戴。1928 年,年仅二十三岁的梁遇春从北京大学英文系毕业,同年九月,应老师叶公超之约,走进上海真如时代的国立暨南大学,任外国语言文学系助教,讲授英国散文。从未出过国门的梁遇春用纯正的英语在暨南的教席上讲授培根与兰姆兄弟的散文。梁氏以其才智与学识将英国散文的精髓阐释得鞭辟入里,虽然在暨大任教仅一年半时间,但几十年后远在海外的暨南学子仍念念不忘。

(《光明日报》"百年暨南"专栏)

“新月派”名流在暨南

胡安泰

“新月派”在暨南

“新月派”是二十世纪二三十年代活跃于我国社会思想及文学艺术“舞台”上的颇有影响的社团流派。它有一个较长的酝酿和形成过程。1923年,胡适、徐志摩、梁启超等人在北京组织过一个以娱乐消遣为主要内容的聚餐会和俱乐部,由于他们崇拜泰戈尔,便以泰戈尔的《新月集》而取名新月社。1926年,徐志摩等人在北京创办了《晨报副刊·诗镌》《晨报副刊·剧刊》,并组织了中华戏剧改进社。1927年,新月派初创时期的人士纷纷南下,胡适、徐志摩、梁实秋等来到上海,开办了新月书店。1928年创办了以“文艺为主,政论为辅”的《新月》月刊。新月派正式形成。

新月派一出现就带有明显的超阶级改良主义色彩。他们以政论和文艺理论,以及文艺作品,如诗歌、戏剧等,宣传超阶级的人性、健康、尊严等。曾受到当时“左翼”社会科学家和作家们的抨击。

新月派的理论,特别是新诗理论和实践在中国现代文学发展史上产生过较大的影响,做出了重要的贡献。如潘光旦的“优生学”理论,在当时具有开创性意义。在《晨报副刊·诗镌》时期,徐志摩、饶孟侃等人首先倡导新诗的格律化运动。徐志摩坚信“完美形体是完美的精神的唯一表现”,因而自觉追求诗歌“新格式与新音节的发现”。他们在新诗史上第一次提出了要求新诗应具有音乐美、绘画美、建筑美三位一体的主张。徐志摩的《雪花的快乐》《沙扬娜拉》等诗篇，或诅咒现实社会的黑暗，或歌唱热爱祖国的心声，或写离愁别绪的情感，大都能给人以思想的启迪和美感的陶冶。1931 年由新月派主编的《新月诗选》出版，其中选入了 18 位诗人的 80 余首诗。这些作品反映了这一流派诗人投身于新诗园地辛勤耕耘的成果，他们中有徐志摩、孙大雨、饶孟侃、闻一多、朱湘、林徽音、陈梦家等人。其优美的诗篇，为世人所赞许。除新诗外，《新月》还刊登过不少的时论文章和小说、剧本，余上沅、沈从文等即以新月派小说及剧作家而闻名。

1931 年新月派主将徐志摩不幸坠机身亡。1933 年 6 月《新月》杂志被迫停刊，新月派的"生命"也就完结了。

新月派的活动始于北京，其鼎盛时期在上海。而 1923 年迁入上海真如的暨南大学（其前身暨南学校），是新月派名流活动的重要阵地。这从下列新月派人物先后应聘到校任教的名单可以看出：

梁实秋，曾任外国语言文学系教授、系主任；叶公超，曾任外国语言文学系主任、校图书馆馆长；潘光旦，曾任社会学、政治学教授；刘英士，曾任政治经济系主任、法学院院长；罗隆基，曾任社会学、政治学教授；孙大雨、沈从文、顾仲彝、饶孟侃、余上沅、陆侃如、冯沅君曾分别在外国语言文学系和中国语言文学系任教。新月派主将的徐志摩，虽未受聘暨南，但他也曾应邀来暨南作学术演讲，讲过《秋风——又名时代病的研究》，吸引了不少暨南学子，也算与暨南有缘。胡适虽未在暨南任教，但在他任上海公学校长期间，为汪静之、章铁民两位青年教师与陈钟凡的"伯兮"之争也曾关注过暨南的事，也是与暨南有关系的。无怪当时有人说："暨大是新月派全盛时期的大本营。"

新月派不少名流任教于暨南大学，他们在任教的同时，为新月派的发展仍作努力，在社会亦形成了较大的影响。罗隆基就担任过《新月》月刊的主编，叶公超是《新月》编委，余上沅在任编辑的同时兼任过新月书店经理，对于书店经营擘画颇有贡献，孙大雨、潘光旦、沈从文、饶孟侃等均不断为《新月》月刊撰稿，出版著译作品，为新月派扩大了社会影响。

梁实秋、余上沅

新月派在暨南任教的名流中,数梁实秋最为出名。梁实秋(1902—1987),浙江杭县人,著名作家,翻译家。曾任暨南大学教授、外文系主任、《新月》杂志主编。后到台湾任省立师范大学教授、文学院长。1987年在台湾去世,终年八十五岁。梁实秋出名在于两点:二十世纪二三十年代,与鲁迅论战,人们从读鲁迅的杂文和毛泽东的《在延安文艺座谈会上的讲话》中对梁实秋的批判而知其大名。其次是人们从读新月派的作品中和他主编的《最新实用英汉辞典》和《远东英汉大辞典》中知晓其大名。正是因为他主编了著名的《英汉大辞典》,在一次他与一位美国朋友在台湾书店挑选书籍时,与急需购买他《辞典》的韩菁清女士邂逅,而缔结了一段人间盛传的"老少"姻缘。

梁实秋是一个颇多争议的人物。虽然已过去了大半个世纪,现在来评论鲁迅和梁实秋在70年前的那场大论战孰是孰非仍需时日。在众多的关于梁实秋的评论文章中,台湾作家余光中写的《秋之颂》一文颇有代表性,被认为如实地勾画出梁实秋的形象。此文是这样评价的:"梁实秋的贡献有许多方面。台湾读者最熟悉的该是散文家梁实秋,尤其是《雅舍小品》的作者。其次,该是翻译家梁实秋,尤其是莎士比亚的传入。再其次,该是学者梁实秋,尤其是中文版英国文学史的作者。一般学生最熟悉的,则是各种英汉字典的编者梁实秋。台湾读者认识的梁实秋,是一位智者,字里行间闪动着智慧与谐趣。"

由于郑洪年校长"任事之初,以集中人才为先图"的指导思想,并仿效北京大学校长蔡元培"兼容并包"的做法,暨南大学十分重视师资的水平和名流学者的延聘。在改组扩充后的暨南大学,既聘来了许德珩、周谷城、李达、邓初民、夏衍这样的左翼学者,也请进了从英美留学归来,在文坛上有异军突起之势的新月派人物。暨南校园学术空气异彩纷呈,梁实秋就在这二十年代末三十年代初出任暨南大学外文系教授及系主任的。他在教学的同时,参加《新月》的编辑及撰稿事宜,并出版了其新人文主义理论的代表作《文学的纪律》(评论集),展开了对“新文化”理论的论战。也就是在这一时期,开始翻译在他写作翻译生涯中有重要地位和社会影响的莎士比亚作品,直至1970年用近40年时间完成,其37出莎剧,3卷莎诗,皇皇400余万字,为后人留下了一部可圈可点的文学遗产。

戏剧家余上沅是在暨南大学任教的新月派人中值得一提的人物。他于1897年10月4日出生于湖北沙市,1922年北京大学英文系毕业,与熊佛西等人同往美国留学,在纽约哥伦比亚大学读研究生,专攻西洋戏剧文学和剧场艺术。编著《国剧运动》一书。回国后在北京艺术专门学校创办了戏剧系,参加了中国戏剧社活动。1927年在上海与胡适、徐志摩、梁实秋等人开办新月书店,到暨南大学任文学院教师。1929年到北京,除在大学兼课外,迷恋于他的戏剧艺术,编写的《兵变》以及组织排练的《茶花女》等曾在北京公演,在文化界有一定影响。1935年随梅兰芳到苏联、波兰、德国、法国、英国、瑞士、意大利等国访问和演出。回国后,到南京筹办国立戏剧专科学校,恰巧国立戏剧学校校址就设在南京原暨南学校所在地薛家巷,他担任校长。这是我国第一所戏剧专业的大专院校。任校长14年,培养戏剧专业人才数百人。1959年到上海戏剧学院戏剧文学系任教授。先后翻译了贝克的《戏剧技巧》,以及《光明列车》等。1970年患癌症去世,终年74岁。余上沅在戏剧界其敬业精神是常人不可及的,有一桩其生前的事,至今流传甚广,令人不忘。1985年8月3日香港报纸将40年前的此事披露了出来,题名《导演家里失火时》,文中写道:“大约在1947年春,他们家附近失火,大有蔓延到门前之势,她(衡粹——余上沅夫人)急忙打发人到剧专叫他,三两次去人叫,总不见他回来,他只派一个人来帮忙。她们急忙把家里的东西往院子里搬,过了一两小时,火扑灭了,她们又忙着往家里搬东西。深夜,这位戏剧家从容自在地回来了。夫人当然很不高兴地问他:‘火烧眉毛你都不回来,太不像话!’他理直气壮地答道:‘我在排戏,我是导演,最后一幕没排完,怎么能回来?’又说:‘搬东西救火人人能做,可是排演别人替代不了啊!’夫人听了,哭笑不得。”瞧,这就是余上沅!

余上沅在暨南大学任教期间,担任过文学和英文课程,除兼任新月书店经理及编辑,还撰写过不少的文章和剧本。如《上沅剧本甲集》《戏剧论集》等就是在这个时期完成并出版的。

叶公超、孙大雨

叶公超在新月派以写文章而有名,在暨南大学任外文系教授、系主任,兼学校图书馆馆长。在暨南大学任教期间留下了许多让人难忘的事。他 1904 年出生于一个书香世家,其叔父叶恭绰是交通系巨子,外祖父赵之谦是书画篆刻名家。叶公超 1925 年留美获文学学士学位,继而到英国剑桥大学玛地兰学院攻读文艺心理硕士学位,后到巴黎大学作短期研究后返回国内,先任教于北京大学和师范大学。1927 年南下上海,应聘于暨南大学文学院。此时年仅二十四岁,在暨南大学学生中留下了良好印象。那时像他这样年轻的教授十分引学生注目,他很注意个人仪表,头发梳得服帖,口咬烟斗,衣服整齐,风度翩翩,一点也不像不修边幅的作家,倒像个十足的绅士,他说话坦率,饶有风趣。暨南同学很喜欢听他的课,上课用英语,十分流畅,听得学生不愿下他的课。

叶公超先生的朋友及当年的同事梁实秋在所写的《叶公超二三事》文中记述了他在暨南的几件趣事:“公超在暨大教书的时候,因兼任图书馆长,而且是独身,所以就住在图书馆楼下一小室,床上、桌上、椅上全是书。他有爱书癖……作了图书馆长,更是名正言顺地大量购书。以后,由图书馆楼下搬出,在真如乡下离暨南不远处租了几间平房,小桥流水、阡陌纵横,非常雅静!”“当时和公超谈得来的新诗作家饶孟侃(子离)……有时也在那儿下榻,和公超为伴。有一天二人谈起英国诗人××,公超就取出其诗集,翻出几首代表作,要子离读,读过之后再讨论。子离倦极,抛卷而眠,公超大怒,顺手捡起一本大书投掷过去,虽未使他头破血流,却使他大惊,二人因此勃谿。”

梁实秋在文中还道出了叶公超的一段罗曼史:“公超肖然一身,校中女侨生某,常去公超处请益,其人貌虽中姿,而性情柔顺,公超自承近于大男子沙文主义者,特别喜欢 meek(柔顺)的女子。这位女生有男友某,扬言将不利于公超。公超惧,借得手枪一支以自卫。一日偕子离外出试枪,途中有犬狺狺,乃发枪而犬毙。犬主索赔,不得已只得补偿之。女生旋亦返国(侨居地),嫁一贵族。”

叶公超 1931 年返回北京任教于北京大学。为保护国宝“毛公鼎”不落入日本人之手,受叔父叶恭绰之委托,1940 年只身到上海“护鼎”,不幸被日本宪兵拘捕,被其兄保释后护鼎到香港、上海。抗战胜利后将“毛公鼎”献给了重庆国民政府,这件国宝终未落入日本人之手。叶公超施计护宝成为世人美谈。此事后,叶公超被朋友推荐办理“外事”,进入职业外交家仕途。

另一位在暨南大学学生中留有良好印象的新月派诗人是孙大雨,孙大雨 1905 年出生,是我国著名文学翻译家,现代诗人。1925 年毕业于清华学校高等科,留美,1930 年回国后历任武汉大学、北京大学、青岛大学和暨南大学外文系教授。新中国成立后院系调整任复旦大学外文系主任。他在文学翻译和诗歌创作上有两大成就让世人瞩目。第一,他为莎士比亚著作在我国流传做出了贡献。他认为,莎士比亚不仅是剧作家,因为莎剧是诗剧和戏剧诗,所以莎翁还是一位伟大的诗人。莎剧的最大特点是有严谨的韵律,占 90% 的文字是诗行,原作基本上是用轻重格五音步素体韵文行所写。因此,他翻译的莎剧最大的特点是保留了原作讲究格律的特殊风格,每行正有五个音组。这在我国文学翻译史上具有意义。第二,他在我国新诗发展上也做出了杰出的贡献,是新月派后期新诗的重要代表人物。他在 1926 年 4 月《晨报副刊·诗镌》上发表的一首新诗《爱》是我国最早出现的格律严谨的十四行诗。二十世纪八十年代,辍笔多年的孙大雨重新提笔进行了古诗英译的开创性工作。《离骚》和唐诗的英译并非易事,孙大雨均作了精湛的英译,受到国际诗界的肯定,有“莎剧东行、屈赋西去”的美誉。孙大雨的八部汉译莎剧和《屈原诗选英译》《古诗文英译集》《孙大雨诗文集》共11部，是他一生心血的结晶。当他的最后一部作品面世时，孙大雨已于1997年1月去世，未能亲见。“精通中西诗学，字间精深博大，治学严谨认真，为人耿直厚道”是上海新闻媒体在他去世后对他公正的评价。

孙大雨在暨南大学担任外文系教授期间，他对学生极为认真，他的学生、著名翻译家孙家晋在回忆文章中写道：“我们有时也上教授家中去玩……孙先生则谈梁实秋和田汉翻译的莎士比亚，谈他自己翻译的《黎琊王》的经验。他还把他所译的孙过庭《书谱序》借给我带回家去看。……我由此体会到了老师中英文功力的深厚。”1947年上海爆发了“反饥饿、反内战、反迫害”的大规模学生运动，为了搭救被捕的学生，5月26日孙大雨偕同张志让、邱汉生、顾仲彝、卢于道等知名教授一道与上海市长吴国桢当面交涉，国民党当局在社会舆论压力下只得释放了被捕学生。孙大雨更深得学生们的敬重。

潘光旦、罗隆基、刘英士

潘光旦是以社会学家的身份和地位进入新月派的。他1922年毕业于清华学校，入美进入纽约汉普复州哈诺浮镇达茂大学，获学士学位后考入哥伦比亚大学研究院攻读生物学和遗传学。1926年回国。回国后，专攻优生学，宣传优生学，成为我国优生学的先驱者。他所著的《优生学概论》《优生学原理》《优生学与民族》在我国颇有影响，为优生学在我国的传播起了重要的推动作用。他重视调查研究，特别是利用家系调查法做了许多人类遗传学和优生学的考查和研究工作。他的工作方法在当时是具有开创性的，其研究的意义在于提高人口的素质，为人类的科学繁衍做出了贡献。

潘光旦热爱祖国，热爱家乡，热爱教育事业。他的家乡就是上海暨南大学校址真如镇所在地宝山县。他在回国后不久即应聘到暨南大学历史社会学系任教，讲授《社会学基础》，他的教学很受学生们的欢迎。他是以一个生物学及遗传学家的眼光和理论进行社会学教学的,学生们听他的课既感兴趣,又觉得新颖,接受的知识十分丰富。他很爱自己的学生,与他的学生建立了很和谐的师生友谊。被他欣赏的学生谭其骧毕业后,就是经他写了推荐信给当时燕京大学以古史辨而闻名的顾颉刚教授,而被免试进入燕京大学研究院的。谭其骧后来成为著名的历史地理学家,可见潘光旦的眼光和魄力。

在暨南大学任法学教授的新月派人物罗隆基,是我国著名的社会活动家。江西安福人,留学英国获伦敦大学博士学位,回国先后任教于暨南大学、光华大学和南开大学,同时投身于社会政治活动中。中华人民共和国成立后任森林工业部部长、全国政协常委、中国民主同盟副主席。1957 年“反右”后,身陷囹圄。1965 年在北京因病逝世。后平反,其骨灰移置到北京八宝山革命公墓,其一生的功过已有公认。

罗隆基 1930 年间任国立暨南大学法学院教授,讲授“新闻与政治”课程,他知识广博,讲授生动,极富煽动性,深得学生的欢迎。慕名选修和旁听他课的学生很多,在学生中很有影响。在暨南任教的同时,他还担任新月派杂志《新月》的主编,其夫人张舜琴女士是新加坡橡胶大王张永福之女,与其同在伦敦大学求学,她与丈夫一道同在暨南任教,担任文学院外文系英语教授。夫妻是教授同服务于暨南,在当时是不多见的。可见罗氏夫妇对暨南的情感了。

在新月派人物供职于暨南的还有一位不得不提的人,那就是刘英士。刘英士教授应聘于暨南大学政治经济系主任后兼任法学院院长。他聘请了一位留法归来的教授讲经济学这门重头课。这位先生采用的是英文原版书。因为暨南大学学生的第一外语是英语,听英文原版课本没有问题,问题是这位法国留学教授口才不佳,英语发音又不准确,让同学们感到十分失望,纷纷要求刘英士院长换人。可是刘院长置若罔闻不予理睬,结果把事情闹大了。有一天法学院 200 多学生听完“三民主义”课后,有学生提出了“驱逐院长”的提案,得到多数同学的赞成,并推选韩闻痌、殷体扬、陈镇和等五位同学为代表向校长当面陈述。后来韩、殷、陈三位代表前往郑洪年校长家请求“更换院长”

“更换任课教师”。对于此事,郑洪年校长已有所闻,对于多数同学的请愿,郑校长难以推辞,加上面陈的三位学生代表是品学兼优的好学生,因而答应了同学们的要求。第二年,即1930年换了留美博士王人麟任法学院院长,童冠贤教授主讲经济学,刘英士保留了政治经济学系主任一职直到1931年。全院同学均感满意。可以说,在暨南大学任教的新月派人物中,刘英士的“遭遇”是最惨的了。

（胡安泰《暨南往事》,引领杂志社,2007）

秋野社

秋野社，南洋文艺第一个文学社团。1927年初，章衣萍在上海暨南大学文学院任教，10月中旬，他以暨南大学师生为主，组织了文艺社团秋野社，参加的有章铁民、陈翔冰、符紫青、陈妤雯、叶公超、冯伊湄、孙佳汛、顾仲彝、余楠秋、汪静之等。11月，创办社刊《秋野》月刊，由章铁民、章衣萍、陈翔冰主编，开明书店发行。秋野社的社务活动除了出版刊物，主要是开展文学研究工作，分小说、诗歌、戏剧3组，请著名作家演讲。鲁迅、徐志摩、曾孟朴、郑振铎等都到秋野社演讲过。1928年11月，秋野社由于内部意见分歧而解散，《秋野》共出版2卷12期。

《秋野》的《文艺与政治的歧途》

何宝民

《秋野》是上海暨南大学秋野社的社刊。20世纪20年代末上海学生文艺社团中,秋野社是为人熟知的一个,由暨南大学校长秘书兼文学院院长章衣萍(1900—1947)发起建立。暨大学生陈翔冰、陈好雯、陈雪江、郑吐飞(原名郑泗水)等,暨大的教师夏丏尊、顾仲彝、叶公超、余楠秋、张凤、汪静之、章铁民等,都是秋野的校内社员。文学社成立时正值天高气爽的秋天,于是从李贺《南山田中行》诗中取"秋野"二字命名。1927年12月,社刊《秋野》创刊,暨大出版科出版,开明书店发行,三十二开本,一百余页。

衣萍在《发刊词》中道出了秋野社的宗旨:"秋野社是为坦白的表现我们的感情,我们心灵上的苦闷而产生的,其唯一的目的是从荒寞中辟出乐园来。"进而抒发了秋野社同仁的心声:"我们住在青天白日下的江南革命之邦,我们勇敢的前驱的战士的鲜血已经流成河渠了。然而,看呵,我们的心灵是怎样的苦闷,我们的感情是怎样的隔膜,我们社会是怎样寂寞和消沉!'从寂寞中辟出乐园'来,实在不是容易的事。朋友们,我们不必想望那遥远的'乐园',并且,'乐园'实在不是我们暂时所需要的事。同是站在战场的血泊里的人,我们应该悲哀地哭,应该狂乐地笑,用我们的哭声和笑声去安慰那伟大的地下和地上的革命的灵魂,同时把自己的怠惰和寂寞的灵魂也剧烈地喊醒,我们需要的是革命,不是'乐园'。把'乐园'留给未来的遥远的朋友们吧。

我们应该唱着勇敢之歌走到战场上去。”

二十七岁的章衣萍当时是和鲁迅过从较多的朋友。鲁迅曾多次应邀到暨大演讲。第一次是应老友夏丏尊之邀。夏丏尊时任暨大国文系主任兼教大一国文。因为国文系刚建立,只有一年级学生,所以邀请是以“同级会”的名义发出的。《鲁迅日记》1927 年 11 月 6 日:“上午丏尊来邀至华兴楼所设暨南大学同级会演讲并午餐。”主要讲关于文学创作和读书方法等问题,可惜讲稿不存。

隔了一个多月,章衣萍敦请鲁迅再次来到暨大。《鲁迅日记》12 月 21 日:“午后衣萍来邀至暨南大学演讲。”这次演讲题目是“文艺与政治的歧途”。

演讲的记录稿有两种版本:一是章铁民记录。《鲁迅日记》12 月 29 日:“下午寄还暨南大学陈翔冰讲稿。”“讲稿”,即鲁迅的演讲记录。秋野社将记录送请鲁迅修改审定,鲁迅审阅后寄还陈翔冰。记录稿的题目就是“文艺与政治的歧途”,在 1928 年 1 月 1 日出版的第三期《秋野》上发表,署“鲁迅先生讲演,章铁民记录”。章铁民(1899—?),安徽绩溪人。时在暨大附中任教。一是刘率真记录。题目也是“文艺与政治的歧途”,刊载于 1928 年 1 月 29 日和 30 日上海《新闻报》的副刊《学海》(第一八二、一八三期),署“周鲁迅讲,刘率真记”。刘率真,即曹聚仁(1900—1972),浙江兰溪人,时任暨大教授。鲁迅《集外集》收入的是后者。

章的记录稿(以下简称《秋野》文)约三千字,曹的记录稿(以下简称《集外》文)多了一千字左右。比较阅读两篇《文艺与政治的歧途》,会更接近演讲的“原貌”。

《集外》文较《秋野》文记录得比较详细。如,《秋野》文中“政治家对待文学家起初是捧,后来是杀;这是毫无理由的”一句,《集外》文中是:

> 这时,也许有感觉灵敏的文学家,又感到现状的不满意,又要出来开口。从前文艺家的话,政治革命家原是赞同过;直到革命成功,政治家把从前所反对那些人用过的老法子重新采用起来,在文艺家仍不免于不满意,又非被排轧出去不可,或是割掉他的头。

鲁迅稍后在《上海文艺之一瞥》中说到革命家要改变现状的革命，“不过是争夺一把旧椅子。去推的时候，好像这椅子很可恨，一夺到手，就又觉得是宝贝了，而同时也自觉了自己正和这‘旧的’一气”。革命成功了，革命家成了权力者。身份不同，态度也就不同。

记录详略差别不大，表述却有不同。如，《秋野》文中“文学家时时要理想革命，时时和现实冲突，所以革命之前和革命之后都不能舒服。真正的革命文学家永远不能出头，永无好日，这是命运”这一段在《集外》文中则是：

> 在革命的时候，文学家都在做一个梦，以为革命成功将有怎样怎样一个世界；革命以后，他看看现实全不是那么一回事，于是他又要吃苦了。照他们这样叫，啼，哭都不成功；向前不成功，向后也不成功，理想和现实不一致，这是注定的运命。

说得更为透辟。接下来，鲁迅说：“苏俄革命以前，有两个文学家，叶遂宁和梭波里，他们都讴歌过革命，直到后来，他们还是碰死在自己所讴歌希望的现实碑上，那时，苏维埃是成立了。”叶遂宁，现通译叶赛宁。苏联政府过去一直宣称叶遂宁是自缢身亡。“2005 年 10 月 25 日的《参考消息》刊出了俄新社记者阿拉托科 · 科罗廖夫写的《叶赛宁：是自尽或是他杀?》一文，报道了刚刚拍摄完成的一部关于叶赛宁的电视剧，就推翻了他是自杀的传统说法，认为是克里姆林宫指使人暗杀了他。”（朱正：《重读〈文艺与政治的歧途〉》）

《秋野》文较《集外》文详的不多，但也有例外。演讲稿的第二段，《集外》文中在“文艺虽使社会分裂，但是社会这样才进步起来”后，接下来是：“文艺既然是政治家的眼中钉，那就不免被挤出去。”这一句，在《秋野》文中却是长达四行的文字：

> 文学家希望破裂，政治家希望不破裂，结果是文学家受排挤。当革命者不曾成功的时候，他们和文学家是合作的，他们要利用文学家做宣传革命的工具。一到革命成功，革命者变为政治家，他们只许别人服从，他们是一言一动不容他人有怀疑的余地。但文学家有自己的理想，不肯附和别人的意旨，就不能不受排挤。

演讲中有的看似与主旨无甚关联的“题外话”，《秋野》文中未见录存，而《集外》文中保留下来。如，演讲开始一段。《秋野》文是：

> 我本来不常出来讲演的，现在因为这里同学说过好几次，所以今天跑来随便谈谈，却不能算是演讲。也没有什么冠冕堂皇的题目，——就谈谈文艺和革命的冲突吧。

《集外》文却有具体的实例：

> 我是不大出来讲演的；今天到此地来，不过因为说过了好几次，来讲一回也算了却一件事。我所以不出来讲演，一则没有什么意见可讲，二则刚才这位先生说过，在座的很多读过我的书，我更不能讲什么。书上的人大概比实物好一点，《红楼梦》里面的人物，像贾宝玉林黛玉这些人物，都使我有异样的同情；后来，考究一些当时的事实，到北京后，看看梅兰芳姜妙香扮的贾宝玉林黛玉，觉得并不怎样高明。

从“书上的人大概比实物好一点”，说到《红楼梦》，再说到舞台上的贾宝玉林黛玉，话题所及，也反映了鲁迅对旧剧的看法。这些“闲话”，同时活跃了演讲的气氛。

《文艺与政治的歧途》是鲁迅的名作。鲁迅论述文艺家、革命家和政治家的微妙关系：当反对旧社会的黑暗势力时，左翼文艺家和革命家、政治家之间是可以合作的，因为有“不安于现状的同一”。但是当革命胜利，革命政治家掌握政权以后，这时候他就希望维持现状，文艺家如果不识相，还要继续不满于现状，政治家就不能容忍了，二者就会分道扬镳。政治家为什么要同文艺家过不去？鲁迅说：这是因为文艺家“感觉灵敏，早感到早说出来（有时，他说得太早，连社会也反对他，也排轧他）”。先生就文艺家与政治家关系议论之深刻精辟，几十年来无出其右。朱正称道这篇文章“具有穿越时空看透各种政治家的历史的眼光”。（《重读〈文艺与政治的歧途〉》）

曹聚仁因为他的记录稿与章衣萍曾有过纠结。他在回忆录《我与我的世界》中几次提到这件事，对章颇为不满。在《〈情书一束〉的故事》一节说：“我和章衣萍很少往来，只有一回，鲁迅先生到暨大来演讲，我曾作了记录；那份稿子，寄到《北新》半月刊去，他却把稿子压住了，没让鲁迅先生看到。后来，我的笔录稿在《新闻报》发表了，鲁迅先生才知道有这么一段经过，说了他一顿。（《集外集》所收的《文艺与政治的歧途》，便是我的稿子。）这是我和鲁迅相识之始。”在《鲁迅与我》一节，曹又说：“这篇讲稿，并不曾在上海版《语丝》半月刊刊出，给章衣萍挡住了，退还给我。后来刊在《新闻报·学海》上；那年，杨霁云兄编《集外集》，我把剪报交给他，鲁迅先生看见了，要去编入正文的（可看鲁迅写给杨兄的信。杨兄那时在持志学院听我的课）。”曹聚仁说的情况，见之于鲁迅 1934 年 2 月 19 日写给杨霁云的信，信中说：“曹先生记的那一篇也很好，不必作为附录了。”一个“也”字，说明鲁迅认可了章铁民的记录稿，而且时间在认可曹聚仁这份记录之前。曹说章衣萍压下了他的记录稿，虽然一说《北新》，一说《语丝》，前后不一，但这个可能是存在的。既然《秋野》上已经刊出了章铁民的记录稿，章衣萍作为《秋野》的主事者当然不希望再有另外的记录稿发表。

1929 年 12 月 4 日，鲁迅在暨大又有一次讲演，讲题是《离骚与反离骚》，记录稿后刊登在《暨南学刊》。前一年的 11 月，《秋野》在出了第二卷第六期后已经停刊。

（《文化学刊》2014 年第 5 期）

鲁迅、章衣萍等中国作家与《秋野》

洪惠云

一、《秋野》及其作者群简述

《秋野》月刊(1927—1929)是由原上海国立暨南大学秋野社创办的一份兼具鲜明时代色彩和南洋色彩的文学刊物。目前海内外学术界尚无他人对《秋野》月刊及其作者群进行专门的研究,而且该期刊在国内收藏甚少,不易找全,若不及时加以挖掘整理和研究,恐怕将是一个不可弥补的资源流失。

真茹时期的暨南大学,学生团体之多,学生课余活动之频繁,在江南八大学堂中,可以说是无可匹敌,当时有资料可查的学生团体就达40多个,学术、文娱、艺术、体育,都是一派热闹景象。有按照学科组成的学术探讨组织,也有跨系组成的兴趣组织。在这些文艺活动中,秋野社的成立与其社刊《秋野》的出版引起了较大反响,温梓川先生就说:"在许许多多的文艺团体之中,最为外间人士所熟知,与外间的文艺界人士较多接触的要算是'秋野社'"[1],另外,在2006年的暨南大学百年校庆上,由陈枫、陈洁等人整理撰写的纪念文章中也说《秋野》在当时的上海滩"可谓名噪一时"。

《秋野》以南洋侨生作者群为主要创作主体,并有不少中国现代重要作家参与。如夏丏尊、叶公超、章铁民、顾仲彝、汪静之、章衣萍等。此外,暨南大学当时汇聚了一大批中国文坛名流,他们中有不少人也参与了秋野社的活动和《秋野》月刊的撰稿,包括鲁迅、徐志摩、郑振铎、梁实秋、余上沅、王任叔、曹聚仁等。秋野社以《秋野》为平台,频繁与中国文坛名流对话和往来,请他们参与文艺演讲和社团活动等,这些都在中国文坛上产生了一定的影响。可以说,《秋野》月刊承载的意义不仅是纸质上呈现出来的文学成果,更在于它是一群青年侨生积极参与中国现代文学发展潮流、虚心求教于文坛前辈、并勇于尝试创作的实践结晶。

《秋野》的作者大部分是秋野社的成员,也有部分社外撰稿人,如梁实秋、王任叔(阿Q)等。笔者将《秋野》的作者群体分为四类,一类是侨生作者群;一类是中国作家群,他们多是当时业已成名的文坛名流,曾在《秋野》上发表过作品,对《秋野》有所贡献的中国现代作家;还有一类既非侨生身份,也不在中国作家行列,他们在《秋野》上表现较突出、有个性可寻,或者原为秋野社成员,此类作者归为"一般中国作者";除前三类以外的作者归为"其他作者",是一些原名不详、背景模糊、在《秋野》上成绩亦不突出的作者。以下表格是《秋野》作者的分类:

《秋野》的作者分类表

主要侨生作者	陈翔冰、妤雯、郑吐飞、陈雪江、佃潮痕、冯伊媚、温玉书、陈北溟、张嘉树、戴淮清、胡秋甫
中国作家	章铁民、徐志摩、张凤、衣萍、顾仲彝、余楠秋、聚仁、梁实秋、余上沅、鲁迅、汪静之、阿Q(王任叔)、夏丏尊
一般中国作者	刘觉女士、陈福睿、张逸灵、陈诗水、徐世度、孙佳讯、林华光、杨浩然、符紫青、陆兴焰
其他作者	郭不惊、烟灵、陆鲁一、龙瘦鹤、野僧、李忠信、每戡、马逸、太棻、柳子、冯瘦菊、华留、许次寰、长发、细草、南窗、苏三、庄文焕、散人、水因、江应樑、白桦、大醒、怀青、冬郎、子夜、牛角、高劳、罗凡女、优时女士

(注:上述作者名称只是根据其在《秋野》上发表作品时的署名。)

二、鲁迅与《秋野》

1927年9月,鲁迅离开广州,10月定居上海。在这个迁徙过程中,有一个事实也在悄然发生。原追随鲁迅转学到厦门大学的陈翔冰和郑吐飞，因鲁迅行踪变动前往上海，两人也于下半年同返上海，复学暨南大学。1927 年 10 月间，由陈翔冰、郑吐飞、陈好雯、陈雪江等人发起成立秋野社，同年 11 月初便有第一期的《秋野》月刊面世。这说明，陈翔冰与郑吐飞两人几乎是与鲁迅同时离开南方回到上海的，他们是紧跟鲁迅身影而来的；同时也说明，他们主办的《秋野》月刊从一开始就和鲁迅结下了不解之缘。

关于鲁迅与郑吐飞和陈翔冰的关系，从《鲁迅全集 · 日记》（以下简称《日记》）可以见到不少相关记载，如：

“……得郑泗水信，二十六日厦门发。”[2]（1927 年 6 月 1 日）

“上午复郑泗水信。”[2]（郑泗水即郑吐飞的原名）（1927 年 6 月 2 日）

“上午得陈翔冰信，六日厦门发。”[2]（1927 年 6 月 16 日）

由此可见，在 1927 年 6 月间，陈翔冰与郑吐飞在厦门大学，而鲁迅在广州中山大学的时候，两人就与鲁迅有过通信往来，这一点进一步证明两人一直都紧随鲁迅，即使是在鲁迅离开厦门大学前往中山大学任教时，他们依然在厦门与鲁迅保持着书信联系。

秋野社成立之后，规定主要社务之一是邀请名家演讲。当时的暨南大学有很多鲁迅的熟人，略计之，见于《日记》的就有 20 多人。其中章衣萍是秋野社的主要成员，又与鲁迅交往甚密，《日记》从 1937 年 10 月至 12 月的 3 个月内，提到与章衣萍往来的就有 14 天之多。因此，由章衣萍出面邀请鲁迅演讲是顺理成章的，《日记》1927 年 12 月 21 日也记载：“午后衣萍来邀至暨南大学演讲。”[2] 鲁迅应允演讲之后，到 12 月 21 日，便见暨南大学“教务处日志”载：

秋野社敦请鲁迅先生于本日下午二时到校演讲，布告大中两部学生届时均可出席听讲。[3]

鲁迅演讲的题目为“文学与政治的歧途”，大意是讲文学者与政治者之背离不合，具体内容将在下章展开分析，此处暂不多述。当时前去听讲的暨大学生温梓川后来回忆说，鲁迅先生的讲座听众远不及胡适、张竞生在暨南大学讲座踊跃，甚至以“天渊之别”[1] 来形容两者的差距，可见当时鲁迅名气虽大，追随者甚众，但前去听讲座的人其实并不很多,这估计与鲁迅的口才不济或方音太重有所关系,当时在暨南大学有这样一种情况:“在暨南教国文,完全新的不行,完全旧的也不行;既要懂得国学,也要懂得新文艺。两样皆能,拙于口才,也还是不免有‘命苦不如趁早死’之叹!”[1]由于在暨大读书的多数是华侨留学生,对国文的要求相对比较高,所以语言的使用情况也是学生接受的重要标准之一,而鲁迅的口才不济和满口绍兴话是众所周知的,无怪乎他的演讲不很叫座。他在广州中山大学任职期间,做过一次讲座,也遭遇了同样的情况,先是座无虚席,后来因为听不懂,很多人便中途离场了。[1]

这次演讲的稿子系由《秋野》编辑之一的章铁民做的记录,发表于1928年1月1日出版的第一卷第三期《秋野》上,而且是经过鲁迅审阅过的。[2]不久,上海《新闻报》副刊《学海》于1928年1月29日至30日连载了这篇文章,所记文字与《秋野》上发表的有不少出入,笔录者署名“刘率真”,题为“文艺与政治的歧途”。1934年出版的鲁迅《集外集》收入的就是这个版本,以后其他版本的鲁迅文集、文选也沿用这个版本。但是1958年版注释本《鲁迅全集》却将文章“最初”发表处记为《新闻报》的副刊《学海》,“本篇最初分两次发表于一九二八年二十九日、三十日的上海《新闻报》《学海》副刊第一八二、一八三期”[3]。此说法虽然符合事实,却遮蔽了另一个事实,即鲁迅的这篇演讲稿有另一个最初发表的版本,即《秋野》上发表的版本。根据之前所提《日记》中记事,并结合温梓川的回忆,以及王锡荣深入分析而做的《鲁迅〈文艺与政治的歧途〉的两种记录》[3],可以确定三点事实:一是鲁迅的这次演讲稿最初以“文学与政治的歧途”为题名发表在《秋野》第一卷第三期上;二是发表在《秋野》上的这篇《文学与政治的歧途》是经过鲁迅审阅并同意发表的;三是《新闻报》副刊《学海》所发表的《文艺与政治的歧途》是讲座的另一种记录,为鲁迅讲稿的另一版本。《集外集》和《鲁迅全集》中收入的都是这个版本。

鲁迅的这次演讲由秋野社举办,出面邀请人章衣萍,记录者章铁民,以及将稿送审的章衣萍或陈翔冰都是秋野社成员,讲稿最初发表处也是秋野社的刊物《秋野》,这个完整的过程说明鲁迅与秋野社及《秋野》月刊的密切关系,也有力地说明鲁迅对《秋野》这块“园地”曾有过直接的“灌溉”之恩。他对文学与政治、文学家与革命家和政治家关系的清醒认识和深刻见解,对暨南大学学生,尤其是《秋野》同仁产生了深刻的影响。

《日记》还记载了鲁迅从1927年11月26日至1929年1月22日与秋野社及《秋野》同仁的来往:

“下午小峰、衣萍、铁民来。”[2](1927年11月26日)

“……得陈好雯信。”[2](1928年6月5日)

“星期。午后肖愚来。得郑泗水信。”[2](1928年11月18日)

“下午复郑泗水信并还稿。”[2](1928年11月19日)

“……章铁民等来,未见。”[2](1929年1月22日)

郑泗水、(陈)好雯、章铁民都是秋野社的重要成员,他们出现在日记中的时间刚好都在《秋野》办刊期间。其中《秋野》主编陈翔冰在《日记》中出现较为频繁,多为书信、见面往来,共计16次记录,其中有13次都发生在《秋野》办刊期间。由此可知,《秋野》主编陈翔冰,秋野社要员及《秋野》重要作者郑吐飞、好雯、章铁民等人与鲁迅都有直接往来,并且时间都集中在《秋野》办刊期间,即1927年10月到1929年6月间。双方往来期间的信件已散佚,无法确知所谈及的内容,但可以初步推知,很有可能是与讨论《秋野》办刊事宜,或以《秋野》为题请教鲁迅有关。不论是否确实以讨论《秋野》为主,在《秋野》办刊期间,《秋野》的重要作者与鲁迅的这些往来,都说明《秋野》的成长与鲁迅的直接影响是分不开的。

三、章衣萍等中国作家与《秋野》

《秋野》的作者在《秋野》办刊期间与鲁迅有直接往来关系而在《日记》中有所记录的,除了前面提及的陈翔冰、郑吐飞、陈好雯以外,还有章衣萍、汪静之、章铁民等人。《日记》1927年12月3日与1929年6月15日分别载:“……收汪静之寄赠小说一本。”[2]“……午后汪静之来，未见，雨。”[2] 陈翔冰、郑吐飞、陈好雯是《秋野》侨生作者群的重要成员，而章衣萍、章铁民和汪静之都是中国文坛上的成名作家，又刚巧都为安徽籍作家，曹聚仁在《我与文学世界》中写道：“五四胡适出山后，文坛又涌出三个安徽青年章衣萍、汪静之、章铁民，《情书一束》《蕙的风》等等都是他们的成名作，也是震撼壁垒森严的封建意识形态的几束炸弹。”

章衣萍，1900 年生，原名章洪熙，安徽绩溪人，在北大读书时，与鲁迅、陈独秀、胡适、周作人、钱玄同等交往甚密。《鲁迅全集·日记》中提到他的记录甚多，数以百计。他为《语丝》长期撰稿人之一，因《情书一束》成名。其他著作有《樱花集》《古庙集》《种树集》《枕上随笔》《衣萍随笔》等多种，擅长写小说和随笔。1927 年任暨南大学附中国文教员、出版课副主任及南洋文化事业部委员，后任暨大郑洪年校长秘书长。他是秋野社的主要成员之一，《秋野》的发刊词便是他撰写的，他还代表秋野社出面邀请鲁迅到暨南大学做了演讲，在《秋野》期间，他与鲁迅之间的密切往来是促成这次演讲顺利进行的重要原因。他在《秋野》上发表的作品还有一篇简短的译介文章《寒窗琐记》[4]，文章介绍外国诗人吉卜生的诗作《日常面包》，极力推崇吉卜生在作品中表现的写实精神，称他为“写实诗人”，而对中国的新诗却不抱好感，认为“近年来的中国新诗，有一种共同缺点，就是抒情的分子太多了，写实的分子太少”。这篇文章所强调的“写实”正是章衣萍文学思想的一个核心，他的文风向来率真、叛逆、露骨，他在中国文坛上作品颇丰，很有才华，却由于在表现男女情爱上的大胆露骨，以及曾被鲁迅嘲讽过，最后与鲁迅断交诸原因而一直被淹没在忽视和偏见中，只有李欧梵等个别学者肯定过他的成就。

汪静之（1902—1996），“五四”运动后以爱情诗著称的现代诗人，中国第一个新诗社团湖畔诗社的主要代表，1922 年以诗集《蕙的风》成名。1928 年由章衣萍引荐来暨南大学教书，教的是国文，所用讲义就是他的论著《诗歌原理》和诗集《蕙的风》。他也是秋野社的编辑之一。他在《秋野》上的作品主要是诗歌评论，其中《李杜比较论》分两期连续发表在《秋野》第一卷第五期和第六期上。这篇文章是汪静之早些时候就已做好的论著《李杜研究》之中的一篇，论著在两年前就卖与商务印书馆，因没有及时刊印，所以先在《秋野》上发表，发表时间为1928年4月1日，正文前有一段作者写的导言：

这是我一九二四年冬和一九二六年春两次做成的《李杜研究》中之一篇，现在秋野社诸君嘱我做文章，我因没有工夫，便从杂乱的旧稿中抽出这一篇以应命。几年前的东西，或有不妥之处，此刻亦无暇重阅一遍。《李杜研究》全书计十万余言，亦于一九二六年春卖与商务，至今尚未印出，此处不能发表全稿，只将全书目录附在篇末。[4]

这篇《李杜比较论》是《李杜研究》中篇幅最长、也最为重要的文章。文章高屋建瓴，有很多个性鲜明、深刻独到的见解，对李杜之间的异同做了全面系统的分析研究，是《秋野》上所发表论文中艺术成就最高的文章。

一个月后，商务印书馆才出版了这本《李杜研究》。2006年由西泠印社出版的飞白、方素平所编《汪静之文集 · 文论卷》在《李杜研究》之前加有注释："《李杜研究》作于1924年，1925年发表于《北京晨报》；1926年作者对初稿修订后交商务印书馆，商务印书馆1928年5月出'国学小丛书'初版，1933年1月出'国难后第一版'。"[5]可见，《李杜研究》应该最早于1925年发表在《北京晨报》，但《秋野》中发表的这篇《李杜比较论》是《李杜研究》中七篇之一篇，作者导言部分说这部作品是"一九二四年冬和一九二六年春两次做成"，因此可以得知，《秋野》中发表的这篇《李杜比较论》与《北京晨报》中发表的《李杜研究》中的《李杜比较论》很可能不是同一篇，《秋野》中发表的是更完整的版本，即"1926年作者对初稿修订后"的版本，应该比《北京晨报》上发表时的内容要多出一部分。1928年4月《秋野》月刊发表该文之后，隔月才有了商务印书馆出版的《李杜研究》面世。确切说，之后我们所见《汪静之文集》中的《李杜研究》之《李杜比较论》最早是发表在《秋野》上的，笔者经过仔细阅读，发现两者内容基本一致，但文字上略有出入，这可能是因为商务印书馆出版的修改稿与在《秋野》上发表的修改稿略有差异的缘故，或者文集中收录的文章是在商务印书馆出版后又经汪静之本人修改过的版本，都有可能，有待进一步查证。但《汪静之文集 · 文论卷》之《李杜研究》“编者注”中却没有说明《秋野》最早发表完整版的《李杜比较论》，显然是一个遗漏。

章铁民，浙江淳安人，祖籍安徽，北大数学系毕业。1927 年在暨南大学任出版课主任，兼中学部教员、南洋文化事业部助理。他译过不少文学名著在北新书局出版，如英国娜本泽丝的《少妇日记》、奥门娜福路依特的《少女日记》和挪威哈姆生的《饥饿》，翻译成就颇受肯定。[1]章铁民也是《秋野》编辑之一，在《秋野》上发表了不少作品，共计 7 篇，其 3 篇外国文学翻译：E. L. Grant Watson 的《绮丽橄榄的恋史》（小说）、高尔斯华绥的《生之乐》、波罗雷王的《朦胧》。另有《关于朵斯退夫斯基的通讯》也是关于外国文学的。小说《悲哀的少女》主题与《秋野》发刊词相呼应，写一少女在人生的追寻途中产生苦闷、幻灭之感，最后，恒星只能给她“一种至高的虚无”，但“少女感着更深的悲哀了”[4]，借此抒写苦闷、彷徨之情。严格来说，这不是一篇小说，而更像散文诗。章铁民在《秋野》上发表的作品还有诗歌《大风歌》，也在“野语”栏目中写过杂文。整体上来讲，他的文学成就主要集中在译介方面，这也是他对《秋野》在作品方面的主要贡献。

由上述分析可以看出，鲁迅应邀来秋野社演讲，在《秋野》上发表文章，与秋野社成员、《秋野》作者互相往来，关注（可能还有指导）《秋野》办刊等，都是鲁迅对《秋野》直接影响的体现；而以鲁迅为中心的中国文坛作家群中，在《秋野》办刊期间与之有过直接往来的作家如章衣萍、汪静之、章铁民等都是《秋野》重要的编辑、作者，可以说是鲁迅对《秋野》间接影响的体现。由上述中的作家与《秋野》的关系可以看出，这些中国作家对《秋野》有着不可磨灭的“哺育”之功。

［参考文献］

［1］温梓川、钦鸿编. 文人的另一面［M］. 广西：广西师范大学出版社，2004.

[2]鲁迅.鲁迅全集[M].北京:人民文学出版社,1981.

[3]王锡荣.鲁迅《文艺与政治的歧途》的两种记录[A].北京鲁迅博物馆鲁迅研究室编.鲁迅研究资料[C].天津:天津人民出版社,1980.

[4]陈翔冰主编.秋野[J].上海:暨南大学秋野社,1927—1929.

[5]汪静之.李杜研究[A].飞白,方素平编.汪静之文集·文论卷[M].杭州:西泠印社.

[6]赖伯疆.海外华文文学概观[M].广东:花城出版社,1991.

[7]庄钟庆主编.东南亚华文新文学史[M].北京:人民文学出版社,2007.

[8]朱栋霖主编.中国现代文学史[M].北京:高等教育出版社,1999.

[9]庄钟庆主编.东南亚华文文学与中国现代文学[M].厦门:厦门大学出版社,1991.

[10]郭惠芬.中国南来作者与新马华文文学[M].厦门:厦门大学出版社,1999.

[11]周宁.新华文学论稿[M].新加坡:新加坡文艺协会,2002.

[12]朱宝编著.20世纪中文著作者笔名录[M].广西:广西师范大学出版社,2002.

[13]上海鲁迅纪念馆编.上海鲁迅研究[C].上海:上海辞书出版社,2003.

[14]方修.温梓川主编的文艺副刊“热风”和“诗草”[A].《马华新文学史稿》中卷[M].新加坡:新加坡世界书局,1969.

(《漳州职业技术学院学报》2015年第2期)

《秋野》南洋侨生作者群研究

洪惠云

一、秋野社、《秋野》及侨生作者群简述

秋野社于 1927 年 10 月由景风社原先的成员——陈翔冰、陈妤雯、陈雪江、郑吐飞、张凤、刘觉女士等人发起成立，全部成员 28 人，其中大部分是南洋侨生，也有不少在校老师，如夏丏尊、叶公超、章铁民、顾仲彝、汪静之、章衣萍等。

真茹时期的暨南大学，学生团体之多，学生课余活动之频繁，在江南八大学堂中可以说是无可匹敌。当时有资料可查的学生团体就达四十多个，学术、文娱、艺术、体育都是一派热闹景象，有按照学科组成的学术探讨组织，也有跨系组成的兴趣组织。在这些文艺活动中，秋野社的成立与其社刊《秋野》的出版引起了较大反响。温梓川先生就说："在许许多多的文艺团体之中，最为外间人士所熟知，与外间的文艺界人士较多接触的要算是'秋野社'。"另外，在 2006 年的暨南大学百年校庆上，由陈枫、陈洁等人整理撰写的纪念文章中也说，《秋野》在当时的上海滩"可谓名噪一时"。

本文所说的"侨生作者群"是指有侨居海外背景并曾在中国留学、从事文学创作的群体。秋野社的成员一共 28 人，其中侨生作者 10 余人，大部分有作品发表于《秋野》月刊，主要有陈翔冰、郑吐飞、陈妤雯、陈雪江、温梓川、张嘉树、冯伊媚、北溟、夹际、佃潮痕、刘柳子、戴淮清等。温梓川有两篇回忆秋野社的散文《秋野社的一群》和《漫谈暨南的秋野社》，对秋野社的侨生作者群做了一些简单的介绍。限于篇幅，

本文将结合《秋野》创作实况和其他资料，重点研究几位成绩突出的侨生作者，其他作者暂不展开论述。

二、陈翔冰和郑吐飞

单就《秋野》的成果而言，成绩最高者当属主编陈翔冰和郑吐飞，两人都是《秋野》的编辑，个人关系上也最密切。1926 年秋，鲁迅到厦门大学任教时，他们为了追随鲁迅，遂由暨南大学联袂转学到厦门大学。一年后，鲁迅离开厦大到广州，他们也于下半年同返上海，复学暨大，同为文学院西洋文学系学生。

陈翔冰(1907—1980)，福建惠安人，幼随父至缅甸仰光侨居，1925 年回国求学，入上海暨南大学。他精通英文、法文和中文，对国际法和中西文学颇有研究，著有《法国舆论与中国外交问题》及《列强在中国纷争史》两书。文艺作品有短篇小说集《一个叛逆的女性》(出版年份不详)在上海真善美书店出版。《秋野》创刊之前，他曾任《景风》季刊主编，1927 年由他发起组织成立了秋野社，创办文学刊物《秋野》，并担任主编，每期《秋野》都有他的作品出现，创作成绩较为突出。他还担任过暨大缅甸华侨学生会第五届主席、暨南年鉴编辑部长兼中文编辑，极热心文化事业。1928 年起他经常在鲁迅编的《奔流》《语丝》杂志上发表文章，与鲁迅有过不少见面和书信往来。鲁迅《日记》1927 年 6 月至 1929 年 11 月间，有关他们往来的记载就有 16 次之多。在《秋野》创办期间，他还曾因撰写文稿的需要得到梁实秋的亲自帮助和指导。由此可见，他与中国作家的交往是比较密切的。

在创作方面，陈翔冰是个多面手，各种体裁的文章都有。他擅长诗歌和散文，但小说成就不高，在《秋野》中，除《阿陀婆》还可称赞外，《老牛将近赌场》《老太伯的悲哀》等小说都写得很一般，结构零散，情节平淡，主题表现不够自然，常给人以幼稚造作之感。他的古文功底扎实，文言、白话运用自如，有不少诗歌佳作，如《春夜小曲》《埋愁的黄花》《我是朵严冬的白雪》等。《春夜小曲》中的《吊曼殊》被温梓川赞不绝口，温梓川说自己时隔五十多年还未曾忘记。诗曰：

昨宵梦到西冷荒郊,/一片枯野一个坟道。
树上啼着夜半的寒鸦,/诗僧扶杖脂泪袈裟。
曼殊!曼殊!不须和泪看碧波,/孤山梅雪反映你生前坎坷!
嗟你白马投荒时的怀抱,/燕子孤征绕海崖而哀号。
而今!而今!红叶不扫,/疏钟日暮,谁慰寂寥!

黄轶在《出入古典与现代审美间的浪漫绝句——苏曼殊诗论》一文中曾评说:“曼殊诗对创造社、新月派、湖畔诗社、沉钟社不少诗人都有潜移默化的影响,特别是冯至、徐志摩、戴望舒、陈翔冰的爱情诗,那种空灵与飘忽、清明与真纯好似就是曼殊绝句的白话译本。”温梓川甚至将陈翔冰的诗与陈梦家、卞之琳等人相提并论,认为其诗足以和两位相媲美。从《我是朵严冬的白雪》《玛尼扬娜》等诗作中还可以隐约看出陈翔冰受到徐志摩、戴望舒两人影响的痕迹:注重节奏的韵律美和意象的表达等。然而,他是诗人,却不是以诗鸣于时的诗人,诗歌只是其文学尝试的方式之一,并没有成为他的主业和本位追求,在精神气质上,陈翔冰是“非诗性”的,秋野社同仁陈好雯因此调侃他为“市侩化的诗人”,温梓川也以“市侩化的诗人陈翔冰”为题写过一篇怀念他的文章。

诗歌之外,他还有几篇散文也写得很有文采。《湖边的月夜》《风云月》等都是情景交融、文字优美的散文佳作。他还热心于翻译工作,译介、评论一类的文章,如《爱尔兰戏剧家辛格》《印度诗人陀露哆》《刘彦和论文》等也因得益于他深厚的文学修养而写得精彩并茂,令人印象深刻。

作为秋野社的发起人和《秋野》月刊的主编,陈翔冰可说是当之无愧。他不仅积极创作,每期都在《秋野》上发表作品,小说、诗歌、散文、戏剧、译介都有所尝试,还认真负起《秋野》编辑后话的编写工作,通过这些板块来申明刊物的宗旨、出版现状和发展方向,以及时鼓励同仁、争取读者。他还撰文《中国新文学的途径》,在中国文坛上较早明确提出建设南洋文学的主张,呼吁秋野社员创作南洋色彩文学,并以实际行动争取《秋野》在南洋市场的开拓,表现出建设海外中国文学方面的坚定信念和不懈努力。他的编辑思想在很大程度上决定了《秋野》的发展轨迹,使《秋野》后期出现越来越明显的华侨文学性质的倾向。他是《秋野》月刊得以产生、发展的中坚力量,也因此,后来他因毕业工作繁忙,无暇兼顾,秋野社的成员便如散沙般难以凝聚,《秋野》便从此停刊了。

1930年由南洋巨商胡文虎在汕头创办《星华日报》,陈翔冰出任该报社长。这份报纸印刷较为精美,记载社会新闻及南洋消息最详细,并设有文艺副刊《流星》,颇受读者欢迎。陈翔冰毕业后留暨大工作,和同学兼秋野社同仁刘觉女士结婚,后生育三女一男,三女皆获博士学位,在美国任教授。1980年3月14日,终因心脏病不治去世,享年七十四岁。

郑吐飞,原名郑泗水,别号崇源,福建永春人,为荷属东印度(今印尼)泗水华侨。他身体健硕,不修边幅,头发蓬松如乱草,有"土匪"的绰号,因此以"土匪"的谐音"吐飞"为笔名。除了《秋野》月刊外,他也曾为新加坡《南洋商报》文艺副刊《曼陀罗》撰稿,在该刊上发表小说,还翻译过马来亚古典文学著作《皇冕》中的一些作品。他的文学创作时间很短,毕业后不久便从商,不再写作。他的成果集中于小说创作,大部分作品发表于《秋野》月刊,1929年由上海真善美书店结集出版《椰子集》,集子收录了他的7篇小说——《橡园之玫瑰》《阿逑哥》《你往何处去》《狂雨之夜》《人头》《鲨鱼》《新犹太人的悲哀》,前四篇最早发表于《秋野》。另外,他还有两篇小说《禁食节》和《爱的坟墓》,以及一篇《闽南情歌》选辑也在《秋野》上发表。作品中带着独特鲜明的南洋色彩。纵观其小说内容和风格,主要特点有以下三方面:

首先,严肃的现实主义精神和手法贯穿着其全部作品。郑吐飞的小说总的主题,是表现对南洋社会下层人民苦难生活的同情,对彷徨中的知识分子的关心,以及对殖民当局与为富不仁者的深恶痛绝和尖锐批判。《橡园之玫瑰》描写青年苦力益生的生活和恋爱困境。《你往何处去》描写中国猪仔的悲惨命运。阿福带着还宿债、发大财的幻梦来到印尼,事实上他只是卖身给工头的猪仔,只能在烟园里过着非人的劳役生活，因为不堪忍受，他不得不逃跑求生，结果被工头捉回，痛打之后被活埋了。《狂雨之夜》写一位身居南洋的中国知识分子炳德穷困潦倒、彷徨堕落的一生。炳德心里抵触封建买办婚姻，行为上却屈就顺从，在父母强加的婚姻枷锁中过着不咸不淡的生活，后在南洋华校遇上女教员陈灵芳，两人萌生真挚的感情，却为现实所不容，最终逃不过情灭心碎的宿命。《鲨鱼》写一家贫困的马来亚渔民家庭的苦难生活，《新犹太人的悲哀》描写荷兰工头奸污中国女工的暴行，《禁食节》写一个家庭贫困到无以进食的地步，只好哄骗孩子“今天是禁食节”的悲惨生活。这些小说蕴含了深刻的现实主义精神，其表现手法也是现实主义的。他的严肃的现实主义精神和手法从根本上奠定了其小说的文学成就。

其次，郑吐飞小说描写和反映的现实多是南洋的社会和现实，其作品的另一个突出特点是浓厚的南洋色彩。南洋橡园和烟园中下层劳动人民辛苦劳作与挨打受骂的情景，中国青年苦力南渡谋生的船上见闻和离家感想以及中国知识分子在南洋的生活境况和恋爱遭遇等，都烙上了深刻的南洋色彩印记。南洋地区的景物、人情、时局都在作者笔下清晰呈现，如《橡园之玫瑰》中揭示中国人南下的原因和生活情况，“荷兰人很明了我们中国人具有忍耐的奴隶特性，所以利用一些中国人，在国内闽粤两省沿海的居民，重利诱惑他们，或藉官威匪势吓他们，于是每年必有几万的乡人，被骗到这酷热得如一座火城的荒岛，当终生的猪仔了”。再如《你往何处去》借船上乘客之口进一步补充：“唉，百元，八十元，七十元这就是买你的生命，你得了这些少款子，就把你们的一生卖了。现在你们的生命，恕我侮辱你们，比一只猪还不如……我们把身卖给人家，人家要我们生，要我们死，我们只好任他们的主意。不要说反抗，就连回骂都不能，为的我们是在人刀刃之下，他们不容许我们有丝毫的喘息的。”由此可看出那个时期大部分中国人在南洋的现实处境是何等艰辛卑贱。同样，小说在表现华人到南洋的见闻和感想也离不了南洋的地方现实，《阿述哥》写青年苦力在异乡的所见所思，《狂雨之夜》中对南洋华人家庭生活和家居摆设的陈述，

《橡园之玫瑰》《你往何处去》对南洋种植园的描写等,都是作品中南洋色彩的鲜明体现。郑吐飞的小说代表印尼华文文学早期的创作成果,很大程度上是因为带有浓厚南洋色彩的缘故。

郑吐飞小说还有另一个特点,是准确有力的心理描写,细腻生动地表现了人物的精神情感。《橡园之玫瑰》中写益生对罗丝的钟爱,他为爱痴狂:“一个月的辛苦得来的血汗钱,就花在两件装饰上面。但他并不觉得心痛,他晓得花了这许多钱,将来是会收获更大代价的……他很轻快很满足地走出店门,沿着橡林路归去。他很当心路上的泥污,怕新鞋弄污了,他总是拣着干处走,他又怕风儿太紧,会把他的新帽吹到水沟里去”;他为爱苦闷:“微少的工资,总使他感到金钱慢慢地不能与爱情并行,他常提心着与罗丝的关系,将来或因此要受打击,这样一来,他是异常苦闷”;他为爱诅咒并寻思怎样补救:“暗中常使他诅咒那凶横的工头,咒他全家是有一日上帝降灾报应,死于刀下或者瘟疫火灾……但这些暗中的咒语,于工头并没有丝毫的报应实现……他有时会梦到自己居然暴富起来,但幻梦只是幻梦,所以常于梦醒时,猛槌着心胸叫着回国的那个强盗去,当兵去,但他的意识使他明白他的身子是卖给他人了时,他只有埋着头,叹气、流泪……”这些心理描写复杂生动,充分表现出益生对爱情的执着和由此带来的痛苦,为益生最终自杀做了情感铺垫,使小说的悲剧力量更摄人心。

很可惜,郑吐飞毕业后不久就“弃文从商”了,否则以他的文才,如果继续在文学这块土地上耕耘的话,一定会大有成就,成为一名出色的华侨作家。他的作品虽少,水平却颇受赞赏。《秋野》主编陈翔冰在与陈好雯讨论“新文学的途径”“建设海外文学”等问题中就将其小说列举为“海外中国文学”的典范,说他的小说“很能够表现出流浪的中国苦力的精神”。赖伯疆编写的《海外华文文学概观》一书也将郑吐飞及其作品纳入“印度尼西亚华文文学”加以考察分析。郑吐飞在《秋野》期间创作的这些小说是中国文学与南洋文学碰撞和交流的结晶之一,很值得重视。

三、温梓川

温梓川(1911—1986),原名温玉书,1911 年出生于马来西亚槟城,祖籍广东惠阳。1926 年秋,他赴广州考入中山大学文学院预科甲组。翌年,转学到上海暨南大学,从高中部师范科一直读到大学毕业,大学时攻读西洋文学。自 20 世纪 30 年代起,用笔名舒弟、于仓、丘山、秋郎、山叶、高汉、苹君、南洋伯、半峇峇等在中国和马来西亚各报刊杂志发表文章。作为秋野社年纪最小的成员,在 1927 年《秋野》创刊之际,温梓川还是一个十五六岁求知欲旺盛的孩子。加入秋野社对于他的意义,与其说是实践创作,倒不如说是广识名流、接受文学熏陶来得贴切。许多五四运动发生后受新文学启蒙的作家,都积极在《秋野》月刊上发表作品,温梓川当时大量阅读了他们的创作。由温梓川本人后来所写的回忆文章可知,夏丏尊在《秋野》发表的小说吸引了他,梁实秋在《秋野》上译介的西方作品,徐志摩在秋野社讲座时朗诵自己的诗作《秋阳》,鲁迅《文学与政治歧途》中严肃的批判精神,陈翔冰发表于《秋野》的优美爱情诗,以及郑吐飞富有南洋色彩的现实主义写作等等,都给他留下了深刻的印象,为他带来了创作和文学思想上的启迪。秋野社还坚持请名人来演讲,虽然前来演讲的只有曾孟朴、徐志摩、鲁迅和郑振铎,然而已经为初来上海的温梓川提供了一个近距离接触中国现代作家的良好机会。青少年时期所受的文学影响是根深蒂固的,温梓川正是在暨大浓郁的学术氛围,尤其秋野社所提供的文学平台中接受熏陶,然后一步步走向他的创作道路。在众多名师、文友的影响下,他也忍不住在《秋野》上尝试自己的创作欲望。《忆江南》就是一篇很成功的习作,从中可见出他的文学天赋和趣味倾向,“我当时在秋野社也不过是一个小伙计,兴趣好时也偶然胡诌几首诗,聊作《秋野》补白之用而已”。陈翔冰与好雯在建设海外文学上的论争,他也表现出自己的热情和责任感,曾写信发表对该主张的看法,表示支持陈好雯的见解,即建设“南洋文学”而非“海外中国文学”,亦即后来所谓“马华文艺”的别称。这些文学上的熏陶、实践和主张倾向,无疑对他日后的创作生涯产生了深刻的影响。

在秋野社之后,温梓川又参与暨南文艺研究会,成立"槟榔社",主编《槟榔月刊》。该刊内容着重于描写南洋情调的创作小说和介绍弱小民族的文艺作品,出版了一年,延续了《秋野》在建设南洋色彩文学方面的主张愿望。此后,他将在中国文坛积累的文学经验带到马来西亚,1934 年担任马来西亚《槟城新报》的副刊《热风》主编,侧重刊登纯文学作品。与此同时,他又与杨实君等人合编《槟城新报》诗歌专刊《诗草》,"鼓励当地文艺青年写作"。从 1930 年 4 月第一本诗集《咖啡店的侍女》在上海出版开始,温梓川不论后来在中国还是在马来西亚各报刊皆笔耕不辍。他一生著作等身,自 1929 年至 1985 年,先后出版了 22 本编著译述的专集。直到 20 世纪 80 年代初,仍常有文章在报刊登录。1986 年逝世时,尚有《文坛画虎录》《郁达夫别传》《冬天里的伦敦》三部书稿和一些诗作未及出版。回顾过去的马华文坛,确实没有一个作家可以像温梓川那样驰骋于中国文坛的天地,他既是一位资深的有相当成就的马华老作家,同时他也在中国文坛留下了深深的足迹。

2004 年,中国学者钦鸿重编了温梓川于 20 世纪 60 年代由星洲世界书局和台北晨钟出版社出版的《文人的另一面》,在保留初版内容之外,又搜集了温梓川散见于马来西亚《蕉风》和《南洋商报》,以及台北《自立晚报》等报刊的众多回忆文章,交由广西师范大学出版社出版,定名为《文人的另一面——民国风景之一种》,这本文坛回忆录主要收集温梓川对 20 世纪二三十年代上海文坛的回忆文章,其中大量为人们熟知的文坛名流,如夏丏尊、傅斯年、叶公超、鲁迅、梁实秋、梁遇春、汪静之、沈从文、顾仲彝、洪深、张资平、罗隆基、章衣萍、郁达夫、徐志摩、蒋光慈、萧乾、张恨水、戴望舒等等,都出现在这本书中。温梓川以其亲见亲闻的个人视角,记述了他们鲜为人知的"另一面"。此外,书中还写到 20 世纪二三十年代上海的很多文学社团和出版机构,其中很重要的就有秋野社。《秋野社的一群》和《漫谈暨南的秋野社》专门为"秋野"而作,作者在这两篇文章里回忆了秋野社的成立、《秋野》月刊的创办，以及秋野同仁创作和生活等方方面面。时隔三十多年，对“秋野”的记忆仍这般细腻深刻，可见“秋野”对其影响之深远。在《我所认识的夏丏尊先生》《谈梁实秋》《舞台春秋》《徐志摩朗诵〈秋声〉》《张凤的面线点》等多篇文章中亦提到秋野社，毋庸置疑，秋野社是温梓川熟识中国文坛名流的一个重要渠道。

温梓川曾回忆说，初到暨大时，首先吸引他的就是秋野社和《秋野》月刊创刊号出版的那张美术意味颇浓厚的招贴。在看完《秋野》月刊之后，他“觉得这份刊物很适合自己的胃口”，便加入其中，虚心学习经验，并努力实践创作。在以后的创作生涯中，他始终对“秋野”念念不忘，除了为之撰写回忆文章外，还争取机会与昔日秋野同仁再度聚首。他对“秋野”既是情感上的认同，又是理性上的肯定。他曾多次以推崇的口吻提及秋野社，“最为人知者，莫如秋野社”。在他看来，秋野社是暨大众多文艺团体中最有成就的，而他所撰写的回忆录《文人的另一面》中提及《秋野》和秋野社的文章就有9篇之多，他的这本回忆录也为后人了解20世纪二三十年代中国文坛，了解秋野社及《秋野》月刊提供了丰富的资料。从这方面意义上来说，作为秋野社的社员之一，温梓川虽在《秋野》上发表文章很少，但他对于《秋野》的贡献不亚于其他人。

［参考文献］

［1］陈翔冰. 秋野［M］. 上海：暨南大学秋野社，1927—1929.

［2］温梓川著，钦鸿编. 文人的另一面［M］. 广西：广西师范大学出版社，2004.

［3］赖伯疆. 海外华文文学概观［M］. 广东：花城出版社，1991.

［4］朱栋霖. 中国现代文学史［M］. 北京：高等教育出版社，1999.

［5］庄钟庆. 东南亚华文文学与中国现代文学［M］. 厦门：厦门大学出版社，1991.

［6］郭惠芬. 中国南来作者与新马华文文学［M］. 厦门：厦门大学出版社，1999.

[7]周宁. 新华文学论稿[M]. 新加坡:新加坡文艺协会,2002.

[8]杨松年. 战前新马文学所反映的华工生活[M]. 新加坡:新加坡全国职总奋斗报,1986.

[9]杨松年,周维介. 新加坡早期华文报章文艺副刊研究[M]. 新加坡:教育出版社私营有限公司,1980.

[10]朱宝樑. 20 世纪中文著作者笔名录[M]. 桂林:广西师范大学出版社,2002.

[11]徐乃翔,钦鸿. 中国现代文学作者笔名录[M]. 长沙:湖南文艺出版社,1988.

(《太原城市职业技术学院学报》2015 年第 6 期)

南洋文艺第一个文学社团秋野社

骆　桃

一、秋野社的来龙去脉

暨南学堂成立于 1906 年,是中国第一所主要招收南洋侨生的学堂。后迁至上海,1927 年 9 月更名“国立暨南大学”,特设南洋文化教育事业部,专门管理南洋事务。同年 11 月,在文学院老师章衣萍、章铁民、夏丏尊等带领下,由南洋侨生陈翔冰负责,成立了暨南大学乃至中国历史上第一个南洋文学社团秋野社,社刊《秋野》承担发表工作。1928 年冬,秋野社解散,《秋野》也在这年的 10 月终刊,共出 11 期。

二、秋野社的主要特点

(一)秋野社的随意性

秋野社是由爱好文学的南洋学生陈翔冰、郑泗水、温梓川、妤雯、戴淮清、陈福珞等组成。他们因缘分而聚,因爱好而作,社团氛围十分自由随意。但秋野社的随意性也奠定了其解散的命运,秋野社的负责人陈翔冰毕业后,繁忙的工作让他无暇兼顾社团工作,社友星散,各奔前程,无人愿意接下秋野社这个担子,1928 年冬,秋野社解散。

(二)文学诉求的多元化

秋野社创办文艺月刊《秋野》,在开明书店、新月书店等发行,出版地为上海。成立之后,秋野社主要任务有两个:一是研究工作,交换作品,邀请名人讲演;二是发表工作,即创办《秋野》月刊。

1. 刊物《秋野》透露出革命文学的特点

秋野社是为坦白地表现感情,从心灵上的苦闷而产生,其唯一宗旨是从荒寞中辟出乐园。“我们住在青天白日下的江南革命之邦,我们勇敢的前驱的战士的鲜血已经流成河渠了。然而,看呵,我们的心灵是怎样的苦闷,我们的感情是怎样的隔膜,我们社会是怎样寂寞和消沉!‘从寂寞中辟出乐园’来,实在不是容易的事。朋友们,我们不必想望那遥远的‘乐园’,并且,‘乐园’实在不是我们暂时所需要的事。同是站在战场的血泊里的人,我们应该悲哀地哭,应该狂乐地笑,用我们的哭声和笑声去安慰那伟大的地下和地上的革命的灵魂,同时把自己的怠惰和寂寞的灵魂也剧烈地喊醒,我们需要的是革命,不是‘乐园’。把‘乐园’留给未来的遥远的朋友们吧。我们应该唱着勇敢之歌走到战场上去。”[1]这一群南洋侨生的故土情节赋予了秋野社一个全新的文学诉求点——革命文学①。郑泗水的作品揭示底层大众的血泪苦难,但同时也犀利地指出底层人民的麻木不仁,逆来顺受,颇有“哀其不幸,怒其不争”的意味。

2. 秋野社与当时上海文坛互动频繁

秋野社曾邀请到鲁迅先生②、徐志摩先生③、曾朴④前来演讲。1927 年,上海文坛文学转型所带来的文学新氛围也影响着秋野社,秋野社在自身发展中也体现了这一点。陈翔冰的诗歌《埋愁的黄花(一)(二)》《秋野上的彷徨》《绿荫》《番女夜曲》《乌鸦》《落花曲》《吊曼殊》蕴含建筑美、绘画美、音乐美,成功实践“三美”主张。郑泗水《狂雨之夜》则写了一个热爱写诗的纯洁少年在各种压迫与打击下不断走向衰颓、堕落的故事,文章对封建礼教、对世俗非议做了强烈的批判,跟鲁迅的《伤逝》有几分相似。《阿逑哥》《橡园之玫瑰》主人公对性的渴求,以致最后带来深重的灾难,揭示了下层人民虽然艰苦劳作

---

① 革命文学:1927 年前后的革命文学思潮是由郭沫若、蒋光慈等人在上海所倡导,然后传到南洋一带,才引发了“南洋新兴文学运动”的崛起。

② 演讲:《文艺与政治的歧途》。

③ 演讲:诗歌《秋声》。

④ 演讲:《孽海花》创作趣事。

仍然贫困潦倒无法娶妻的苦难，以及青年的性苦闷，这一点跟郁达夫的《沉沦》遥相呼应。

3. 南洋文艺特色

秋野社成员大多来自南洋，作品天然地被带入南洋特色。陈翔冰在作品中大量融入缅甸仰光的风光，比如《缅甸神话三种》大量出现陀罗、白象、菩萨、神蛇等异域神圣意象。诗歌《埋愁的黄花》中许多南洋词汇出现：罪根、失乐园、梵女、金香木、椰树、恒河畔、金字塔、爱的灵界、棕榈等。散文《湖边的月夜》中出现异域词汇：魔蛇、凤仙草、金地、安乐王子、金做的人等。

郑泗水系印尼现代华文文学的开拓者，著短篇小说集《椰子集》[①]，是印华文学第一部运用汉语白话文创作的新文学作品，共收录了《人头》《沙鱼》《狂雨之夜》《阿逑哥》《橡园之玫瑰》《你往何处去》《新犹太人的悲哀》七篇小说。运用海浪、椰树、狂风、香蕉干、螃蟹、沙鱼、渔夫等一系列物象在南洋背景下书写底层大众的苦难生活。无论是《沙鱼》中葬身大海的渔夫还是《橡园之玫瑰》《你往何处去》《新犹太人的悲哀》中被囚禁在热带庄园中的苦工"猪仔"，都带着鲜明的南洋色彩。

三、秋野社的历史意义

（一）首创和实践南洋文学构建

在20世纪末出现的马华文学"断奶之争"之前，其实早在《秋野》上就出现过类似的争论。陈翔冰曾提出针对建设海外中国文学和居留地文学的开拓的《中国文学的新途径》[②]，提倡南洋文学，"主张侨民写出社会背景、地方色彩、生活形态、各地华人迥异的意识形态作题材，让人一读便知是与中国文学不同的南洋文学，但却只是中国文学的支流，一个流派，他认为当地的华人作者便有责任替中国文学开辟

① 《椰子集》：1929年5月，上海真善美书店初版。

② 《中国文学的新途径》：见于《秋野》第二卷第四期。

一条新途径,建设海外的中国文学"[2]。 妤雯不赞成建设海外中国文学,撰写《建设中国海外文学的反应》并认为居留地写作者应该发挥当地题材、异域情调。《缅甸泼水节》《马来情歌》《安南诗选》《橡园的玫瑰》《阿逑哥》《缅甸神话三种》《禁食节》《人头》《狂雨之夜》《纪事珠》《暮云杂事》等一系列作品就是很好的佐证。秋野社作为南洋文艺第一个文学社团,它天然地带入南洋特征的同时,也培养了南洋文艺先驱者。槟城《南洋商报》的林浪沤在所在的副刊载:"这无异是今日星马华人所要建立的真正马华文艺的嚆矢。"[3]

(二)贡献第一批南洋文学奠基人

陈翔冰在《秋野》上几乎期期都发表作品,是对南洋主体性构建的伟大实践。在秋野社解散之后,陈翔冰也致力于马华文艺创作,根据闽南地区流传的民歌,创作了题为《黄五娘》的诗歌,在《诗草》上连载三期。温梓川认为他写过的一篇叙事长诗《陈三五娘》,是可以和之后出版的孙毓棠的《宝马》相提并论,认为他的诗多多少少有受徐志摩和郭沫若二人影响的痕迹,并且认为他的诗真足以与陈梦家、卞之琳辈媲美。

温梓川不仅仅是秋野社成员,还是继秋野社之后的暨南文艺研究会·槟榔社①刊物《槟榔月刊》的主编之一。"作品散见于上海《申报·艺术界》《良友画报》《青春月刊》《语丝》《东方杂志》《大江月刊》《奔流》《涛声》《论语》《学生杂志》《女子月刊》等诸报刊,是活跃在中国文坛上的马华作家。"[4]

赴南洋后,结集出版的作品有"短篇小说集《夫妻夜话》《某少男日记》,杂文集《作家的学生时代》《文人的另一面》,诗集《咖啡店的侍女》《梦呓》《美丽的肖像》,散文集《梓川小品》,编著《恋歌二百首》《山歌选》《郁达夫南游记》《作家的创作经验》《沈从文小说散文选》,

① 暨南文艺研究会:于1928年秋,由汪静之、章铁民、刘肖愚发起组织,初发目的仅与当时文学院院长陈钟凡捣蛋;后温梓川任主编,更名为槟榔社,主要涉及南洋情调创作小说和介绍诸弱小民族的文艺作品。

翻译《托尔斯泰短篇小说集》《走向桥边的女人》,论著《马来亚研究》,此外还有《南洋恋歌》《美丽的谎》《血洒黄沙》等著作”[5]。

四、结论

秋野社作为中国历史上第一个南洋文学社团,不仅在文学创作上给上海文坛注入一股南洋新风尚,也为文坛培养了诸多的马华作家和人才。秋野社为海外华人展示充满生机的侨生文学创作实践的同时也紧密了中国和南洋文坛的联系。秋野社的内在精神是符合时代要求的,百年侨校暨南大学也在符合时代要求、深化侨校理念这一路上不懈努力。

[参考文献]

[1]何宝民:《〈秋野〉的〈文艺与政治的歧途〉》,载《文化学刊》2014年第5期,第188~192页。

[2]潘碧华:《马华文学的现代阐释》,马来西亚华文作家协会,2009.08,第133页。

[3]温梓川:《文人的另一面》,第154页。

[4]潘碧华:《马华文学的现代阐释》,马来西亚华文作家协会,2009.08,第125页。

[5]钦鸿:《温梓川小传》,《文教资料》1999年第3期。

[《北方文学(中旬刊)》2015年第5期]

王统照

王统照（1897—1957），字剑三，笔名息庐、容庐，山东诸城人。1924年毕业于中国大学英文系。1921年与郑振铎、沈雁冰等发起成立文学研究会。1938年在暨南大学中文系教授中国文学，同时为《大英夜报》编副刊《七月》，为《文汇报》副刊《世纪风》写稿。1941年12月8日上午，日军冲进上海租界，王统照为学生上了最后一课，要求学生“要有志气，要有冲破黑暗的精神”。

王统照的“孤岛”岁月

刘增人

1938年，王统照应聘为暨南大学文学院教授。暨南大学的前身是暨南学堂，1906年创办于南京，主要招收华侨子弟。次年改为中学。1911年停办，1918年复校，改称暨南学校。1925年迁上海真如，1927年始称暨南大学，设文、法、理、商四个学院。1935年7月，郑振铎受暨大校长、著名史学理论家何柏丞聘请，任该校文学院院长。文学院下设中文系、外文系、史地系，稍后又添教育系。郑振铎担任文学院院长后，最热心的事业、最重要的贡献，便是搜罗了一批有真才实学、有较高名望的教师，如胡愈之、周谷城、楚图南、钱亦石、郭绍虞、周予同、王统照、傅东华、许杰、方光焘、张世禄等著名学者。李健吾、王辛笛等崭露头角的年青的戏剧家、诗人，也应邀任教。耿济之、潘汉年、阿英、许广平、赵景深、鲁彦、柯灵等，也不时到文学院或中文系讲演和讲课，使暨大一时成为上海文艺气息相当活跃的高等学府。在这一大批学者型、作家型的教授中，王统照是受到学生普遍尊重者之一，曾与郑振铎等一起，被称为“暨南四教授”。

暨南大学原在上海西北部的真如，抗战刚刚爆发，校舍便被日寇夷为一片瓦砾，学校不得不迁入市区康脑脱路。新址仅有一幢三层的楼房，只可容纳200多名学生。没有操场，以走读为主。王统照就是在这时，应聘走上暨大讲台的。身材中等，戴一副近视眼镜，玳瑁边的，经常穿一件咖啡色长衫，脚蹬一双黑色的皮鞋，西装裤，人有些清瘦,头发略秃,讲课或谈话时总是含着和蔼的笑容,语调深沉文雅,带着浓重的山东口音——这就是若干暨大学生记忆中的王统照。

王统照在暨大开了两门课,一是选修课小说史,一是包括作文在内的大学国文。当时文学院的学生,总数不到 70 人,选修小说史的,只有几个学生,师生交流的机会很多,学生对老师的印象就特别深切。当年的学生、后来的华东师大教授钱今昔 1990 年曾回忆说:“由于心灵深处感到能得到这样一位名师的亲授是很不容易的,所以我每次听课都很用功,课后又常到教师休息室向他讨教一些创作理论和外国作品的理解问题。后者虽已远远超出课程范围,但他从不厌烦,总是用温雅和蔼的语音详细地讲解给我听。记得我曾写过一篇《苔丝》的作者《汤姆士·哈代论》请他修改。他花了两个晚上,用浅绿色的墨水笔,以工整的字体在原稿上详细地给修改了。后来,此文发表于作家范泉所编的《中美日报·堡垒》副刊上。至今,还保存在我的贴报簿上。每一展示,眼前便会浮现出统照师循循善诱的音容来。我还记得 1940 年仲夏的一天上午,在上完‘小说史’课后,我受培明女中同学的委托,邀请他去作一次文艺创作的报告,他慨然同意了。几天之后,在教员休息室里我找到了他,说明他讲的那天,我临时有事未去,深感遗憾,并转达了女中同学对他讲演的热烈反应。随后,我取出一本小小的纪念册,请他题字。那上面已先有郑振铎、许广平、阿英、赵景深、傅东华、周楞伽、程小青、包天笑等作家的题字。他粗略地翻看了一下,就拿起了自来水笔,写了 8 个字‘仁者乐山,智者乐水’,并题了‘景雪同学共勉之’。‘景雪’是我的学名,他这样写的用意,是鼓励我们一起永远走坚持战斗的道路,文艺创作的道路。虽然,十年浩劫中,这本珍贵的纪念册被劫失了,但它和其他作家的题字却深深地印在我的脑海里,永远也不会磨灭的。‘孤岛’时期,他曾用‘韦佩’的笔名撰写了 30 余篇短小、精劲的随笔,总称《炼狱中的火花》,从 1938 年 4 月下旬到 6 月上旬,陆续刊登在柯灵编的《文汇报》副刊《世纪风》上。其中的一些如《仇恨》《玫瑰色中的黎明》《为了文化》等,都曾广泛流传于学生文艺团体中间。那是黑夜中的闪光,是‘孤岛’上的碧泉,倾吐了一个进步作家的时代义愤。那时候,我正担任中共江苏省学委领导下的上海学生协会(简称学协)的西区交通员,深感这些作品对进步学运工作的鼓舞。当我课后同他多次谈到《炼狱中的火花》所起的作用时,他却很谦虚地微笑着,并鼓励我们的学运工作。后来,他用'卢生'作为笔名,在巴金主持的文化生活出版社出版了短篇小说集《华亭鹤》。以后,又用'鸿蒙'和'提西'两笔名写了长篇小说《双清》,连载于柯灵主编的《万象》上,曾引起广泛的注意,也有人认为可同小仲马的力作《茶花女》相媲美。"(《亲切授业最难忘——忆王统照教授》)

王统照给一年级教大学国文时,第一课便是介绍陆机的《文赋》,什么开场白也没有,发下讲义便开始阐释,然后结合自己的创作体会,教育学生:"一个人写的作文,都要有感而发,无病呻吟最要不得。"王统照一口浓重的山东话,再加之不时有"这个""这个"的口头语夹杂其中,上海的学生听起来很不习惯,但听下去就慢慢发生兴趣,因为其中有着充实的内容和深切的体会。王统照在学校里的时间不多,但每有课时,总提前一刻钟到校,爱好文艺的学生如徐开垒等,便趁这一时机向他讨教,他又非常乐于给学生讲自己从读《封神》、读《石头记》"起家"的文学经历,讲文选和唐诗对自己的影响,讲年青时试写《剑花痕》《遗发》时的情景。他说:"青年不但要花时间读很多书,还要不断学习写文章。最好能每天写日记,这是等于逼自己每天交出一篇文章来。写日记既可以记事,又能抒情,还可发议论,这无异为自己打下写散文和论文的基础,也为写小说作好准备。"学生的作文,他总是详批细改,时时鼓励学生端正文风,删除浮文虚辞。在徐开垒的第一篇作文上,他的批语是:"记住,多少冗字本不必用!"徐开垒从小学到大学,一直因为作文优秀而受到老师夸奖,上大学后,还不时在报上发表作品,不觉有些自负。经这当头棒喝似的一批,恰似当头一盆冷水,变得清醒起来。后来,徐开垒成了《文汇报》的高级编辑、散文作家,对于王统照的教诲,一直记在心头。

"孤岛"时期,由于四周受到日伪的包围,租界内又素有享乐腐化的风气,从社会青年到大学生,思想情绪比较复杂,坚忍努力者自觉担负起时代的重任，成为青年的主干，但也不乏消沉悲观者、动摇彷徨者甚至醉生梦死者。1938 年 8 月 21 日，王统照以“默坚”的笔名，在《文汇报 · 世纪风》发表了一首《你的灵魂鸟》，开头和结尾，回荡着一派坚毅的旋律，不啻是对徘徊歧路的青年朋友的热切呼唤：

不要让黑暗阻碍了你，
有多少烛光在半天辉耀。
不要惊惶狼狗的嗥叫，
阴影中当心毒蛇的围绕。
更不必害怕这空前风暴，
在你顶上，有你的“灵魂鸟”！

20 世纪的 90 年代，青年中颇有人喜欢唱一支关于“爱情鸟”的流行歌曲，关心着“爱情鸟”的飞走或来到；在 20 世纪 30 年代，青年人面临着国破与家亡，他们更需要找到的，却是“灵魂鸟”！王统照作为大学生的导师，一代青年的知心朋友，在关键时刻发出热切的呼唤，于是在青年学生中广为传诵，成为激发爱国热情、砥砺气节操守的著名诗篇。

1941 年 12 月 8 日凌晨，日军偷袭珍珠港，太平洋战争爆发。9 日上午 9 时，日本军队冲进租界，暨南大学正在上课，王统照在二楼讲大一国文。康脑脱路上一片混乱，日本宪兵队的卡车横冲直撞，卡车的喇叭声声如鬼哭狼嚎，撕裂着中国人的心！马路上慌乱而气氛紧张，教室内却沉静而严肃。王统照站在讲台上，像都德小说《最后一课》中的韩麦尔一样，坚持着他的“最后一课”。王统照在平日讲课时，从不说题外的话，到点开讲，下课走人，句句是沉实有用的内容。这次却破例地用一刻钟的时间，严峻沉痛地宣布：“同学们，刚才教务处通知，学校今天停办了！我们学校不能继续上课，更不能让敌人来接收，今天这一节是最后一课，我们现在要解散了！”台下的学生面面相觑，心头沉重，无言以对。王统照看着一张张年青的、有些茫然的面孔，又说：“同学们，你们都很年轻，都二十岁不到吧？我们的日子正长，年青人要有志气，要有冲破黑暗的精神。学校可能内迁，你们跟不跟学校到内地去,这要看每个人的家庭环境来决定,学校不勉强。因为留不留在沦陷的上海,这不是决定性的问题。问题在于我们走什么道路,在精神上和行动上,是坚持抗战,还是向敌人投降,这要有个准备……”他的“最后一课”就这样结束了,学生们心中耳边,又浮现出他意味深长的名句:“不要让黑暗阻碍了你,/有多少烛光在半天辉耀。/不要惊惶狼狗的嗥叫,/在你顶上,有你的‘灵魂鸟’!”

抗战时期,王统照只写了4个短篇、半部长篇《双清》(1943年作,连载于《万象》,共20章,署名鸿蒙。此为上部,下部未作),以数量论,远不及北京时期,以影响论,更不及青岛时期,但从立意到风格,到底有其独到之处。4个短篇即《母爱》《泪与翼》《新生》《华亭鹤》,1941年6月由上海文化生活出版社桂林分社出版,以《华亭鹤》为集名,署名卢生。散文家陆蠡为此书出版做过甚大贡献,书成后王统照曾题诗相赠。被作为集名的《华亭鹤》,是一篇讲气节、讲操守的小说,其实也是作者和朋友们在孤岛蛰居中砥砺节操、不屈不移的精神状态的写照。《华亭鹤》的主人公朱老仙,是一位从生活方式到内心世界都处处洋溢着古朴的民族感情的老者。他虽已到生命的迟暮时分,却依然牢记着从青年时代就刻印在心灵深处的对国家民族的责任,对儿子在国难当头投机善变的政客行径怀着高度的警觉、深沉的忧虑。这位老者的晚年生活,是安逸舒适之至的,但是山河破碎故园陵夷的现实,却使他内心世界无法平静,不能在吟诗酌酒中安度风烛残年。狂澜既倒,挽回无力,他只能借着反复吟诵,书写“蹙蹙周道,鞠为茂草,我心忧伤,惄焉如捣!”等诗句略抒悒郁。他对自己的气节是放心的,“从十五岁起,竖起脊梁活到现在!有死的那天,我不会折弯了”;但对圆通阴柔的官僚儿子的“那点机灵”,却委实放心不下,这简直成了使他心神不宁、神思恍惚的一块心病!他的酒友安大胡子对此颇不理解:“朱老仙未免太怪,晚年的清福摆在面前,又安稳的住在租界,瞎操心有吗用?一切都是下一代的事,成败、是非,横竖隔他远得很。儿子,表面上孝顺,家事又麻烦不着,何苦被道义蒙住心,替云翻雨覆的世事担忧?……”小说最后,是朱老仙的一幅特写:这位鬓发皆白的老者,在击箸长吟“为君垂涕君知否？千古华亭鹤自飞!”的诗句……随着他倾吐胸中块垒、寄托不屈心志的吟唱,我们仿佛看到他已是余烬的生命,重又喷吐出灼灼的光华。也许,这种精神状态,这种浩然正气,正是我们的民族屡经丧乱累遭危机而从未沦亡的一种生命的基因。当周作人、胡兰成们一个个扑通扑通纷纷跳进那万劫不复的污泥浊水,当国民党政府的大批正规军整建制地摇身一变成为“皇协军”、二鬼子的时候,朱老仙因道义、操守与父子感情的矛盾冲突而感到的苦恼,他那种太“执着”的骨气和操守才分外可贵。

如果说《华亭鹤》着重强调的是在顺境中如何保持操守,那么《双清》的侧重点,应是在逆境中怎样珍重气节了。沦落风尘,该是女人们最不幸的遭际了,但笑倩姑娘独能在猥亵肮脏的花街柳巷保持一颗向上的心,一有机缘,就挺身而出运智用谋保护向黑暗社会恶劣现实抗争的志士;仕途失意,恐怕是读书人最大的苦恼,但笑倩的义父高大却从此辞谢名利,甘心在扰攘红尘之外抱瓮灌园保持自己精神上的独立。

这些传奇式的人物,或许在现实中并不多见,但作家如此塑造、如此点化的用心,却值得深长思之。强寇压境,举国涂炭,仓促间该有多少人陷身敌后以至沦于魔窟？主客观的情势,使他们慷慨骂敌而死或有所不能,屈己丧节委身事敌又有所不愿,他们将何以自处？作家认为,至少要保持一颗爱国爱民族的心！这是对许多同胞特别是若干文化人的原情度理的劝诫,也是身处逆境只得隐姓埋名期冀日月重光的作家深微的自励!

历史就是这样写下来的:他们才是中华民族的忠诚儿子!

[《语文世界》(中学生之窗)2014 年第 11 期]

文物记忆中的王统照点滴(节录)

许建辉

“写许白云采药诗以示济之大兄”书幅

1936年7月,王统照从青岛去上海,接编《文学》月刊。他的好朋友郑振铎已先其一年多抵沪,而另一个好朋友耿济之则后其一年从苏联回国到了上海。“文学研究会”初创时期的三位“同志”,久别之后又重逢,相聚于黄浦江畔。正担任着上海暨南大学文学院院长的郑振铎为学校网罗人才,王、耿二位自然都是最合适的对象。1937年年底《文学》停刊,王统照不久即被正式聘为暨大教授。耿济之丢不开他的翻译工作,则常常以“客座”身份出现于暨大讲坛。像当初一起参加五四运动、一起组织文学社团一样,三个好朋友又一起教书,一起写作,一起参加上海文化界的抗敌救亡活动。用他们志同道合的友情,写下了一段文坛佳话。王统照手书的“写许白云采药诗以示济之大兄”书幅,为此见证。

许白云名许谦,字益之,浙江金华人。元代著名学者。尝以“白云山人”自号,世称“白云先生”。此人颇有前贤许由之风,一生远避官场,数次辞官不就。四十年不出里闾,而门生逾千,“四方之士以不及门为耻”。其授业解惑“随其材分”而使学生“皆有所得”,只是“独不以科举之文授人”,以为钻营科举会使人趋利忘义。身后与何基、王柏、金履祥等并称四贤,由“江浙行省为请于朝,建‘四贤书院’以奉祠事”。所著《白云集》《诗集传名物钞》等,收入《四库全书》。其《采药诗》云：

亭亭北山松，宿霭荫深碧。苍根走虬龙，巨干蟠铁石。平生栋梁具，不受霜雪厄。

兔丝得所附，袅袅挂千尺。流肪入九地，千岁化琥珀。我欲掇其英，俯仰费搜摘。

红炉转丹砂，石髓变金液。但恐茫昧间，图蠖不可索。意长时苦促，双鬓日夜白。

刀圭或可试，习习在两腋。蓬莱三万里，讵谓弱水隔。他时来山中，故老应不识。

此诗名为"采药"，笔墨却只涉北山之松。那用"苍根""巨干""虬龙""蟠石"支撑起来的"亭亭"屹立着的形象，显然是诗人的自我期许。其托物言志之意，一目了然。或许正是这一点，让王统照与许白云心有戚戚，故全诗照录，一气呵成。诗后题署"癸未岁暮写许白云采药诗以示济之大兄并希法正"，落款是"弟王剑三学书"。

"癸未岁暮"即1944年春节之前。当此之时，上海已经沦陷数年。王统照、耿济之、郑振铎等一起退居租界"孤岛"，长期坚守不去。他们因为名声太大而屡遭敌寇查禁，又因为不肯委身事敌而只能隐名匿迹。生活在这种险恶的环境中，他们一面朝不保夕艰苦备尝，一面却在谋划着成立一个"中国大百科全书刊行会"，意欲编撰一部属于自己的百科全书以振民族之声威。为了这项神圣的工作，靠经营一个小小的"蕴华阁"旧书店糊口的耿济之不辞辛劳，特意翻译了《苏俄大百科全书序》《苏俄小百科全书第二版序》以及《如何利用苏俄小百科全书》等文章作为编著工作的参考资料。王统照选在此时写许白云诗以赠，安知没有一份感动一份颂扬寓于其中？

"采药诗"写成之后，不知为何竟羁留书者手边，直到1948年10月才偶然翻出。此时耿济之早因积劳成疾而已于1947年3月2日离世。睹物思人，王统照挥笔写下一段百感交集的文字："下文乃与济之同在沪上度苦闷隐避之时期所书，今逾五年而济之已故，当时未以此字奉赠，徒留款识可认旧迹耳。”缅怀之情，溢于言表。随之将此题记与诗幅裱成一轴，妥为珍藏。

（《中国现代文学馆馆藏经典作家文物文献研究》，
文化艺术出版社，2013）

沈炼之

沈炼之（1904—1992），又名沈翔、味荔，浙江温州人。专长于法国历史研究。1944年，应聘至内迁到福建建阳的暨南大学任教，不久担任文学院院长、史地系主任，后又担任该校代理校长。1944年他翻译J. E. 斯温的著作《世界文化史》在永安印行，后经周予同推荐，上海开明书店于1947年3月出版发行，1949年再版。

沈炼之教授国立暨南大学五年的学术和任职经历

夏 泉

沈炼之是我国著名的历史学家、教育家和翻译家。20 世纪 40 年代中后期(1943—1948),他曾任教太平洋战争爆发后迁址闽北建阳及抗战胜利后复迁上海的国立暨南大学,先后任国立暨南大学历史学教授、文学院院长兼史地系主任和代校长。本文拟根据上海档案馆所藏国立暨南大学档案及其他有关文献资料,主要对沈炼之在国立暨南大学这五年的学术和任职经历进行梳理。

学术履历与在世界史研究领域的主要学术成就

沈炼之(1904—1992),又名沈翔、味荔,浙江温州永嘉县人。1922 年入燕京大学英语系学习。1926 年 7 月毕业后赴法国留学,研习法语、西洋史、法国文化史和法国史。1933 年获里昂大学人文博士学位。学成后回国工作,先后任教于广州、北平和南京的三所高校。1938 年举家迁至福建永安,曾主编抗日战争时期进步刊物《改进》月刊第 5 卷第 12 期至第 6 卷第 12 期①,后在福建省教育厅先后任督学、秘书、科

① 参见抗战时期进步刊物:永安出版的主要期刊杂志[N]. 永安报,2004 - 02 - 09.

长和中学师资养成所所长。1943—1948 年任教建阳国立暨南大学和上海国立暨南大学。1948 年回温州一所中学任教。1949 年温州解放后被任命为新成立的温州市立中学校长。1951 年底上调杭州,任浙江师范学院历史系主任,后改任杭州大学历史系主任。他还曾任浙江省人大代表、浙江省政协委员、浙江省历史学会会长和中国法国史研究会名誉会长等职。代表作主要有《法国革命史讲话》《简明世界近代史》《法国通史简编》《德国维护帝国宪法的运动》《法国史》《法国社会主义运动》和《盖得派》等。其中的《法国通史简编》与张芝联所著的《法国通史》,被誉为迄今中国人撰写的两部最为系统的法国通史著作。

在学术方面,沈炼之是我国法国史研究的重要奠基人。1978 年 5 月,在上海举行的中国法国史研究会筹备会议由沈炼之主持;次年在哈尔滨举行的成立大会上,他被推选为名誉会长。沈炼之在世界史尤其是法国史研究领域的学术成就主要表现在以下三方面:一是翻译了一大批有学术价值的法国史论著,如恩格斯的《1848 年的六月起义》、法国著名史学家瑟诺博斯的《法国史》《法兰西第三共和国史资料选编》(8 期)、《法国工人党的诞生》和《盖得派》;二是撰写出版了一批很有价值的法国史学术论著,其中影响最大的是《法国革命史讲话》《法国通史简编》;三是积极组建中国法国史研究机构,培育法国史研究人才,加强中法学术交流。

沈炼之在国立暨南大学的学术和任职经历

国立暨南大学的前身暨南学堂 1906 年创校于南京,1927 年在上海升格为国立大学。抗日战争全面爆发后,自 1937 年 8 月至 1941 年 12 月,学校在上海租界坚持办学,但面临日军与汪伪政权的双重压力。1941 年 6 月,国立暨南大学在福建建阳设立分校;1941 年底太平洋战争爆发后,国立暨南大学于次年初整体南迁建阳。抗日战争时期,福建省会内迁闽中偏西的永安(现属福建省三明市所辖)长达 7 年之久,沈炼之与许多思想文化界的知名人士云集于此从事抗战文艺学术活动。1941 年 9 月，其《法国革命史讲话》正式出版，这是中国学者撰写的第一部法国大革命史专著。此外，他还兼任福建省研究院教授，翻译了十余部学术论著，撰写了大量论文。国立暨南大学迁至建阳后办学举步维艰，师资尤其缺乏。1943 年 8 月，经国立暨南大学文学院中文系方光焘教授推荐、何炳松校长同意，沈炼之应聘到建阳国立暨南大学任教，接盛叙功教授之后任史地系主任，任教国立暨南大学五年。在此期间，他的主要学术和任职经历表现在如下四个方面：

1. 担任国立暨南大学文学院史地系教授

当时文学院有教师 41 人，其中教授 12 人，如方光焘、许杰、盛叙功和魏应麒等。作为一名历史学教授，沈炼之到国立暨南大学后，主要从事法国历史文化与西洋史的教学研究与翻译工作。他“首先开的一门课是‘西洋思想史’，深刻批判中世纪西欧封建神学思想，对启蒙运动时期的一些思想家作了历史的肯定，又揭露其阶级实质，深受同学欢迎”①。沈炼之还“讲授法国史和西洋文化史……继续研究法国历史和文化，翻译和出版了《罗曼·罗兰传》（[英]威尔逊著，上海文化出版社 1947 年初版）等多部著作，成为名扬海内的知名学者”[1]。战争时期生活极为艰苦，即使担任教授也住茅屋，经常跑警报。抗日战争胜利，国立暨南大学于 1946 年复迁上海之后，沈炼之不再兼任行政职务，而是专为文学院外国语文系学生讲授法文等课程。② 在 1947—1948 年期间，当时兼任国立暨南大学文学院教授的谭其骧在学校宿舍里曾与沈炼之有认识来往。③ 李寿雍 1946 年接任国立暨南大学校长后，对何炳松主政大学期间所聘请的一些教授进行打击、排挤或解

---

① 参见：王驾. 学会作熔炉，马列育新人：回忆暨大史地学会［C］// 中共建阳县委党史研究室：暨南大学在建阳. 建阳：中共建阳县委党史研究室，1991:125～126.

② 参见：刘新粦. 抗战胜利前后母校概况［C］// 广州暨南大学华侨所：暨南大学校史资料选辑：第二辑. 广州：暨南大学华侨所，1983:13.

③ 参见：谭其骧. 我与暨南［C］// 新加坡暨南大学校友会. 新加坡暨南校友会成立五十周年纪念特刊. 1991:104～107.

聘,1948 年沈炼之愤然离开国立暨南大学返回家乡温州一所中学任教。

2. 担任文学院院长和史地系主任

当时文学院还下设有外国语文系、中文系和教育系,学校则还设有理学院、商学院。1944 年 9 月至 1946 年夏,作为文学院院长、史地系主任,沈炼之被校长何炳松聘任为文学院主任导师兼史地系主任导师①,负责指导 16 名本科生的操行②,包括指导学生的学习、品行与课外活动。当时学校在校学生 1069 人,国立暨南大学实行的导师制对学生的成长是有利的。

作为文学院院长、史地系主任,沈炼之还经常参加国立暨南大学的一些重要会议,积极参与学校的管理工作,为学校的发展苦心谋划、建言献策。如:1944 年 10 月 20 日,何炳松校长主持召开国立暨南大学第六次谈话会,沈炼之参加了会议,并被推荐为中国航空建设协会特别委员。同年 10 月至 12 月期间,沈炼之参加了第七次至第十次谈话会。1945 年初发生“驱逐盛叙功、许杰风潮”后,1 月 6 日至 2 月间,沈炼之曾一度担任学校代教务长。在 3 月至 5 月间,他参加第十二次至第十七次谈话会。6 月 22 日,他参加第十九次谈话会。7 月 27 日,他参加第二十次谈话会[2]574~577。1945 年 1 月 3 日,参加在何炳松校长公馆举行的国立暨南大学临时校务会议,讨论“驱逐盛叙功、许杰风潮”后的善后事宜。1945 年 6 月 28 日,参加 1944 年度国立暨南大学第二次校务会议。1944 年 10 月 27 日、1945 年 4 月 6 日,参加何炳松校长主持的部分负责教学人员会议。③ 上述谈话会、校务会议和教学会议均由何炳松校长主持,参加人员有教务长、训导长和总务长及文理商三学院院长等,是当时讨论决定国立暨南大学重要事项的会议,

---

① 参见:国立暨南大学. 关于专科以上学校导师制纲要、聘任导师及导生分组原则等文件[R]. 上海:上海档案馆,Q240-1-67.

② 参见:国立暨南大学. 关于导师导生名册及导师分组表等[R]. 上海:上海档案馆,Q240-1-61.

③ 参见:国立暨南大学. 校务会议记录:1942—1946[R]. 上海:上海档案馆,Q240-1-32.

沈炼之是以文学院院长身份与会的。

3. 积极指导学生的学术与社团活动

当时国立暨南大学学生的学术活动非常活跃,文学院史地系学生成立了国立暨南大学史地学会。由于沈炼之是院系领导与史学名家,学生对沈炼之推崇备至,沈炼之也认真履行其传道授业的职责。据史地学会会员王驾后来回忆,沈炼之非常关心他们的学术活动,"史地学会所有学术活动,他都准时到达,即使后来担任文学院院长时也是这样。他仔细听取各种不同观点的发言,有时也谈谈自己的看法,启发同学们思考。平时,有些同学碰到问题登门请教,沈先生总是有求必应、详加指导"①。

从抗日战争胜利至复迁上海之前,建阳国立暨南大学的学生成立了壁报联合会(简称壁联)等学生组织,当时兼任代校长的沈炼之被聘任为顾问。他对学生民主运动积极地进行关心、支持与指导,如在 1946 年 1 月 4 日壁联举办的"招待顾问先生茶话会"上,沈炼之发表了自己的看法:"学校壁报(壁联主办刊物——引者注)与社会刊物不同,学校壁报最大的目的在于表现学校的精神。"他希望"我们的壁报一方面能够代表同学的意见,一方面能够表现我们学校研究的风气"②。他倡导学术研究,关心引导学生的健康成长。诚如他的学生戴敦复在其回忆文章中所称,沈炼之先生"学识渊博,而为人更是忠厚诚朴、毫无架子。他爱生如子,极孚众望,深受学生爱戴"[3]。

4. 担任国立暨南大学代校长

抗日战争胜利后,国立暨南大学校长何炳松以主要精力忙于赴沪筹划学校迁沪事宜。早在 1945 年 3 月 21 日,何炳松校长在第十三次谈话会上,就国立暨南大学复迁上海问题要求各学院院长拟具各学院

① 参见:王驾. 学会作熔炉,马列育新人:回忆暨大史地学会[C]//中共建阳县委党史研究室:暨南大学在建阳. 建阳:中共建阳县委党史研究室,1991:126~127.

② 参见:以白. 顾问们的话[C]//中共建阳县委党史研究室:暨南大学在建阳. 建阳:中共建阳县委党史研究室. 1991:247.

计划。① 9月9日,何炳松校长主持1945年度国立暨南大学第一次谈话会,沈炼之等与会,考虑到沈炼之的人缘和学术威望,会议决定在何炳松赴渝期间由沈炼之任国立暨南大学代校长。因无飞机可乘,何炳松无法赴渝只得折返建阳。9月30日,何炳松校长召开第三次谈话会,指示组织国立暨南大学迁校委员会,由沈炼之任召集人,列席成员有教务长、训导长、总务长及三学院院长,三学院代表各一人及学生自治会代表两人[2]578。10月1日,何炳松离开建阳赴沪后,沈炼之受其委托主持学校工作。代校长是一件苦差事,当时学校工作处于动荡中,一方面,要从建阳复迁上海,工作千头万绪,人心思变;另一方面,受内战影响,校园内学生活动如火如荼,各种学生社团如雨后春笋般涌现;加之迁校工作要耗费大量人力、物力和财力,学校经费紧张,沈炼之代校长可谓步履维艰。

据国立暨南大学档案记载,1945年10月26日,沈炼之代校长主持国立暨南大学迁校筹备会议。② 12月21日,他主持第七次谈话会,报告理学院院长江之永奉何炳松校长电召赴沪协助办理迁校事宜[2]579。次年1月26日,沈炼之因身心疲惫请求辞去代校长一职,恳请何炳松校长早日返校主持工作,他的辞职理由有四:“(一)因事繁任重,心力交瘁,实难支持;(二)学校经济情绪日感困难;(三)受政局影响,处理不易;(四)本校在迁移前各种重要事项及下半年人事等各种问题均无法解决。”③但辞职请求未获批准,他只得勉力维持。

1946年3月15日,沈炼之代校长召集部分教职员谈话会,出席者

① 参见:国立暨南大学. 关于校长何炳松同部分负责教职员谈话记录:1943—1945[R]. 上海:上海档案馆,Q240－1－34.

② 参见:国立暨南大学. 迁校筹备委员会会议记录[R]. 上海:上海档案馆,Q240－1－37.

③ 参见:国立暨南大学. 伪教育部派江锦荣为会计室主任及教职员工去留来往信件[R]. 上海:上海档案馆 Q240－1－39. 关于经费困难问题,俞述翰亦称,抗战胜利迁沪前,沈炼之为代校长,“有些教师天天包围代理校长讨欠薪……在这样困难的形势下互相埋怨的情绪急剧增长。”参见:俞述翰. 何校长在建阳的日子[C]//刘寅生,谢巍,何淑馨. 何炳松纪念文集. 上海:华东师大出版社,1990:526.

有章洪楣、戚叔含、方岳、王书凯和陆伦章，主要讨论迁校事宜[4]。这时国立暨南大学正处于多事之秋。早在1946年2月2日，文学院福建籍教授魏应麒在解释“伧父”一词时，认为此二字之意就是上海人所讲的“江北佬”，引起苏北籍同学不满，他们遂捣毁其家什，这又引发福州籍同学的对立情绪（魏是福州人）。以上事件导致全校师生情绪紧张、震撼不安。这一风潮持续了一段时间，弄得两派学生互不相让、势如水火。代行校务的沈炼之召开教员会议来解决这一纷争。由于教员的意见不能一致，护校委员会所提的解聘魏应麒与开除学生程力夫的方案无法推行，引发了一些人的不满，商学院院长周宪文、教务长王勤堉首先离校。沈炼之等看到情况紧张，难以处理，也纷纷离校。这时学校领导无人，情况混乱。为结束这一纷乱局面，何炳松校长遂指派陆伦章代行校长职务。① 沈炼之自此不再担任国立暨南大学代校长一职，结束了不堪回首的几个月的代校长生涯，这对他来说实际上是一种解脱。

余　论

自1943至1948年，沈炼之任教国立暨南大学五年。作为一位著名的学者，他尽力于文教工作，以其著述与教学科研工作贡献于社会。

同时，沈炼之是在抗日战争和解放战争的烽火中任教于国立暨南大学的，他除了担任专职教授外，还担任文学院院长及史地系主任与代校长等多种职务，可谓临危受命。在任职期间，他恪尽职守，为国家培养了一批批高级人才，为高等教育事业做出了积极贡献。据他的学生事后回忆，在任国立暨南大学代校长和复迁上海任国立暨南大学教授期间，他“不顾来自反动势力的压力，毅然站在绝大多数同学一边，通过‘教授会议’形式，揭穿了极少数倾向反动的师生的阴谋，基本上

---

① 参见：陆伦章. 对暨南的几点回忆[C]//广州暨南大学华侨所. 暨南校史资料选辑：第二辑. 广州：暨南大学华侨所. 1983:86.

统一了教师的看法，平息了一场几乎引起严重后果的事件。复员回上海后，当反动派军警宪特向暨南大学民主势力开刀时，他曾在自己的宿舍里冒着特务前来搜查的危险，保护过三位进步同学”①。

他对国立暨南大学抱有浓厚的感情，且老而弥笃。1989 年，他欣悉一批国立暨南大学学子在编写《暨南大学在建阳》一书，遂为该书题词：“闽北山区，峥嵘岁月。民主运动，震撼东南。”并与暨南校友张立、王正平共同撰写《追思何校长柏丞先生》一文刊于该书。他在文中深情地追忆道：“我们与何校长相处都不超过四年。但他的治学为人、高风亮节、音容笑貌，似在眼前。”1990 年，国立暨南大学校友在上海举行著名历史学家、教育学家和编辑学家何炳松老校长诞辰一百周年研讨会，沈炼之又撰写了《忆柏丞先生》一文，在文中他深情回忆了在国立暨南大学任教的那些难忘岁月：“曾先后担任史地系主任、文学院院长，并两度受柏丞先生（即何炳松——引者注）之托代理校长。……连毕业文凭都由我署名发给。我只能兢兢业业，依靠全校师生，努力做好工作。”[5]

总之，1943—1948 年五年的国立暨南大学学术和任职生涯，既有欢愉和收益，也有无奈和苦闷，这些都已在沈炼之先生身上、在其心灵深处烙下了深深的印记，并成为其早年学术与任职活动的重要一页。

［参考文献］

[1]楼均信. 沈炼之和中法文化交流[J]. 杭州大学学报，1995，(4)：73～78.

[2]房鑫亮. 何炳松年谱[C]//刘寅生，谢巍，房鑫亮. 何炳松论文集. 北京：商务印书馆，1990.

[3]戴敦复. 何校长，我们永远记住您[C]//刘寅生，谢巍，何淑馨. 何炳松纪念文集[M]. 上海：华东师大出版社，1990：488.

① 参见：王驾. 学会作熔炉，马列育新人：回忆暨大史地学会[C]//中共建阳县委党史研究室：暨南大学在建阳. 建阳：中共建阳县委党史研究室，1991：127.

[4]刘方. 何炳松在暨南大学和东南联合大学校长任内的资料辑录[C]//刘寅生,谢巍,何淑馨. 何炳松纪念文集. 上海:华东师大出版社,434.

[5]沈炼之. 忆柏丞先生[C]//刘寅生,谢巍,何淑馨. 何炳松纪念文集. 上海:华东师大出版社,1990:445.

[《温州大学学报》(自然科学版)2010年第4期]

卓 如

卓如（1908—1983），生于福建福州。1933年毕业于北平民国大学。1935年至1937年留学日本东京中央大学。1938年加入中共党组织。1943年2月至1946年5月在暨南大学商学院担任国际贸易系主任兼任国贸系主任导师，主要开设“经济学原理”和“经济学说史”两门课程。

卓如教授在建阳暨大

魏 琦

卓如教授在建阳暨南大学任教的时间并不长,从 1943 年 2 月至 1946 年 5 月,一共才三年时间,但他留给了暨大同学极为宝贵的精神财富。先生离开暨大已有四十一个年头,而先生故世也已经有了四个年头。当年曾受业于先生门下的暨大同学,也都是花甲老人了,但大家对先生在建阳时期的嘉言懿行仍无限怀念,并永远感谢先生在建阳暨大从事的进步工作和坚持宣传马克思主义的献身精神。

1908 年,先生出生于福州市一个城市贫民家庭,在旧中国苦难的日子里,全家人常年过着缺衣少食的生活。为了替父母亲分担生活重担,先生于少年时期就在福州一家木行当学徒。他勤奋好学,学徒五年满师后,就考入厦门集美中学师范部肄业。1929 年底,去北平投奔朋友补习功课准备报考大学。翌年 8 月,以同等学力考取了民国大学经济系三年级插班生。

民国大学的两年学习生活,对先生以后的生活道路发生了决定性的影响。入学后不久,在进步教授的影响下,先生就参加了进步同学组织的读书会。该会在黄松龄教授(新中国成立后任高教部副部长)直接领导下,有计划地组织大家学习李达同志的《现代社会学》和日本著名的马克思主义经济学家河上肇教授的《经济学大纲》;以后,又进一步学习马克思、恩格斯和列宁的一些著作。读书会的学习活动,使先生在马克思主义基础理论方面有了比较坚实的基础,增强了对当时形势的识别和分析能力,坚定了今后的政治方向。

先生在民国大学的学习生活是艰苦的。由于经济困难,只能半工半读,有时则给报刊杂志投寄一些小品文,以微薄的稿酬来弥补生活费之不足。大学毕业后不久,在林亨元同志(著名律师、党员,现任全国人大法制委员会委员)影响下,于1933年11月,在福州参加了蔡廷锴、蒋光鼐等将军发动的反蒋抗日事变。事变失败后,先生在民国大学老师的帮助下,负笈日本深造。1935年夏,入日本中央大学研究院经济研究科学习。

进入中央大学不久,先生就在留学生中开展宣传马克思主义的工作。他和早稻田大学的一些思想进步的留学生发起组织了"社会科学座谈会"(以下简称"座谈会")。"座谈会"的主要任务是学习马克思主义的三个组成部分,并研究中国和日本的现实问题。先生被选为"座谈会"理事。"社会科学座谈会"是当时东京中国留学生中最早出现的一个进步学术团体。以后,陆续出现了各种各样的进步学术团体。其数目竟达数十个之多。比较重要的有"文化座谈会""国际问题座谈会""社会主义问题座谈会"等。为了加强进步力量的团结,扩大影响,经先生首倡,各进步学术团体联合组成了"留日同学文化联合会"(简称"文联")。地下党员林滔(已离休,曾任广西军区副司令员)、林基路("七七"事变后在新疆牺牲)、李云扬(已离休,曾任广州暨南大学副校长)、梁为林(梁湘)、饶璜湘(已离休,曾任广东师范学院院长)等同志参加了"文联"的领导工作,先生被选为"文联"第一任主席。"文联"成立后,一方面在留学生中积极组织关于西安事变、抗日民族统一战线政策等报告,开展抗日救亡的宣传工作;同时,又发动各会员回到自己读书的学校串联爱国同学联合起来,组织"中华留日学生联合会",共同进行抗日救亡工作。在"中华留日学生联合会"的成立大会上,先生被推举为大会主席。由于少数反动学生的捣乱,先生在向大会致词时竟遭到一小撮暴徒的殴打。

1937年7月,卢沟桥事变爆发。"文联"有计划地组织留日同学回国参加抗日救亡运动。同年8月11日,先生从日本乘船回国。在上海,先生参加了"留日同学救亡会",并被选为该会理事兼宣传部副部长。姚耐同志(原上海财经学院院长)任部长。"留日同学救亡会"成立后,大力开展宣传、救护、募捐、慰问前线抗日战士等活动,并邀请艾思奇等同志作报告。不久,"救亡会"被国民党政府勒令解散。

先生在日本期间以及回国后参加的各个进步组织中,都有共产党员参加。限于当时条件,许多党员同志都没有公开自己的身份。在工作中,党考察着先生,先生也追求着党,经过严格的考验,经张立同志(曾任建阳暨大教授、现任厦门大学教授)介绍,先生于 1938 年秋加入了光荣的中国共产党,由卢茅居同志和先生单线联系。从此,先生获得了真正的政治生命,揭开了他历史上崭新的一页。在党的直接领导下,先生更勇敢地在文化界开展抗日救亡活动。1941 年底,卢茅居同志被国民党福建保安处秘密杀害,此后先生失去了和党的联系。

1941 年前后,正是国民党反动派加紧制造反共摩擦的时期。在这样的日子里,先生失去了和党的联系,内心十分痛苦和孤独。他像一只失群的孤雁,在黑暗的长空中搏击。由于党的长期影响和教育,也由于他的马克思主义的理论素养,他看准了前进的方向,谨慎地绕过一个个险恶的气流,向着理想的目标飞去。当时,他在福建省行政干部训练团任教,讲授三民主义。训练团是福建省训练中、下层干部的机构。先生讲课时绝不牺牲原则。他利用抗日民族统一战线还没有破裂的有利条件,以孙中山先生的新三民主义精神来解释三民主义,并机智地把马克思主义的基本观点渗透到课程中去。讲民族主义时,他讲列宁关于帝国主义的理论,阐述帝国主义的本质、特征及其发展规律,并揭露帝国主义侵略中国的罪恶历史,分析中国社会的主要矛盾。讲民主主义时,讲资本的本质以及资产阶级怎样剥削无产阶级,地主怎样剥削农民,等等。先生的言论和思想,引起了特务的注意,但由于先生讲的是孙中山先生的新三民主义,反动派捉不住把柄,而介绍先生去训练团工作的沈仲九先生(新中国成立后在上海文史馆工作),又是当时福建省政府的顾问、省长陈仪的亲信,所以特务也奈何他不得。

1943年元月,先生应聘为建阳暨南大学商学院国际贸易系副教授,8月,晋升为教授兼国际贸易系主任。建阳,在历史上曾以宋儒朱熹讲学而闻名,但早已沦为一座荒僻的山城。早在太平洋战争爆发前,上海暨南大学就在这里筹设分校,为暨大内迁作准备,及至太平洋战争爆发,上海"租界"被日本侵略军占领后,众多爱国青年纷纷奔向这个山城,为它注入了新的活力。但建阳是闽浙赣的交通枢纽,第三战区司令部设在上饶,同建阳有汽车来往;以迫害共产党员和进步人士而闻名于世的上饶集中营,设在崇安县境内,离建阳只百里之遥。建阳的警备司令就是绰号"屠夫"的钱东亮。建阳的政治形势十分险恶。然而,青年大学生是敏感的。特别是在何炳松校长"兼容并蓄"的办学思想影响下,建阳暨大的学术空气相当浓厚,学术团体众多,活动频繁。先生就在这样一种复杂的政治环境中来到了暨南大学。

先生到暨大时很年轻,不过三十五岁左右,应是风华正茂;但由于物价飞涨,薪金菲薄,先生生活十分清苦,以致营养不良,并患有严重的胃病和肺疾;他常咳嗽不已,容色憔悴,过早地失去了一个中年教授应有的风采。但他始终豁达乐观,孜孜不倦地研究学术,勇于坚持真理,认真讲课,和方光焘、许杰、沈炼之、盛叙功、张立、吴大琨等一起,被同学誉为东南民主教授。

先生对马克思主义政治经济学作过全面系统深入的研究,造诣很深。在暨大,主要开设"经济学原理"和"经济学说史"两门课程。"经济学原理"主要讲《资本论》第一卷的内容,"经济学说史"原采用苏联卢森贝编的教材。当时,直接以《资本论》和苏联学者编写的教材为讲课主要内容,在全国大学中还是不多见的。特别是在建阳的险恶的政治气候下,这样做的确是需要一些勇气的。先生在讲授"经济学原理"时,通过"商品与货币""货币到资本的转化""剩余价值的生产""工资"和"资本的积累过程"等内容,深刻揭示了资本主义制度的基本矛盾及其自然历史过程。同学们从先生严密的逻辑推论和科学论证中,深信资本主义必然灭亡,而社会主义必然会胜利。这对当时处在错综复杂的国际国内形势下,正彷徨在十字街头,被"真理何在?出路何在?”苦恼着的莘莘学子来说,无疑是黑暗中的明灯,给予了同学们以极大的勇气和信心。先生在讲课中,特别重视联系当时中国的实际。限于环境,他只能借他山之石,主要是利用苏联的经验,在关键的地方画龙点睛地点一笔,以启迪同学们的思考。他经常引用无产阶级革命领袖的评述来加深讲课内容的理论深度。为了避免不必要的麻烦,他把马克思简称为“卡尔”,称恩格斯为“费里德里希”,称列宁为“伊里奇”,称斯大林为“维萨里昂诺维奇”。同学们的内心都清楚这些名字指的是谁,更清楚这些论述的内涵及其价值。我清晰地记得,先生在深入阐述自己的观点时,总喜欢用这样一句话开始:“关于这些问题,卡尔(或费里德里希、伊里奇、维萨里昂诺维奇)曾这样说过……”每当他提到这些伟大的无产阶级革命家的名字时,他的神情就特别严肃,语调也特别高昂;同时,他那深邃的目光,像探照灯一样,开始向教室的每个角落和同学们的脸上扫射。这时,同学们几乎屏住了呼吸,一百多双眼光一下子像聚光灯一样都射向了站在讲台上的先生身上,静待捕捉真理的声音和科学的论证。待先生讲完这些论述后,整个课堂顿时活跃起来,许多同学频频点首称是,相互交换着喜悦的眼神。站在讲台上的先生看到这种情景,也眯着眼睛微笑不已。此情此景,虽已时隔四十余载,但每当忆及,仍然令人神驰,正因为这样,“经济学原理”这门课,虽然是商学院各系一年级的必修课,实际上已成为文学院各年级同学最喜爱的一门选修课,理学院的许多同学也都纷纷前去旁听甚至选修。大家都感到,听先生的课,不仅学到了许多知识,而且是精神上的高度享受,思想上也得到了高度充实。

先生非常热爱青年学生,关心他们的成长,课余之暇,同学们常喜欢去先生家聆听他的教诲。每当同学向他陈述自己的见解时,先生总是认真听取大家的发言。他认为同学的见解正确时,就一面听,一面点头微笑,表示赞许和鼓励。他认为同学的意见失之偏颇甚至错误时,总是耐心地让大家把意见说完,然后细声地谈他自己的意见。他的解释总是那么简明扼要,却鞭辟入里地抓住事物要害,使大家思想豁然开朗。这种循循善诱的优秀作风,给同学们以极大的教益。

1943年秋,商学院三年级一部分同学,由于对现实不满,痛恨国民党反动统治的腐败,决定深入研究马克思主义经济学。由邓维澄、徐善书、杨玉华、周振文、张湘霞等同志牵头,联合史地系的陈壁等同学,组织了经济学会。先生对学会的成立及工作,给予了热情的支持和指导。经济学会成立后,先生曾作过《经济学方法论》的学术报告,并借给同学一些马列原著。他还经常提醒主持经济学会的同学,要警惕外来势力的干扰。在先生的关心下,经济学会积极而又谨慎地开展学术活动,参加的同学日众,逐渐成为学校众多学术团体中比较有影响的一个进步社团。参加经济学会的大多数同学,由于系统地学习了马克思主义,在民族矛盾和阶级矛盾交织在一起的复杂局势面前,始终保持着清醒的头脑,没有迷失政治方向,并先后走上了革命道路。邓维澄、徐善书和周振文三位同志于1945年夏毕业后,就秘密离开建阳,经上海投奔苏北解放区。他们在离开建阳前的一个晚上,曾去先生家辞行。陈秀民和张湘霞毕业后去台湾大学工作时,也曾冒着生命危险掩护过在台湾从事革命活动的暨大同学。康光华、郁饧明毕业后去杭州工作期间,又和在杭州工作的暨大同学组织了暨大经济学会杭州小组,并和母校的经济学会经常保持着联系。1947年,杭州经济学会的同学曾募捐支援母校同学的"反饥饿、反内战、反迫害"爱国学生运动。1948年10月,康光华、郁饧明两位同学不幸被国民党反动派逮捕。但他俩忠贞不屈,1949年4月惨遭活埋,英勇牺牲。回忆经济学会和许多参加经济学会的同学的成长过程,不能不深深感谢母校许多进步教授的支持和帮助,特别是卓如老师的思想影响及其直接指导和帮助,是永远不会被大家忘却的。

先生不仅在思想上、理论上关心青年同学的成长,还常常以自己对当时复杂的政治形势的深刻理解,指导进步同学正确地进行斗争。抗日战争胜利后,国民党反动派在东北制造所谓张莘夫事件,妄图在全国掀起反苏、反共高潮。这时,建阳的国民党县党部也正筹划反苏、反共游行。先生及时识破了国民党反动派的阴谋,把金尧如同学找去,告诉他:"国民党又在搞鬼了,你们要有准备。"金尧如回去后,立刻同柯以圻、许甫如、郑英杰、李法儒、林楚平等商量决定由“壁联”出面，主动召开时事晚会，揭露国民党反动的阴谋。会上，曾有个别同学大放厥词，但绝大多数同学识破了国民党反动派的阴谋，对所谓张莘夫事件保持了清醒的头脑。后来，建阳城内搞了个反苏反共的游行闹剧，但始终没有敢越过童游桥闯入暨大校园。在当时全国掀起反苏反共高潮中，至少在东南地区，暨大是唯一没有卷入这场闹剧的一所大学。其首功，应该属于先生。

由于先生在暨大公开讲授马克思主义，并指导进步同学的各种活动，引起了建阳警备司令部特务的注意，并开始流传一些将对先生有所不利的消息。1946 年 6 月，先生应原暨大商学院院长、台湾省立法商学院院长周宪文教授的邀请，去台湾任教。先生甫抵台湾，宪文教授就告诉他，福建方面已将先生的黑名单转到台湾，周老师只能先安排先生在台湾住下，暂不让他讲课，以保安全，为形势所迫，先生不得不于同年 9 月中旬折回上海去浙江金华英士大学任教。

1947 年秋，先生任英士大学经济系主任。在英士大学任教期间，他继续讲授马克思主义经济学，并支持同学的“反饥饿、反迫害、反内战”斗争，受到进步同学的爱戴。1948 年底，英士大学有十多名进步同学被捕，先生和许德瑗教授（许德珩同志之弟）等组织“教授会”，多方营救被捕同学。

1949 年 5 月 4 日金华解放。先生神采奕奕，决心用最大的热情来迎接这他为之追求了一生的盛大节日。金华解放当天，地下党推举先生在“金华各界欢迎人民解放军大会”上致欢迎词。稍后，金华市军管会又任命先生为英士大学校务管理委员会副主任。同年 8 月，英士大学解散。9 月，先生应聘为上海沪江大学教授兼政治系主任，并被选为校务委员会委员和政治学习委员会主任。同年，先生还被选为上海市新经济学会和上海市哲学学会的理事。这段时期，先生的工作特别繁重，除了每周要在校内外讲廿四小时课外，还要做大量的社会工作，每晚都要工作到深夜，以致胃病日益严重，经常头昏，但先生精神极其振奋，他不辞劳累，乐意为党多做工作。

1952年高等院校院系调整,先生调去上海财经学院任教兼政治经济学教研室主任和校务委员会委员。1959年,上海财经学院和上海政法学院合并改组为上海社会科学院,先生调去上海科技大学马列主义教研室任教兼校务委员。五十年代中期开始的“左”的干扰,使先生蒙受了许多不白之冤,身心受到很大摧残。在十年动乱中,先生再次遭到残酷迫害,从此一病不起,再也不能继续为党工作了。

1976年粉碎“四人帮”及嗣后的中共十一届三中全会的召开,终于扭转乾坤,神州大地重驻新颜;先生蒙受的不白之冤也被洗刷干净。由于长期积疾,心力交瘁,1983年12月19日,先生终于溘然与世长辞。终年七十五岁。

哲人先萎。先生的故世,我们的内心是十分沉痛的。但先生的学识、品德和音容笑貌,却始终清晰地保留在我们美好的回忆中。每当我闭目回忆往事时,总仿佛看到先生那不高的个儿,清癯的面庞上架着一副白框近视眼镜,穿了一套似乎瘦小陈旧的藏青哔叽西服,微弓着背,持着一根手杖,在“声教南暨”的校道上向学校慢步走去、走去……我好像重又听到了他那洪亮的声音,抑扬顿挫、快慢适中的富有浓厚的福州乡音的普通话,在我的耳际回响。先生！安息吧！建阳时期暨大的同学将永远会感谢你对大家的教诲,你的业绩也将永远铭刻在建阳暨大的历史上。

(《暨南大学在建阳》,中共建阳县委党史研究室,1998)

王亚南

王亚南（1901—1969），湖北黄冈人。现代中国著名的经济学家和教育家。中华人民共和国成立后厦门大学第一任校长。1945 年 9 月，何炳松前往福建永安，邀请《资本论》的翻译者王亚南莅校讲学，讲题是“中国社会经济改造问题研究”。他的演讲深受暨大师生的欢迎，点燃了革命理论的火种，推动当时暨南学生私下主动自学《资本论》。在闽北山村学习马列主义，桐油灯下啃《资本论》，蔚然成风，成为当时同学们的自觉行动。

王亚南先生在暨大

胡士璋

我是抗战时期暨南大学内迁福建建阳时期商学院工商管理系的学生，毕业于一九四六年，屈指计算，已经四十多年了。四十年往事如烟，岁月流逝，仅记得当年校址是在建阳城外童游乡的孔夫子庙里。说起这闽北山乡，却有一条清澈见底的建溪，沿着这建溪信步走去，穿过那一片郁郁葱葱的树林，寻径拾级而上，即为一座巍峨的孔庙，当地人称之为文庙。文庙庙宇宽敞，将那大成殿改建为大礼堂，即为师生集会之所，又系学生上大课所在，外来学者到暨大讲学亦假大礼堂。

战时暨大，由历史学家何炳松任校长。何在办学上崇尚兼容并蓄，提倡学术自由，多方罗致知名学者，故教师阵容坚强，人才济济，如教经济学的周宪文、教财政学的孙怀仁、教经济地理的盛叙功和教社会学的卓如、教战时经济的吴大琨等，这些老师都给我留下较好的印象。然而，尤其不能令人遗忘的，给我印象最深刻的，则为一九四五年来暨南作短期讲学的客座教授王亚南先生。

王亚南，又名王渔村，湖北黄冈人。早年毕业于武汉中华大学教育系，原先从事于文学创作，后改学经济学。在一九二八年曾与郭大力合作，在杭州大佛寺合译马克思的《资本论》。经过十年努力，终于将《资本论》三卷本翻译问世。他在介绍马克思政治经济学方面，所做的贡献是不可磨灭的。一九三三年，参加蒋光鼐、蔡廷锴领导反对蒋介石的福建事变，担任福建人民政府宣传部长，失败后一度逃亡海外，潜心致力于经济学的研究。抗战时回到福建,参加抗日救亡运动。

记得一九四五年初冬,王亚南从福建省经济研究所来建阳暨大讲学,为期约三周,讲课的题目是“中国经济改造问题”,讲课地点就在这文庙大礼堂,每天早晨七时许开讲。

抗战时期大学物质条件很差。我们学生中大多离乡背井,来自战区,依靠战区学生甲种贷学金生活。尽管当时生活清苦,然而年纪轻轻,大多是思想活跃,好学而敏思,学习风气是比较浓的。王亚南先生前来讲课,引起了同学们的兴趣。当时,他的课是商学院二年级以上学生所选修。二年级以上学生住在童游乡的另一隅,名为福庆寺的地方。从那里到文庙上课,要跑一段路。我记得大家为了早点抢座位,天麻麻亮就起床,连忙用早饭后,即刻奔赴文庙大礼堂听课。

闽北的初冬,还有寒意。王亚南先生身穿人字呢大衣,健步登上讲台。他那微秃的前额,中等偏高的个儿,黄黄的脸,一双和蔼闪光的眼睛,讲的一口地地道道的湖北话。乡音虽重,但声音洪亮,抑扬顿挫,时而高,时而低,加上必要的手势表情,一开始就引起大伙儿强烈的反响。听课的不限于选修的商学院学生,还有文理学院学生也闻名而来听讲。教导处的几位老师也来旁听。整个文庙大礼堂座无虚席,连两旁过道上都加添了座位。听课者无不屏息贯注,聚精会神,秩序井然。

一开始,他谦逊地表示,试图用《资本论》的体系、结构、范畴,系统地研究中国经济。他的讲课条理清晰,逻辑性强。他曾经用庄子寓言“庖丁解牛”为例,谈治学要下基本功,教育启发我们对任何事物,不管它多么复杂,只要深入钻研,就能认识并掌握其内在的客观规律。庖丁宰牛,深知牛的肤理,因而能迎刃而解,说明古人功夫到家。今人研究学问,研究经济学,分析中国社会经济问题,又何尝不与庖丁解牛同样道理。他的话启迪人们的心意,使人信服。王亚南先生就是以其深厚的功力和理论修养,形象取譬,鞭辟入里地剖析了中国半封建半殖民地的经济形态,卓有成效地引导学生去掌握与运用马克思政治经济学的理论观点,转化为方法论,去认识与揭示旧中国社会的政治经济的症结所在。他的讲课,点燃了革命理论的火种,推动当时暨南学生在闽北山村学习马列主义,私底下主动自学《资本论》。春风又绿江南岸,同学们在宿舍里桐油灯下啃《资本论》,蔚然成风,成为当时自觉行动,其影响无疑是深远的。

就在这四十年代的讲台上,王亚南先生曾几次三番地向青年学生提出过研究经济学要“中国化”的问题。他不但自己力言,而且身体力行。他一直主张学术自由,并要求理论联系实际。他说过,科学是没有国界的,不应该人为地筑起民族的藩篱。但他接着又强调指出,每一种科学又都是实践的科学。它的产生和应用,又都是须臾离不开实践的。他批评了那时经济界盲目照抄外国经济理论的无知状态,主张应该自主地进行自我研究,自主中国自己的社会科学。他这一科学的见解,对于今天的经济理论界,反对土、洋教条主义与经验主义,探索具有中国特色的社会主义经济理论,保持清醒的头脑,不是同样具有生命力,具有深邃的意义吗?而且,他深刻地研究中国各种社会问题,有《中国半封建半殖民地经济形态研究》《中国官僚政治研究》等著作,至今仍值得大家一读。用马列主义之“矢”射中国社会的“的”,王亚南先生坚持的学风至今仍为学界所称颂。

他经常现身说法,谈自己治学的经验和体会,很受学生欢迎。例如有一次他曾经告诉我们,读书,就是要钻进书本里去,进入角色,但随后,你又得从书本里跳出来,思考问题,在你脑子里“过电影”。他反对死记硬背,但他不反对在理解的基础上记忆。他说,他一不会抽烟,二不会饮酒,平时最爱喝开水、读书、散步。他说散步是他思索问题的最好时刻,是自己的精神空间的不断扩大与延伸。他那热情而无保留的治学体会,扣人心扉。时而发出爽朗的笑声,时而扫视着听讲者的表情,这光景,令我神驰,虽则时隔四十多年,而今却记忆犹新。

新中国成立以后,王亚南先生于一九五七年加入中国共产党。后来,他又担任厦门大学的校长。他诲人不倦,为党培育与发掘人才,不遗余力。他公而忘私,其感人事迹,常见诸报端,为人所景仰。

令人气愤的是,像这样一位忠诚党的教育事业的好党员、好老师,竟然被林彪、“四人帮”一伙打成“资产阶级反动学术权威”。他的身心备受折磨而饮恨逝世。粉碎“四人帮”后,他的冤案才得到彻底平反昭雪。

王亚南先生一生勤奋好学,在经济学方面造诣很深,给我们留下四十多部著作和译作。当年他在建阳为我们讲课“中国经济改造问题”,后来改名为《中国经济原论》公开出版。后来经过增订,更名为《中国半封建半殖民地经济形态研究》,重新出版,国外亦有译本。王亚南先生无愧为我国的著名经济学家与教育家。

我离开母校,踏上了社会,由于种种的际遇,没有能继续从事经济研究,一直在学校搞行政工作,学非所用,蹉跎岁月,不胜惆怅,每每忆及老师的讲课与治学经验,深自对照,倍增汗颜。离校后,每当自己在读书与工作中,尚能一星半点地按照先生的教导去分析思考一些问题,写一点文章的时候,却又增添了一种理论逻辑的魅力,我想,这应当归功于先生的谆谆教导罢!

逝者如斯,怡人长逝,但先生的人格、品德、学问、音容言笑,仿佛尚存人间。他的著作,楮墨尚新,仍然闪烁着真理智慧的光芒,成为我们宝贵的精神财富。

一九八九年春,病中修改于上海财经大学赤峰路寓所

(《暨南大学在建阳》,中共建阳县委党史研究室,1998)

李寿雍

李寿雍(1902—1984),字震东,江苏盐城人。1926年国立北京大学经济系毕业。1929年留学英国牛津大学、伦敦大学,修习财政经济学。1935年底回国。1946年6月至1949年5月,任国立暨南大学校长。在这期间,主持恢复法学院,停办大学先修班。1949年去台湾。

李寿雍校长

邢济众

李校长是母校复员后的第一任校长，也是大陆易帜前的最后一任校长，在任共四年。

李校长，江苏盐城人，为一知名的卓越的财经专家，故在接任母校之初，扩充范围，增设院系，除在文学院增设新闻学系，理学院增设人类学系外，又增添一法学院，内设经济、政治、法律三系，延聘知名学者邹文海、左潞生、周楠三教授分任各系主任，此外，其他各系所罗致教授，如潘重规、刘大杰、施蛰存、钱锺书、戴望舒、张耀翔、胡秋原、丁洪范、潘璞等，亦都称一时之选。由于院系的增加及教授阵容的坚强，使海内外青年学子爱慕向往，全校学生由数百名增至一千五百余名，人数之多，为历届所未有。

母校真茹校舍，在八一三猛烈炮火摧毁下，已荡然无存。战后市府另拨宝山路前日本第八小学及东体育会路前日本第二高等女子学校两校舍为临时校舍，李校长将文法两学院分配在宝山路上课，理商两学院在东体育会路上课，此外，在宝山路及东体育会路新建学生宿舍数十座，并在青云路修建教师宿舍多幢。李校长治事认真不苟，学校事无巨细，诸凡教授的遴聘，教室、各院处办公室的分配，校舍的增建，经费的筹措等等，都经过他亲自精密的计划、谨慎的处理，其不辞劳瘁，很少人可与之相比。

战后办学，百废待举，头绪严繁。但李校长能够执简驭繁，又有坚定的信心、超人的毅力，在他苦心筹划和认真执行下，总能排除万难，终底于成。母校在复员的初期，真可说是困难重重，但不久，教室、宿舍、实验室、图书馆等，应有尽有，而且水准又在一般学府之上，难怪全校师生对他有口皆碑，一提起他无不肃然起敬。

李校长的含辛茹苦、披荆斩棘、不辞艰难的努力，是出于他对母校的竭诚爱护。他在台北校友会庆祝母校五十七周年纪念大会席上所说的话，足以窥见他对母校爱护的至诚，他说："我所了解的暨南精神，是坚强忠勇的，是了不起的，我检点许多事实，我时常都有这样的感觉，暨南是'侨教之母'，所以华侨精神，都在暨南表现出来，这种荣誉我们都很高兴地接受……我们有这样悠长的光荣的坚强的忠勇的精神，我们必须珍视，爱惜，永远地保持下去，我们必须随时振作，不断地去发扬光大这种光芒万丈的精神。"

李校长的认真不苟和坚强卓绝的办学精神，和爱护母校的至诚，是有目共睹的。他对同学的照顾和爱护，也无微不至。和我同房间的一位毕业班同学，原来美满家园，被无情战火摧毁尽净，经济几乎陷于绝境，想在课余觅一兼职，勉维生计。探得李校长为沪上一间著名女子中学——培明女中的董事之一，就去面求他写一纸介绍信，让他去那学校兼几节课，李校长满口答应，第二天就派校役把写好的信送来给他。那同学就是靠李校长的这一纸介绍书，顺利完成了未竟的学业。李校长帮助同学解决困难的热心，想这同学一辈子也不会忘记。又一九五七年秋，我在台北的一间女子中学任教，得悉申请大学讲师资格，已幸获"教育部"学术审查委员会审议通过，同时得悉马来亚的一间华文中学，正函请侨务委员会介绍数位母校中文系毕业同学前往任教，和我同班同系的一位黄同学，很想乘机南下一游，邀我同去见李校长，请他设法玉成其事，我当时很想转入大专院校执教，但终于拗不过黄同学的坚邀，和他一同到李校长的私寓去拜见他。李校长认为去海外从事文教工作，是宣扬中华文化的大好机会，也是我们暨南同学应尽的职责，允予极力设法。这事到次年夏就办妥一切手续，十月初我就摒挡南下了。那位最热衷南游的黄同学，结果反因爱妻极力反对、终日以泪挽阻而没有成行。我南来后,在星马两地一待就是十余年,而且还在这儿成了家,这在当时是万万想不到的事。

一九六七年春,我乘返台度假之便,特往木栅考试院大楼去拜候李校长,他对星马同学情况,垂询不厌其详。当他知道星马两地诸著名学府及历史悠久之金融机构,多为我们同学所主持时,欢愉之情,溢于言表。我想:这该是母校历届校长师长,尤其是劳苦功高的李校长辛勤耕耘播种的最大的精神安慰吧。

一九七〇年二月廿日于星洲义安学院

(《暨南校友会新会所落成暨新加坡开埠一百五十周年纪念特刊》,新加坡暨南校友会,1970)

钱锺书

钱锺书(1910—1998),原名仰先,字哲良,后改名锺书,字默存,号槐聚,江苏无锡人。中国现代作家、文学研究家。1929年,考入清华大学外文系。1937年,以《十七十八世纪英国文学中的中国》一文获牛津大学学士学位。1938年,被清华大学破格聘为外文系教授。抗战胜利后到中华人民共和国成立前,任上海暨南大学外文系教授。在其后的三年中,其短篇小说《人兽鬼》、长篇小说《围城》、诗文评《谈艺录》得以相继出版,在学术界引起巨大反响。

在暨南大学

孔庆茂

抗战终于胜利了！1945 年 9 月 2 日，猖狂一时的日本军国主义终于被迫在投降书上签字，宣告无条件投降！至此，历时八年的艰苦的抗日战争宣告胜利结束。消息传来，举国欢腾，人们沉浸在一片喜悦之中。然而，喜庆爆竹的硝烟尚未飘散，战后社会病便日益严重起来，物价飞涨，通货膨胀，民不聊生，大上海仍沉浸在苦难之中。为了维持生活，钱锺书于 1946 年初应邀担任南京国立中央图书馆编纂，同年 6 月又担任了图书馆英文刊物《书林季刊》的主编。这一段时间，他经常来往于上海、南京之间，并且在这个刊物上发表了一些文章。

1946 年夏天，钱锺书接到了友人、暨南大学文学院院长刘大杰的邀请，到暨南大学任教授，教大四的“欧美文学名著选”与“文学批评”两门课程。

当时的暨南大学文学院院址在上海宝山路宝兴路口。上课伊始，刘大杰把钱锺书请到教室，向全班同学高兴地介绍：“我给你们请到这样一位先生，你们真幸运。”钱锺书身穿一套紫红色西装，戴着眼镜，神情颇为严肃地站着。等到他开口讲课，爽朗流利的外语立刻把学生吸引住了，他的讲课像戏剧表演，能把书中的人物一个个演活，上过他课的学生至今都能回忆起几十年前他上课的语调和神情。

他教的“文学批评”更加精彩。他讲课是不看讲稿的，上课时他全用外文滔滔不绝地讲，手里拿着一支粉笔，有时写几个字，有时写几行字,有时他用法语或其他语言来征引。但由于法语和其他语言的障碍,有些学生没听懂,他便用英语解释,遇到有的同学笔记没有记上,他便在课后再讲,让学生把空白的地方补上。有次在课上讲到文学和音乐的关系时,他还补充地讲了文学的音乐性,引用了蒲伯和丁尼生的诗句,然后引用苏东坡的诗“塔上一铃独自语,明日颠风当断渡”。“颠”和“当断渡”很富有音乐性,简直如“叮当、叮铃”的铃声,以此来说明文学的音乐性(“象声”),妙不可言。最后他还引用拉丁文、意大利文、德文、法文把维吉尔、但丁、福斯、迪·巴尔塔斯等人的诗句写在黑板上来论证。他的讲课严肃认真,一丝不苟,甚得学生们的欢迎。

除此之外,他还给其他年级讲授“莎士比亚”“英国分期文学”等课,他的学生对他知识的广博、讲课的潇洒,甚为倾倒,多次向他请教秘诀,他很谦虚地笑笑说:“我没什么,只不过能‘联想’。”

他的一位学生,非常佩服他的《围城》,尤其是称赞三闾大学校风的描写惟妙惟肖。钱锺书笑着说:“你可以看看所谓的训导制到底是怎么一回事啰。”言下之意是对学校中那班庸俗不堪的人的嘲讽。但当学生进一步问及此书的社会背景及书中人物时,钱锺书则正色地道“不好讲”,回避过去。他不愿涉及政治。

钱锺书在暨南大学执教三年,从来没有迟到过,总是提前到校,站在走廊上等铃声。他酷嗜读书,每次到校总是抱着一大摞看完的书来归还,重借新书阅读,即使课间的十分钟也从不放过,下课后到系主任办公室里去,工友给他泡一杯清茶,他喝口茶润润喉咙,然后就阅读从家中带来的书。他冬季常穿着长袍,戴一顶法国式的蓝呢帽,清秀的面庞,目光炯炯有神。

原先他居住在复兴中路,在暨南大学教书时,便又搬到蒲石路居住,他屋中的书架上摆满精装的外文书,他看书时经常放着一本厚厚的练习簿,边看边写,他的练习簿约相当于普通练习本的四倍厚,在练习簿上密密麻麻写满了英文,这就是他的读书笔记。

一次,有位朋友从厦门来访,见到杨绛,这位朋友对她说,厦门大学一位同窗称赞她的剧本上演甚为成功，钱锺书立即作色答道：“你只会恭维季康的剧本，却不能知道钱锺书的《围城》——钱锺书在抗战时所写的小说——的好处。”这虽只是朋友间的笑谈，但表现了他的自负不凡的个性。他的朋友们也不把他的玩笑话当真。钱锺书的玩笑与傅雷的严肃正好映照。傅雷是一个非常严肃、性情急躁的学者，好朋友柯灵没有征求他同意把他写的《论张爱玲的小说》中的一段批评巴金的话删去，惹得傅雷大发脾气，差点翻脸。傅雷看到杨绛翻译的一篇英国散文，称赞杨绛译得好，杨绛只当是朋友间的敷衍，照例谦逊一句。谁知傅雷佛然，忍耐了一分钟，然后沉着脸发作道：“杨绛，你知道吗？我的称赞是不容易的。”吓得杨绛像顽童听校长错误的夸奖，既不敢笑，又不敢跟他辩驳。朋友中只有钱锺书敢于当众打趣傅雷。一次许多朋友在一起聚谈，钱锺书为一件什么事与傅雷打趣，坐在一边的陈西禾急得满面尴尬，直向钱锺书递眼色。事后陈西禾犹有余悸，怪他“胡闹”，要是往常，傅雷早沉不住气了，但那次他并没有发火，带着几分不好意思朝大家笑笑。不苟言笑的傅雷与爱说爱笑的钱锺书正好相映成趣，处得也很好，他们在事业上有许多共同的语言与追求。

杨绛大学时代的同班同学朱雯夫妇也是他们的好友。朱雯在翻译《凯旋门》时遇到一些疑难之处，特别是意大利语、拉丁语的古字僻词以及冷僻难解的典故，往往要求教于博学的钱锺书。钱锺书对他提出的疑难问题总是热情而又详详细细原原本本地为之解疑，还要整段整段地背诵出原文来让他更全面清楚地了解。

《凯旋门》1948 年 1 月出版，朱雯在《译后记》里特意向钱锺书、马德良致谢。为了表示谢意，朱雯的夫人罗洪女士亲自下厨，拿出自己烹调的手艺请钱锺书与杨绛到他们家做客。朱雯夫妇与钱锺书夫妇一样是有名的文学伉俪。罗洪（原名姚自珍，松江人）也是一个优秀的女作家，1930 年刚二十岁就发表小说《校长女士》，1932 年与本县才子朱雯结婚前，合著情书集《从文学到恋爱》，后来又有短篇小说集《腐鼠集》《儿童节》《鬼影》和长篇小说《春王正月》《急流》《晨》（即后来的《孤岛时代》),是一个高产的女作家。钱锺书夫妇领略了她的烹调手艺,大饱口福。钱锺书逾日答谢:“嫂夫人文字既妙,烹饪亦兼清腴之美,真奇才也。”

(孔庆茂《钱锺书》,中国华侨出版社,1998)

钱锺书先生在暨大

林子清

1946 年秋至 1947 年夏我在暨南大学外文系四年级学习，听过钱锺书先生的“欧美名著选读”和“文学批评”两门课；1947 年秋至 1949 年夏我在暨大外文系做助教，与钱先生同事两年，经常有机会面聆謦欬。这一年夏天钱先生去了北京，到现在已 40 多年，其间，我没有和钱先生见过一次面。虽有书信来往，但我对他的思念之情却远非几封信所能表达。

我念大学四年级时，钱先生教“欧美名著选读”和“文学批评”，前者每周三课时，后者每周二课时。“欧美名著选读”的第一篇是荷马的“伊利亚德”。第一次上“名著选”，我们上课的地点在暨南大学文学院（院址在上海宝山路宝兴路口）二楼的一间光线很好的教室里。文学院长刘大杰先生把钱先生请进教室，向我们介绍说：“我给你们请到了这样一位先生，你们真幸运。”钱先生身穿一套紫红色西装，戴了眼镜，表情颇严肃。待他开口讲课时，清脆流利的英语立刻把我们吸引住了。至今事隔 40 多年，我还能回忆他读“阿伽们侬”这个名字的音调。钱先生把“伊利亚德”里的英雄人物讲活了。

讲过荷马之后钱先生就讲罗马的维吉尔，但只介绍了他的生平和他对英国诗人的影响，而没有选读他的作品。

钱先生教“文学批评”是丰富多彩的，在我记忆中，他讲这门课是没有讲稿的。他嘴里滔滔不绝地讲，手拿粉笔在黑板上写几个字，有时写几行字。他口讲手写,在学生面前摆满了山珍海味。但是由于外国语言的障碍,有些美味学生没法品尝,他便用英语进行解释。例如有一次他把维克多·雨果的诗句用法文写在黑板上,然后用英文解释。我没有听清楚,不能笔记,他便在课后给我在空白的地方补写上。这足以表现他诲人不倦的高尚品质。

在谈到文学和音乐的关系时,钱先生引用了蒲伯和丁尼生的诗句,然后引用苏东坡的"塔上一铃独自语,明日颠风当断渡。""颠"和"当断渡"很像铃声"叮……当当当"。用这个例子来说明"象声",妙极了。最后钱先生先后用拉丁文、意大利文、德文、法文把维吉尔、但丁、福斯、迪·巴尔塔斯的诗句写在黑板上,说明"象声"这种修辞手段在外国诗中的普遍应用。钱先生对外国文学和外国语言的高深造诣令学生倾倒。

但是钱先生却在课堂上谦虚地对同学说:"我没有什么,不过我能'联想'。"

钱先生讲课时提到卡莱尔和他所写的《英雄与英雄崇拜》,他说卡莱尔诚实而又严肃,但不善于讲话。在这本书第三章《诗人英雄》里,作者专讲但丁和莎士比亚,钱先生讲课时也多次提到这两位诗人。有一次讲到倒装句,他举出"葡萄美酒夜光杯,欲饮琵琶马上催"作为例子。还有一次用三种语调来读一个句子,告诉学生,由于语调不同,句子的意思也不同。他讲课真仔细。

有一次我在文学院各系办公室里和钱先生闲谈,我说非常喜欢《围城》,钱先生说:"你可以看看所谓训导到底是怎么一回事啰。"我请问这本书的社会背景,钱先生正色道:"不好讲。"尽管书里的很多情节是虚构的,但钱先生的讽刺并非无的放矢,这是我多年来的看法。讽刺对象有男有女,男读者无所谓,女读者心眼多,看到书上说女人把装在镜框里的大学毕业文凭和学士帽照片当作嫁妆里代表文化的部分,不禁为被讽刺的对象抱不平,说钱先生讽刺女人太厉害了。钱先生于 1939 年取道江西到湖南去,路经鹰潭。他有一次对我说:"你的老乡真凶。"足见《围城》所描写的在鹰潭和饭馆伙计吵架的情节是有一些事实根据的。

我在暨南大学外文系做助教的两年中,孙贵定先生和钱锺书先生给予我帮助最大，我在图书馆里找到《How to see a play》（戏剧观赏法）这本书，在两位先生指导下进行翻译。

1948 年 11 月全书译好，约 10 万字，钱先生叫我把译稿给他看，说尽快帮我看好。几天之后他就以点铁成金之笔把译稿中很多错误用铅笔改正了。例如译文在谈到 17 世纪的英国戏剧所反映的社会生活时说："在那种人生里，每个男人都是淫棍或则淫妇之夫，每个女人都是爱情的明灯。"钱先生改为"……每个男人非淫棍即乌龟，每个女人都是杨花水性"。"The Faith Health"的译文由"施行信仰疗法的人"改为"诚心则灵"。由于我死扣原文，有时译出来的东西不知所云，例如"一种包罗万象的东西事实上却是一样东西也没有的，只有像人们在世界上所过的各方面的生活那样多的许多生活面罢了"。钱先生改为"人生是人人共有的，却不是一件事物，世上有多少人，人生便有多少方面"。译死的译文被他救活了。我把译文和原文核对一遍，把钱先生改过的地方用钢笔描好，然后送给孙先生。他说我的译文不雅驯，把钱先生没有改过的地方再改一遍，改了四分之一孙先生病了，数月后竟与世长辞，那是 1949 年冬天的事，那时钱先生已经到北京清华大学研究院任教去了。我函告孙先生的噩耗，他复信说不胜哀悼。

据我和郝楚同学的回忆，钱先生的暨南执教三年，从来没有迟到过。他酷嗜读书，课间休息的十分钟也不放过，下课后总到系主任办公室来休息。工友给他泡一杯清茶，他喝口茶润润喉咙，我就抓紧时间向他请教翻译中的问题。然后他就阅读他从家里带来的书。他冬季常穿长袍，戴上一顶法国式蓝呢帽，更显得头大。

钱先生教学非常耐心。我除了在学校里经常向他请教以外，有时碰到了无法解决的问题还跑到他家里去请教。有一次跑到复兴中路他的住宅去，看到二楼靠墙壁安放的书架上摆满了 32 开本的精装外文书。后来他搬到蒲石路（又名长乐路）。我也到那里去过多次。有一次我向他请教时，他正在认真读书，书桌上放着一本厚练习簿（约相当于普通练习本四倍的厚度），练习簿上写满了间隔很密的外文。我向他请教时他用英语讲解，我仍然感到不够清楚，他便用英文写出来。他这种"学而不厌,诲人不倦”的精神深深感动了我,他经常鼓励学生,吴全韬同学在《文艺复兴》上发表了一篇短篇小说,钱先生说写得还好,便鼓励吴同学。

钱先生到北京去以后,因为工作问题我函请他写信给全增嘏先生,他把致全先生的信寄给我,我至今记得信里有“旧雨多托帡幪,感同身受”的话。后来我调到上海商学院做英文助教,我写信希望他继续写像《围城》那样的作品。

1985 年 12 月 20 日我把《深切的怀念》一文的手稿(这篇文章是暨南大学上海校友会约而写的)寄给钱先生,同时把我的教师节纪念册寄给他题字。1986 年 2 月 24 日我收到他寄回的纪念册,上面用钢笔写了一篇四百多字的短文。最后一句是:“故人契阔,旧梦迷茫,子清这篇文章也提醒我自己是去日苦多的老翁了!”我立即回信,信上说:“几年前美国有一部销路很好的小说《根》,我没有看它,但‘根’这个词儿对我起了作用,我找寻知识的根总是找到您身上。……”

大约十年前钱先生书赠冒效鲁先生律诗一首:

蕉树徒参五蕴空,相怜岂必病相同。
眼犹安障长看雾,心亦悬旌不待风。
委地落花羡飞絮,褛洲眠鹭梦征鸿。
与君人世推排久,白发无须叹未公。

我喜欢背诵这首诗,认为它可以媲美鲁迅的《自嘲》。

钱先生像是硕果累累的参天大树,我有幸和他相处三年,有幸通信向他请教,还能经常阅读他的著作。但由于外语条件、年龄条件的限制,我只吃了一两颗果实,有的果实只是啃了一两口,并没有彻底消化。我已尝到果实的甜味,我将坚持不懈地啃下去,我希望钱先生的著作能够进入大学和中学的课堂。希望有一大批儿童和青年能刻苦学习几门外语,学习唯物辩证法,为研究钱先生的著作创造条件。我相信钱先生撒播的文学种子,必将在全中国全世界开花结果。

(《文化昆仑:钱锺书其人其文》,人民文学出版社,1999)

钱锺书与他的暨南学子

胡安泰

暨南学生心目中的明星

被人们誉为学贯中西、通今博古的文学大家钱锺书先生，1910 年即辛亥革命前一年出生于江南名城——无锡一个书香世家。1929 年以中、英文特优成绩被清华大学外文系破格录取，在校四年于 1933 年毕业。他谢绝了留校攻读西洋文学研究生的挽留，遵父命到上海任私立光华大学外文系讲师。1935 年夏考取国民政府教育部第三届英国庚款公费留学生，与杨绛结婚后即同夫人共赴英国，入牛津大学英文系。1937 年获牛津大学文学士学位，回绝了牛津讲师的聘任，与杨绛一道离英赴法，入巴黎大学研究院研究法国文学，是年唯一的女儿钱瑗出生。在巴黎，他接受了清华文学院院长冯友兰的邀请，1938 年 10 月同夫人携女儿回国，转昆明到清华与北大、南开联合的西南联大外文系任教。1939 年 11 月，辞昆明教职，经水路、陆路辗转前往湘西宝庆任设在蓝田的国立师范学院外文系主任，与父同校。1941 年夏由蓝田回上海，12 月太平洋战争爆发，上海陷落，羁居上海，后在震旦女子文理学院接替岳父讲授《诗经》，生活十分艰辛。抗战胜利后，1946 年夏，应著名文学教授刘大杰之邀，专任上海国立暨南大学外文系教授，主讲外国文学及文学批评两门课程，直至 1949 年上海解放。从上述钱锺书的前半生我们可以看出，他是在求学、教授以及我们知道的写作中度过的。从他教过的学校来看，相对稳定而时间颇长的是在暨南大学的三年,且给他的学生留下了不可磨灭的回忆。他是他暨南学生“心目中的明星”。

抗战期间,暨南大学撤至福建建阳办学。1945 年 8 月日本帝国主义无条件投降。1946 年 3 月暨南大学复员上海,于当年秋季开学。钱锺书的好友刘大杰教授时任暨南大学文学院院长。当时,暨南大学可谓师资阵营强盛。钱锺书在清华的老师叶公超在到清华大学外文系之前就曾任教于暨南大学外语系。所以,接到刘大杰的邀请,钱锺书欣然接受了到暨南大学任外语系教授之约,担任大四的“欧美文学名著选读”及“文学批评”两门课程的讲授教师。他第一天上课的情景,他的暨南学生四十年后回忆起来还历历在目。

那是 1946 年 9 月,当时暨南大学文学院的院址在上海宝山路宝兴路口,该院外文系大四年级在二楼一间光线很好的教室里上“欧美名著选读”课。文学院院长刘大杰把钱锺书引进教室,向学生介绍说:“我给你们请到了这样一位先生,你们真幸运。”钱锺书时穿一套紫红色西装,戴着黑边眼镜,面色白润、前额宽阔、表情严肃,年约三十余岁。待他开口讲课,流利的牛津英语立刻把学生们吸引住了。他讲“欧美名著选读”第一篇是荷马的“伊利亚德”。他的学生回忆他讲课像戏剧表演,把“伊利亚德”里的英雄人物活灵活现地“摆”在学生面前。钱锺书讲课时常常两手倚在讲台上,他分析作品,尤善发挥联想,每当他抓住一个话题,便追根溯源,由表及里,纵横对比,庄谐间出,如万斛泉,随地涌出,给他的学生留下深刻的印象。

钱锺书在暨南大学除了每周上三节“名著选读”课外,还上二节“文学批评”课。钱锺书教的“文学批评”更为精彩。他讲课不看讲稿,全用外文滔滔不绝地讲,手里拿着粉笔,在黑板上写几个字,有时写几行字,口说手书,在学生面前摆满了山珍海味。为了形象生动,他有时用法语、德语或其他语种来引证所讲内容,由于法语和其他语种的障碍,在学生听不清楚时,他便用英语给予解释和说明。当有学生课堂笔记没有记上时,他便在课后在学生笔记的空白地方给补写上。

有一次上课讲文学与音乐的关系,他用文学的音乐性给予阐述,引用了蒲伯和丁尼生的诗句，然后引用苏东坡的“塔上一铃独自语，明日颠风当断渡”。“颠”和“当断渡”就很富有音乐性，像“叮当、叮当”的铃声，以此形象说明文学与音乐的关系，如“象声”。最后钱锺书用拉丁文、意大利文、法文、德文把维吉尔、但丁、福斯、迪·巴尔塔斯的诗句写在黑板上，说明“象声”这种修辞手段在外国诗句中的普遍应用。又有一次讲倒装句，他举出“葡萄美酒夜光杯，欲饮琵琶马上催”作为例子予以说明。还有一次用三种语调来读一个句子，告诉学生，由于语调的不同，句子的意思也不同。他讲课严谨认真，一丝不苟，很受学生们的欢迎。直到现在提到他讲“良心与懦夫”（哈姆莱脱“独白语”）和“绿毛乌龟”等情节，学生还记忆犹新。他大量引用了英、法西方名著中的证例，偶尔联系中国“绿头巾”的故事，直至稗官戏曲中的一些例子。讲前者时，神情严肃，侃侃而谈；讲后者时，又幽默诙谐、妙趣横生。钱锺书对外国文学和外国语言的精深造诣颇令他的学生倾倒，有学生向他请教秘诀，他谦虚地回答他的学生说：“我没有什么，不过我能联想。”

1943 年，钱锺书夫人杨绛的四幕喜剧《称心如意》在上海公演，黄佐临导演，李健吾担任主角，演出颇为成功。看过夫人的戏剧后，钱锺书萌生了写长篇小说《围城》的念头，即开始闭门写作，前后两年时间 1946 年初完成，从 2 月 15 日开始在郑振铎、李健吾主编的《文艺复兴》月刊上连载，直到 1947 年 1 月载毕。1947 年 5 月由上海晨光出版公司列为“晨光文学丛书”第八种出单行本。《围城》刊载和出初版、二版、三版均在钱锺书任教暨南大学外文系期间，对于老师的大作自然引起了暨南学子的极大兴趣，他的学生是《围城》的第一批读者。小说中华丽的文采、辛辣的刻画深深地打动着读者的心，特别是打动他的学生的心。先是他的学生后成为他的助教的林子清先生在《钱锺书先生在暨大》一文中回忆，他非常喜爱这部小说，有一次在系里闲谈，聊起了这部小说，钱锺书说：“你可以看看所谓的训导到底是怎么一回事。”林子清问钱锺书小说的社会背景，钱锺书却正色说道：“不好讲！”对涉及政治显出其超然的神情。当林子清谈到书中描写女人把装在镜框里的大学毕业文凭和戴有学士帽照片当作嫁妆以显示出自己的文化身份情节，恭敬他的老师“讽刺女人太厉害了”时，钱锺书谈了他取道江西到湖南蓝田教书一路艰辛的经历，对出生于此地的林子清说：“你的老乡真凶。”诙谐幽默的交谈表现了他与学生的情谊。

钱锺书教学十分认真。在暨南大学执教三年，据他学生回忆从来没有迟到过。他酷爱读书，连课间休息的十分钟也不放过。有时，工友给他泡上一杯清茶，他喝口茶润润喉咙，然后阅读带来的书。冬天常穿长袍、戴一顶法国式的蓝呢帽，清秀的面庞，目光炯炯有神。或许是等候学校接送教授回家的汽车，他的学生总能看见他一个人独坐在东楼楼上大教室走廊北面的木窗台上，手中捧着厚厚的、重重的原版书，有时在身旁还放一大叠，大概是刚从图书室借来的，孜孜不倦、旁若无人，看得十分入神。

钱锺书在上海原居住在复兴中路，在暨南大学任教时搬到蒲石路（又名长乐路）居住。在他居室靠墙安放的书架上摆满了三十二开本的精装外文书。他看书时，书桌上放着一本厚厚的练习簿边看边写。他的练习本很特别，约相当于普通练习本的四倍厚，练习簿上写满了间隔很密的外文。这就是钱锺书的“读书笔记”。正因为他熟读名著，特别是外国名著，加上很强的记忆力，厚积薄发，无须讲稿也能侃侃而谈。

永驻暨南的师生情

钱锺书对他的学生特别关爱，与他们建立了深厚的友谊。他的一位学生 1948 年 1 月翻译了国外出版的《戏剧观赏法》一书约十万字。钱锺书知道后，请学生把译稿给他看，不几天，用他“点石成金”之笔把译稿中的许多错误用铅笔详细地修改了。例如，译文中在谈到十七世纪的英国戏剧所反映的社会生活时说“在那种人生里，每个男人都是淫棍或淫妇之夫，每个女人都是爱情的明灯”，词不达意，表达含糊。钱锺书改为“……每个男人非淫棍即乌龟，每个女人都是杨花水性”。

如把不明究竟的“施行信仰疗法的人”改为“诚心则灵的人”。又如“一种包罗万象的东西实事上却是一样东西也没有的,只有像人们在世界上所过的各方面的生活那样多的许多生活面罢了”。钱锺书改为“人生是人人共有的,却不是一种事物,世界上有多少人,人生便有多少方面”。译死的文字被钱锺书救活了。

青年学生的求知欲望是很强烈的,当过学生的钱锺书深深地知道这一点。对于他学生的每一个进步他为之高兴和祝贺,对于他学生的请求和问题,他总是给予满足和解答。在复兴中路他的住宅常有学生光顾和请教,他搬到蒲石路后,仍常有学生上门求教。凡来了学生请教,他总会放下手中的“活”,帮助直到学生满意而归。有时用言语还不能让学生明白的,他就用笔写在纸上给予详细讲解,他这种诲人不倦的精神令学生十分感动。他的学生吴全韬在《文艺复兴》上发表了一篇颇为精彩的短篇小说,钱锺书不仅认真地读过,对小说的成功之处给吴同学一一指出,说“写得还好!”鼓励吴全韬继续努力。

钱锺书与暨南学子的交往,不因他离开暨南到北京而中断。有的学生保持与他通信直至他去世。1985 年 12 月,一位已是大学知名教授的学生把纪念母校和怀念老师的文稿《深切的怀念》寄给他。他感触颇深,在学生寄给他的教师节纪念册上用钢笔写了一篇四百多字的短文,最后一句是,“故人契阔,旧梦迷茫,这篇文章也提醒我自己是去日苦多的老翁了!”有些伤感。这位学生立即回信给他说:“几年前美国有一部销路很好的小说《根》。我没有看它,但‘根’这个词儿对我起了作用,我寻找知识的根总是找到您身上……”

1946 年至 1948 年,钱锺书在暨南大学授课之余,还要到南京主编国立中央图书馆出版的英文馆刊《书林季刊》。除为《书林季刊》撰稿外,在此期间出版了他的名著短篇小说集《人、兽、鬼》(1946 年上海开明书店出版)、长篇小说《围城》(1947 年上海晨光出版公司出版)和理论专著《谈艺录》(1948 年上海开明书店出版)。先后发表了《所谓“警管区”在英国》(载《周报》37 期,署名丘去耳)、《十五天后能和平吗?》(载《周报》41 期)、《寄储安平的信》(载《观察》1 卷 4 期)、《〈围城〉序》(载《文艺复兴》2 卷 6 期)、《说“回家”》(载《观察》2 卷 1 期)、《中国诗与中国画》(载《开明书店二十周年纪念文集》)、《补评英文新字辞典》(载《观察》3 卷 5 期)、《答编者问》(载《大公报》47 年 12 月 11 日)、《杂言——关于著作的》(载《观察》4 卷 2 期)等。开始创作另一部长篇小说《百合心》,按钱锺书所说:“假如《百合心》写得成,它会比《围城》好一点。”十分可惜的是 1949 年夏秋他离开暨南全家由上海迁居北京时三万四千字的手稿丢失,钱锺书就此搁笔不再进行文学创作,可见,钱锺书在暨南大学任教授的三年,也是他文学创作的鼎峰期,有些文稿就是他的讲课素材,有些讲课内容就是他欲发表的文稿。

1948 年,国内政治局势动荡,国民党在大陆的统治摇摇欲坠,大批知识分子因为对共产党缺乏认识,惶恐不安,不少人争着朝国外出走。此时,香港大学借机网罗人才,约钱锺书到香港大学任文学院院长,接着英国牛津大学也再次约他到牛津任教,但钱锺书不为所动,除因他的爱女钱瑗患病,他与夫人杨绛不羡慕国外的生活等原因之外,他热爱自己的祖国,不愿意离开对他有感情的暨南大学。他不愿中途爽约,要保证每周在暨南上五课时的课,也是他不愿离开的重要原因。美国的李克、李幼安夫妇在所著的《解放的囚徒》书中引用钱锺书(书中写钱用的是化名“赵”)所说的话:“这儿是我的祖国,这儿正在发生巨大的变化,我还是留在这儿做自己的一份事情好。”

钱锺书在暨南大学教书三年,在暨南学子的心目中是“文化昆仑”,是崇拜的偶像。由于爱听钱锺书的课,就特别喜欢读他的书。曾是他的学生的原江苏师范学院中文系教授章学良在“回忆”中写道:“……幸存有钱先生 1948 年 6 月开明书店印行的初版本《谈艺录》,揭去尘封的书衣,杨绛先生的题签深深嵌在浅绿色摩崖石像的封面上,焕然若新,打开书本,红色的圈点、深蓝色钢笔写的提要,灿然在目,屡展此书,犹如面对当年的钱先生,真是感慨万千,万千感慨啊!”由于热爱自己的老师,章学良在讲“古典文学”时,总是将钱锺书参与编写的《中国文学史》作为主要教材。在讲《毛主席诗词》,每逢碰到了“各家聚讼纷纭的难题”时都以钱锺书翻译的《毛泽东诗词》英译本为准,认为这是唯一可靠的译文。同是钱锺书学生的原国务院副总理兼外交部长，后任全国政协副主席的吴学谦在1996年“回忆”中也写道：“暨大于1946年迁回上海……我也在暨大复学，继续在文学院外文系读书，直到1948年2月”，“就我个人来说，由于革命工作的需要没有能花很多时间放在学习上，由于青年的求知欲，我还是尽量抽出时间去听那些我感兴趣的课，例如已故郑振铎先生，现在还健在的周谷城、钱锺书先生以及其他一些教授的课，受益匪浅”。

“大隐京华岂易藏”，一门研究钱锺书的“钱学”方兴未艾时，暨南学子亦是“钱学”研究者队伍中一支不可低估的力量。暨南大学文学院教授指导的硕士、博士论文就有不少与“钱学”有关。

钱锺书先生虽然离开了暨南，但“钱学”将永留暨南。

（胡安泰《暨南往事》，引领杂志社，2007）

刘大杰

刘大杰(1904—1977),笔名修士、湘君,湖南岳阳人。著名文学史家、作家和翻译家。1926年毕业于武昌师范大学中文系,1930年毕业于日本早稻田大学研究院。1930年学成归国,受聘于上海大东书局,负责《现代学生》杂志外国文学和翻译作品审稿。1933年在大夏大学、暨南大学兼课。上海解放后,任暨南大学校务委员、文学院院长兼中文系主任、教授。写了许多短篇小说和文学论文,分别在北新、商务、中华、启智等书局出版发行。

刘大杰其荣其辱的人生

胡安泰

刘大杰(1904—1977),湖南岳阳人,日本早稻田大学研究科毕业,20世纪40年代任暨南大学文学院院长、教授。

刘大杰是著名的学者、教授。正是他将著名学者钱锺书引进了暨南大学,在文学史领域,他的著作《中国文学发展史》可谓影响深远,其自身的荣辱也随之浮沉。

刘大杰的成名之作《中国文学发展史》为他在海内外赢得了巨大声誉。但他因修改、修订经历了三次风波:第一次是毁版于日伪统治时期,第二次是被批判于"反右"运动后期,第三次是修订改写于"文革"中期。正是这第三次修订改写,使这部成名之作成了当年"文革"中批林批孔运动中的一部"当代经典"。

刘大杰算是学界海派的代表。他和前在暨南大学任教的周谷城同是湖南籍教授。新中国成立后,他们都得到了同为湖南籍的毛泽东的友谊和看重。1962年刘大杰的修订本《中国文学发展史》出版后,毛泽东在上海接见过他,多有褒奖,还谈了作为文学大家的国家领袖对此书的意见。如此殊荣对刘大杰来说,是一生中最为光荣的事。但他也为毛泽东的一句话惶恐过,后悔过。毛泽东在接见他时随意说了一句:"刘大杰先生,大作为何不送我拜读呢?"毛泽东这句开门见山的话,很显主席风度,也体现了对学术繁荣的关心。在刘大杰看来,却带来了不安和惶恐,连说了"我真傻,我真傻",懊悔不已。

1973年,《中国文学发展史》第一卷修改后重版,全国掀起了“评法批儒”运动。当时,刘大杰正修改该书的第二卷(隋唐五代部分)。初时,他只是在某些问题上着上“儒法”色彩,没有以此为纲完成一个修改稿。刘大杰将打印好的一份修改稿呈送给毛泽东。主席认真地阅读了修改稿,有些地方还注了旧式拼音。后来印成大字本,就是这个初步修改稿。1974年年底,刘大杰听说“发展史”大字本已经出版,写信托人代购一部,1975年1月20日,被托人在北京图书馆见到了刘大杰,他是去北京参加人民代表大会的。他告诉这位朋友:“我正要找你,书不用买了,江青已送给我一部!”刘大杰回上海后,也将江青送书一事告诉了人。此前,毛泽东赏识刘大杰,江青是看在眼里的。其参加了上海谈话,当时又正值“样板戏”观摩大会,江青主动请刘大杰提意见,并要求他以“儒法斗争”为纲修订《中国文学发展史》。这正是有人认为刘大杰上了“贼船”的依据。

刘大杰的“失误”在于告诉人“江青赠书”,不啻授柄于人,即“四人帮”垮台以后,以“儒法”改书和受江青赠书,自然招来非议和批判。刘大杰自知如哑巴吃黄连,有苦说不出。

“评法批儒”涉及众多历史人物。刘大杰对人说:“毛主席对李白、李贺、李商隐和韩愈,都很喜欢,但我们不能因此把他们捧得太高。”对韩愈一分为二是刘大杰一贯的看法,在无从下笔时,他写信求助于毛泽东。主席在1975年2月12日回信给刘大杰,内称:“刘大杰教授先生,我同意你对韩愈的意见,以一分为二为重。李义山无题诗,现在难下断语,暂时存疑可也。奉复久羁,深以为歉。诗词两首,拜读欣然,不胜感激。毛泽东,二月十二日。”刘大杰认为不能全部否定韩愈,在修订本《中国文学发展史》中,刘对韩、柳进行了新诠释,是以“儒法斗争”为标准的,所以后来遭到学者的批评。

作为一个杰出的学者,刘大杰才情郁勃。《中国文学发展史》奠定了他在学界的地位,然而这部书后来的几次修改又让他“西子蒙不洁”。如果说他新中国成立后修改,是为了响应历史唯物主义的指导,还有其进步意义的话,到“文革”期间的“奉命”再修订,虽有难以言说的无奈，但好名矜才毕竟使他晚节小损，很是可惜。真谓其荣也至极，其辱也难堪。

历史是无情的，但也应是公允的。在举国上下都搞儒法斗争的时候，刘大杰修改他的“发展史”必然要受到影响。但我们可以清楚地感觉到，作为学人，他力求从政治漩涡中游向学术的彼岸。在他苦苦求索中，我们可以看出，他不以学术为资本去牟取政治上的荣耀，仍不失其为学人的高尚品格。

可惜的是，“文革”刚过去不久，刘大杰先生就在1977年离开了人世。

（胡安泰《沙金集》，金融与市场杂志社，2011）

谭其骧

谭其骧（1911—1992），字季龙，浙江嘉善人。历史学家，历史地理学家，中国历史地理学科主要奠基人和开拓者之一。1930年毕业于暨南大学，论文为《中国移民史要》，指导教师潘光旦。1932年获燕京大学研究院硕士学位。1942年，任浙江大学史地系教授。1947年秋季起在上海暨南大学历史系兼任“专职教授”，直至上海解放后暨南大学停办。

我与暨南

谭其骧

我做过两次暨南人，第一次在1927年秋至1930年夏，是暨南大学的学生；第二次在1947年秋至1949年新中国成立前，是暨南大学的教师。

1926年秋至次年“四一二”事变以前我是上海大学社会学系的一年级学生；“四一二”后学校被封闭，失学了两个月，到夏天即考入暨南大学的中文系。那时学校在真如，校长是郑洪年。秋季开学的第一学期，系主任是夏丏尊先生，他自己教大一国文，余上沅先生教大一英文，沈端先（夏衍）教第二外语日文，还有林语堂先生、张凤先生等，教的什么课记不得了。转年第二学期开学，系主任换了陈钟凡先生，教师也换了好几个，有陈柱尊、骆宏勋等。大致可以说，第一学期的教师都趋向于新文学，第二学期的都崇尚旧文学。我很敬仰爱慕夏先生，不喜欢第二学期那些守旧派老师，所以到了1928年秋季开学，便决意转系。刚开学时转到了外文系，系主任是叶崇智（公超）。两星期后，学校贴出布告开办历史社会系，我当即又转到了这个系，主修历史，兼修社会学。从1928年秋到1930年夏读了两年即毕业。由于那时学校采用的是学分制，我因在校三年所修学分较多，加上在上海大学读一个学期有几个学分也被暨南所承认，加在一起就够毕业所需的学分了，所以到1930年夏就被承认毕业。

在历史社会系两年之内，系主任先是黄凌霜，后换许楚生（德珩），教师有孙本文、邓初民、潘光旦、周传儒、陈憬、王庸、徐中舒等。我受潘光旦先生影响较深，毕业论文《中国移民史要》的指导教师就是他。后来我和他先后到了北平，1936 年他做清华大学教务长，我在历史系教书，他把我拉进社会系兼了一门课。

在暨大历史社会系两年中，我的同班同学连我一共只有五人。除我毕业于 1930 年夏外，另外四人都毕业于 1931 年夏。这四位是江应梁、陈源远、许震球、刁焕国。江应梁毕业后留校当过助教，1935 年时在广州中山大学教过书，抗战以后一直在云南大学当教授，是一位西南民族史专家，于去年逝世。陈源远长期在江苏水利机构任职，现已退休，家住南京。许、刁二位 20 世纪 30 年代后即失去联系，久已不知下落。

那时学校在真如火车站铁路之北，学校虽办有食堂，多数同学多在铁路南一条小街上的小饭店里包饭，每月所费约十元稍出头。晚饭后散步，时常西至杨家桥才折回。放假日的活动除了进入市区外，还到过南翔古漪园、大场、江湾叶家花园。

那时学校管理比较松懈，上课一般不点名，上不上课没人管。课堂外的生活和活动完全自由，但也没听说过有什么非法或不道德行动。许多选修课不考试，以交一篇论文作为修毕这门课的成绩。论文是否出于本人撰写并不查究。有几个学期期终我为好几门课都写上几篇论文，除一篇署自己的名外，其他就提供给那些或因病或因事写不出论文的同学，由他们署名上交。当时暨南大学的体育相当出名，尤其是足球，健将有陈镇和等。但与我相熟的都不参加运动，课余一般是聊天，散步，坐坐咖啡馆。看电影得上四川路，太远了。我也不大喜欢看电影。对南国社的话剧有兴趣，有演出经常赶去看。也曾赶到市中心区看过京剧名角演出。散戏后在北站旁宝山路口坐野鸡汽车回校，每人小洋贰角，坐满就开。头两年假日常到福州路书店买小说和文学期刊看，渐渐就只买史学书看了。

一年级第一学期，夏丏尊先生还曾带我们一班同学上市内一家饭馆，谒见鲁迅先生，一起聚餐，饭前饭后他都谈了些话，可惜当时他讲些什么,现在完全不记得了。

夏先生第一次上课,首先申明他的名字是丏尊,不是丐尊。丏读若缅,意思是被遮蔽,看不见。但我记不得他对“丏尊”的解释,也许他并没有解释过。

第一学期还有一件名人轶事可以提一提:林语堂先生烟瘾很大,在课堂上有时忍不住,又不好意思在讲台上面对学生抽烟,常常讲着讲着突然停止,不声不响躲到课室角落里对着角落抽。同学们都静坐着不作声,等他抽上半天捺灭烟头再重上讲台继续讲。

1930 年夏结束第一度暨南生活,从此年秋起直到 1940 年春,除 1935—1936 学年在广州教书外,长期在北平读书(燕京大学研究院)、教书(辅仁、燕京、北大、清华);1940 年离开北平进入大后方,在贵州浙江大学教书,1946 年随校复员杭州。那时法币猛跌,物价狂涨,我的教授薪金实在难以养活一家六口(两夫妻四个孩子)。1947 年秋,在上海的暨南大学新任文学院院长孙人和(蜀丞),由于历史系教师缺人,委托他的妻兄牟润孙到杭州找我,邀我到暨南兼一个专职教授,我就应允了。那时的制度做兼任教师待遇很低,所以要兼就得兼一个专任;又怕南京教育部不批准,所以不用本名改用字“季龙”上报。这样两校各拿一份教授全薪,才能对付着过日子。南京教育部规定专任教授每星期得教三门课九小时,事实上各校多少都打一点折扣。我在浙大资格已相当老,受优待只教两门课六小时,在暨南因属新聘教师,只肯照部规章减少一小时,每周上三门课八小时。三门课中的中国历史地理、魏晋南北朝史两门,就是照在浙大的讲稿再讲一遍;另开一门中国文化史或中国史学史(各一学年),那是现编的教材。1947 年秋至 1948 年夏,我每星期往返沪杭一次。1948 年秋季开学后,改为每两星期来沪一次。每两星期的第二周的星期四,一早从杭州出发,中午十二点到上海,就在北站附近小饭馆里吃午饭,饭后径赴宝山路西宝兴路口暨大文学院,从一点半起到五点半连上四节课。第二天、第三天各上六节课,两天半之内上足两星期的十六小时课,当晚乘特快车返杭,约十一点可到家。记得最后一次到暨南上课是在四月上旬。五月初杭州解放,沪杭火车交通中断,应在五月中旬来的一次便没有来成。等到六月初交通恢复我再度来沪探亲时,暨南已停办。

这两年来暨南上课,晚上都住在青云路暨大宿舍内学校配给我住的一幢房子里,因为名义上我是学校的一个专任教授,但实际上我只单身一人每星期或每两星期来住上两天,所以学校又让中文系一位单身副教授郑骞也住进来。他是常住户,所以我让他住前间,自己住后间。他只住了一年,1948 年秋,因台湾大学以教授来聘他,他便去了台湾。听说至今仍在台大。

这两年在暨大宿舍里认识来往的有束世澂、沈炼之、黄缘芳等;在教员休息室里认识的有郝炳衡、刘大杰、吴文祺、施蛰存、刘佛年等;又去过孙蜀丞、牟润孙的家里。那时的校长是李寿雍,我没见过面。他是国民党的顽固分子,在学校里纵容三青团横行,贴出的大字报都为反动政府说话,民主气氛远比浙大差。有一个姓但的三青团头子是我班上的学生,上课向来不到,考试成绩不知所云,我批了个零分。注册课找到我对我说,这个学生有特殊任务,所以成绩不好,你得给他及格,不能打零分。我说我打分数凭考卷,不能改,要改你们负责去改。注册课来人说那样不好,你不改以后会有麻烦。我不再理他,以后也没有什么。

1949 年新中国成立之初,暨南停办,教师如何安排我不清楚,学生并入复旦。我原在浙大,当然不存在为"谭季龙"另作安排的问题。但浙大一解放就停办了历史系,教师部分遣散,部分留校学习马列主义,我属于后者,原说历史系停办一年即恢复,可是到了 1950 年初又宣布历史系不恢复了,教师愿留校者一律教公共课中国近代史,不愿者自谋生路。我选择了后者。消息一经传播出去,南京大学、齐鲁大学历史系主任韩儒林、张维华都是我的熟人,即驰函热烈延聘,但最后我没去南大也没去齐鲁,却来到了复旦。当时复旦的历史系主任是周予同,我与他素不相识,他之所以要聘我,则是由于接受了并入复旦的听过我课的原暨大历史系学生陈清泉、刘伯涵、刘保金等提出的请求。

(《暨南校友》2005 年第 47 期)

探寻谭其骧先生早年的学术足迹

——以暨南大学为中心的考察

夏　泉　曾金莲

一、"谭其骧与暨南大学"的学术分析

(一)《谭其骧自传》中的《我与暨南》

谭其骧(1911—1992),字季龙,浙江嘉兴人,20世纪中国杰出的历史地理学家。

谭其骧几乎一生都在学校学习、工作:六岁入私塾;1932年春于燕京大学研究院即将毕业之际登上讲台,从教至逝世。其中,1927年秋至1930年春在上海真如时期的暨南大学研习;1947年秋至1949年春在暨大兼课近两年。可以说,"在谭其骧先生的个人历史上,暨南大学乃是其以学术为主要色彩生涯的重要港湾"[1]。

谭其骧不喜欢写自传,他生前留下的回忆性文字多是在亲友劝说下写成,或由其口述,别人代笔。其中涉及暨大的有1980年写成的《谭其骧自传》①、

① 该自传是谭其骧首篇自传,应《晋阳学刊》编辑部之邀而写,主要由其助手葛剑雄执笔,被编入《晋阳学刊》编辑部主编的《中国现代社会科学家传略》(第2辑)(山西人民出版社,1982年,第361~373页)。据此自传,葛剑雄又整理出另一篇同名自传,辑入《中国当代社会科学家》丛书第4辑(书目文献出版社,1983年,第325~340页)。第一篇自传后又被《世纪学人自述》丛书第4卷(北京十月文艺出版社,2000年,第101~114页)收入,标题改为"谭其骧自述",稍作改动,只将原文年代表示方法由汉字改为阿拉伯数字。

1981 年写成的《锲而不舍,终身以许之》①、《谭其骧自传》以及 1990 年后写成的《我与暨南》②。

谭其骧首篇自传篇幅短,内容简单,许多记忆还相当模糊。其中忆及在暨大中国文学系读了一年,因不喜欢系主任陈钟凡而转系,略带提及抗战胜利后兼课暨大一事。葛剑雄据该篇自传整理出的另一篇同名自传,侧重回顾谭其骧在历史地理方面的贡献,简要谈及谭其骧求学暨南时对转系的考虑,未论及兼课一事。《锲而不舍,终身以许之》一文是谭其骧应《浙江日报》之邀而作,主要介绍他本人的治学经验。文中所记他大学转系一事,与同年写成的《谭其骧自传》略同。不过,该文未指明转系一事发生在其就读暨大期间,也未谈及兼课一事,但肯定了新中国成立前允许转系"不失为一种可取的办法"。《我与暨南》一文回忆了他在暨大学习、兼课的详细情况,后来成为葛剑雄撰写谭其骧传中有关谭其骧与暨大关系的主要依据材料。另外,暨南大学校史编写组人员曾采访谭其骧,将谭其骧回忆在暨大学习、兼课的内容写成《从高材生到名教授的谭其骧》③。

1992 年谭其骧逝世后,葛剑雄以学生、助手的身份将谭其骧 1982 年及之后写成的主要论文编成《长水集续编》④,选编谭其骧部分日记出版《谭其骧日记》⑤,将谭其骧历史地理论文编为《长水粹编》⑥,又选辑谭其骧部分论文、杂文、札记编成《求索时空》。另外,

---

① 《求索时空》,百花文艺出版社,2000 年,第 247 ~ 251 页。原载《浙江日报》第 4 版,1981 年 5 月 22 日。

② 《求索时空》,第 252 ~ 256 页。据有关材料推断,该自传写于 1990 年 2 月至 7 月之间。马兴中于 1990 年 7 月上旬收到别人寄来的谭其骧手稿复印件后,写信征得谭其骧同意,将该文刊登在《暨南大学》报 1990 年 11 月 25 日和 12 月 10 日两期中。见马兴中著《谭其骧院士的暨南情结》,《暨南大学》报,2001 年 9 月 25 日。

③ 周孝中编著《暨南逸史》,暨南大学出版社,1996 年,第 55 ~ 59 页。

④ 人民出版社 1994 年出版。谭其骧 1982 年之前的论文收编在《长水集》(上下册,人民出版社,1987 年)。

⑤ 文汇出版社 1998 年出版。

⑥ 河北教育出版社 2000 年出版。

葛剑雄在翔实资料的基础上写成《悠悠长水——谭其骧前传》①《悠悠长水——谭其骧后传》②《悠悠长水、求索时空——谭其骧传》③《禹贡传人——谭其骧传》④。这四部传记中关于谭其骧在暨大读书、兼课的情况，多基于谭其骧个人回忆，尤其参照谭其骧所著《我与暨南》一文，该文较为详细地阐述了谭其骧所忆及的人物与其学术生涯的关系。

另有论者利用相关档案追述了谭其骧在暨大的读书生活。如《百年暨南史（1906—2006）》第二章就利用了暨南大学综合档案室所藏的相关档案，发现谭其骧在暨大读书期间创办了《历史社会学两月刊》[2]。事实上，早在20世纪90年代初，暨南大学校史编写组就注意到了档案并加以利用："从《1929年暨南年鉴》得知，他（即谭其骧——作者注）曾负责历史社会学系同学会的文书……"[3]赵灿鹏在《国立暨南大学中国语文学系期刊》创刊号（1928年6月15日出版）中找到谭其骧当年的一篇小说《给我的小弟弟》[4]。

本文拟在前人研究的基础上，通过查阅《申报》（1927年6月至1930年7月）和《中央日报》（1928年3月），进一步利用暨南大学综合档案室所藏的相关档案、《谭其骧日记》等，深入刻画谭其骧求学暨南和任教暨南的历史细节，从中探讨谭其骧求学、任教暨大的经历与其学术生涯的关系，并进一步探讨当时暨大的教育环境。

（二）学者校友——谭其骧与暨南校庆

1986年9月21—23日，暨南大学举行80周年校庆活动。谭其骧虽因事忙无法亲赴广州参加，但托人送来一套由其主编的《中国历史

---

① 华东师范大学出版社1997年出版。另外，王学典撰写谭其骧在暨南求学的内容，主要参考《中国当代社会科学家》第四辑中的《谭其骧自传》和《悠悠长水——谭其骧前传》，内容多雷同。见《第四章"弟子不必不如师"——顾颉刚与谭其骧》，王学典著《顾颉刚和他的弟子们》，2000年，第154~196页。

② 华东师范大学出版社2000年出版。

③ 姜义华主编《史魂：上海十大史学家》，上海辞书出版社，2002年，第319~351页。

④ 浙江人民出版社2003年出版。

地图集》，捐赠给暨大图书馆。

1990年10月8—10日，华东师范大学、暨南大学和暨大上海校友会在上海联合举办“何炳松诞辰100周年纪念大会暨学术讨论会”。八十岁高龄的谭其骧坐着轮椅，参加了何炳松老校长的纪念大会和学术讨论会。其发言整理成《何炳松与〈新史学〉》，发表在《暨南学报》第3卷第2期（1991年4月），后收入《求索时空》。

二、求学暨南

谭其骧在暨南大学学习历时三年：1927年秋考入文哲学院中国文学系①；1928年秋季开学先转入外国文学系上了两星期课，再转入历史社会学系；1930年春，因修够学分而提前毕业。下表系谭其骧开学、放假的时间简表：

	1927—1928年度	1928—1929年度	1929—1930年度
第一学期	1927.9.5开学典礼②	1928.9.15开学典礼③	1929.9.9开学典礼④
寒假			1930.1.24放寒假⑤
第二学期		1929.2.25开学典礼⑥	1930.2.14开学典礼⑦
暑假			

① 谭其骧1927年秋考入该系，第二学期新任系主任陈钟凡将系名改为“中国语文学系”。1929年，文哲学院改名“文学院”，陈升任院长。

② 1927年9月6、7日注册，12日正式上课。见《申报》1927年9月1、6、20日。

③ 大学部注册时间到18日截止，21日正式上课。见《暨南大学开学讯》，《申报》1928年9月2、12、15、17日。

④ 1929年9月3—7日为新旧生注册时间，9日举行开学典礼，10日大中两部均正式上课。见《申报》1929年8月21、23、25日，9月6、11日。

⑤ 见《暨大明日起给放寒假》，《申报》1930年1月23日。

⑥ 2月22—26日注册，27日正式上课。见《暨南大学开学通告》，《申报》1929年2月24日。

⑦ 缴费时间为10—17日，由上海商业侨蓄银行界路分行代收。凡不按期莅校办理手续之各生，须受相当惩罚。注册至18日截止。见《申报》1930年2月13、15日。

（一）考取暨大文哲学院中国文学系

谭其骧的决定报考暨南大学颇具戏剧性。葛剑雄说："他之所以选择暨南，是考虑到自己高中少读了一年多，大学一年级又没有上过多少课，要考取名牌大学把握不大，而暨南大学虽是国立，却以招收归国华侨子弟为主，录取要求相对较低。"①另有论者说："正值暨南升格为大学，是颇有名气的国立学府，他就考入了暨大，先是念中国语言文学系。"[5]两种说法都有其合理性，可互为补充。

蒋介石发动"四一二"事变后，成立南京国民政府，派人接收京沪一带的学校。1927 年 6 月，国民政府教育行政委员会派郑洪年接收国立暨南学校，后正式任命郑为校长。[6]郑自 6 月到校视事，即着手改组暨南学校，并专门编印《国立暨南大学改组特刊》②。按郑主持编订的《国立暨南大学计划大纲》③，拟用六年时间，分三期，将该大学改组、扩充为一个"三部鼎立，六院具备④的华侨最高学府"[7]。按改组计划，大学部建制为"6 院 20 系 6 科"，将陆续扩充完善。1927、1928 年度为第一期，其中 1927 年 7、8 月举行了两次招生考试，大学部录取情况[8]如下：

文哲学院中国文学系第一次招考录取秦蕴芬、刘燮民、刘光汉、史孟、李连泉共 5 人，第二次招考录取唐兴夏、向拱辰、丁善明、王麟元、沈宁、谭其骧、凌文杰、陆燕诒共 8 人；外国文学系两次共录取 6 人，另有备取生 1 人；社会科学院政治学系第一次录取 11 人，法律学系第二

---

① 谭其骧在浙江秀州中学读过两年高中；1926 年秋考入共产党人恽代英等创建的上海大学，学习社会学。第二学期开学即受上海三次工人武装起义影响而未能正常上课；至"四一二"事变，该大学被迫关闭，谭其骧失学。不久，谭其骧决定再次报考大学。见《悠悠长水——谭其骧前传》，第 13 ~ 16 页。

② 《国立暨南大学改组特刊》，暨南大学综合档案室，2004 - XS12 - 11。

③ 郑洪年《国立暨南大学计划大纲》，暨南大学综合档案室，2004 - XS12 - 11。

④ "三部"即中学部、大学部、南洋文化事业部；"六院"即文哲学院、社会科学院、自然科学院、农学院、商学院、艺术学院。1929 年调整为：文学院（原文哲学院）、法学院（原社会科学院）、理学院（原自然科学院）、商学院、农学院，撤销艺术学院，新增教育学院。

次录取4人;自然科学院数学系第二次录取3人;商学院第一次录取7人,第二次录取11人。此外,大学预科第一次录取31人,第二次正取江应梁①等24人,备取9人。农学院②、艺术学院两次都没举办招生考试。谭其骧参加了第二次招生考试,8月4—18日报名,19日、20日考试。25日《申报》登出该次招考录取名单,谭其骧被文哲学院中国文学系录取,该系两次共录取13人。

9月5日,国立暨南大学举行开学典礼。③ 原定大学部6、7两日注册完毕,但直至12日,大、中学两部学生注册尚未齐全,故不得不召开第六次教务会议,强制规定:“除有特别事故之学生应陈明证据、理由请假外,一律限于本月24日前注册,过期概不收录。”[9]

关于中国文学系情况,《1929年暨南年鉴》载:“十六年秋(1927年秋——作者注),暨南将旧有商科大学扩充为:文哲、自然科学、社会科学、商、农、艺术等六院。改组为暨南大学后,中国文学系乃应运而生。其时本系同学来校者仅二十余人,主其事者夏丏尊先生。是年十月,中国文学系同学会成立。……未几,夏先生以事辞职。今年春(1928年春——作者注),陈钟凡先生来掌本系。以旧有课程包涵文学、史学、哲学三科,未尽恰当,乃加损益,分学程为:文、诗、词、曲、小说、文学批评、文字学、语言学八类,以文学为主,语言学、文字学为辅。并改名为中国语文学系。……甫及半年,成绩颇多可观。于是编汇师生平日研究作品,于今年夏(1928年夏——作者注)发行《中国语文学系期刊》创刊号,内容丰富,颇多专者……”[10] 由此可知,1928年春第二学期开学后,陈钟凡接替夏丏尊任系主任,将中国文学系改名“中国语文学系”,进行系列改革,取得了一定成绩。

在谭其骧的记忆中,中国文学系第一学期的学习生活较为快活,

① 江应梁后转入历史社会学系,成为谭其骧的同学。江应梁系著名民族史专家,长期任教于云南大学。

② 1929年夏举办农学院,见《申报》1928年9月27日、1929年3月5日。

③ 校长郑洪年在开学典礼上宣誓就职,秘书长谢作舟、大学部教务长黄建中、中学部教务长汪奠基相继报告改组经过。见《申报》1927年9月6日。

第二学期则相对压抑。这可能是因为他喜欢夏丏尊①上课,而不喜欢陈钟凡②。关于第一学期的学习生活,他印象特别深刻的是,夏丏尊的第一节课及林语堂课堂上躲到教室角落抽烟过瘾的情景。该学期 11 月 6 日,夏丏尊还请好友鲁迅为中国文学系学生演讲,并一起聚餐。

"陈钟凡先生在 1928 年 1 月应郑洪年校长延聘,任暨大中文系教授兼系主任。"[11]谭其骧回忆,"第二学期,陈钟凡先生接任系主任,他所聘来的教师多数讲的是相当陈腐的旧学,引起我的不满。我贴出大字报讥评教师,为此受到教务长的训斥。暑假后,我决意转入外文系"[12]。谭其骧为撤换"顽固派"陈钟凡,串联班上同学联名上书郑校长,并亲自起草大字报,张贴于饭厅前。当时,这种学生闹风潮的做法,无独有偶。该学期开学不久,即 3、4 月间,以大学部教务长黄建中、中学部教务长汪奠基教授辞职为导火线,发生反对郑校长派和"拥郑派"的学生风潮[13]。而 5 月份出现"五三惨案"(济南事件),学界反日热情普遍高涨,纷纷开追悼会,组织演说,甚至停课募捐。暨南大学于 5 月 14 日也召开了"济南五三殉难烈士追悼大会",由新任教务长杨汝楳主持,秘书长陈敬之等教师演讲;18 至 21 日组织宣传队到无锡等地募捐,21 日才开始正式上课[14]。另外,6 月间全国各大学举行三民主义考试;南京、上海两特别市由大学院主持,定于 16 日考试[15]。从上述 4 个月内所发生的事看,暨大受外事影响较大,难有平静的学习环境。由此也可推测,谭其骧起草大字报驱赶教授乃受当时学生风

① 夏丏尊(1886—1946),浙江省上虞县(今上虞区)崧厦乡人。1905—1907 年借款留学日本,先后就读于东京弘文书院和东京高等工业学校。1908—1920 年 3 月,任浙江两级师范学堂(1913 年暑假后改组为浙江省立第一师范学校)通译助教,为该校教育科日本教员做翻译。在此期间,与同在该校任教的鲁迅结下深厚友谊。1927 年 9 月任国立上海暨南大学第一任中国文学系主任,11 月 6 日邀鲁迅至兴华楼演讲。翌年初,因原浙江一师进步学生被杀害而愤然回乡从事著译。

② 陈钟凡(1888—1982),字觉元,江苏建湖人。1913 年考取北京大学哲学系。1928 年任上海暨南大学国文系主任,次年任文学院长。曾于 1932 年 3—7 月去广州办暨南大学临时分校,并在中山大学兼课。见《陈钟凡自传》,北京图书馆《文献》丛刊编辑部、吉林省图书馆学会会刊编辑部合编《中国当代社会科学家》(第 4 辑),第 62 ~ 69 页。

潮的影响。而陈钟凡出掌中国文学系,对该系进行改革,确系取得了一定成绩;况且,陈钟凡在到暨大前,曾先后任教于北京女子高等师范学校、东南大学国文系、广东大学、金陵大学国文系,又积极参加“五四”运动,已在教育界享有很高声誉。

此外,谭其骧还忆及第一学期的英文老师余上沅、第二外语日文老师沈端先(夏衍)、张凤。

(二)转入外国文学系、历史社会学系

1928年秋季开学,谭其骧从中国语文学系转入外国文学系,最后转入历史社会学系。据谭其骧回忆,转入历史社会学系是经过深思熟虑的,“原来经过一年的学习,他发现自己形象思维的能力有限,却长于逻辑推理,搞文学创作未必会有成绩,研究历史倒相当合适,因此他作出了决定他未来的关键选择”[16]。谭其骧在该系读了两年,这期间该系人事变动如下:

1928年4月,首任系主任黄凌霜①开始筹办历史社会学系:聘请教授张凤(兼系副主任)、程仰之,讲师余天休、张北海、蔡乾久[17];于7、8月举行两次招生考试。考试情况如下:第一次招考科目有中国史地、外国史地两科,第二次招考增加必考三科——三民主义、国文、英文,再加上口试,共四科②。两次考试录取新生构成一年级一个班,9月正式开学。开学后,谭其骧等5人转入该系,组成二年级,但与一年级合班上课[18]。历史社会学系成立之初隶属社会科学院,9月下旬改属“文学院”(原称“文哲学院”),直至谭其骧1930年春毕业[19]。第二学期(1929年春——作者注)实施“分院行政制”[20],任命陈钟凡为文学院院长,学院下设中国语文学、外国文学、政治经济、历史、社会、哲学六系;历史社会学系成立只一个学期,即被分为历史系和社会系。

① 黄凌霜,美国哥伦比亚大学硕士,历史社会学系第一任主任兼社会学、西方知识史、西方学史及革命社会学教授。

② 第一次招考报名日期为7月1—12日,考试日期为14日、15日,大学部复试日期为20日、21日;第二次招考8月8—15日报名,17日、18日考试。见《申报》1928年7月1日、8月2日。

系主任、教授变动情况如下:“本系主任原为黄凌霜先生,十八年秋(1929 年秋——作者注)黄主任因事辞职,一时未能得有相当之继任人,乃暂由本系教员程仰之代理,十九年春(1930 年春——作者注)得许楚生之同意为本系主任。马哲民、邓昌权、王以中先生为教授,均为当代之硕学名流。”[21]

尽管谭其骧回忆说,“我在大学毕业之前还没有确定今后的目标”[22],但凭他小时候对历史地理的嗜好,在历史社会系两年里又深得老师的正确指引,加之他酷爱学习,大学毕业后即被推荐到燕京大学研究院,师从顾颉刚研习历史学。

在历史社会学系两年里,谭其骧好学上进,表现积极活跃。一方面,他严于律己,认真学习。当时校风散漫,“学校管理比较松散,上课一般不点名,不上课也没人管……许多选修课不考试,以交一篇论文作为修毕该课的成绩。论文是否出于本人撰写并不追究”[23]。但谭其骧丝毫不放松对自己的要求,除认真写好本人论文外,还多写几篇给其他同学。另外,他还积极参加课外活动——加入历史社会学同学会。该会成立于 1928 年 10 月,由李佐泉、粟举等同学发起[24],谭其骧任第一届文书。1930 年 3 月,临近毕业的谭其骧再次被选为第四届文书[25]。他还与周镜吾等同学创办了《历史社会学两月刊》,“吸引众多的历史社会学爱好者参与其中,培养了同学们钻研学问、探究历史的良好志趣”[26]。

这两年里,为谭其骧上过课的老师有孙本文、邓初民、潘光旦、周传儒、陈景、王庸、徐中舒、方状猷等。谭深受这些老师的熏陶,如教中国古代史的陈景向他传授以顾颉刚为代表的疑古学派观点;王庸、徐中舒、方状猷出身于清华学校国学研究所,他们的课使谭受到考据方法和史学理论方面的严格训练;优生学专家潘光旦给谭上过社会学基础和种族问题,并指导谭完成毕业论文《中国移民史要》①。

① 谭其骧与潘光旦讨论移民、血统与人口素质的关系,汉族与少数民族交流等问题。数十年后,他在《长水集 · 序》中还特别提及:“我在大学里受潘光旦先生的影响,选择了中国移民史作为研究方向。”见谭其骧《长水集》,人民出版社,1987 年。

这些老师还特别赏识谭其骧。谭其骧刚大学毕业,即被陈景老师推荐到燕京大学师从顾颉刚;转教清华大学的潘光旦还聘谭其骧为社会学系助理研究员,并让其自1937年3月起教授“近代中国社会学研究”;抗战期间,王庸推荐谭其骧到内迁贵州的浙江大学任教。这些老师中,有不少人后来还成了与谭其骧探讨学问的同道中人。谭其骧自1955年始主编《中国历史地图集》,赴北京暂住地图出版社主持工作。据谭其骧《京华日记》所记,他在京期间频繁约王庸(王庸时为北京图书馆研究员)一起吃饭,探讨问题。1955年12月5日晚上6点,谭其骧到吴晗住处晚餐,“同座王以中(即王庸)先生及袁震,谈地图事”[27]。在北京主编地图集期间,他还经常得到王庸老师帮助。10月13日,“王以中寄来《广舆图》等图稿说明”[28]。1956年1月30日,“晚赴王以中先生借地学论文索引”[29]。王庸不仅是谭其骧学术上的同道中人,还是他生活上的好友。1936年1月20日,谭其骧与李永藩在北平中央饭店举行婚礼,王庸以谭其骧就读暨南大学时的老师和北平图书馆同事的双重身份,应邀出席婚宴,还闹了洞房。① 1956年3月15日,“下午接赵斐云电,王以中先生突于昨晚暴卒。即赶到第五医院,正在入殓”[30]。日记还多处记载谭其骧帮忙处理后事等。当年8月,谭其骧作《悼念王庸先生(1900—1956)》②一文,刊登于《地理学报》22卷(1956年8月)。

谭其骧一直与这些老师保持联系。仅就《京华日记》记载的内容看:1955年2月26日致信余上沅[31];6月30日记余上沅已被宣布为胡风分子[32]。5月11日、12日记收到潘光旦先生的信,请谭其骧帮忙查阅明初移民贵州的记载;14日,谭其骧回信潘先生[33];29日潘太太刘波向谭其骧借15元[34]。7月5日上午出席中国史大组会,遇见时任四川大学历史系教授的徐中舒老师[35]。在这些日记中,谭其骧几

① 据浦江清《清华园日记》(三联书店,1987年)所记,葛剑雄推断:此次赴婚宴的还有浦江清、何昌群、钱穆。四人以谭其骧的好友、同事身份应邀,唯有王庸作为谭其骧曾经的老师受邀,多了一份敬重。

② 该文收入《求索时空》,第310~318页。

乎都尊称这些老师为“先生”,可见当年老师对他影响之深。

三、任教暨南

1932 年夏,谭其骧从燕京大学研究院毕业,便开始了他的教书生涯,先后任教于辅仁大学、燕京大学、北京大学、广州学海书院、清华大学和浙江大学。抗战胜利后,谭回杭州浙江大学任教;1947 年秋,被上海暨南大学时任文学院院长孙人和(蜀丞)聘为历史系专任教授,谭其骧重回母校兼课直至 1949 年春。他主讲中国沿革地理、魏晋南北朝史等课程,其渊博的知识和高尚的人格魅力影响了一批暨南学子,并与暨大一批老师建立起深厚的学术友谊。

谭其骧在暨大每星期要教 8 节课。1947 年 10 月起,每周四早上从杭州坐火车,中午 12 时半抵达上海北站,吃完午饭即步行至暨大文学院,从 1 点半到 5 点半连上 4 节课,第二天再上 4 节。1948 年秋季开学,校方同意其每隔一星期来暨大一趟,一次上完两星期的 16 节课。这样,谭其骧就不必每星期都坐火车奔波于沪杭间。虽然谭其骧来暨大兼课主要出于维持生计的原因,但他认真负责的教学态度给当时的学生留下了深刻的印象。据学生陈清泉回忆,“他每周两次风尘仆仆于沪杭之间,常常不能稍事休息就走进课堂,但他始终神采奕奕,认真教书,这给同学们留下深刻的印象和异常的好感”[36]。学生也特别爱听谭其骧讲课,“他一开口就滔滔不绝,边讲边板书,提纲挈领,自成系统,立即使人耳目一新。他边讲边画地图,快速、准确、美观,令人叫绝。我庆幸能听到这么内容丰富、系统、新颖的沿革地理课,拼命记笔记,一节课下来不觉记了三四页,一年记了四本。听谭先生的课,简直是种享受”[37]。后来暨大停办,历史系被合并到复旦大学,这些在暨大听过谭其骧讲课的学生纷纷要求复旦大学历史系主任周予同聘谭其骧任教[38]。

谭其骧在暨大兼课两年里结交了不少同事,日后多成为其学术、生活上的知交。

注释:

[1]王新民:《暨南文丛》卷三谭其骧篇"序言",暨南大学出版社,2006年,第488~489页。

[2][7][26]张晓辉主编《百年暨南史(1906—2006)》,暨南大学出版社,2006年,第58、44、58页。

[3][5][11]周孝中编著《暨南逸史》,暨南大学出版社,1996年,第59、55、37页。

[4]赵灿鹏:《谭其骧的小说》,《读书》,2007年9月,第16页。葛剑雄曾多次提到再也找不到谭其骧的这篇小说。

[6]《暨大由郑洪年戴夏接办》《郑洪年允接办暨南》《暨南学生欢迎郑洪年到校接任》《暨南教职员送迎新旧校长》《政府正式任命郑洪年长暨南》《暨南大学昨日开学》,《申报》1927年6月2、3、16、19日,8月11日,9月6日。

[8]见谢作周《本校改组经过大略》,暨南大学综合档案室,2004-XS12-11;《国立暨南学校第一次招生揭晓》,《申报》1927年8月4日;《国立暨南学校第二次新生揭晓》,《申报》1927年8月25日。

[9]《申报》1927年9月1、6、20、21日。

[10][18][24]《1929年暨南年鉴》,暨南大学综合档案室,2004-XS12-001,第140、142、244页。

[12][22]《谭其骧自传》,《晋阳学刊》编辑部主编《中国现代社会科学家传略》(第2辑),山西人民出版社,1982年,第361~362页。

[13]《中央日报》1928年3月29、30日;《申报》1928年4月1、2日。

[14]《学界消息》,《申报》1928年5月18、19日;《学界宣传队募捐消息》,《申报》1928年5月20、21日;《学界之宣传工作》,《申报》1928年5月22日。

[15]《三民主义考试之范围》《关于三民主义考试所闻》《三民主义考试后日举行》《三民主义考试明日进行》《三民主义考试今日进行》《三民主义考试昨已举行》《三民主义考试答案》,《申报》1928年6月3、4、14、15、16、17、27日。

[16][37][38]葛剑雄:《悠悠长水——谭其骧前传》,华东师范大学出版社,1997 年,第 19、151、161 页。

[17]《暨南大学教职员之全部组织》,《申报》1928 年 8 月 23 日。

[19]《暨南大学教职员之全部组织》《暨大修正各学院名称》,《申报》1928 年 8 月 23 日、9 月 27 日。

[20]《暨大实施新组织》,《申报》1929 年 4 月 3 日。

[21][25]《1930 年暨南年鉴》,暨南大学综合档案室 2004 – XS12 – 002,第 159 页。

[23]谭其骧:《求索时空》,百花文艺出版社,2000 年,第 253 页。

[27][28][29][30][31][32][33][34][35]谭其骧:《谭其骧日记》,文汇出版社,1998 年,第 63、57、69、75、25、44、38、40、89 页。

[36]陈清泉:《怀念谭其骧先生》,《光明日报》2002 年 11 月 27 日。

(《东南亚研究》2008 年第 3 期)

谭其骧传·暨南三年

葛剑雄

两星期后就到了暑假,谭其骧决定重新报考大学,结果考上了上海暨南大学中文系。在此前的6月,南京国民政府教育行政委员会刚派郑洪年接管设在真如的国立暨南学校,后任命郑为校长。郑主持编订《国立暨南大学计划大纲》,准备用六年时间,分三期将该校改组、扩充为"三院鼎立、六部具备的华侨最高学府"。谭其骧之所以选择暨南,是考虑到自己高中少读了一年多,大学一年又没有上过多少课,要考名牌大学把握不大,而暨南大学虽是国立,却新组建,并以招收归国华侨子弟为主,录取要求相对较低。当年暨南大学招生两次,谭其骧参加了第二次,于8月4~18日报名,19、20日两天考试。25日上海《申报》刊出录取名单,谭其骧的名字出现在文哲学院中国文学系录取的九人之中。

开学到暨南大学报到后,谭其骧仍然没有放弃与组织接上关系的念头。有一次偶然打听到上海大学一位同学的地址,他估计此人与组织有联系,就给他写了信,却如石沉大海,杳无音讯。几个月下来,连熟人都遇不到一个,他绝望了,给短暂的革命生活画上了句号,走上了另一条道路。谭其骧晚年曾与我谈及这段经历,我问他:"要是当时与组织接上了头,你会不会再干下去?"他说:"当然要干。""'四一二'后,蒋介石镇压共产党很厉害,共产党人被抓被杀那么多,你就不怕吗?""当时一点也没有想过。"我说:"如果你那时找到了组织,继续参加革命,现在大概是党和国家领导人、无产阶级革命家了,至少也应该是部长级干部了。”他想了想，笑着说：“但也许早就死了，或者成了党内的反革命。”是的，历史是无法假定的，无论如何，历史使他错过了革命的机会，却给中国造就了一位杰出的历史地理学家。

开学后第一学期，中文系主任是夏丏尊，他自己教一年级国文，余上沅教英文，沈端先（夏衍）教第二外语日文，开课的教师还有林语堂、张凤等。夏丏尊一贯提倡新文艺，上课讲的也是新文学，因而深受谭其骧的尊敬和欢迎。直到晚年，他还清楚地记得，夏丏尊上第一课时首先声明自己的名字是丏尊，不是丐尊，丏读音缅，意思是被遮蔽，看不见；但没有说他为什么要用这个字为名。谭其骧对新文学的兴趣很大，假日常到福州路书店买小说和文学期刊，还尝试写过小说，其中一篇《给我的小弟弟》发表在《国立暨南大学中国语文学系期刊》。夏丏尊对青年学生十分热情，谭其骧也乐意和他亲近，常在课后找些问题请教。夏丏尊对谭其骧的习作很赞赏，学期中间曾带领他和班上同学到市区一家餐馆与鲁迅见面，聚餐前进行了座谈。新中国成立后，曾经参加过座谈的中文系同学黄永标还清楚地记得鲁迅谈话的内容，接受过不少次采访。或许是因为以后的兴趣已不在文学，谭其骧对鲁迅当时说了什么话已完全没有印象，甚至无法判断黄永标说得对不对。

这位黄永标一度出家为僧，因而被谭其骧称为“和尚同学”，“文革”前后不时到谭其骧家中走动，谭其骧常在可能条件下给予资助。1979 年 4 月 5 日，谭其骧曾为黄永标致书赵朴初，促使替他落实政策。但黄永标没有等到这一天，在次年 1 月 25 日病亡。在他死后一周，杭州市佛教协会汇来了第一笔二月份的生活费 23 元。

林语堂上的课给他印象最深的并不是讲的内容，而是烟瘾：由于林语堂的烟瘾极大，在课堂上往往忍不住，但又不便在讲台上面对学生抽烟，常常讲着讲着突然停止，不声不响地躲到教室角落对着角落抽上几口，待过足了瘾再捺灭烟头，重上讲台继续讲课。

以谭其骧的激进思想和对新文学的热情，加上他出众的才华，当时完全可能在夏丏尊的引导下走上文学创作的道路，成为一名新文艺的斗士，但半年后的变化又改变了他的方向。第二学期开学，夏丏尊因故去职，中文系主任换了陈钟凡。谭其骧当时的看法，陈钟凡是崇尚旧学的，擅写古文，请来的教授如陈柱、龙沐勋等也是比较守旧的，他们上课都是讲旧学，深为谭其骧所厌恶。于是他串联了班上同学，联名上书校长郑洪年，要求撤换"顽固派"陈钟凡，还在饭厅前张贴大字报，攻击这些"冬烘"教授，大字报都是由他一手起草的。校方自然不为所动。他们换来的只是教务长的召见和一顿训斥，系主任依然是陈钟凡。

到1928年秋季开学，谭其骧再也不愿在中文系读下去了，好在学校允许转系，他就转入了外文系。外文系主任是叶公超（崇智），加上当时普遍重视外文，在一般人看来，能转入外文系自然是幸运的。谁知才上了两星期课，谭其骧又转系了。

原来学校新成立了历史社会系，贴出布告招生。不过这一次谭其骧却寝食不安地思考了好几天，究竟要不要转？当时不少人对他的转系打算不以为然，劝他慎重考虑，最后他还是决定转入历史社会系，主修历史，兼修社会学。或许是书香门第的潜在影响，但主要还是他对自身能力的估计。原来经过一年的学习，他发现自己形象思维的能力有限，却长于逻辑推理，搞文学创作未必会有成绩，研究历史倒相当合适，因此他作出了决定他未来的关键选择。就在这一年，谭其骧写下了这样的话："其骧十五以前浑浑噩噩，十六十七献身革命，十八而志于学，从今而后，矢志不移。"

他的选择是认真的，以后的事实也证明，他的选择是正确的。

历史社会系第一任主任是黄凌霜，1928年秋由程憬（仰之）①代理，1930年春以后又换了许德珩（楚生），教师有孙本文、邓初民、潘光旦、周传儒、王庸（以中）、徐中舒、方壮猷等人。程憬教中国古代史，传播的是当时风靡一时的以顾颉刚为代表的疑古学派观点，使谭其骧感到很新鲜，对顾颉刚十分向往。程憬还经常邀谭其骧去他家，谈疑古学派，谈做学问的方法。在他的鼓励下，谭其骧开始翻线装书，他到福

---

① 笔者曾据先师遗稿作"陈憬"，近承顾潮女士指正，并承北京大学中文系陈泳超教授查阅相关史料予以证实，特此说明，并致谢忱。

州路买书时也逐渐转而选购史学书籍了。徐中舒、王庸、方壮猷都出身于清华大学国学研究所,深受王国维、梁启超的学术思想和学风的熏陶,他们的课又使谭其骧受到考据方法和史学理论方面的训练。

另一位对谭其骧有重要影响的教师是潘光旦。潘光旦是著名的社会学和人类学家,他开的两门课——社会学基础和种族问题,谭其骧都选了。潘光旦讲课非常动听,对学生极有吸引力。尽管谭其骧没有完全接受他的优生学理论,对他的很多见解却完全赞同,并经常提出一些问题求教,潘光旦也很乐意作指点和讨论。他们讨论的范围很广,如有移民问题、血统与人口素质的关系、汉族与少数民族的交流和同化、江南的宗族、一些民族和地方人口的来源等。虽然限于谭其骧当时的知识,这些讨论不可能很深入,但给谭其骧留下了深刻的印象,以后他一些重要的论文的观点就是在这些讨论的启发下产生的。谭其骧将一套《谭氏宗谱》送给潘光旦,成为潘光旦写《明清嘉兴的望族》一书的资料来源之一。谭其骧的毕业论文就以“中国移民史要”为题,由潘光旦指导完成,并得到潘的激赏。他一直保存着这二册论文原稿,上面留着潘光旦用红笔写下的批语。1988 年,他得知我开始撰写中国移民史,就将这二册文稿赠给了我。

对另一些教师的课,谭其骧却不欢迎,如孙本文的文化社会学,他感到只有空洞的理论,没有实际内容。1929 年秋季开学,许德珩请来了马哲民和一位姓牟的教社会学,谭其骧觉得更讨厌,就施展出反陈钟凡的本领,带头哄赶,结果把姓牟的教师气走。当时学生赶走教师的现象并不少见,但像他这样三年中两次带头闹事的学生也不多,所以给许德珩留下很深印象。以后许德珩当了暨南大学的教务长,社会历史系又发生哄教师的事,他马上就问:“是不是又是谭其骧带的头?”其实,谭其骧已提前毕业离校了。

那时暨南大学的风气相当自由,学校对学生没有什么管理,上课一般不点名,不上课也没有人管,课外的生活和活动更完全自由。许多选修课都不考试,只要交一篇论文就可以作为修毕该课的成绩,而论文是否由学生自己撰写无人检查。谭其骧在期终时总要为几门选修课同时写上几篇论文,除了用一篇作为自己的成绩外,其余就供因病因事或写不出论文的同学署上自己的名字上交。

暨南的体育运动相当有名,尤其是足球,拥有名将陈镇和等人,但谭其骧对体育没有兴趣,课余生活一般是聊天、散步、上咖啡馆。晚饭后外出散步,经常是向西至杨家桥折回,假日还到较远的大场镇、南翔古漪园、江湾叶家花园游玩。他也很少看电影,因为学校在真如火车站铁路以北,电影院在四川路,往返路程太远。不过如有南国社的话剧和京剧名角的演出,他还会跑到市中心去看。散戏后到北火车站旁宝山路坐“野鸡汽车”(无营业执照)回学校,每人只收小洋二角,坐满就开,相当方便。学校虽有食堂,但多数学生喜欢到铁路以南小街上小饭馆吃包饭,每月花十元钱多一点就够了。

谭其骧能够提前毕业,得益于暨南大学的学分制,学生读满规定的学分就能毕业,而且不仅在中文系的学分算数,连他在上海大学一学期的学分也得到承认,加上他选课较多,所以在社会历史系实际读了两年,到1930年夏天就符合毕业条件了。他的班级有五名学生,其余四位是江应梁、陈源远、许震球、刁焕国,都是下一年毕业的。江应梁毕业后留校当了助教,1937年去广州中山大学读研究生,后即在该校任教,1948年后一直在云南大学当教授,是一位著名的西南民族史专家和人类学家,1988年逝世。陈源远毕业后也进了燕京研究院,毕业后任职于苏州江苏第二图书馆,1934年2月《禹贡》半月刊首发时,封面上所列代售处中就有他的单位和名字,显然是作为二位编辑之一的谭其骧所联络。以后陈长期在江苏水利机构任职,又改名陈从天,退休后住在南京,1981年谭其骧曾与他在南京会面。许、刁二位在毕业后不久就失去联系。

毕业时的谭其骧已经选定了治学的目标,决定到故都北平攻读史学。程憬将他推荐给燕京大学研究院。燕京研究院录取研究生不通过考试,只审查大学成绩单和推荐书,谭其骧很快收到了录取通知,在1930年9月登上了北行的火车。

(葛剑雄《悠悠长水·谭其骧传》修订版,广东人民出版社,2014)

洪 深

洪深（1894—1955），学名洪达，字伯骏，号潜斋，别号浅哉，江苏武进人。中国电影戏剧理论家、剧作家、导演。1912年，考入北京清华学校，1916年夏毕业后赴美国留学，入俄亥俄州立大学学习陶瓷工程，继续编戏演戏。1919年考入哈佛大学戏剧训练班，成为中国第一个专习戏剧的留学生。1922年春回国。1931年任国立暨南大学外文系教授、主任，兼复旦大学教授，讲授英国文学、戏剧等课程。

洪深与戏剧教育

古　今

洪深先生曾赞誉国立戏剧专科学校“为戏剧运动散播下许多新的种子”，他深知戏剧教育的重要性，呕心沥血，几十年如一日地为中国的戏剧事业培育各类人才。

1922 年，洪深从美国归来，因当时的话剧（称作新剧或爱美剧）只有业余剧团，也没有女演员，是沿袭文明戏旧习“男扮女”的，所以他专门写了一部没有女角的《赵阎王》邀请笑舞台的文明戏演员协助，以“戏剧改进社”的名义演出。因为文明戏演员的表演无法同话剧的风格融为一体。直到 1926、1929 年北平艺专戏剧科的“五五剧社”和洪深领导的剧艺社的两次演出，才获得成功，为观众所认可。

新剧演出，最主要是缺乏导演制，演员可以不经过事先排演，在舞台上临时随意发挥，即兴表演，甚至搬用文明戏的言论正生、哀艳悲旦等等；所以，当洪深加入谷剑尘、应云卫主持的“上海戏剧协社”，担任排演主任后，立即按照欧美戏剧演出的模式进行改革实验，废除“男扮女”，培养女演员；建立导演制，要求演员对剧本进行分析研究，了解剧本的主题思想；对于演员念词、表情和动作反复揣摩、练习，甚至亲自示范，务求逼真自然。经过戏剧社多次的公演，有力地推动了上海业余戏剧运动尤其是学校戏剧的蓬勃发展，其影响波及全国各地，一个崭新的话剧演出形式开始诞生了！

这时，洪深先生被复旦大学聘为教授兼外文系主任，不久，又陆续在暨南大学、大夏大学任教。以后又曾在山东大学、中山大学、厦门大学担任教授、外文系主任。

他在大学讲授外国戏剧、欧美文学名著、文学批评和戏剧概论，培养学生对戏剧的爱好，引导他们投身到戏剧事业中去。1923 年初，洪深正在笑舞台排练《赵阎王》，接受了东南大学西洋文学系学生会主席顾仲彝的邀请，前往南京讲授《编剧 · 排练 · 演技》，连续讲了三个晚上，每晚三小时。讲完后，爱好戏剧的学生与洪深座谈到深夜，从中国的话剧运动谈到外国的戏剧演出情况，介绍了许多英文的戏剧书籍，还把《赵阎王》的写作经历和演出计划详细地告诉他们。顾仲彝在大学毕业后，到上海商务印书馆编辑所工作，假日时经常到洪深家拜访，洪深介绍他参加戏剧协社，带他看自己排的戏，指点他怎样改译剧本，就这样在洪深的熏陶、影响下，顾立志从事戏剧运动，走上戏剧岗位。

洪深先生讲课时声音洪亮，语言生动，又富于表情，善于启发，深入浅出，不但本系学生热烈欢迎，连外系学生也纷纷前来旁听，把大教室的室内门外都挤得满满的。爱好戏剧的同学团结在洪深的周围，纷纷组织起业余剧团，利用寒暑假或课余时间排练话剧，在教学中，洪深始终坚持理论与实践相结合，尤其着重于实践。复旦剧社原名复旦新剧社，1925 年秋组成，洪深担任指导。第二年马彦祥等加入进去改组为复旦剧社。洪深给学生们开设“戏剧编撰与出演”，除教授有关编剧、导演、舞台技术和戏剧知识外，并排练戏剧片断。他还让选修课程的学生，每人写一个独幕剧作实习报告。他在众多的剧作中，发现了后来成了著名导演的朱端钧写的《星期六的下午》，交给复旦剧社排练，正式上演。在暨南大学也是如此，他亲自给学生排练萧伯纳的英文原剧《英雄与美人》，手把手示范，校正每一句台词、每一个动作。洪深先生还注意启发、培养学生的独立思考的能力。在厦大上“文学批评”时，特意邀集班上学生到他的寓所，用富于情感的声调朗读他与赵清阁合作的电影剧本《几番风雨》，让学生提意见，听完意见后，谈了剧本的创作过程和体会，用这种方法，上了一堂别开生面、生动活泼的文学批评的实践课。

1937 年,抗战全面爆发前夕,洪深在中山大学指导中大乡村服务实验区戏剧研究会到农村演出话剧,作"提高农村文化水准,启发农民救亡意识"的探索实验,让"农民戏剧"成为农民自己的艺术;通过演出,"使农民亲历其境地领会国际形势,社会的实态,直接地感受到日本帝国主义的政治经济种种的侵略,影响到农村破产的关系,起来打破现有的环境,以寻求自己的出路"(《洪深文集》第二卷)。为了这个目的,开展征求有"民族解放斗争的意识和配合农村大众改善生活的情绪底剧本"的活动,让戏剧真正为抗战服务,为农民大众服务。

我国第一个戏剧专门学校是 1922 年冬蒲伯英、陈大悲等在北平创办的人艺戏剧专门学校,但只办了两年。1925 年,赵太侔、余上沅、闻一多和熊佛西等在北京美术专门学校中增设了戏剧系,学校也随之改名艺专,并决定招收插班生,分别在北京和上海两地招考,上海方面委托欧阳予倩和洪深代办。艺专后来改建为北平大学艺术学院,戏剧系由熊佛西先生主持,一直坚持到 1932 年。

那时上海没有戏剧专门学校。1924 年 7 月,大中华影片公司附设电影学校,洪深担任教务主任(校长曾焕堂)。这是中国电影史上第一个略具规模的演员训练班,学员 150 名,3 个月学习,3 个月实习,可惜只办了半年就宣告结束。1927 年,田汉继任私立上海艺术大学校长,戏剧科有了 20 余名学生,就在 11 月提前开班,洪深虽忙于复旦、暨南上课,为明星影片公司编导电影,给戏剧协社排戏、演出,还有许多社会活动,仍答应给艺大同学讲课。不久,艺大解散,田汉又在原基础上创办了南国艺术学院,洪深一如既往义务讲授"戏剧概论"。然而,南国艺院也没有维持多久,就转为南国剧社。1929 年 2 月,欧阳予倩到广州主持广东戏剧研究所,附设演剧学校,聘田汉为名誉校长,洪深任校长,但洪深的根据地在上海,所以当演剧学校筹备就绪后,洪深也就返沪,专心在大学教书,编导电影,从事剧运,并积极投入左翼文艺活动。

1935 年 10 月,国立戏剧学校诞生,余上沅任校长,应云卫任教务长,聘请洪深任教,洪深虽远在青岛的山东大学,但爽快地答应了,为首届二年制学生教授“编剧技巧”，于是，忙碌地在青岛与南京两地奔波。抗战期间，国立剧校迁至四川江安，改为专科学校。1942 年，洪深重又应聘，讲授“希腊戏剧”和“编剧”，为 43 年毕业生执导《北京人》。

抗日战争全面爆发后，洪深先生毅然投笔从戎，组织上海救亡演剧第二队，从上海经南京到徐州、开封、洛阳、武汉和安陆等地，冒着生命危险，沿途向群众、前线将士宣传、演剧，揭露日寇侵华兽行，组织群众，团结群众，同仇敌忾，激励战斗热情。武汉失陷后，随周恩来、郭沫若领导的军委会政治部第三厅，辗转长沙、桂林，迁移到重庆。1939 年初，为适应抗战戏剧发展需要的形势，开设以培养军中话剧表演、导演和舞台工作人员的战时戏剧讲习班，并在这一基础上特成立教导剧团，归三厅直接指挥，地址设在离三厅驻地赖家桥约 8 华里的巴县土主场。洪深兼团长，万籁天任教务主任、常驻教官，负责管理生活与学习，石凌鹤兼教导主任，教员有洪深、陈白尘、石凌鹤、万籁天、张曙、沙梅、李广才、辛汉文、龚孟贤等，洪深除负责全面管教外，着重剧本创作，亲自为学员排戏，有时一两天不回三厅。

7 月下旬，洪深编导四幕话剧《包得行》，由教导剧团演出。8 月初，由重庆出发，沿成渝公路步行，经合川、铜梁、潼南、乐至、简阳等县到成都，沿途作巡回实验演出，《包得行》演出了 70 余场。农民习惯于观看地方戏曲，听不惯普通官话，对话的话剧不易接受；尤其在广场上，没有扩音设备，观众往往不到终场便离去。《包得行》的内容是农民最熟悉的抽壮丁、服兵役的故事，所以，洪深特为学员写的对话采用四川方言，由于通俗易懂而收到宣传效果。每次开演之前，洪深还站在幕前大声讲解剧情，并请化了妆的演员一个个在观众面前亮相，介绍自己的姓名身份和人物之间的关系，让观众了解剧本的故事内容。《包得行》巡回演出的条件很差，舞台灯光，大都用桐油照明，有时甚至举着火把坚持演出，舞台装置用竹子编成两堵墙当作内室。演出虽简陋无比，但仍吸引了大批观众，所以演员的情绪始终高昂不衰。

1940 年底，国民党改组政治部，撤销第三厅，郭沫若立即卸去三厅厅长之职，厅内 40 余名工作人员闻讯后，联名集体辞职。蒋介石恐怕他们到延安去，只得另组文化工作委员会挽留大家，由郭沫若任主任，阳翰笙为副主任，周恩来为指导委员，沈雁冰、田汉、洪深等10人为专任委员。文工会是个有职无权的机构。

1943年秋，抗战进入高潮，张治中主持军中文化工作研究班，设有戏剧系，请洪深担任主任。讲课的阵容非常强大，有曹禺的“希腊悲剧”、马彦祥的“西洋戏剧史”、谷剑尘的“戏剧概论”、郑君里的“斯坦尼表演体系”、陈白尘的“编剧”，赵清阁也一度讲过“编剧法”。洪深亲自教授“心理学”“舞台技术”（即舞台动作技能）和“排演”，为第一期学员排了《第二梦》《北京人》，第二期排演法国作家班那的《妒误》。此外还特约张骏祥、贺孟斧、王平陵、焦菊隐、史东山等来讲演、授课。

为了让学员熟悉舞台，洪深经常率领50多名学员进城观摩演出，如中央青年剧社公演的，由洪深与马彦祥合导的郭沫若历史剧《金风剪玉衣》（即《南冠草》）、中国艺术剧社的《戏剧春秋》等。

洪深重视话剧艺术向民族传统戏曲学习的问题。他对戏曲有过深入的研究，写了不少有关论文，自己也会“玩票”，与欧阳予倩合作过《刺虎》和《人面桃花》，多次出演谭派名剧《打棍出箱》（即《琼林宴》）。早年在上海暨南大学时，鼓励学生听暨南兼任京剧、昆曲讲师的小生泰斗俞振飞的课。一次校庆晚会上，俞振飞演《贩马记》，洪深与学生坐在一起观看，不断从旁指点演员的音容笑貌、眼神、台步和形体动作一招一式的准确性，叫学生认真学习。在第六届戏剧节期间，特地带领军文班学员到夏声剧校参观小演员练戏曲基本功。洪深叫军文班学员也表演话剧的基本功，学员们胆怯不敢，五十岁的洪深先生亲自表演呼吸、放松、控制动作和各种跌倒的基本功。他说：学话剧的应该向民族素有的表演艺术长处学习，而京剧也应该学习话剧注重内部技巧的优点。

抗战胜利后，国立剧专复员回南京。上海在战前原是全国的文化中心，所以在大后方的进步的戏剧界人士绝大多数仍是返回上海，与坚持在孤岛奋战的戏剧家们会合在一起。著名的戏剧家李健吾与黄佐临、顾仲彝倡议创办私立的戏剧学校，得到时任教育局长的顾毓琇的支持，改为市立，由顾仲彝任校长，吴仞之任教务主任，定名上海市实验戏剧学校。远在重庆的洪深先生听到消息非常支持。1946 年，复旦大学师生分批复员回上海。回到上海，剧校师生在大礼堂举行欢迎会欢迎洪深先生的到来。在欢迎会上黄佐临先生说："听说洪先生善于表演，上课时带席子作表情，以后我们得一饱眼福了。"果然，上"基本排练"的第一课时，洪深先生手拿席子进教室进行示范表演，训练学生形体动作的松弛与紧张。由于全校师生仰慕洪先生的教学风范，他在小剧场特地上一堂"演出讲话"的公开课，有声有色地讲授表演的"刺激与反应"。演戏演的是人，人的刺激与反应无非是自然人与社会人的刺激与反应，演员就是演自然人与社会人两类刺激反应的交组，所以导演与演员必须分析清楚人物角色双方之间社会地位、关系、事由和各自的性格特征等，才能准确地把握刺激与反应的尺度。洪深先生"用行为心理学来解释戏剧表演的技术"，这是他的首创。

洪深先生在剧校选择《日出》和《第二梦》训练学生的表演基本功，因为两剧都是群戏，每个角色的戏都比较均匀。《日出》的人物性格典型，形象鲜明生动，内心世界丰富，矛盾冲突激烈尖锐，演员的创造有很大的发挥余地；只是因为缺少能演翠喜的人，所以没有排完全剧。《第二梦》的戏剧性强，剧中每个人物都有两个反差极大的身份、遭遇与性格，这等于塑造了两个角色，适宜于教学。他在课堂上还用《屈原》中的"橘颂""雷电颂"等片断训练大家。

洪深先生主张要真实，要讲究美，声音要耐听，表演要耐看，念台词要口齿清楚，抑扬有致，有真情实感，动作表情要美观、自然、简洁，要善于利用大、小道具，辅助自己丰富表演。他说，戏曲表演载歌载舞需空台，话剧则切忌空台，要有布景装置，让演员的表演有支撑点。

洪深在年轻时喜欢在公共场合上观察人事，从人们的表情神态、衣着谈吐猜测他们的职业和性格。在演戏时，他鼓励演员要多多接触社会、体验生活。如《第二梦》中有个崂山庙里的香伙，是专门侍候香客倒茶沏水干杂务的粗鲁人物，对阔家二小姐却存有非分之想。到了第二幕梦中他成了有钱有势的富豪。演员在台上总是找不着感觉，手脚不知所措。洪深就让他到城隍庙去观察卖狗皮膏药的大汉,对他们的动作、讲话的神态好好学学,再和他们聊聊,了解他们的想法。这能使演员从中得到灵感和启发。

洪深在戏剧教育上,强调必须加强演员的思想道德和艺术修养,要做良公民,要多读书,要深入生活。他是中国话剧艺术的开拓者、戏剧家、戏剧教育家,英勇的爱国主义者,为中国话剧以及在电影事业的黎明时期做了很大的贡献。

(《太湖》2006 年第 6 期)

怀念两个人——洪深和王芸生

任明耀

在我一生中遇到过不少好人,其中包括学生时代的良师和并不相识的名人,其中洪深先生和王芸生先生就是属于后一类的好人。

先谈洪深先生。

抗战胜利以后,我随暨南大学从闽北一个小山城建阳迁回上海,在上海求学两年,对我的影响太大了。那时我有幸遇到了不少良师,如钱锺书、李健吾、曹未风、周煦良等,也听过不少名人的演讲,如茅盾、马叙伦、张伯钧等,他们都给我留下了深刻的印象。

在校园文娱活动中,我对京剧情有独钟,当时上海京剧舞台,名角如云,百花争艳,我有幸看过梅兰芳大师两场演出:"樊江关"和"奇双会",他扮相俊美,唱腔甜润,使我陶醉了。可是特别令我满意的是,他的舞台表演干净,没有其他人员的干扰。当时名角演出往往有一种陋习,如演员唱完一段精彩唱腔以后,突然会出现一个人,手拿一把精致的小茶壶给演员送水解渴;有时演员要坐下时,有人马上给他放好椅子;有时演员头上冒汗时,有人及时拿块毛巾替他吸汗。这些陋习历来如此,演员习以为常,观众也习惯了,不以为奇。可是我看梅兰芳的舞台演出,不让闲杂人员干扰他的演唱和表演,我深受感动,于是写下了一篇小文《平剧(京剧)舞台上一些容易改革的毛病》,投寄当时在厦门大学执教的戏剧专家洪深教授。当时他兼任上海大公报"戏剧与电影"专栏主编。当时该栏目常有不少名人的美文发表,受到读者的欢迎。稿件寄出以后不久,我的小文突然见报了,使我又惊又喜。这是我第一次在大报发表文章。当时我用了一个怪怪的笔名"白衣人",意谓我是一位布衣作者,普通的大学生。不久洪深先生给我寄来了稿费,又给我写来了一封热情洋溢的信,鼓励我继续投稿,还称我为"白衣人先生"。这一下,真使我受宠若惊了,名教授称我为"先生",叫我如何敢当呢!洪深先生字迹古朴、端正,颇有颜体风格,我一直小心保存着这封珍贵的信件。不幸在新中国成立后不久散失了,但他对我的鼓励,影响了我今后的人生走向。这对我以后一直在高校从事中外戏剧的教学和研究,特别是京剧艺术的研究,起到了促进作用。新中国成立以后,他调往北京,担任中外戏剧协会的领导,并做研究工作,非常忙碌,外事活动也十分频繁,我虽很想有机会拜见这位戏剧名家,可是一直没有机会。他辞世以后,我一直怀念着他,对他心存感激。可见一位名家的一言一行,对年轻后辈的影响是多么的深远啊!

另一位是王芸生先生。

王芸生先生是著名办报人,当时他是上海《大公报》的主笔,他立论公正,历来为许多知识分子所赏识。当时上海的《大公报》和《文汇报》是各大学师生最爱看的报纸,经常可以看到社会名流和进步专家、学者的宏论。我和王芸生先生素昧平生,只知其大名,并不相识,更无联系。大学四年学习生活使我感触很深,我觉得存在的问题不少。于是我写了一篇《大学和大学生》的小论文,阐述了我对当时大学教学存在的不少问题,如课程设置、如何发放贷学金问题,特别是比较突出的毕业论文等诸多问题的看法。当时大学毕业前必须递交一篇毕业论文,如果导师不通过就不得毕业。因此如何写好毕业论文,成了许多大学生的"心病"。实际情况是许多大学生都没有能力写出原创的有质量的论文,为了一张毕业文凭,大家只好东拼西凑写一篇大杂烩抄袭之作,有的学生无法可想只好找人代写。我在文中提出要改变写毕业论文的现状,不妨从实际出发,写一篇有实际心得的读书报告。此文得到王芸生先生的首肯,在《大公报》上公开发表了。这对我来说是意外的高兴。王芸生先生并没有给我写信,文章发表了,意味着他对我的鼓励。从这件小事,使我意识到,文章的质量首先要有实际内容,不能无病呻吟,其次是要有时代感,论述一些大家关心的热点问题。这篇文章的发表给了我极大的鼓舞。以后我以此文为契机,进了杭州著名的《东南日报》当了一名练习记者。虽然时间很短,只有三个月,却使我深深懂得当一名正直的新闻工作者,必须关心民众,为人民立言。我曾在该报发过一篇《为私校教职员工请命》,在社会上有一定影响。我深感做一名"无冕之王"也是挺不容易的,必须无私无畏,有时甚至要付出生命的代价。

新中国成立以后,我长期在大学从事外国文学教学和研究工作,在工作中我经常缅怀这两位从未谋面的名人对我的教育和鼓励。环顾当今的现实世界,虽然文化教育事业有了长足的发展,可是不正之风依然存在。有的"名人"好摆架子;有的"名教授"造假、抄袭别人的论文;有的报刊讲关系,漠视无名作者的稿件,不能做到公平、公正"以质取稿"。我们翻看中国现代文学发展史,有不少文学前辈,每当发现新人新作,就像天上发现一颗新星那样,由衷地高兴。作为一名高校教师,我时时以洪深先生和王芸生先生为榜样,一旦在学生中发现好的苗子,我常以满腔热情鼓励他们写作,写出有创意的文章。只有"青出于蓝而胜于蓝",社会才能前进。

我一生庸碌,常以弘一法师的名言"为善最乐,读书便佳"作为我的座右铭。悠悠岁月,年华已逝。如今我已是一位耄耋老人,来日无多。我一生无怨无悔。我将愉快地走完最后的一站。书写至此,我不禁要高呼:让我们大家追随先贤哲人们的足迹,迎接更加灿烂辉煌的明天。

世界的未来,属于后来者,这就是真理!

2010年7月酷暑于浙大西溪校区启真名苑

(《新文学史料》2011年第3期)

陈序经

陈序经（1903—1967），字怀民，广东省文昌县（今海南省文昌市）人。著名历史学家、社会学家、民族学家、教育家。1925年自复旦大学毕业后赴美留学，1928年获美国伊利诺伊大学博士学位后回国。20世纪五六十年代，他参与暨南大学在广州的重建工作，并于1963—1964年出任校长一职，为中华人民共和国华侨高等教育事业的发展做出了重要贡献。

陈序经与暨南大学

夏 泉

陈序经（1903—1967），字怀民，海南省文昌县（今文昌市）人。1925 年自复旦大学毕业后赴美留学，1928 年获美国伊利诺斯大学博士学位后回国。其一生“从事教育和学术研究”，研究领域“涉及文化学、教育学、社会学、历史学、民族学、政治学、哲学”[1]。陈序经“先后任教于岭南、南开、西南联大、中山、暨南等大学，达四十年之久，不仅授业解惑，且兼行政要职，学贯中西，蜚声士林”[2]。在承担繁重的学术工作的同时，他历任岭南大学校长、中山大学副校长、暨南大学校长、南开大学副校长等要职。尤为值得一提的是，20 世纪 50、60 年代，他参与暨南大学在广州的重建工作，并于 1963—1964 年出任校长一职，为新中国华侨高等教育事业的发展做出了重要贡献。在陈序经先生诞辰百周年之际，笔者拟着重围绕陈先生与暨南大学的关系，探讨其华侨高等教育思想和办学实践。

一、陈序经结缘暨大与陶铸

暨南大学于 1958 年在广州重建后，陶铸与陈序经先后出任学校校长，前者的任期为 1958 年 6 月至 1963 年 1 月，后者的任期为 1963 年 1 月至 1964 年夏。[3]当时，陶铸任华南局、中南局和广东省主要负责人，陈序经任职于中山大学（1952—1956 年为教授，1956 年后任副校长），是新中国首批授予的一级教授，全国政协第二、三届委员和广东省政协第一、二、三届常委。起初，两人并不熟悉，也无历史渊源。作为党的高级干部，陶铸对知识分子问题非常重视，十分关心照顾知识分子，曾于1961年在中南地区"公开倡导向知识分子赔礼道歉，公开建议今后一般不要用'资产阶级知识分子'这个名词"。通过与一批杰出学者的交往，陶铸发出了"知识分子可以说已同我们结成患难之交"这样的感叹。[4]陶铸对知识分子的看法和政策受到知识分子的普遍欢迎。20世纪50年代，陶铸赴北京向周恩来汇报工作，谈及知识分子问题，周总理笑问陶铸同志："广东有一位最善于团结高级知识分子的学者专家，能聘请到一级教授任教的教育家，你知道是谁吗？"陶铸无从回答，一时语塞，周总理便微笑着告诉他："你要向陈序经请教，向他学习一点知人善任的好作风。"[5]从此，陈序经的名字就深深铭刻在陶铸的脑海中，两人后来成为莫逆之交。

陶铸在主持暨大重建工作时，聘请陈序经参与其间，后又力荐陈序经出任暨大校长一职。在兼任暨大校长4年多后，陶铸考虑到自己"政务繁忙"，"暨大的校务已经走上轨道"[6]，加之暨大涉外事情较多，"身为中南局书记兼暨大校长也感不便"[7]，为此，他"亲自到康乐探访陈序经先生，征求他的意见：'怎样才能把暨南大学办得出色和有特点。'"之后，陶铸决定聘请陈序经继任暨大校长。"陈序经先生几经考虑，最后毅然答应了。"[8]陈序经学术威望较高，担任过多所大学的领导职务，并一直参与暨大的重建工作，熟悉暨大工作，热爱华侨教育，加之出身于华侨家庭，"在港澳及南洋侨胞中的中上层人士中有着相当广泛的影响"[9]，这些均是其出任暨大校长的便利条件。1963年1月，陈序经赴暨大履新，陶铸在学校大礼堂主持召开教职员大会，介绍陈校长和大家见面。陈序经发表即席讲话："陶校长从今天起不在暨大挂牌了，让我承乏，我有点惶恐；但陶省长是我们的父母官，一贯关心华侨教育，今后必然还会关怀我们学校的。"[10]

在"文革"期间，两人均受到迫害。陶铸的罪名之一竟是器重、照顾陈序经。当时有人认为：陈"被任命为暨大正校长一事，在上面就有人有意见，说为什么找一个党外人士去做正校长？"据"文革"后负责为陈序经平反的翁绵毅回忆:“陶铸上调中央当第四把手时,有人对此不满,就拿陈序经做例子,说陈序经和外面有关系,以此说明陶铸用人不当。”[11]

二、陈序经参与暨大重建

1949 年 5 月 28 日,上海解放。8 月 20 日,上海市军事管制委员会发布军教字第一号令,将暨大合并于复旦、交通等高校。1951 年 3 月 22 日,中央人民政府教育部在北京召开了暨南大学处理问题座谈会,会议纪要指出:暨大“因华侨学生锐减而陷于停顿状态”,决定“暨南大学校名不取消,将来如有可能,仍可考虑复校”。[12]新中国成立后,海外华侨欢欣鼓舞,纷纷回国求学。中央政府制订了长期收容处理华侨学生的工作方针与方案,认为辅导侨生回国升学,大力发展华侨教育,是中国教育工作的重要组成部分,但苦于没有一所正规的专为侨生而设的大学。因此,重建暨南大学,“已成为国内外形势发展的迫切需要和广大海外华侨、港澳同胞的强烈要求”。[13]

1957 年 5 月,在广东省政协第四次全体会议上,许多归国政协委员建议:“为了适应华侨学生和港澳学生考升国立高等学校的迫切要求与照顾他们程度参差不齐的情况,希望筹办一间新型的适合他们需要的华侨大学。”[14]5 月 13 日,广东省政协第 25 次常委会决定成立华侨大学筹委会,9 月 12 日,华侨大学筹委会正式成立,由陶铸任主任委员。次年 2 月,根据中央指示和有关部门建议,将华侨大学筹委会改名为暨南大学筹委会,并获省政协第 28 次常委会通过。经国务院批准,1958 年 9 月 24 日,暨南大学在广州正式重建并为首批学生举行开学典礼,陶铸兼任校长。[15]陈序经一直积极参与暨大的重建工作,协助陶铸等人为暨大走上正轨做出了重要贡献。陈序经为暨大重建所做的贡献主要表现在下述两方面:

一是担任暨大筹备委员会副主任。暨南大学筹备委员会(起初为华侨大学筹备委员会)共有 37 名委员,包括有关部门负责人、港澳地区和内地热心华侨教育事业的知名人士,由陶铸兼任主任委员,王匡、陈序经等12人为副主任委员。筹备委员会主要负责研究决定学校的"办学方向、专业设置、教育思想、教学内容、学习教育思想、生活管理、领导作风、知识分子政策的落实、侨务政策的贯彻执行等重大问题",以及"各级领导干部的配备和师资队伍建设等难题"。[16]根据暨大综合档案室现存的档案资料,陈序经副主任委员自1957年9月至1958年9月,一年内参加了7次筹备委员会会议(1996年版《暨南校史》认为只有4次,但实际上是7次)。现将陈序经参与暨大重建活动的有关情况分述于次:

首次筹备会议于1957年9月12日在广州华侨大厦举行,会议决定成立华侨大学筹备委员会,陈序经为副主任委员兼筹备工作小组成员。陶铸主持会议并着重讨论了应否筹办及如何筹办华侨大学问题。[17]

陈序经先生参加的第二次筹备委员会会议于1957年11月14日晚在广州华侨大厦举行。当时"筹办大学中央已同意,以恢复暨南大学迁来广州",会议宣布"筹建工作现在开始",第一期基建经费总计为600万元,以"公助200万元,其他筹募,中侨委100万元,省100万元"。会议主要研究了学校的师资、专业设置等问题。针对有委员主张主要创办水利工程系、水产系的观点,陈序经认为:"单办一科水利,没有其他学系的配合起来,是很难办的。"他非常重视师资问题,他认为:"教师、设备问题很重要。"会议还决定成立学校筹建办公室,"陈序经校长每周来一次"指导建校工作。

1957年12月1日,陈序经受筹委会委托,主持召开暨大校友座谈会,征求暨大校友对复校工作的意见和建议。会议主要通报了学校的筹备情况,出席会议的暨大校友有沈鹏飞、蔡演雄等人。与会人员一致主张用"暨南大学"作为这所新筹建学校校名,会上暨大校友反映:"暨南校友听到要复校很高兴。"陈序经最后就校名、办学经费等问题做总结发言。他认为"考虑到暨南的历史关系","用暨南校名很重要"。至于办学经费,他认为:"过去暨南是政府包下来的,靠华侨支持办学不容易,要华侨捐建房屋纪念祖先容易,捐建仪器就困难了,要他们捐经常费就更困难，所以经常费收学费是不能维持的。”[18]

第四次筹委会于 1958 年 1 月 3 日举行。陈序经等 16 人参加，会议决定恢复暨大，并详细讨论了校址问题。[19]

第五次筹委会于 3 月 21 日在广州华侨补习学校接待室举行，会议决定暨大校址不选芳村白鹤洞，改为原华侨补习学校。陈序经就校址及学校建设问题在会上发表了重要意见，并最终促成暨大在广州石牌原华侨补校校址重建。[20]

第六次筹委会于 9 月 8 日在原华侨补习学校校址上重建的暨大二楼会议室举行。陶铸、杨康华、杜国庠、陈序经等 18 人参加。会议由学校筹备办公室主任、广东省教育厅副厅长梁奇达通报了暨大招生与基建情况，并讨论了开学前的有关筹备工作。[21]

第七次筹委会于 9 月 24 日上午举行，陶铸、陈序经等与会。陶铸宣布：新筹建学校仍沿用暨南大学校名；鉴于暨大已于当日开学，决定解散暨大筹委会，另成立建校委员会。[22]

二是任建校委员会副主任。1958 年 9 月 24 日，暨大在广州重建并开学后，为了全面规划和领导学校的基本建设，根据陶铸的提议，成立了暨大建校委员会。建校委员会共有 38 名委员，由广东省副省长、广州市市长朱光任建校委员会主任委员，王越、陈序经等 13 人为副主任委员。[23]陈序经不负重托，一直积极参与暨大重建初期的建设工作。

三、陈序经出任暨大校长

1963 年 1 月，陈序经担任暨南大学校长。他对担任校长一职颇为自豪，据陈合宜教授回忆，陈序经曾在暨大招待所对她说：“‘这就是我的暨大，我将要在这里工作。’看来，他是想在暨大干一番事业。后来的事实证明，他确实在暨大干出了成绩，为暨大的发展立下了汗马功劳。”[24]他有较强的管理高校的能力，知人知心，优容雅量是其管理宗旨。他有一句口头禅：“我是为教授服务的。”在任职暨大期间，他负责学校全面的管理工作，常常深入到师生和基层中，了解第一手情况后作出决策和开展工作。在一年半的校长任内，他在暨大主要做了两件事：“一是提高学校的教学和学术水平；二是建设好校园。”[25]

陈序经非常重视师资工作，“抓教授”是其办学的一大特点。他认为办名校就要想方设法聘请名师。为此，他参与主持制定了暨大“十年培养提高师资规划”，在校务委员会下面成立了师资规划领导小组；提出了在十年内逐步把暨大办成一所规模完善、质量优良的重点大学的奋斗目标。1963 年 5 月 17 日，国务院决定将暨大划归教育部直接领导，这有利于加强学校师资队伍建设，争取教育部对暨大师资队伍建设的关心支持。陈序经先生鼓励青年教师“要努力提高自己的学术水平，为暨大做贡献”[26]。除了注重培养本校教师外，他还想方设法调进学科带头人和学术骨干，“他曾想从外校外省聘请 10 位教授到暨大。为此他曾用各种开会出差机会，在北方商调人来”。正是这种过人的器量和待人挚诚的吸引力，他先后调进了一批名教授到暨大任教，如来自哈尔滨工业大学的李天庆教授，来自中山大学的廖翔华教授及夫人杨秀珍教授、陈如作教授，来自华南工学院的卢文教授（任暨大数学系系主任）等。[27] 他另从外校调进了一批教师充实暨大历史系、经济系、中文系。他当时重视师资工作的胆识与热诚，传为教育界的美谈，直至 1982 年仍为周谷城教授所提及。[28]

陈序经还十分重视校园建设。他认为没有一个幽静的环境，要形成浓郁的校风、学风是不可能的。早在岭南大学任校长时，他就在校园移植杜鹃花。岭南大学后来成为一所秩序井然、布局匀称的花园式学校。重建初期的暨大，校园环境不尽如人意。据马兴中回忆：“当时校园中有一个石牌村。其地点就在现经济学院大楼和医学楼大楼及邻近地段。校园中还有农民耕种的一些菜地和水田。现图书馆前面的草坪是菜地，苏州苑教授楼一带则是水田。”[29] 他力图建设好校园，为此，他倾注了大量心血，大力提倡种树和种竹子。“暨南大学的校园绿化、道路铺修、宿舍扩建以至饭堂改进……他起了策划、监督、力行的作用。”[30]

作为校长，陈序经另一项最重要的工作是主持学校行政会议，讨论决定学校重要事项。仅 1963 年 12 月 5 日至 1964 年 4 月 8 日，他召集学校行政会议 9 次[31]，他还于 1963 年 2 月 2 日担任学校董事会副董事长，以“协助政府筹建和监督办好学校”[32]。陈序经十分关心师生冷暖，教师“每在校园里遇到陈校长，他总要停步问话，亲切感人”[33]。他的寓所在中山大学，在乘小车（由暨大香港校董费彝民捐赠）前往暨大的途中，“只要他瞥见学校的教师行走于中途，他必须招待司机把车停了……于是他的小车成了巴士”[34]。他曾亲自登门慰问暨大每位教授。对生病教师更是悉心关照，暨大中文系洪柏昭教授回忆，1963 年秋，他患急性出血性坏死性肠炎，陈序经两次到医院看望，并嘱咐医生全力抢救，“陈校长的人道关怀，人情滋润”，使其很快病愈。[35]对于学生尤其是侨生，他关怀备至，“在暨南任职时，有些学生家长来校看望子女，他常亲自予以接待……使学生家长甚为感激”[36]。在其主政期间，学校各项工作得到稳步发展，譬如 1963 年招收新生 548 人，其中有华侨、港澳学生 441 名，占 80.48%；1964 年 2 月，中国科学院东南亚研究所列入暨大建制；1963 年暨大重建后的首批本科生毕业，等等。[37]

正当陈序经在暨大大展宏图之际，1964 年 6 月，教育部根据国务院第 145 次会议决定，调任陈序经为南开大学副校长。[38]是时，他内心极为矛盾，“他曾找陶铸谈他不想到南开去，陶铸也表示很想留他在暨大，但上面决定调他去南开也无可奈何”。最后，“经过陶铸同志的耐心帮助和开导”，并委派时任广东省副省长的李嘉人亲自到家里做工作，陈序经决定放弃个人利益，服从组织安排。[39]“文革”期间，陈序经因担任岭南大学校长的经历，被怀疑是“美国特务”和“国民党特务”，1967 年 2 月 16 日，陈序经在南开大学因受迫害脑溢血突发而病逝。1979 年 5 月，组织上为其平反昭雪，并在天津举行追悼会，时任暨大校长的杨康华代表学校敬送了花圈。同年 6 月，广东省政协为其举行骨灰安放仪式。2003 年 9 月 16 日，暨南大学隆重举行了“纪念陈序经老校长诞辰百周年座谈会”。

陈序经毕生“尽瘁于教育及学术事业”[40]，青年时代就秉持“教育救国”的理念,他不愧是一位爱国的教育家和学术领域涉猎深广的学术大师。20世纪50、60年代,他协助陶铸等人参与暨大在广州的重建工作,直至出任校长一职,他为新中国华侨高等教育事业的发展做出了重要贡献。在繁杂的行政工作之余,他在暨大坚持从事学术研究工作,撰写了《泐史漫笔》[41]和其他东南亚史专著。诚如有学者所言:“陈校长所提倡的‘优容雅量’的学术态度,他的‘建一流大学就是要抓名教授’的办学理念,仍然是我们发展教育的宝贵经验和财富。”[42]今年正值陈序经先生诞辰百周年暨出任暨大校长40周年,缅怀先贤,是为了激励今日之暨南人向陈序经学习,聚精会神,一心一意谋求学校的发展,为实施“侨校十名校”发展战略,圆满完成“朔南暨,声教讫于四海”的办学使命而努力奋斗。

注释:

[1][7][11][25][27][39]陈其津:《我的父亲陈序经》,广东人民出版社1999年版,第6、210、211、214、215、288页。

[2]端木正为陈序经《泐史漫笔——西双版纳历史释补》所写序言,中山大学出版社1994年版。

[3][6][12][13][23][26][37]详见《暨南校史(1906—1996)》,暨南大学出版社1996年版,第100~111、118、125~126、139、145、155、163页。

[4]陆键东:《陈寅恪的最后贰拾年》,生活·读书·新知三联书店1995年版,第347~353页。

[5][30][34][40]曾敏之:《风范难忘——悼念陈序经先生》,钟业坤主编《暨南人》(第一集),暨南大学出版社1996年版。

[8]黄克夫:《怀念陈序经先生》,陈其津:《我的父亲陈序经》。

[9]梁吉生:《爱国、勤奋、正直的学者》,《东方的觉醒——陈序经学术研讨会论文选集》,延边大学出版社2000年版,第42页;另据陈其津先生称:“父亲被任命为副校长(中山大学——引者),他原来也没有预料到。他曾对我说,院校调整后,原私立和教会大学的校长,没有一个重新

当校长的。看来他之被重新任命为副校长，主要还是考虑到华侨影响的问题。”陈其津：《我的父亲陈序经》，第202页。

[10][28][33][35]周孝中编：《暨南逸史》，暨南大学出版社1996年版，第132页。在担任暨南大学校长的同时，陈序经依然担任中山大学副校长职务，不过，他的暨大校长职务，未获国务院正式任命。

[14][18][19][20][21][22]暨南大学综合档案室卷宗号111之《暨南大学办公室1957—1958年关于筹建暨南大学报告、请示、批示等文件材料》。

[15]张泉林主编：《当代中国华侨教育》，广东高等教育出版社1989年版，第28页。

[16]陈兴邦、钟业坤：《陶铸校长与暨南大学重建》，载钟业坤主编《暨南人》(第一集)，暨南大学出版社1996年版。

[17]暨南大学综合档案室卷宗号119之《暨南大学办公室1957—1963年筹办暨南大学座谈会记录、专业设置调整办学方针、发展规模、培养师资规划等》。

[24]陈合宜：《永恒的怀念——记世伯陈序经先生生活片断》，《暨南大学》报第364期，2003年9月30日。

[27][42]饶芃子：《搞学术“要有优容雅量”》，《暨南大学》报第364期，2003年9月30日。

[29]马兴中：《20世纪60年代暨大曾开办石牌农民夜校》，《暨南大学》报第363期，2003年9月18日。

[31]暨南大学综合档案室卷宗号127之《暨南大学办公室行政会议和各系处办公室主任、业务秘书会议纪要(1958—1964)》。

[32]暨南大学综合档案室卷宗号121之《暨南大学办公室1963年2月9日召开校董会成立大会并第一次会议、董事会董事、章程及王越副校长做工作报告》。

[36]洪柏昭：《陈序经校长对我的关怀》，《暨南大学》报第364期，2003年9月30日。

[38]中华人民共和国教育部(64)高人干调字第167号《关于任命陈序经的职务问题》，暨大综合档案室藏。

[41]陈序经在《泐史漫笔》(中山大学出版社,1994年)一书"自序"中称:"1964年的夏天,暨南大学给我种种方便,我又有机会到云南一次。我的主要目的是到西双版纳芒市访问。"

当时,由于西双版纳地处边境,此行获陶铸同志特批,并由暨大一位教师陪同前往。

(《东南亚研究》2004年第2期)

陈序经与暨南的重建与发展

季　轩

陈序经对于暨南大学来说，是个值得永远铭记的名字，不仅是因为他的文化地位和学术成就，更是因为他为暨南的重建和发展做出的巨大贡献。他为暨南在新中国建立后的重建与发展殚精竭虑，为中国的华侨教育做出了巨大贡献，在暨南百年画卷上留下了精彩的一笔。

陈序经先生是 20 世纪中国学术史、教育史和文化史上的大师。他学识渊博，涉猎深广，在社会学、文化学、教育学、历史学、民族学、哲学等方面均有建树，尤其是对东南亚社会和历史的研究在学术界享有盛誉，他是中国全面研究东南亚古史的开拓者和奠基者。同时他还是一位杰出的教育家，1928 年获伊利诺斯大学博士学位后归国任教，先后在岭南、南开、西南联大、中山、暨南等大学任教，四十年传道授业，并多次担任行政要职。

1957 年 5 月，接受广大归国政协委员的建议，广东省政协决定在广东建立华侨大学，并成立筹备委员会。1958 年 2 月，根据中央指示和有关部门建议，将华侨大学筹委会改名为暨南大学筹委会，并获省政协第 28 次常委会通过。

经国务院批准，1958 年 9 月 24 日，暨南大学在广州正式重建并为首批学生举行开学典礼，中共广东省委第一书记陶铸兼任校长。在这个过程中，陈序经一直积极参与暨大的重建工作，协助陶铸等人为暨大走上正轨做出了重要贡献。他先后担任暨大筹备委员会副主任和建校委员会副主任等职，为暨南的重建积极奔走，立下了汗马功劳。

1963 年 1 月，经陶铸推荐，陈序经担任暨南大学校长。他对担任校长一职颇为自豪，他曾经说过："这就是我的暨大，我将要在这里工作。"

陈序经校长知人善任，重视教学质量，担任校长期间不遗余力多方引进人才。"抓教授"是其办学的一大特色。他认为办名校就要想方设法聘请名师，为此他曾利用各种机会，邀请各地专家学者来暨大工作。凭其过人的器量和待人挚诚的吸引力，许多名教授前来暨大任教，如来自哈尔滨工业大学的李天庆教授，中山大学的廖翔华教授及夫人杨秀珍教授、陈如作教授，华南工学院的卢文教授等，充实了暨大的师资力量。周恩来曾称之为"最善于团结高级知识分子的学者专家，能聘请到一级教授任教的教育家"。

陈序经"抓教授"的办学特点还表现在对教授的尊重方面，他有一句口头禅："我是为教授服务的。"他说，每位教授在我决定下聘书的时候，已经相信他的教学水平，不能到他教了几年书后还去检查他，如果我不相信他就不请他。对所请的名教授，每个人的学术经历和特长，不用去人事部门翻档案，他就能如数家珍。所以他所聘请的教授大都能严格自律，对教学兢兢业业、一丝不苟，大大提高了学校的教学水平和知名度。

陈序经校长还十分注重对学校教师的培养和提高，他亲自主持制定了暨大"十年培养提高师资规划"，并在校务委员会下成立了师资规划领导小组，提出了在十年内逐步把暨大办成一所规模完善、质量优良的重点大学的目标。他鼓励青年教师要努力提高自己的学术水平，为暨大做贡献。他重视师资工作的胆识和热忱，一时传为教育界的美谈。

虽为一校之长，但是陈序经一如既往地平易近人，从来不摆架子，亲切地面对老师和学生们。就任以来，虽然陈校长家在中山大学，但他总是准时来暨大上班，他上班乘坐的小车也成了暨大老师的"免费巴士"。他负责学校全面的管理工作，常常深入到教工、学生中，以及校园的各个角落，了解具体情况。他总是以普通工作人员的身份出现，连全校的大扫除他也参加，并对各单位分工地段了如指掌。

他十分关心师生冷暖，每在校园里遇到教师，他总要停步问话，亲切感人。他曾亲自登门慰问暨大每位教授，对生病教师更是悉心关照。暨大中文系洪柏昭教授回忆，1963 年秋他患急性出血性坏死性肠炎，陈序经两次到医院看望，并嘱咐医生全力抢救，“陈校长的人道关怀，人情滋润”使其很快病愈。对于学生尤其是侨生，他关怀备至，由于他曾居留、游历、考察东南亚各国，与南洋侨胞有相当广泛的接触，在华侨社会有相当声望，他对华侨人士也很亲切。在暨南任职时，有些学生家长来校看望子女，他常亲自接待，使学生家长甚为感激。

在其主政期间，学校各项工作得到稳步发展。如 1963 年招收新生 548 人，其中有华侨、港澳学生 441 名，占总数的 80.48%；1964 年 2 月，中国科学院东南亚研究所列入暨大建制；1963 年暨大重建后招收的首批本科生毕业。虽然只在暨大担任校长一年多，从 1963 年 1 月到 1964 年夏，但是陈校长用他丰富的经验和卓越的才华，给暨大带来了勃勃生机，为暨大的进一步发展做出了重要贡献。

（《光明日报》2006 年 10 月 11 日，第 011 版）

陶　铸

陶铸（1908—1969），原名陶际华，号剑寒，湖南祁阳人。1926年入黄埔军官学校。中华人民共和国成立后，曾担任中共广东省委第一书记。1958年，为适应华侨子弟的入学要求，新暨南大学在广州成立，陶铸以中共中南局第一书记兼广东省委第一书记身份而亲自兼任暨大校长。1962年年底，陶铸执意卸去兼任的校长一职，坚请陈序经接任。

试论陶铸与暨南大学的重建

夏　泉

创办于清光绪三十二年(1906)的暨南大学,在1949年迎来了一个重要的转折。该年5月28日,上海解放;6月24日,陈毅、粟裕颁布中国人民解放军上海市军管会接文字第壹号令,正式接管暨南大学;8月24日,上海市军管会颁布军教字第壹号令,宣布:"将暨南大学恢复为华侨高级学府以适应侨胞需要,所有该校原有各院系学生,凡符合上述宗旨而愿继续留校者,准予继续在该校攻读。其余属于文、法、商三院各系者,合并于复旦大学之同院系;属于理学院各系者,合并于交通大学之同院系。"[1]1951年3月22日,中央人民政府教育部在北京召开了暨大处理问题座谈会,会议指出,暨大因华侨学生锐减而陷于停顿状态;会议决定,暨大校名不取消,将来如有可能,仍可考虑复校。[2]陶铸(1908—1969)作为党和政府的一位重要领导人,曾长期主持中南局和广东省的工作,他不仅为我党制订正确的知识分子政策和丰富党的知识分子理论做出了重要贡献[3],而且还十分重视文教工作,是新中国华侨高等教育事业的开拓者。本文拟着重探讨陶铸为重建暨南大学,发展华侨高等教育事业所做出的重要贡献。

一、陶铸主持暨南大学重建工作

1958年,暨南大学在广州重建,陶铸主持了学校的筹建工作。在五六十年代国家经济困难时期，学校得以在广州重建，是当时各种主客观因素综合形成的结果。

首先是新中国成立后，党和政府十分重视华侨教育工作。中华人民共和国成立后，长期饱受欺凌的海外华侨欢欣鼓舞，纷纷将子女送回国内接受中华文化教育，1949—1957 年，回国求学的华侨青年约有 43,000 人。为顺应这一新的形势，党和政府根据毛泽东主席“保护华侨利益，扶助回国的华侨”的指导思想，制订了新中国的侨务方针和政策，积极发展华侨教育事业，先后创办了一批归国华侨学生中等补习学校，以及华侨工业中等学校、华侨农业中等学校、外国语专科学校，1951 年在广州南方大学创办华侨学院，在燕京大学设立华侨先修班，1956 年在厦门大学开办华侨函授部。[4] 但这些补习培训性质的学校仍无法满足大批华侨青年进入高校学习的迫切需要。

二是广东省政协提议在广州创办一所华侨大学。广东是著名的“侨乡”，地处沿海，且毗邻港澳，与海外以及港澳地区往来频繁。在 1957 年 5 月广东省政协第四次全体会议上，许多归国政协委员建议：“为了适应华侨学生和港澳学生考升国立高等学校的迫切要求与照顾他们程度参差不齐的情况，希望筹办一间新型的适合他们需要的华侨大学。”[5] 在 5 月 12 日的大会闭幕式上，兼任广东省政协主席的陶铸赞成这一提议。次日，陶铸主持省政协第 25 次常委会，专门讨论筹办华侨大学事宜。9 月 12 日，华侨大学筹委会正式成立，由陶铸任主任委员，王匡、陈序经等 12 人为副主任委员，筹备委员会共有 37 名委员，包括有关部门负责人，港澳地区和内地热心华侨教育事业的知名人士，筹委会主要负责研究决定学校的“办学方向、专业设置、教育思想、教学内容、生活管理、领导作风、知识分子政策的落实、侨务政策的贯彻执行等重大问题”，以及“各级领导干部的配备和师资队伍建设等难题”[6]。陶铸主持会议着重讨论了应否筹办及如何筹办华侨大学问题。[7]

三是华侨大学筹委会决定恢复暨南大学校名。1957 年 11 月 14

日晚，华侨大学筹委会在广州华侨大厦举行，当时“筹办大学中央已同意，以恢复暨南大学迁来广州”。同年12月1日，受筹委会委托，筹委会副主任陈序经主持召开暨南大学校友座谈会，一致主张用“暨南大学”作为这所新筹建大学校名，因为“用暨大有很多有利条件，海外有暨大校友会”。会上暨大校友反映：“暨南校友听到要复校很高兴。”陈序经最后就校名、办学经费等问题做总结发言，他认为：“考虑到暨南的历史关系”，“用暨南校名很重要”。1958年1月3日，筹委会决定恢复暨大，并详细讨论了校址问题。[8]2月24日，陶铸主持召开筹委会会议，并做出如下六项决定：“一、校名同意把原定的华侨大学改为向来在海外有声誉的暨南大学。二、请中侨委廖承志主任担任暨南大学董事长。公推陶铸担任暨南大学校长。三、商请中侨委在广州石牌设立的广州华侨学生中等补习学校（华侨补校）和广东省设立的港澳学生补习学校作为暨南大学校址。四、本科、预科同时招生，秋季开学。本科设立什么系、科由筹委会与省有关部门磋商决定。请中山大学大力支持暨南大学在广州的重建工作。五、暨大今年经费由省财政厅拨支，同时请华侨、港澳人士大力赞助，明年经费请中侨委造具预算上报。六、成立暨南大学筹备委员会办公室，请省委组织部商调现任省教育厅副厅长、党组书记梁奇达为办公室主任，张泉林、廖钺为副主任。张泉林先到华侨补校成立办公室开展工作。”[9]办公室分设三个小组，即科系小组、基建小组和募捐财务小组。随之华侨大学筹委会亦更名为暨南大学筹委会，在陶铸主任委员的亲自挂帅下，在广州重建暨南大学的工作进程加快，被提上了重要的议事日程。

而要重建一所大学，关键是要解决好系科专业设置与招生、基建与筹措办学经费、师资诸问题，陶铸为此耗费了大量心血。

关于专业设置与招生问题，根据陶铸指示，主要考虑当时国内经济建设和国家侨务政策需要，决定先开设中文、历史、航海、矿冶、水产等专业和一年制华侨预科、两年制工农预科。[10]1958年暨大共招生1304人，其中本科生754人，华侨预科生293人，工农预科生257人。

在 1958 年 9 月 8 日和 9 月 24 日的筹委会会议上,陶铸认为暨大属于比较专门的综合性大学,将来矿冶、水产、航海等系要独立设置,并增设东方语言、财经与数理化等系科。为此,暨大成立了新系科筹备组,着手增设新的专业。

筹建初期,暨大的基建校舍工作也在稳步推进,一方面,根据中侨委和广东省委决定,征用广州华侨补校新建校舍[11],另一方面着手筹建新校舍。建校经费主要从两个渠道筹措:一是政府拨款,如广东省和中侨委各拨款 100 万元;二是热心人士捐款,如 1958 年 3 月 1 日,香港知名人士王宽诚捐助暨大 100 万元,并为此致函陶铸:

陶铸同志:

在办大学的计划下,将恢复暨南大学的名义,这对国外华侨和港澳同胞一定会起良好反映与重大作用。我对您提倡复兴这个大学,认为极有意义,也极愿意主动来支持。所以我乐于捐助该大学人民币一百万元,分五年缴付。

彝民兄也提及暨南大学复校后,对捐助人也拟采取一些奖励办法,为了适应华侨的传统思想,是有其一定的需要。但对我当前的个人处境来说,避免奖励更为适当。可否请你们在这项捐款中,以无名氏或化名捐助九十万,我个人捐助十万元。[12]

后来学校用这笔捐款建设了一座当时最急需的教学大楼。另外陶铸也身体力行,捐助了 1000 元作为建校经费,获得了广泛好评,正如蚁美厚所赞许的:“陶铸是共产党员,没有私人财产,每月的工资收入不多,还拿出 1000 元的积蓄捐助给学校,是难能可贵的,这种高尚的革命情操,是我们学习的好榜样。”[13]

师资方面,1958 年“到校的教师共 105 人,其中有教授 7 人,讲师 9 人,助教 42 人,本届大学毕业分配到校的助教 47 人。”[14]师资主要由中山大学等高校支援,据当事人张泉林回忆:“中文系、历史系各年级、各学科专业教师,水产系鱼类教师,政治、外语、体育、数学、物理、化学、生物等公共课教师以及图书馆、实验室教辅人员均由中山大学支援。”[15]陶铸对师资的调配十分重视,在他的直接过问下,一批名师如王越、熊大仁、朱杰勤、丘陶常、萧殷、杜桐等莅校任教①,以至于在筹委会会议上杨康华、杜国庠均认为,与其他新建高校相比,"师资配备暨大算是不错的","与其他新办学校比较算是上游"。为此,陶铸对筹委会的各项筹建工作给予了表扬。[16]

二、陶铸担任暨南大学校长

经过一年的紧张筹备,重建暨南大学的各项任务基本完成。1958年9月24日上午,在开学典礼前,陶铸主持召开了最后一次暨大筹备委员会会议。他认为,"暨大的筹建,采取了多快好省的办法,一边筹备,一边开学"。他宣布:"暨大今天开学,筹委会已完成了自己的任务,就此宣告结束。筹委会结束后,由于学校尚未完全建设好,必须成立建校委员会。"[17]暨大建校委员会负责全面规划和全面领导学校的基本建设工作,由广东省副省长、广州市市长朱光任主任委员,王越等13人为副主任委员。在9月24日举行的开学典礼上,有广东省广州市负责同志、有关院校校长、归侨和港澳知名人士以及暨大师生千余人参加。陶铸阐述了重建暨大的重要意义,他特别强调:"学校的基本任务是培养人,暨大要办成一所新型的培养一代新人的大学,要以塑造全面完美的人为自己的目的。"[18]随后,中国科学院广州分院筹委会副主任杜国庠、中山大学校长许崇清、归侨代表蚁美厚、香港中国银行行长郑铁如等分别讲话,"他们都希望不久的将来把暨大建设成为一所新的华侨学府"[19]。

暨大在广州重建后,决定由陶铸兼任学校校长,主要是基于以下考虑:一是作为党和政府以及地方上的一位重要领导人,陶铸尊重知识,关心人才,在知识分子政策上敢说敢为,在知识分子中享有崇高威望;二是暨大筹备委员会的各位委员和广大师生均希望他担任学校校

① 据当时的暨大副校长王越回忆:"当时我在中大任教务长,陶铸到中大去'挖'人,说要办暨南大学,中大不放,他就说,你们中大人才有的是。我就这样被他'挖'到暨南大学来了。"详见梅志清等《暨南大学原副校长、百岁老人王越:梁实秋先生所托未成令我终生遗憾》,《南方日报》2003年1月10日。

长,如1958年9月8日,筹委会办公室主任梁奇达在汇报筹建情况时说:"学校员工都希望陶书记兼任校长,这个愿望最好能够实现。"筹委会副主任委员陈序经也主张:"这个学校是陶书记支持办起来的,孩子生下来了,还要母亲哺育一下,希望陶书记还是兼校长"[20];三是陶铸本人也愿意兼任校长,他在学校一次党政领导会议上讲"自己兼任校长是为了巩固暨大办学的成果,加速发展学校的各项建设",在省人大会议上他向代表们亦承诺:"愿意兼任暨大校长,解决上述难题。"[21]

尽管公务十分繁忙,陶铸在暨大重建初期担任学校校长时,仍从多方面关心学校的发展。这主要表现在以下几方面:一是陶铸提出了暨南大学的办学方针为:"办成尽可能符合海外侨胞的愿望与要求、具有特色的综合性华侨大学。"并确定按照"面向华南,面向东南亚,面向亚热带,面向海洋"的方向,进行系科专业调整。从此,学校有了明确的发展方向,系科专业朝着综合性大学方向发展。[22]二是十分重视师资工作,他认为:"学校好坏,当然主要是师资。"[23]他强调:"学校要把书教好,师资要强,要一方面靠老,一方面靠新,两方面结合。""师资要自力更生,其他学校支援一些,搞些母鸡来,有了母鸡就主要靠自己生蛋孵小鸡,搞自力更生。"[24]三是关心学校的校风、学风和思想教育工作。陶铸校长多次召集教授座谈会,给全校师生作形势报告,他鼓励教师们要努力提高教学质量,教育学生树立崇高的理想,勤奋学习。对于如何办好暨大,他主张:"办好一所学校要有两方面的努力,一是校领导和教职员工,二是学生,两方面共同努力就能克服困难,办好暨大。学校领导和教职员工,一定要把教学工作搞好,千方百计教好学生。"他强调要养成优良的校风、学风,学生不仅要学好功课,还要培养良好的道德品质。他还首次阐述了他的名著《理想·情操·精神生活》的主要观点,勉励全校师生志存高远,有一分热发一分光,"要树立崇高的理想与奋斗目标,就要人支配物质,创造物质,而不是做物质的奴隶"[25]。四是关心师生的生活问题,20世纪50年代末60年代初师生的生活十分艰苦,在他的过问下,学校相继建成了教工宿舍、教工食堂、幼儿园、病号宿舍和浴室;许多侨生侨汇中断,学校即向他们提供人民助学金，并建立侨生疗养所；1964 年春，陶铸还在暨大主持召开省市有关部门和广州地区高校负责人会议，提高大学生伙食费标准；当他获悉石牌几间院校的教师买东西不便时，“就亲自约请市长曾生和省、市有关负责同志到暨大开会，决定在岗顶建百货大楼和菜市场。在经济生活困难时期，建成石牌市场是不容易的，由于陶铸检查督促得紧，不到一年就建成了”[26]。

在陶铸校长的领导下，重建初期暨大各方面的工作逐渐步入正轨，到 1962 年底，学校“已有了一定的规模和今后发展的基础，是我省新办院校中最好的大学之一。该校几年来已新建校舍三万多平方公尺，连原有校舍已达七万八千平方公尺。师资队伍已有一定数量，共 474 人（教授 20 人，副教授 23 人，讲师 81 人，教员 97 人，助教 253 人）。学校设备已初具规模。现有 8 个系，12 个专业，学生 2825 人（本科学生 2507 人，内侨生 1358 人，港澳生 85 人，预科学生 318 人）。现有各级行政人员 273 人”[27]。考虑到“政务繁忙”，“暨大校务已经走上轨道”[28]，加之暨大涉外事情较多，“身为中南局书记兼暨大校长也感不便”[29]，为此，他亲自到中山大学康乐园“探访陈序经先生，征求他的意见：‘怎样才能把暨南大学办得出色和有特点’”，决定聘请陈序经继任暨大校长，“陈序经先生几经考虑，最后毅然答应了”[30]。1963 年 1 月，陈序经赴暨大履新，陶铸在学校大礼堂主持召开全校教职员工大会，介绍新校长与大家见面。[31]

三、结语

陶铸于 1957—1962 年底，担任暨南大学筹委会主任和重建后的首任校长，为新中国华侨高等教育事业的发展做出了开创性贡献，可以说“没有陶铸办不成暨大”[32]。他站在国家民族利益的战略高度，充分意识到“在广东这样一个接近港澳、海外华侨众多的地方，把暨南大学在广州复办起来，对团结港澳同胞和海外侨胞，培育他们的后代，有深远的作用”[33]。陶铸是一位既有雄才大略，又脚踏实地勤奋工作的高层领导，暨大在广州的重建与发展凝聚着陶铸老校长的无数心血与汗水，在百年暨大校史乃至新中国华侨高等教育史上烙上了深深的印记。①

注释：

[1]《关于接管暨大命令、经过概况及有关文件》，卷宗号 Q240－1－225，上海市档案馆藏。

[2]张泉林主编：《当代中国华侨教育》，广东高教出版社 1989 年版，第 24 页。

[3]参见何建红：《论陶铸对党的知识分子理论的贡献》，《湖湘论坛》2003 年第 5 期。

[4][22]参见马兴中：《勋劳卓著　风范长存——梁奇达同志对暨南大学的贡献》，张德昌主编《常有四海心——梁奇达纪念文集》，暨南大学出版社 2004 年版。

[5][8][10][14][16][17][20][23]暨南大学综合档案室卷宗号 111 之《暨南大学办公室 1957—1958 年关于筹建暨南大学报告、请示、批示等文件材料》。

[6][18][21][25]陈兴邦、钟业坤：《陶铸校长与暨南大学重建》，钟业坤主编《暨南人》（第一集），暨南大学出版社 1996 年版。

[7]暨南大学综合档案室卷宗号 119 之《暨南大学办公室 1957—1963 年筹办暨南大学座谈会记录、专业设置调整办学方针、发展规模、培养师资规划等》。

[9][15][19]张泉林：《暨南大学在广州重建》，《张泉林教育文集》（续集），2003 年 10 月广州印行。

---

① 百岁老校长王越在 40 多年后仍深情回忆陶铸为重建暨大所做出的突出贡献："陶铸每两个星期必来一次学校，有时忙得很，就在学校吃饭，边吃边谈问题。……他真是敢说敢干，说了就干，绝不拖延，不行的也明确告诉你不行，真的是非常有魄力。后来学校发展了，觉得办水产系需要一个生产基地。陶铸听说后，又出马写信给朱光市长和林西副市长，没几天，珠江边水木清华的 300 多亩地就给了暨大。"详见梅志清等《暨南大学原副校长、百岁老人王越：梁实秋先生所托未成令我终生遗憾》，《南方日报》2003 年 1 月 10 日。

[11]符国柱:《广州补校校舍基建变迁简忆》,《暨南大学华文学院广州华侨学生补习学校建院(校)五十周年纪念特刊——回眸五十年》,2003 年 11 月广州印行。

[12]马兴中:《暨南大学的教学大楼》,《暨南大学》校报第 413 期(2005 年 6 月 20 日)。

[13]蚁美厚:《华侨的贴心人》,《陶铸文集》编辑组编《笔祭陶铸》,人民出版社 1990 年版,第 476~477 页。

[24]转引自马兴中《新中国华侨高等教育事业的开拓者——陶铸》,《东南亚研究》2002 年第 6 期。

[26][33]同[13],第 366~382 页。

[27]广东省档案馆卷宗号 214-1-286 之《广东省委暨大工作检查组关于检查暨南大学党委违法乱纪情况报告》。

[28]《暨南校史(1906—1996)》,暨南大学出版社 1996 年版,第 139 页。

[29]陈其津:《我的父亲陈序经》,广东人民出版社 1999 年版,第 210 页。

[30]黄克夫:《怀念陈序经先生》,载于陈其津《我的父亲陈序经》,广东人民出版社 1999 年版。

[31]关于陶铸与陈序经的关系,详见拙作《陈序经与暨南大学》之第一部分,《东南亚研究》2004 年第 2 期。

[32]张德昌:《斯人已去,清誉犹存——怀念梁奇达同志》,张德昌主编《常有四海心——梁奇达纪念文集》,暨南大学出版社 2004 年版。

(《东南亚研究》2006 年第 5 期)

新中国华侨高等教育事业的开拓者——陶铸

马兴中

陶铸曾长期担任中国党政重要领导职务，并以重视和关心文化教育事业著称。他对华侨教育事业所做的贡献，至今仍为许多海外侨胞、港澳同胞，尤其是广大暨南校友所崇敬和怀念。

在20世纪50年代，当时担任中共广东省委第一书记的陶铸，亲自领导在祖国的南大门——广州市筹建了新中国第一所华侨高等学府——暨南大学，并兼任该校校长。他为暨南大学的建设和发展倾注了大量心血，使该校在不到10年的时间内就发展成为一所颇具规模、具有较高办学水平的综合性大学，吸引了众多的海外华侨青年和港澳学生前来就学，被誉为“海外华侨学生的摇篮”，在华侨教育史上写下了光彩夺目的一页。

一、领导筹建新中国第一所华侨高等学府——暨南大学

1949年10月1日，中华人民共和国成立。中国彻底改变了被侵略、被压迫、被欺凌的命运，成为屹立于世界东方的独立自主的国家。中国的社会主义事业如旭日东升，蒸蒸日上，外交政策取得节节胜利，国际地位日益提高。广大海外华侨为之欢欣鼓舞，扬眉吐气。因为有伟大祖国做靠山，他们在海外的处境得到改善，地位随之提高。大批华侨青年向往新中国，他们满怀爱国热情，回到祖国参加建设或求学。

中国共产党和人民政府十分重视华侨教育事业。1951 年就在燕京大学设立华侨先修班,同年广州南方大学设立了华侨学院(干部培训性质),1956 年厦门大学设立了华侨函授部。国家从新中国成立初期开始,即在北京、集美、广州、汕头、南宁、昆明、武汉创办了归国华侨学生中等补习学校,在厦门和武汉创办华侨中等工业学校,在海南创办华侨中等农业学校。广东、福建等地兴办了一批华侨中学,招收华侨学生入学。新中国的华侨教育事业蓬勃发展。随着形势的发展,要求考升大学继续深造的华侨青年也越来越多。但是直到 1957 年,全国还没有一所适应华侨学生特点的全日制华侨大学。在 1957 年 5 月召开的广东省政协一届三次会议上,许多归侨委员提出建议:为了适应国内外形势发展的需要和华侨、港澳学生考升国内高等学校的强烈愿望,并考虑到他们程度参差不齐的具体情况,希望在广州创办一所新型的,适应华侨、港澳学生特点的华侨大学。他们认为,广大海外侨胞、港澳同胞一向有捐资办学的优良传统,他们乐意协助政府办好这所大学。5 月 12 日,在大会闭幕式上,中共广东省委第一书记、省政协主席陶铸在讲话中,表示赞成归侨委员们所提的建议。他说,有人建议在广东办一所华侨大学,这个建议很好,可以推举一些热心人士组成一个筹备委员会。5 月 13 日,陶铸主持召开省政协第二十五次常委会,会上讨论了在广州筹办一所华侨大学的问题,委员们一致表示拥护,并决定成立一个筹备委员会,开展筹备工作。9 月 12 日华侨大学筹备委员会成立,由广东省有关党政部门负责人和港澳地区、内地热心华侨教育著名人士 37 人组成,陶铸任筹委会主任委员。1958 年 2 月,广东省政协第二十八次常委会,根据有关部门的建议和中央的意见,将在广州筹办的这所华侨大学定名为暨南大学。主要是考虑到原设在上海的国立暨南大学是一所具有悠久历史和光荣传统的华侨学校,在华侨中有着广泛的影响。上海解放后,由于当时暨南大学在校华侨学生已很少,加上物质条件困难等原因,故于 1949 年 9 月合并于复旦、交通等大学。1951 年 3 月,教育部曾拟定暨南大学的处理方针:暨南大学校名不取消,将来如有可能,仍可考虑复校。因此,在广州复办暨南大学，将更有利于争取海外侨胞、港澳同胞的支持和帮助。

暨南大学筹委会下设办公室，由广东省教育厅副厅长梁奇达任主任。办公室分设系科小组、基建小组、募捐财务小组，按照分工，各司其职，开展筹备工作。在整个筹备过程中，陶铸躬亲其事，参加研究、确定各项重要问题，帮助解决许多困难，使筹备工作得以顺利开展。

关于办学规模，暂定为3000人，其中本科2000人，预科1000人，1958年先办预科，1959年办本科部分专业。

关于暨南大学的校址，曾提出几个方案。最后根据陶铸同志的意见，省委决定，暨南大学在广州华侨补校的基础上扩建。

办学经费，广东省决定从地方财政拨款100万元，中侨委给予大力支持，拨款100万元，许多港澳同胞、海外侨胞也慷慨解囊，给予鼎力支持、赞助。

暨南大学的教师、干部，主要由中山大学和工农速成中学调派，并在广东省和全国有关院校、部门物色、商调。

暨南大学的图书来源主要3个方面，一部分由中山大学赠送，一部分由工农速成中学移交，一部分由教育部在有关大专院校中调拨支援。仪器设备大部分由工农速成中学移交。

基建工作按轻重缓急安排进行。

在陶铸同志和筹委会的领导下，在中央和广东省各有关部门、院校和港澳同胞、海外侨胞的大力支持下，经过1年的紧张工作，终于完成各项筹备工作计划。经国务院批准，暨南大学1958年在广州复校，当年9月24日开学。暨南大学不仅开办了预科，而且提前1年开办了部分本科学系专业。计设有水产系、航海系、矿冶系、中文系和历史系，共5个系11个专业，另设1年制的华侨预科和2年制的工农预科。1958年招收新生1304人，其中有华侨、港澳学生550人，侨眷生128人，后3类学生占新生的55%。

1958年9月24日上午，在举行开学典礼之前，陶铸在暨南大学办公楼主持召开暨南大学筹委会第四次会议。他在会上宣布：暨南大学今天开学了，筹委会已完成了自己的任务，就此宣布结束。但筹委会结束后,由于学校尚未建设好,必须成立建校委员会。根据陶铸同志的提议成立的建校委员会,由38位委员组成,广东省副省长、广州市市长朱光任主任委员。建校委员会的任务是负责全面规划和领导学校的基本建设。这对暨南大学以后的建设和发展,发挥了十分重要的作用。

二、努力把暨南大学办成一所具有特色的华侨大学

陶铸身为广东省的第一把手,他不仅在暨南大学筹办期间兼任筹委会主任委员,而且在暨南大学复办之后,又亲自兼任该校校长,足见他对暨南大学的高度重视和关心,也显示他办好暨南大学的决心。从筹备期间到后来办学的过程中,陶铸根据国家的教育方针和侨务政策,对暨南大学的办学方向、系科专业设置、学制、教育改革和教学工作、师资队伍建设、思想教育、生活管理、校园环境建设、改进领导作风、落实知识分子政策和侨务政策等先后提出了具有指导意义的重要意见。经过几年的实践,陶铸于1962年春提出了暨南大学新的办学方针,即“应把暨南大学办成尽可能符合海外侨胞的愿望与要求、具有特色的综合性华侨大学”。这一新的办学方针得到教育部的赞同。新办学方针的提出,使暨南大学进一步明确改革和发展的方向。学校制订了贯彻落实新办学方针的措施,使暨南大学进一步形成办学的特色,提高办学的水平,在海内外的声誉日益提高。

(一)根据暨南大学的性质,确定系科专业设置。在筹备期间,筹委会即确定如下的指导思想:一方面根据国内,尤其是目前华南经济建设和文化建设培养人才的需要,另方面也考虑到华侨政策,部分华侨学生毕业后返回侨居国工作的需要,确定学校的系科专业设置。1958年,学校开设了水产系、航海系、矿冶系、中文系、历史系共5个系11个专业。1959年又增设化学、经济两个系。60年代初,学校根据中央提出的“调整、巩固、充实、提高”的八字方针以及《中华人民共和国教育部直属高等学校工作条例》(即“高教六十条”)的精神,进行系科专业调整。陶铸校长提出,暨南大学的发展方向是综合大学,文理并

重,将来发展下去,比重向理科方面发展,文科一定要办好。现在就办物理系、数学系,再办生物系,文科要办财经专业、新闻专业和东方语言系。学校根据以上精神,确定按照“面向华南,面向东南亚,面向亚热带,面向海洋”的方向,进行系科专业的调整。1960 年,航海、矿冶两系调出,单独设立院校;水产系调出一部分单独成立广东水产专科学校,留下部分改为生物系。经调整后,全校开设中文、历史、经济、外语、数学、物理、化学、生物 8 个系,1965 年经教育部批准开设对外贸易经济系,至此共开设 9 个系 11 个专业和 2 个专门组。1965 年 9 月 9 日教育部批准暨南大学成立东方语言系,学校已开始筹备,因“文化大革命”破坏而未能实现。

暨大重建初期,本科学制原定为 4 年。陶铸校长提出:“办好大学,要 5 年制。”学校按此意见进行调整,除新闻、外贸专业为 4 年制外,其余各专业均改为 5 年制。

(二)坚持教学为主的原则,努力提高教学质量。暨南大学重建时,正逢“大跃进”时期。当时全国高校普遍存在过分强调生产劳动,忽视文化课的现象。暨南大学也存在由于劳动时间过多,许多课程教学未能按时完成的情况。学校从 1959 年起即提出:“学校工作应以教学为中心。”陶铸校长强调指出:“学校就是以学习为主,给学生一定的知识,大学就要有大学的程度。学校要把教学搞好,在一定时间内很好地完成学校的课程,质量要高。学生质量差,就不是好学校。学好,教好,完成学校的课程,质量比较高,是很重要的。”他又指出:“教育方针,以学为主是对的,为主就是要把学生教育好。”学校为切实贯彻落实以教学为主的原则,并合理安排教学、生产劳动和休息时间,明确规定:每周(7 天)5 天用于教学,1 天用于生产劳动,1 天为休息,强调学校各部门都要树立为教学服务的思想,不得随意冲击教学工作。这样就使教师有比较充裕的时间从事教学和科学研究工作,对提高教学质量起了十分重要的作用。

陶铸对教学工作十分重视,他亲自兼任马列主义教研室教授,并曾两次来校讲课。他强调教育改革应注意学校的特点,重大改革应先进行试点，取得经验后再推广。1965年5月21日，时任国务院副总理的陶铸同志到暨大视察。当学校负责人汇报工作谈到半工半读问题时，陶铸副总理考虑到暨大华侨、港澳学生的特点，明确提出重要意见："先搞试点，迟点宣布半工半读。搞体力劳动和脑力劳动相结合，要逐步搞。"后来，学校只在中文系一二年级两个班搞半工半读试点，其余各系各年级按原计划进行教学工作。

（三）加强师资队伍建设。暨大重建初期，教师队伍中，刚毕业不久的青年教师占有很大的比例，师资力量比较薄弱。陶铸校长十分重视师资队伍的建设。他指出："学校好坏，当然主要是师资，其次是设备。"他强调："学校要把书教好，师资要强，要一方面靠老，一方面靠新，两方面结合。""师资要自力更生，其他学校支援一些，搞些母鸡来，有了母鸡就主要靠自己生蛋孵小鸡，搞自力更生。"陶铸校长还亲自出面争取中央有关部门的支持，选调教授支援暨南大学。学校贯彻"自力更生为主，争取外援为辅"的方针，主要采取如下3项措施来组织实施师资队伍的建设，一是举办师资培训班，二是选派青年教师到国内重点院校进修深造，三是发挥本校专家教授和有经验老教师的作用，结合教学、科研工作，对青年教师进行传、帮、带，使每个教师不同程度地具有5种能力，即基础理论和专业知识、基本技能、教学、科研和外语5种能力，使每个教研室都有学科带头人、骨干力量和新生力量，努力实现3年内基础课过关，5年内专业课过关的目标。

经过几年的努力，学校的师资力量有了较大加强，尤其是延聘了一批著名专家学者来校任职任教，如陈序经、王越、黄友谋、黄焕秋、萧殷、何家槐、郭安仁（丽尼）、朱杰勤、熊大仁、廖翔华、张恒遇、蔡馥生、卢文、陆启荣、翁显良等，对提高学校的办学水平，起了十分重要的作用。

（四）努力把学生培养成为德才兼备的人才。高等学校的根本任务，就是要为国家和社会培养各种专业人才。衡量人才的质量，不仅要看其是否掌握必要的专业知识，更重要的是看其是否具有良好的思想品德。陶铸校长一再强调，暨南大学必须培养又红又专、德才兼备的人才。关于人才培养规格,陶铸校长说:“将来暨大和中大一样属于比较专门的综合性大学,是培养各种专门人才和大专学校师资的学校。”为了培养合格的人才,就必须认真搞好教学工作,同时必须加强对学生的思想品德教育。他说:“学生的思想品质很重要,没有政治热情,要学好是很困难的。因此,品质和学习是分不开的。”他强调:“学生必须有高尚的情操,远大的理想。”“理想不是幻想,不是野心,理想是为社会主义做一番事业,多发一份热,多发一份光。要有抱负,眼光远大,为我们的伟大前途贡献力量。”他还说,我们培养的学生第一思想好,第二有专业知识,第三学习时还要注意身体,将来才能工作好。陶铸校长十分重视做好学生工作,关心学生在德、智、体诸方面的健康成长。他说:“党委不只管开会,也要深入到学生中去。”“延安抗大师生关系,上下亲如一家。大学的党委书记要经常生活在学生当中。学生是学校最大的群众,做群众工作就是做学生工作。我很愿意做学生工作,我愿意做暨大的校长。”他强调:“党委应像严师和慈母,在政治上、原则上应成为严师,在生活上要像慈母。”陶铸校长身体力行,他尽管工作繁忙,但每学期都到暨大来给师生作报告或深入到学生中。他的《理想·情操·精神生活》和《思想·感情·文采》两本书中,有不少文章就是当年他给暨南大学师生所作的报告。当时省委、省政府的其他领导人,对暨大的学生也是十分关心的,如分管文教工作的省委书记区梦觉和副省长李嘉人等都曾来暨大给师生作报告或与学生座谈。杨康华副省长兼任暨大校长之前,也不止一次来暨大作报告。高教部部长杨秀峰,中宣部副部长张际春、周扬,中侨委主任廖承志、副主任方方等都曾来校视察工作。杨秀峰、周扬同志说:华侨学生很可爱,他们热爱祖国,向往祖国。暨大吸引了这么多华侨学生前来求学,很像当年延安的抗大。

暨大的领导遵照陶铸校长的要求,认真改进和加强学生工作,对华侨、港澳学生采取“热情欢迎,亲切关怀,严格要求,耐心教育”的方针。在师生关系上,老师与学生的关系不仅是师生关系,而且是朋友和同志的关系。每年春节,学校领导和系的负责人,都把留在学校的华侨学生请到家里,共度佳节。在思想教育上则"根据特点,适当照顾",对华侨、港澳学生主要进行爱国主义、国际主义和集体主义教育,不过早提出"兴无灭资"和世界观改造问题。学校不仅重视课堂教学,而且开展多种文体活动,使学生受到教育和铸炼。学校成立了文工团和体育运动队。暨大文工团以东南亚歌舞而名闻遐迩。暨大运动队在广东省高校的比赛中,成绩也很突出。

陶铸校长和学校十分关心华侨学生的生活。60 年代,许多侨生因侨汇中断,没有经济来源。学校即向这部分侨生提供人民助学金,帮他们渡过难关。据 1964 年统计,约有 60% 的侨生享受人民助学金。有部分侨生回国时,带大件行李较多,学校即设立行李仓库,供他们存放大件行李,并派专人管理,每周定期开放。有的侨生因病休学,而他们在国内又没有亲人,学校就在游泳池附近建了一座楼房作侨生疗养所,供生病休学的侨生疗养。陶铸校长多次要求学校要搞好伙食。他指出:"物质生活第一,必要的生活条件有保证,是很重要的。"强调:"从领导方面讲,学校的伙食要搞好些。"1964 年春,在中央决定大学生的伙食费标准从每人每月 12 元增加到 15 元之后,陶铸在暨大主持召开了有省、市有关部门和广州地区高校负责人参加的会议,专门研究改善大学的伙食和物资供应问题。在这次会议上,决定在石牌新建一个市场,在当年国庆节之前建成,同时增开石牌地区的短线公共汽车,解决乘车难的问题。根据陶铸同志的指示,在暨大学生饭堂实行吃饭不定量的制度。

陶铸校长十分关心学生学业的进步,强调大学生基础要打好。暨大根据学校的特点,把中文、外语列为全校的公共基础课。考虑到华侨学生中文程度偏低的情况,因此决定在全校开设汉语课,加强写作训练。全校各系各专业从 1 ~ 3 年级开设公共外语课,同时还要求在高年级若干专业课程中,有条件的可选用外文教材或外文参考书,由专业教师指导学生阅读,使学生具有较高外语水平。为了扩大学生的知识面,增强适应性,学校还决定在高年级开设选修课,有些专业还开设一些适应资本主义社会需要的选修课,如西方经济学等,以利于部分侨生出国就业之需要。

（五）增加华侨、港澳生的招生比例，突出侨校特色。暨大复办初期，华侨、港澳学生约占学生总数的50%，后来比例有所增加。暨南大学的主要任务是为海外侨胞和港澳同胞培养人才。陶铸校长指出，办好暨大意义甚大，70%~80%为侨生，为何？因东南亚的华侨多，他们回去可以办报纸，从事商业等工作，这即扩大祖国的影响。陶铸校长还说，港澳学生也可以入暨大，要对他们开门。港澳同胞是祖国的一分子，有权享受入学。他们毕业后可以出去工作，即使不搞社会主义，也可起点作用。把思想提高一点，品质高尚，工作好，这就是出去的好影响。1962年陶铸同志提出了暨大新的办学方针，学校采取的贯彻落实措施之一，就是明确规定：暨南大学以招收华侨、港澳学生为主，华侨、港澳学生的比例不少于80%。部分专业为国内建设所需要者，可招收国内学生（包括侨眷生），但总的比例以不超过20%为限。1963年录取的华侨、港澳学生的比例已达到规定的目标。当年招生总数为548名，其中有华侨、港澳学生441名，占80.48%。华侨、港澳学生比例的增加，使暨大侨校的特色更为突出。

（六）陶铸校长强调，要给学生创造好一点的学习环境。他说，要多种些树，绿化也是美化，要搞好卫生，房子不要大红大绿，早上晚上不要大声广播，校园要整洁、安静、朴素、舒服。教学大楼的铁窗要安装，要把校园围墙建起来。要多做点为群众服务的事，吃的、住的都搞好，文体活动也要搞好，精神生活越丰富越好。对学生进行教育是多方面的，放映电影、唱歌等也是教育。培养人才，要营造好的学习环境，形成好的校风。

（七）在科学研究方面，暨南大学根据本校的实际，突出重点，发挥优势，形成特色。理科以淡水养鱼、血吸虫、肿瘤化学药物、电子技术研究为重点。水产系进行鲢鱼、鲩鱼、鳙鱼人工产卵、孵化的试验和研究，并取得成功。1960年该系副主任廖翔华教授出席了全国文教战线群英会。在文科方面，暨南大学与中国科学院广东分院于1960年在暨大合设东南亚研究所，1964年该所划归暨南大学，列入暨大建制。

暨大在文科科研方面,以研究东南亚的政治、经济、历史、地理、文化、教育等为重点,其次是研究近现代中国历史、近现代中国文学。暨南大学在东南亚研究方面具有优良传统,开展这方面的研究,对贯彻暨大的新办学方针和适应国内外形势的需要,均具有重要意义和作用。

(八)为争取海外侨胞、港澳同胞支持办好暨南大学,根据陶铸校长的指示,暨南大学设立了董事会。1963 年 2 月 9 日,暨南大学董事会在羊城宾馆成立,并召开第一次董事会议。董事会作为协助政府建设和督促办好暨南大学的组织,敦聘政府有关部门负责人和海外华侨、港澳同胞中的知名人士共 44 人组成,中侨委主任廖承志兼任暨南大学董事会董事长,李嘉人、杨康华、郭棣活、邓文钊、黄洁、王宽诚、何贤、费彝民、陈序经为副董事长。董事会在支持暨南大学办学方面做了许多工作,发挥了重要作用。陶铸同志在暨大筹建的时候,就率先捐了两个月工资约 1000 元,并向暨大捐赠图书 307 册,以示倡议。董事们和海外侨胞、港澳同胞在财力、物力等方面给予暨南大学大力支持赞助。从 1958 年至 1966 年共捐赠人民币 146 万元,港币 14 万元以及大批仪器设备、图书资料。这在当时是很大的一笔数字。其中,香港工商界知名人士王宽诚先生就捐赠 100 万元,在暨大兴建了一座建筑面积为 13200 平方米的教学大楼,是当时华南地区规模最大、规格最高的教学大楼。暨南大学设立董事会,在 20 世纪 60 年代全国大学中是独一无二的,充分显示出暨南大学办学的特色。

三、培育优秀人才,谱写侨教华章

在暨南大学重建初期,陶铸校长即提出了“3 年一小成,5 年一大成”的努力目标。陶铸校长亲力亲为,带领学校领导班子进行卓有成效的工作。经过全校师生员工的艰苦创业、努力奋斗,暨南大学各方面工作都有了长足发展,办学水平日益提高,对外影响不断扩大,前来暨大求学的华侨、港澳学生逐年增多。至 1966 年,暨南大学已发展成为一所颇具规模的并具有较高办学水平的文理科综合性大学。当年在校学生已达 2927 人,其中有华侨、港澳学生 2201 人,占全校学生总数的75.20%。华侨学生来自印度尼西亚、马来西亚、新加坡、泰国、越南、柬埔寨、老挝、缅甸、沙捞越、婆罗洲、日本、菲律宾、印度、美国、加拿大、古巴、秘鲁、墨西哥、危地马拉、巴拿马、葡萄牙、澳大利亚、新西兰、南非24个国家和地区。来自世界各地的华侨学生与国内生在暨南园里融洽相处,愉快地学习和生活,在祖国的怀抱里健康成长。

暨南大学从1958年至1970年,共培养了8届本科毕业生,总数为4037人,其中有华侨、港澳生2884人,占71.20%,还培养了预科生1412人,其中有华侨、港澳生1130人,占80.03%,另培养会计中专毕业生181人,全部为华侨、港澳生。以上3项总数为5630人,其中有华侨、港澳生4156人,占73.82%。

正当暨南大学进入蓬勃发展的新阶段,准备大展宏图的时候,却因"文化大革命"的破坏,被迫于1970年停办,国内的华侨教育事业也全面中断。

暨南大学从重建至停办,前后共12年,而实际办学时间只有8年。办学时间虽不长,其办学的成就却不容低估。第一是为国家、为海外和港澳地区培养了一大批人才;第二是对在新的历史条件下如何办好华侨高等教育进行实践和探索,积累了宝贵的办学经验,在华侨教育史上具有重要的意义,并将产生深远的影响。

暨南大学这一历史时期所培养的毕业生,有一部分留在国内参加社会主义建设,有一部分回到海外和港澳地区就业,他们分布于国内外各行各业,在各自不同的岗位上做出成绩。他们中涌现出了不少人才,有的成为著名的企业家,有的成为政界领导人,有的成为大学校长、教授,有的成为作家、诗人,有的成为技术部门的专家或人民的优秀教师。如泰国中华总商会常务会董、企业家颜开臣,香港企业家、全国扶贫状元温惜今,澳门企业家、暨南大学校友总会会长马有恒,全国人大常委、海南省人大常委会副主任王学萍,广东省人大常委会副主任侣志广,香港作家李远荣,诗人秦岭雪(李大洲),中国青年剧院院长、戏剧评论家林克欢,等等,都是暨南大学60年代的校友。

校友们不论身居何处,他们对母校暨南大学都怀有深厚的感情,永远忘不了在暨南园度过的峥嵘岁月，忘不了母校培育的深恩，忘不了老校长陶铸对他们的关怀和教育。

陶铸校长说："学生对所就读的学校有没有荣誉感是很重要的。"国内外广大的暨南校友都以身为暨南人为荣。现在世界各地已成立 56 个暨南校友会。各地暨南校友会都致力于弘扬暨南精神，团结校友，互助共进，为当地的经济发展、社会进步做贡献，并以各种形式宣传暨大，关心和支持母校的建设和发展。这充分显示了暨南精神的凝聚力和向心力。"爱国爱校，团结奋进"的暨南精神必将代代相传。

今天，暨南大学已成为国家 21 世纪重点建设的大学之一。这是几代暨南人努力奋斗的结果。前辈们为暨南大学的建设和发展所建立的业绩，在暨南校史上谱写了光辉的篇章。今天的暨南人正壮志满怀，继往开来，开拓进取，努力创造暨南大学新的辉煌。

（《东南亚研究》2002 年第 6 期）

萧 殷

萧殷（1915—1983），原名郑文生，笔名萧英。作家，文学评论家。出生于广东龙川。1932年开始写作。1938年入延安鲁艺学习。同年加入中国共产党。中华人民共和国成立后，历任《文艺报》编委，中国作协青年作家工作委员会副主任兼文学讲习所副所长。1960年后，萧殷调回广州办《作品》，在暨南大学任教授、系主任，在广东省作协当领导。复办之初，暨大中文系有萧殷，外语系有曾昭科，历史系有朱杰勤，水产系有熊大仁、廖翔华，经济系有蔡馥生等名师，一时人才济济。

萧殷的文艺教育思想与实践

饶芃子

萧殷先生离开我们已经10年了，但他那一丝不苟的治学精神，他对文艺理论和文艺教育所持的那种认真严肃的态度，在我们的记忆里，却丝毫没有被时间所冲淡。关于萧殷先生文艺理论和批评方面的成就及其影响，已有许多同志撰文论述和评价，我在拙作《萧殷文艺批评风格论》一文中也曾发表自己的见解，本文着重论述的是萧殷先生的文艺教育思想与实践。

萧殷先生于1958年9月从北京借调到暨南大学任中文系系主任。当时，暨南大学刚在广州重建，校长是那时的广东省省长陶铸兼任。第一批上马的五个系，都是过去暨大在国内外有影响的专业，其中尤以中文系招生最多，规模最大。暨大中文系的第一批教师，主要是从中山大学调进的，我也是那个时候从中大调到暨大中文系任教，有幸在萧殷先生指导下进修和执教文艺理论课。1960年，由于工作需要，萧殷先生调任省作家协会副主席，仍兼任暨大教授。1978年，暨大招收文艺学硕士研究生，萧殷先生应聘为暨大文艺学研究生的领衔导师。萧殷先生在暨大任教期间，我一直是他的业务助手，对他的文艺教育思想和教改思路有较多的了解。我认为，先生的文艺教育思想是开放的、务实的，为了培养社会主义文艺事业的接班人，他立足改革，从理论和实践上，不断探索文艺教育的新路。

围绕如何更好地适应祖国社会主义文艺事业发展的需要，萧殷先生在进行各种探索之后，把着力点放在强化学校与社会的关系上，倡导教学要面向现实，有的放矢，做到理论与实际相结合。为此，他要求教师要冲破以往“学院派”的教学模式，反对从理论到理论的封闭型的教学，强调要重视对现实的了解，要研究创作和批评的现状，认为只有这样，才能做到有针对性地进行教学。他在担任中文系系主任时，就曾亲自为中文系设置了一套现实性、实践性很强的课程，如《文艺创作》《文艺批评》《创作方法论》《当代文艺思潮》等。他还经常把文艺界有争议的理论问题和文学作品引进课堂，组织课堂讨论，培养学生独立思考、分析问题和解决问题的能力，并通过这些，帮助他们掌握文艺批评的基本方法。记得在他亲自主持的“文艺批评”课中，就曾组织过对小说《一颗不平凡的心》、电影《达吉和她的父亲》、文论《论人情》等的讨论。每次讨论，他都细心听取学生的意见，从中给予引导，遇到一些一时解决不了的理论问题，就留着以后讲课时解答。为了让学生了解文学创作的艰苦，认识艺术创作的特殊规律，他经常邀请省内外著名作家、批评家来校讲学，1958 至 1960 年，应邀前来我系讲学的就有艾芜、沙汀、张光年、刘白羽、林默涵、秦牧、残云、楼栖等。这不仅仅让学生学到了许多书本上得不到的知识，还扩大了他们的学习视野，激发了他们对专业的热情。

在教学中，萧殷先生常对我们说：“要让学生在战场上练兵。”他在中文系执教期间，就曾利用寒假，组织师生下乡“采风”，体验社会主义新农村的生活，写农村中的新人新事。“采风”回来，学生交上了一叠叠的习作，他对这些来自生活的不成熟的作品，不但亲自看阅，还亲自给学生讲评，指导他们修改，最后由他审稿、定稿，编成《岭南春色》一书，在广东人民出版社出版。那次的“采风”，既是一堂很好的文艺创作实践课，同时也加深了学生对文艺与生活关系的理解，使他们真正懂得：生活是文艺创作的源泉，只有从生活出发，对生活有具体深刻的感受，才能写出感人的作品；一个写作者如果对生活不熟悉，没有自己的感受和体验，就想进入创作过程，那是十分吃力的，也不可能创造出有生命的艺术形象。在萧殷先生的这种教育思想哺育下，许多学生都能自觉地面向社会，把课堂当作“战场”，勤于练笔，写了不少的诗歌、散文和评论，有的还在省内外的文艺刊物上发表。萧殷先生当年的学生中有一部分已成长为有名望的作家、评论家和大众传播方面的专家。

萧殷先生文艺教育思想的一个很重要的方面就是重视基础教育。他认为“万丈高楼平地起”，育人有如建筑，基础打得稳，才能立得高。他所强调的基础，主要包括两个方面，一是专业理论基础；一是学生的文艺观和美学观。他把这两方面的教学工作叫作“立本”。为了让学生能够系统地学习马克思主义经典作家的文论，他在中文系一、二年级设置了两门学习马列原著的课程：“毛主席在延安文艺座谈会上的讲话”和“马列文论选读”。他要我们指导学生阅读原著，学习经典作家分析和解决文艺问题的立场、观点、方法。他一向反对以教条主义的态度来学习马列文论，因为那样只能培养一些“书呆子”、一些手里拿着“好箭”而不会射箭的人。他认为革命导师的文艺论著，都有很强的针对性，是他们在不同时期针对不同的文艺问题而写的，要使学生能够准确、全面地领会他们的文艺观点，就必须了解他们写作的历史背景，特别是与文论内容有关系的历史事件、学术论争、文艺思想、作家作品等，弄清楚文论中提出的文艺观点是针对什么问题而发的，引导学生把原著放在一定历史条件下来学习、理解，领会其中的精神实质，学习他们基本的文艺观点和方法论，帮助学生逐步树立马克思主义的文艺观，避免简单化。他教导我们，讲授马列文论，要立足现实，从今天社会主义建设的实际出发，针对当前革命事业对文艺的要求、革命文艺队伍的现状，运用马列主义的立场、观点、方法，来探讨、认识今天社会主义文学的历史使命，回答现实中各种各样的文艺问题，把教学的成果落脚在解决现实的问题上。在先生的指导下，我曾多次讲授马列文论课，由于能做到有针对性地进行教学，教学效果一直比较好。有一个时期，由于社会上一些错误思潮的影响，青年人对学习马克思主义理论表现比较冷漠，但我们的课堂依然是“热”的。

为了帮助学生树立科学的文艺观和美学观,萧殷先生十分关注学生的文艺思想状况,一发现有明显错误的文艺观点,就及时给予疏导。他经常参加学生的社团活动,把文艺界对一些理论问题的争鸣情况和各派的意见向他们介绍,引发他们去思考和讨论,要求他们讨论问题时要注意科学性,努力接近真理。他还亲自给学生作报告,为他们修改文艺习作,培养学生的写作能力和审美能力。萧殷先生这种循循善诱的育人精神和做法,在暨大中文系师生中有极其深刻的影响,许多成名的学生在谈到自己的成长时都不无例外地谈到先生对他们的教导。

1958 年暨大在广州重建时,正是全国轰轰烈烈搞"大跃进""大炼钢铁"的时候,在当时大的社会背景下,学校里的各个系都要轮流下厂、下乡,参加各种各样的体力劳动,有时劳动时间长达一二个月,他面对这种情况,常常因为教学计划不能贯彻而表现得十分激动。他认为学生的主要任务是学习,适当的劳动是必要的,但不能以劳动代替教学,劳动的目的是培养学生对劳动人民的思想感情,树立劳动观点,但劳动不是教学,也不能取代教学。他常说高等学校的教育水平和教学质量,是国家综合国力的重要标志,每个教师都要十分重视教学质量。所以他要老师带学生下厂、下乡劳动时,结合学生的劳动实践组织写作教学,发动学生写诗、写文反映自己的劳动生活,自办报纸和刊物,使学生受到多方面的训练。因为劳动多,正常教学的时间少了,为了保证教学质量,作为当时的系领导,萧殷先生把精力放在专业课程整体结构的调整上,在系里提出要处理好两个关系:一是基础课、专业课和选修课的关系,避免重复;另一是史、论和实践的关系,做到彼此配合,互促互补。在授课方面则要求教师突出教学重点,要在尊重课程内涵的基础上尽量浓缩教学内容,加强对学生自学的指导,以自学来补课堂教学的不足。由于采取了这种种的措施,暨大中文系 1958、1959 级的学生,不仅功底扎实,动笔和适应生活的能力都很强,深受社会的欢迎。

萧殷先生是著名的文艺批评家,他在指导学生写文艺批评文章时特别严格。他认为文艺批评的目的就是要解决文艺思想、创作实践中的矛盾,从而推动文艺创作的繁荣和发展,那些无目的的、脱离实际的文艺批评是没有生命力的。他反对学生去写那种不痛不痒、泛泛而谈的批评文章,要他们密切注意并掌握各个时期的文艺思想、文艺创作中出现的问题,针对问题,发表自己的见解。他常说要写出一篇好的文艺批评文章并不那么容易,因为一篇好的文艺批评文章应当是敏锐、准确、中肯、有个性。要能做到这样,批评家就必须有清醒的头脑,善于发现问题;要尊重和掌握艺术规律,重视文本的研究,把作品放在作家所创造的艺术环境中考察,从形象的实际出发,对作品作具体的艺术分析,恰如其分地评价作品;批评家和作家应是朋友的关系,对文学作品中存在的问题,不是不可以批评,但不能随便给作家扣帽子,批评文章要说理,要力求辩证,注意科学性;文艺批评文章也应有自己的个性,有独到的风格,包括观察问题的视角、分析问题、论述问题、表达方式、语言风格等。萧殷先生的文艺批评文章,就很有自己的风格。他从不写那种泛泛而谈、不解决任何问题的文章,他的文章都是有感而发的,是他针对自己发现问题的思考和解答。为了发现问题,他特别重视研究现状,掌握文艺创作动态,他把这些作为一个文艺批评家必须做的经常的工作。他说:"如果我们的批评能引起读者的共鸣,又对作家有促进,这样的文章就有价值。当然,有时正确的批评,作家也不一定能接受,那可能是我们具体的分析和说理还不够,要不就是作家对自己的作品过于偏爱。总之,批评家应该有责任感,不要随便给作家戴'高帽',不管是桂冠还是黑帽。没有责任感,没有敏锐的眼光和深刻的洞察力,就不能成为真正的批评家,也不可能写出好的文艺批评文章。"

萧殷先生对学生总是满腔热情地帮助他们,这一点在当时的师生中留下很深的印象。50年代后期,暨大中文系的师生关系十分密切,师生之间有深厚的情谊,而且延续至今。我当时跟萧殷先生进修,先生的言传身教,使我获益良多。这么些年来,我在教坛上一直没有把学生当作生活里匆匆的过客,而是把他们当作自己精神生命的延续,正是得益于先生的教导。在萧殷先生半个世纪的文艺活动中,在暨大工作的时间并不长,但他的文艺教育思想与实践在我们当中的影响是深远的,先生的榜样力量是无穷的,愿先生的育人精神永存。

1993 年 11 月于暨南园

(《风范长存·萧殷纪念与研究文集》,暨南大学出版社,1994)

回忆与悼念

——缅怀萧殷先生

饶芃子

萧殷先生和我们永别了，我早就想写一篇纪念我尊敬师长的文章，寄托我内心深处的哀思，但每次提起笔来，自己就无法控制自己的眼泪，所以，几次提笔，几次不能成文，直至现在，也还未能在感情上习惯这一悲痛的现实。

我认识萧殷先生，是在1958年秋天，当时暨南大学刚刚在广州复办，他是暨大中文系的系主任，我是系里最年轻的助教，学校领导要我跟萧殷先生进修文艺理论，当他的助手，所以，有幸比别的同事得到他更多的关怀和帮助。我敬仰萧殷先生的学识，也敬仰萧殷先生的为人，作为长者，作为导师，他一直是我的榜样和引路人。二十几年来，萧殷先生的工作有过几次调动，但他和暨大中文系师生的联系，从未中断，系里的同事常常在假日到梅花村他的住处探望他，面聆他的教诲。萧殷先生逝世前，有大半年的时间，是在广东省人民医院东院区病室里度过的，我和系里的同事曾经多次到那里去探望他，由于经过几次病危的折磨，那段时间，他身体已十分衰弱，每天只吃一二两的饭，但精神清醒，仍像往常一样健谈。我最后一次去看他，是在他病故前4天，记得那天天气闷热，他用一个塑料垫垫腰，斜躺在床上，气喘得很厉害，样子十分辛苦，我心里很不安，禁不住眼泪就夺眶而出，他看我难受，就断断续续地说："天气不好，故感胸闷和气促，不是有特别的病变。”像是宽慰我似的。他当时病情相当严重,医院里的医师不要他会客,不要他多谈话,他看到医师和护士出现在病室门口,就一面喘气,一面用手比划着,意思是让陶萍女士陪我到院子里乘凉说话。过了一会,护士来说,萧殷先生睡着了,叮嘱我们不要去打扰他,我看时候不早,就告别了陶萍女士回家。后来,听陶萍女士说,他醒来时,知道我已走了,还惦记着我的情绪,说看到我那么难过,心里很不好受。但万万没有想到,这次见面竟成了永别。

萧殷先生到暨大任职时,才四十三岁,但已著有《与习作者谈写作》《论生活、艺术和真实》等书,是一位国内知名的文艺理论家,他生活简朴,平易近人,很快就和系里师生打成一片。那些日子,陶萍女士尚未从北京调来,他一个人就住在学校办公大楼四楼的办公室里,家具全租用公家的,一张大床,一张大办公桌子,两个书架,还有若干木头做的折凳、方凳和一个小茶儿,三餐都在教工饭堂搭食。由于他待人热情,许多学生和教师都愿意找他谈心和讨论问题,特别是那些刚从东南亚各国回来求学的侨生,常常带着自己的习作和不能解答的文艺理论问题去请他指正和解答,于是,他的住房就变成了课室,往往是送走了一批学生,另外一批学生又来了,他对此一点也不觉得厌烦,总是满腔热情地接待他们,使他们的求知欲望得到满足。他常说,他自己过去也是一个爱好文学的青年,走过一段艰难曲折的文学道路,所以很能理解青年人急切求学的心情,愿意为他们尽心尽力。所以,许多学生在他面前并不感到“代沟”的存在,无论在什么时候,讨论什么问题,他们的交谈都是亲切的、平等的。他既是青年学生的导师,也是他们的朋友,他帮助他们,扶持他们,对他们中的一些优秀的习作,总是热情地给予赞扬和鼓励。1959 级的两个学生,写了一篇分析欧阳山的小说《金牛和笑女》的评论文章,拿给他看,他认为写得不错,就马上推荐给《羊城晚报》发表。一个学生在文艺刊物上发表了三首较好的诗歌,他高兴得一个星期内跟我说了 3 次,表现出来的情绪就像年轻人一样的纯真。他经常提醒我们,这些华侨生、港澳生怀着一颗爱国心到暨大来求学,很不容易,我们一定要向他们负责,使他们能健康地成长。他向来反对用各种禁锢的措施去限制学生的交往和活动,而提倡教师要全面地关心学生,给他们以启发和引导。

我到暨南大学之前,原是中山大学中文系古典文学教研室的助教,到暨大中文系以后,由于工作需要,要我改变学科方向,跟萧殷先生学文艺理论,这对我来说,不无思想斗争。萧殷先生知道后把我找去,问我对这一决定有什么想法,我如实地把自己当时的思想情况告诉他,并且说为了这件事情,我还伤心地哭了很久,他听了并没有生气,而是耐心地开导我:"文艺理论是探索文艺创作、文艺发展的规律的,它的研究对象包括古今中外的文艺现象和作家作品,一个有一定古典文学基础的人,对领会和掌握文艺理论是很有好处的,你的那些古书以后仍然有用,不需要用眼泪去同它们告别。"他说他自己也非常喜欢古典文学,特别喜欢我国的古典诗词,那天他还和我谈到他对王维诗歌和柳永慢词的看法。那是他第一次和我长谈,给我留下的印象是很深刻的。为了培养我对文艺问题的敏感,萧殷先生要我注意阅读国内外有争议的学术论文和文学作品,从中发现问题,分析问题,提出自己的看法,有针对性地写些文艺短论和评论文章,但开始时他对我写的东西常常是不满意的,他每次都针对我文章中的不足之处,提出许多具体尖锐的意见,每篇文章都要修改多次才能定稿。经过一段时间的磨炼,我的文章比较地能令他满意了,我告诉他:"我终于有了一点小小的进步。"他笑着回答:"这是我同你的学院派文风苦苦'斗争'的结果。"而后,我的一篇文章在《星星》杂志上发表,他看了十分高兴,说我已跳出了学院派的"篱笆"。这当然是他对我的鼓励,事实上,直至今天,我也还有那么一点"迂"气的。

1959 年 9 月,我正式开课,萧殷先生利用暑假帮我审看了全部的讲稿,还告诉我,他将抽空来听我的课,如发现新的问题,再给我指出来。讲第一堂课时,我在课室最后一排为他准备了一把靠背椅,没见他来,以为不来了,下课后才发现他坐在课室外面的走廊上,他笑着解释说:"我怕影响你的情绪,所以没进里面坐。"我当时听了,真有说不出的感动。1960 年以后,我开始在报刊上发表一些文学评论,他每次读了，都及时给我鼓励和指点。他反复教导我，要评论作品，一定要深入研究作品，认真揣摩作家的构思，要有体贴作家之心，评论家应该是作家的好友、读者的知心人。他反对从概念、定义出发来写文学评论，他不喜欢那些四平八稳、没有自己见地的评论文章。他常说，写文章不是为文而文，而是要把自己的文艺见解告诉别人，没有见解还写什么文章呢。1963 年，因工作需要，萧殷先生调离暨大，到中南局担任文艺处长，搬到梅花村四号楼下居住，见面的机会少了，但每逢假日，我仍常去探望他和陶萍女士。从石牌到梅花村，公共汽车只有 4 个站，但假日人多车少，等车挤车，一早出门，抵达他家，总得 10 时左右，所以常常是早上去，中午就在他家用饭，下午回校。萧殷先生一向很少出门，没客人的时候，白天、晚上都在书房工作，我去的时候，陶萍女士也到书房来，三个人就一起喝茶说话。因为不像在学校那样时常见面，每次见面，都有说不完的话，我是个快嘴的，总是抢着时间向两位长者汇报情况：最近读的新书，自己的体会，对一些有争议的问题和作品的看法，国内外文艺动态，学校里发生的事情，等等。有时也带自己刚完稿的文章去读给他们听，在这种情况下，陶萍女士总是静静地听着，萧殷先生则一面聚精会神地听，不时发出简短的评论，一发现有不严密、不科学之处就马上给指出来，告诉我应怎样认识，怎样修改，偶尔有一两处写得好的，他也给予鼓励。萧殷先生也常常把他正在写的文稿拿给我看，告诉我，他为什么写这篇文章，针对性是什么。他的文稿，都是一个字一个字写得很端正，就是涂改的地方，也是清清楚楚的。我小时候没有很好练字，字写得不好，稿子书写也比较潦草，他在暨大时就对我这一点不满意，多次给我指出："字写得好不好是另一回事，但书写一定要清楚，要让人看得懂，这是对别人的尊重。"我每次读他的手稿，对照自己，就觉得很惭愧。

"文化大革命"初期，听说萧殷先生被"隔离审查"，正想抽空到梅花村探望陶萍女士，不料我自己也莫名其妙地被打入"牛栏"，因为没有行动的自由，我只能从学校里张贴出来"揭发"中南局和作协的大字报中了解一点他和陶萍女士的处境。在那个随时都会惹来"灾难"的年头，谁也不想为了写几封平常的信而给自己的师长和朋友招引不必要的麻烦，所以有很长一段时间我们没有联系。直至 1969 年秋天，听作协的同行说萧殷先生已从干校回中南局招待所养病，我赶快去看他，他没想到我会突然出现，高兴得忙叫我坐，房间里到处堆放着劫余的旧书、旧物，我坐在唯一的一把靠背椅上，一时百感交集，不知说什么好。他看我沉默，反而宽慰地说："劫后余生，不容易，应该高兴才对。"那天，他的大儿子葵葵还为我们在招待所门口拍了两张照片，作为灾难之后久别重逢的纪念。

粉碎"四人帮"以后，萧殷先生担任《作品》的主编，住在梅花村新三十五号二楼。那段时间，他的工作很忙，来往的客人也多，我虽常去看他，但很少有长谈的机会。记得有一次，他身体不大好，医生不让工作，我去了，陶萍女士就留住我，三个人在萧殷先生的书房聊天，我们从斯诺写的《漫长的革命》，谈到海曼写的长篇小说《战争风云》，冯伊湄写的《我的丈夫司徒乔》（即《未完成的画》），这几本书都是当时刚出版的新书，萧殷先生认为，《漫长的革命》远不如《西行漫记》，但作为一个外国人，他对我们"十年动乱"的记述和描写，是比较真实和客观的，他还感慨地说："对这一动乱，斯诺比我们知道得多，也清醒得多，我们还来不及了解和分析是怎样一回事，就被'打倒'了。"

1979 年 12 月，萧殷先生应邀回暨大兼课和指导文艺学硕士研究生，我参加以他为主的研究生指导小组，给研究生讲马列文论和创作论的专题课，由于工作的关系，和萧殷先生常有接触，他当时正在写《习艺录》，身体又不好，但对研究生的工作仍十分认真，一丝不苟，他对学生的要求非常严格，为了帮他们选择硕士论文的题目，曾几次同他们谈话，使他们在下笔之前有明确的指导思想，在写作中能逐步建立自己论文的观点体系，为了组织论文的答辩，萧殷先生还由陶萍女士陪着进暨大住了一个半月，直至论文答辩结束。现在，这两位研究生都已先后得到了硕士学位，正以他们年轻旺盛的精力在文艺界服务，他们已再不能得到萧殷先生的指教和鼓励了，但我相信，他们将会更加自爱自重，努力上进，他们一定不会辜负萧殷先生的教育和希望。

萧殷先生已和我们永别了,在我认识他的26年中,他对我的引导、关怀、指点和教育,我将永远铭记。萧殷先生逝世前一直鼓励我、鞭策我写作,也希望我能把过去写的文章整理结集,把给研究生讲的创作论专题写成书稿,但我因忙于教学,这方面的工作进展十分缓慢,如今,回想过去了的那些年月,回想他老人家对我的期望,他对下一辈的无私的挚爱,我是不能辜负他的期望的,虽然已是人到中年,背上负担不轻,我还得加快自己的脚步,在铺满阳光的大道上,负重前进。

1984年7月于暨南园

(《风范长存·萧殷纪念与研究文集》,暨南大学出版社,1994)

我心中的萧殷

张振金

我心中的萧殷，是一束燃烧的火，永远给人光和热。虽然他耗尽了自己，他的生命价值却在新一代人中得到了延续和发挥。

在萧殷的学生中，我是最不成器的一个。而且常常闹出点事来，令他操心和生气。他对我的教诲很多很多，我的长进却很少很少。大学毕业之后，我到了海南岛，他还不断写信鼓励我，短短的话语里，不知蕴藏着多少关怀和期望。今天读来，对照自己，心中依旧怦然有愧。

1958 年，暨南大学在广州复办，萧殷同志担任中文系主任。有他这样一位著名作家、理论家牵头，大家都十分高兴。那时，暨大住房很紧，他住在办公楼四楼的一个单间。因为他热情诚恳，平易近人，师生们都乐于到他的房间里请教问题。我是一个来自山乡的土著，见识甚少，求知甚切，也是众多的求教者之一。我见他总是侃侃而谈，循循善诱，尤其善于通过生活中的平常事物和文学现象阐述文学创作的基本规律。因此，他的小房间里常常坐满了人，真是门庭若市。对于师生们提出的各种问题，哪怕是最敏感的问题，他都毫不含含糊糊、吞吞吐吐，总是谈得率直、精辟、尖锐，还常伴有情感的浪花和哲理的升华。我们都十分喜欢和称赞这种“萧殷风格”。

1961 年，中文系组织学生下乡采写《岭南春色》。这是萧殷同志的主张。他认为农村生产遭到“大跃进”破坏之后，现在开始复苏。在这个转机的时刻，中文系学生应该走出书斋，了解社会，加强实践。全系学生分成10个采访队,分发全省各县去采访。我到了罗定县,采访一位在朝鲜上甘岭战斗中负伤致残的独臂英雄,回乡后如何带领乡亲恢复生产、克服困难的模范事迹。我把这篇文章交给了萧殷同志。他看了我的文章,又听了我的汇报。他不但指出文章的缺点,更注重指出产生这些缺点的原因。他直率地对我说:你采访的人物是动人的,为什么经你写出后,反而不感人了呢?主要原因不在文字技巧,有些细节和场面还是写得相当具体的。不感人的原因主要是你对人物的思想性格以及围绕人物的典型环境缺乏深刻的认识,思想情感与英雄人物还有距离,还不能与新人物、新思想融合一致。因此,你就不可能通过对生活有血有肉的描写,体现人物的崇高品格,作品就必然缺乏感染力了。只有当你对描写的人物有了深刻的认识,同时又灌注了作者的思想情感,达到客观生活与主观感情融合一致的时候,作品才会有感染力。他还毫不客气地批评了我在作品中表现出来的轻浮矫饰的小资产阶级的思想感情,使我受到极大的震动。后来,在全系作品评讲会上,萧殷同志又反复强调,学习文学创作只学习技巧是不够的,更重要的是,在生活中不断改造自己的思想感情。目光短浅,胸怀狭窄,品格低下的人,是写不出深刻动人的作品来的。因此,可以这样说:活得伟大才能写得伟大。萧殷同志这句话,全系学生都记得非常深刻。

我按照萧殷同志的教诲,再次到罗定体验生活,加强认识,缩短差距。回来后,再把那篇文章七改八改,数易其稿,萧殷同志还亲自给文章定了标题,叫作《四季常青》,介绍给《羊城晚报》的副刊"花地"发表了。这便是我的第一篇习作。

诚如大家知道的,60年代初,文艺领域里的斗争是日趋尖锐了。校园里也不平静,经常有充满火药味的辩论。我本来是个内向孤僻的人,也常和别人唇枪舌剑地争论,争论得激烈时甚至拍桌子骂娘,翻脸不认人。世界观与创作方法问题,典型环境与典型性格问题,作品的思想性与艺术性统一问题,等等,都是当时争论的热门话题。有一次,讨论作品的真实性与倾向性问题,我强调作者一定要抒写自己对生活的真实感受,反对图解某个现成的政治概念,并把它写成一篇文章,发表在校报上面。第二天,马荫隐老师来告诉我说:“萧殷主任叫你到省医院去见他,他有话要跟你说。”我如约来到省医院,见他躺在病床上,身体很虚弱,说话时有气喘。我预料他是要批评我什么来了,有点惶然地站在床沿。果然,他毫不客气说:“你的文章马老师送给我看了。我认为,其中有很大的片面性。一个作者如果对生活没有丰富的感受,就想进入创作过程,那自然不能创造出个性化的有生命的形象,公式化和概念化就出现了。但是,这只是问题的一方面;还有另一方面,就是你用什么思想感情去感受生活?现在有些人的心灵深处,资产阶级的审美观和生活观还相当活跃,常常在他们进行艺术创作的时候,尤其是当他们深入到人物的精神世界,以全心灵去体验人物的精神状态的时候,他们不正确的审美观和生活观就冒出来了,有时候甚至还起着主宰的作用。于是,那些不健康的、有害的思想因素,就在作品中流露出来了。”开头我觉得他对我有点苛求,但仔细想起来,才知他是指引我走文学正路,在我开始学步时,不让我走错了或走偏了路,不然以后就更难纠正。所以,他特别注重帮助我弄清文学的任务和创作的规律。现在他病得不轻,还这样热忱地关心学生的进步和成长,我内心的感激是难以用语言来表达的。

1963年秋,我大学毕业了。那时,萧殷同志已调到中南局文艺处担任领导工作。不料,有一天他突然回到暨大找我。原来,他听说我毕业之后,是留在学校还是下到基层正在犹豫,鼓励我到基层去,在斗争中磨炼自己,让自己的思想感情“来一个变化,来一番改造”,这对自己搞创作、评论或者其他的事业都有好处。我听从萧殷同志的教诲,鼓起勇气,到了人生地不熟的、历代被视为流放之地的海南岛。

到海南岛不久,我便被派到琼山县一个小山村参加“四清”运动。海南岛农民的贫困程度,远远超出我的想象。每人每月只有十几斤的谷子,连稀粥都吃不饱,经常用野菜来充饥。屋主到田野或河涌里捉小鱼、小虾、小青蛙,放到土罐里用盐腌上几天,不用煮熟就拿到桌上,又腥又臭,还有火柴枝般粗的虫子在蠕动,这便是菜了。上级却要我们到这样贫困到了极点的地方去反对资产阶级，其荒谬是可想而知的。这当然不是某一个人能够阻挡得住的。我深深体会到，中国知识分子必须懂得农民的痛苦命运，并为改变这种命运而奔走呼号。正是在这一点上，知识分子应当同工农大众相结合，和他们共命运同呼吸，这才是不失为中国人民大众的一分子。我经常把自己的感受写信告诉萧殷同志，每次都得到他的复信鼓励。他对我的要求仍是十分严格的。1965 年 1 月，他给我回信说："读来信，知道你努力工作，认真锻炼，并且还学会了海南话，可喜可贺。不过，这仅仅是开始，世界观的改造是长期的，千万不要满足于某一方面的一点成绩。你在学校读书时，当不少教师吹捧你的文章的时候，我就表示过异议，我以为那种思想感情、情调以至于文字，都与工农兵的方向不相适应的。这种现象也反映了那些教师的文艺倾向。《岭南春色》结束，大家在讨论时，你所流露的思想是有代表性的。今后，希望你在前进道路上，不要忘记那段教训。应当好好总结，思想认识才会不断地提高。"

80 年代之初，我调回暨大任教，本来可以更多更直接地聆听萧殷同志的教导，而他却突然长辞，到人生的彼岸去了。在他十年祭的时候，我心里仍是十分悲痛的。今天，我们尽管可以从各方面评价萧殷同志卓越的文学建树、高尚的人格文品、诲人不倦的大师精神，但是，对于我，仅仅是"世界观的改造是长期的""活得伟大才能写得伟大"这些话，就足使我终身受益不尽。我不管走到哪里，环境怎样恶劣，每当想起他的教诲，面前就闪现着他那充满了期待的目光，觉得自己是应该工作得更勤快一些，生活得更高尚一些才好。

1993 年 10 月 26 日急就

（《风范长存 · 萧殷纪念与研究文集》，暨南大学出版社，1994）

后　记

“暨南大学与华侨教育”丛书，原计划分为六集——《华侨教育集》《学人研究集》《暨南影像集》《暨南讲演集》《校史资料集》《图书馆史料集》，由李炳球同志倡议并统筹、罗志欢同志搜集梳理资料并负责学术把关、刘强同志负责编校出版诸事宜。

历经数年，《华侨教育集》《学人研究集》《暨南影像集》首先面世，其他诸集仍待时日。

我们怀着感恩母校、感恩文化的初心整理这套丛书，尽管不敢懈怠，或仍不免鲁鱼亥豕之误，亦盼望方家指正。

丛书的整理出版有幸得到暨南大学校友、校董梁志斌先生倾情资助，在学术等方面受益于暨南大学党委副书记兼纪委书记夏泉博士的研究成果，以及其他众多先贤时俊的学术成果，在此一并致以崇高的敬意和诚挚的谢意。

编　者

2019 年 10 月